林彪春秋

姫田 光義 著

中央大学出版部

装幀　道吉　剛

はしがき

　本書は，かつては中国のナンバー2とされた林彪という人物の類まれな波乱の生涯を通して，中国現代史とそこでの中国政治の特徴を浮き彫りにしようと試みたものである．もともとは異なった時期，異なった目的をもって書いたものなので，「栄光の巻」と「衰亡の巻」の上下二巻本として出すつもりだったが，出版にあたり合本として一冊にまとめることになった．したがって第一部と第二部（および付録）の構成，文体，註記などにおいてやや異なった趣の書き方になっている．注意深い読者におかれては奇異の念を抱かれる向きがあるやもしれず，予めご了承を願う次第であるが，どちらを先に読まれても，一応わけが分かるように書いて編集したつもりである．未熟な点は平にご容赦願いたい．

　なお本書の完成に向けての資料収集・現地調査などに当たっては，中央大学共同研究プロジェクト「未来志向の日中関係学」(2005年—2007年度) のご協力・ご支援を頂戴したことを明記し，ここに謝意を表するものである．

目　次

はしがき

第一部　栄光の巻：中国満州・1948年秋

はじめに　『林彪春秋』刊行にあたって …………………………………… 3

序　章　ハルビンにて ……………………………………………………… 13
　・読者の参考のために（1）　本書の軍事用語，登場人物，資料について　16

第1章　双城を発す …………………………………………………………… 25

第2章　満州をめぐる戦後の国共両軍の相克 …………………………… 33
　1．戦後の政治情勢　33
　2．満州争奪戦の開始　36
　3．中国共産党の初期満州戦略　43

第3章　因縁の地，四平 …………………………………………………… 47
　1．四平攻防の2年間　47
　2．四平，攻略す　55
　3．林彪の戦術原則　61
　・読者の参考のために（2）　四平というところ　69

第4章　国共両軍の軍事力　大軍の完成と進発 ………………………… 75
　1．総　力　戦　75
　2．政府軍の実力　77
　3．共産軍の実力　84
　4．大　軍　成　る　93
　5．進発命令下る　102

第5章 遼瀋戦役の戦略をめぐって　毛沢東と林彪 ………… 107

1．遼瀋戦役の発動　107
2．戦略はいかに決定されたか　111
3．遼瀋戦役の最終的な戦略決定　116
4．戦略作戦開始後の若干のやりとり——最終的決断は10月
　　4日である　125
・読者の参考のために(3)　葫蘆島・錦州・義県という
　　ところ　129

第6章 蔣介石と衛立煌 ……………………………………… 135

1．衛立煌の登場　135
2．アンガス・ウオードの報告書　140
3．衛立煌の苦悩——総司令官就任時の軍事的諸条件　145
4．決戦における東北剿匪総司令部　153
5．蔣介石，奔走す　154
・読者の参考のために(4)　アメリカ合衆国奉天総領事
　　アンガス・ウオードらの報告書　162

第7章 塔山の戦い　錦州攻防戦の死命を決する局地戦 ……… 173

1．錦州救援の阻止　173
2．第四縦隊　176
3．塔山の攻防　179
・読者の参考のために(5)　塔山というところ　193

終章 歴史における遼瀋戦役：衛立煌と林彪 …………… 197

（付）林彪・東北内戦関係資料・文献 ………………………… 205

第二部　衰亡の巻：中国北京と北戴河・1971年秋

はじめに　今，なぜ「林彪事件」なのか……………………………………… 213

プロローグ　将軍，暁のモンゴル草原に死す——「林彪
　　　　　　事件」のイメージ ……………………………………… 221

第1章　林彪の輝かしい戦歴における毛沢東の影響 ……………… 227

第2章　政治の表舞台への登場——毛沢東個人崇拝の旗
　　　　振り役として……………………………………………… 231

第3章　得意絶頂の陰で——「プロレタリア文化大革
　　　　命」と中国共産党第九回大会 ………………………… 237

第4章　廬山会議——誰が「突然の襲撃」を敢行したのか …… 251

第5章　追い詰められる林彪一派——「批陳整風運動」
　　　　と幼稚な「五七一」計画 ………………………………… 259

第6章　決定打——内外政策に苦慮する周恩来の打算 ………… 267

第7章　毛沢東の「南巡」と林彪の奇妙なメモ ………………… 277

第8章　そして「事件」は起こった——どこにもない林
　　　　彪その人の姿……………………………………………… 293

第9章 「林彪事件」の長い1日——北京と北戴河の間にて……… 297
　1．その当日　297
　2．周恩来総理，動く　315
　3．長い1日の終わりに——脱走劇　323

第10章 モンゴルと北京の間にて——中国外務省と駐モ
　　　 ンゴル大使館の困惑 ………………………………………… 341

　エピローグ　林立衡（豆々）と張寧のその後 ……………………… 365
　（付）林彪事件関係資料・文献 ……………………………………… 373

付録　余計な空想——冥界にて裁かれる人々 …………………… 377

後書き ……………………………………………………………… 419
後書きの後の言い訳 ……………………………………………… 424

第一部　栄光の巻：中国満州・1948年秋

錦州攻略を前に作戦を練る東北野戦軍首脳部（左が羅栄桓，右が林彪）

出典　『遼瀋決戦』上巻（人民出版社, 1988年）

2 第一部 栄光の巻：中国満州・1948年秋

〈1948年秋，満州の内戦要図〉

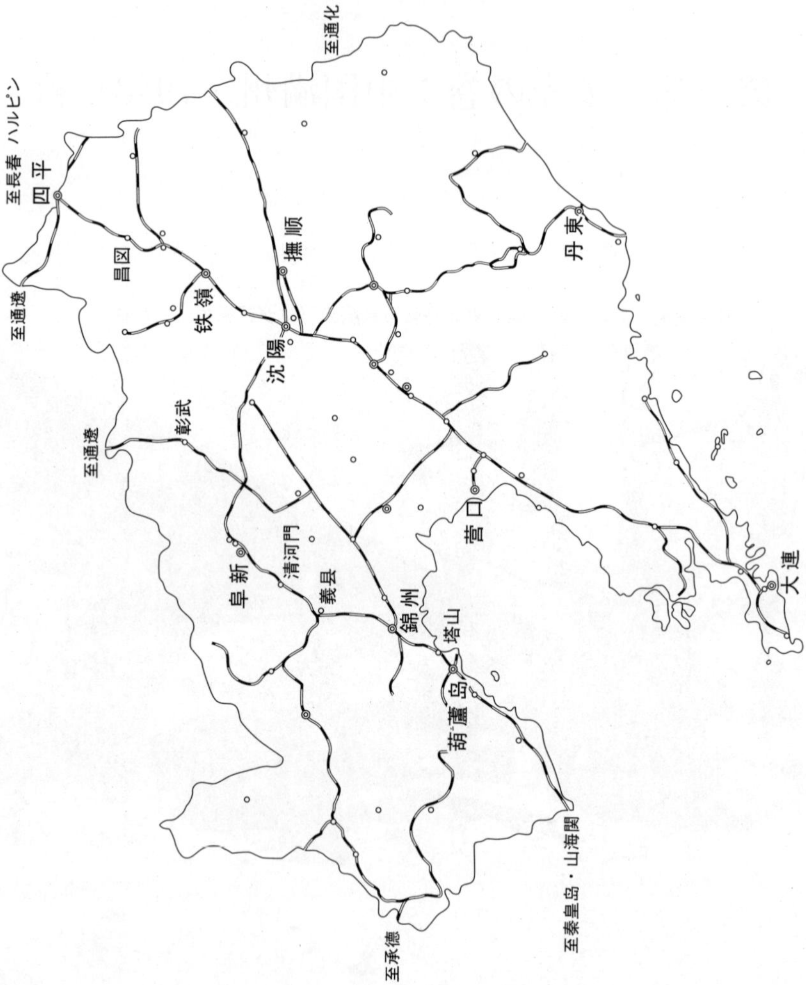

はじめに 『林彪春秋』刊行にあたって

　1948年秋，大日本帝国の夢破れ，その傀儡政権だった満州帝国が姿を消してからわずか3年しか経っていない満州（中国東北）の地に，凄まじい政治的な地殻変動が生じつつあった．それはそれから1年後に，中華人民共和国を生み出す産褥の苦しみにも似た黒い大地の血まみれの悲鳴でもあった．新生中国の誕生を語るには，この内戦を知らなくてはならず，その内戦を知るには48年秋の出来事を理解しなければならない．そしてまた，この出来事を語るには，1人の人物の名前を忘れることはできない．その名は林彪．

　今や歴史の彼方に消し去られようとしいるこの人物こそは，中華人民共和国誕生の元勲の1人としてその盛名を謳われ，新中国の最高指導者・毛沢東の後継者として公式に認定され，その奇々怪々な死に至るまで中国で，否，世界中で彼の輝かしい未来が信じて疑われなかった者である．しかし1971年秋，彼の人生は一挙に暗転した．

　一体何が起こったのか．

　私がこの人物の悲劇的な最後，すなわちいわゆる「林彪事件」のことを『中国の政治と林彪事件』という本にして出版したのは1974年のことで，世界的に見ても早い書物であった．この本を上梓した理由と経緯については第二部冒頭で書いたのでここでは割愛するが，林彪事件が発生してからすでに30年以上もの歳月が過ぎ去った今，私の本も古臭くなったと言われても仕方がない部分が生じている．しかし肝心なところが，まだどうしても分からない．極秘のベールに包まれている．30年もの間，四苦八苦しながら私の研究も大して進捗してこなかった．しかしそろそろ決着をつけたいという気がする．多少の焦りにも

似た衝動に突き動かされて，筆は一気に進んだ．

　林彪事件を解明するのに，私は2つの方法をとらざるをえなかった．1つは歴史研究者として，事件の主人公である林彪個人の人となり——性格と言動——を通して，その悲劇性の背景となる歴史を研究することである．いかなる天才，英雄豪傑といえども時代的制約を受けた歴史的産物であるというのは，私の確固とした歴史観である．このような観点からすると，おそらく林彪という人の生まれから若き日々の育ちまで溯って研究し論述しなければならないが，さすがにそこまでは手が回らなくて，その出世街道を驀進した生い立ちの最終的な段階である内戦期に焦点をしぼって，この人物の個性を浮かび上がらせようと試みた．それが第一部である．

　もう1つの方法は，どうしても実証的に解明できない部分については，できるだけ資料に近づけながらも大胆に推測・推理を働かせて，資料と資料の間に潜むナゾをつなぎあわせて事件を一貫したストーリーに仕立て上げてみるという作業である．これは歴史研究者としてははなはだ危険な試みであるし，現在まだ関係者がたくさん生存している状況のもとで差し障りが多いやり方である．しかしそう言っている間にも証言者はどんどんと減っていくし，残された公式資料・文献だけが実証研究の材料にされてしまう恐れが多分にある．つまり同時代人の生々しい現実感が希薄になってしまうということである．私は幸か不幸か同時代人の1人として熱く事件を感じ，その気分を世界的にも早い専門書において発表した者として，やや乱暴な推理・推測を自由奔放にめぐらせることのできる（あるいはそうせざるをえない）者だと自覚する．これが第二部を書いた理由である．

　歴史研究者は実証性の希薄さを非難しながら，歴史小説家は推理力とストーリー性の拙さを嘲笑しながらも，一・二部を一体として読んで下さり，林彪の人となりと事件のナゾに思いを致して下されば幸いである．

　以下，林彪という人物を予め知っておいていただくために，建国までの彼の簡単な略歴を記しておく

林彪は1907年12月5日，大都市武漢から80余キロしか離れていない湖北省黄崗県の，その名も林一族の姓を冠した林家大湾に生まれた．幼名は林育蓉である．この小高い山に囲まれた寒村が一躍中国中に知られるようになったのは，かの文化大革命の時期である．1966年後半から林彪事件に至る5年間に，紅衛兵や軍人たちが「偉大な副統帥」の生家参観のために続々とこの地を訪れたからである．その数は約80万，なかでも武漢軍区の将兵のほとんどがそれに参加したと言われる《三兄弟》．

　この地の人々が郷里が生んだ大英雄，中国のナンバー2を誇りとしたのはしごく当然のことであった．林彪事件のずっと後の話だが，建国50周年を記念して「大決戦」という映画が作られた．その一部分は事件とは直接関係のない内戦期の東北・満州における林彪の活躍を描いたものである．私もこれを観て，かつてあれほど悪者扱いされていた人物でさえ一応は歴史上にはたした役割を比較的忠実に評価しようとしているように思えて，今昔の感を覚えたものである．局外者で外国人の私でさえそうなのだから，林家大湾の素朴なお百姓さんたちがどのような思いでこれを観たか，想像に難くない．林雨星は感慨をこめてこう記している《林　上巻》．

　「この村での映画の上映は，まさに事件発生の日，9月13日の夜だった．映画館に入りきれない人々のために拡声器が館外に設置されるほどの大入りであった．「林彪が銀幕に登場してきた．すると場内場外ともに黄州市で起こったのと同じ熱気で満たされた．40歳以上の人々は銀幕と対面した，つまり彼らがかつては熟知してはいても見知ってはいない林彪と対面したわけである．彼らの面には極めて深刻で複雑な冷静さと厳粛さとが表れていた．彼らの目には涙が一杯になり，なかには涙が滂沱として流れるにまかせているものもいた．しかしそれを"熱い涙"という言葉だけで概括するべきではなかろう．……（映画が終わって）林家大湾の人々は月光を踏み山道をたどって家路についた．誰も眠気をもよおすものはいなかった．」

　村人たちの気持ちをくみ取ろうとするこの作家の温かな観察眼が読み取れると同時に，この村人たちの想いのなかに，林彪の栄光と没落の長い道程が凝縮

されているように思われる．

　ところで林彪が物心つき始めたころ，彼に大きな影響を与えたのは2人の従兄弟であった．その名は林育英（後に張浩として知られるようになる）と林育南という．彼らはともに早くから革新的な思想をもった行動家であった．彼らの教育，訓導があって初めて林彪は中国共産主義青年団に入り，かつ彼らと彼らの友人である惲代英や肖楚女らの紹介によって中国共産党に入党できたのである．不幸なことに，この革命運動初期の優秀な知識人党員たちは，相次いで運動のなかで病没したり犠牲となってしまった．

　この人々に比べると，どうも林彪という男は性格においても革命家としての資質においても劣るように思われるが，歴史の皮肉か，こうした人々が早くに死んだために，後進の彼が歴史の檜舞台に躍り出ることになったのである．

　林彪は直情径行，強情で寡言実行型の，人付き合いが決して上手ではない性格だったようだから，一見すると寡黙な思索型の人間のように思われるが（ある本の表現では「修道僧のような」である），しかし自分で新しい思想を練り上げて行くというよりも，これと信じた人物には徹底的に忠誠を誓って付いて行くというタイプだったように思われる．したがって，その引きが巧く行けば彼自身も出世するということになる．むろんその忠誠を誓う対象者を巧く見つけることも，才能の1つであることは間違いなかったのだが．

　彼独自の才能といえば，どういうわけか従兄弟たちや先輩たちが政治能力に優れているのと違って，軍事戦術家としてのそれが際立っていたことである．どこでどのようにしてその才能を身につけたのか，本人にも分からなかったはずであるが，それを見いだし伸ばしてくれたのも彼を引いてくれた人々だった．

　まず従兄弟や郷里の先輩たちは，林彪を広東にできて間もない黄埔軍官学校（革命軍人を養成する陸軍士官学校）第4期生として入学させた．彼はその時すでに共産主義青年団に加盟していたが，この学校で1925年に中国共産党に入党した．この士官学校は第一次国共合作のもとに孫文の国民党が作ったものだが，政治思想教育には多くの共産党員が協力した．先の惲や肖らも周恩来に招かれ

てこの学校の教員として活躍していた．そこで彼の才能を最初に見いだしたのは，多分，皮肉なことに後に敵対し彼によって打倒されることになる蔣介石であった．蔣はこの学校の校長として林彪を可愛がったようだし，林彪の方も1942年に重慶で蔣に再会したときは（このころは第二次国共合作のもとで抗日戦争中だった），もとの校長先生に対するような礼儀正しい態度で接したという《韋力》．

そしてさらにここでもう１人の重要人物と出会う．これまたずっと後に，林彪追放劇において重要な役割を担うことになる周恩来である．周は共産党員であったが，蔣介石と国民党に協力し，黄埔軍官学校政治部主任として学生の政治教育を担当していた．彼は第一線部隊である国民革命軍の第一軍の政治部主任をも兼ねていた．周が林彪の政治的素質をどの程度評価したかは分からないが，軍人としての素質をある程度見抜いていたことは間違いないように思われる．そうでなければ，このすぐ後に国共両党の分裂，内戦と続く歴史の展開の中で，まだ若い，実績のそれほどない林彪に重要な役割を担わせることはなかったであろう．少なくとも1930年代の半ばまでは，共産党が作った紅軍の最高指導者はほかならぬ周恩来だったのである．

1927年の国共分裂後，共産党側の革命軍は葉挺，賀竜，朱徳らに率いられて「八一南昌暴動」として知られる武装蜂起を決行した（今日の建軍節はこの日を記念して８月１日とされている）．林彪は朱徳の部下として活躍したが，この軍は南昌から出発して南下し福建と広東の境目の汕頭に達し，ここでいわゆる「海陸豊ソビエト」を作っていた農民軍と合流しようとしていた．しかし両者はともに国民党軍によって各個撃破され，その敗残軍は朱徳に率いられて井崗山まで退く《スメドレー》．他方，農民を扇動し組織することに長けていた毛沢東は，南昌暴動の前後にこれとは別口の湖南の農民暴動を指導して武装蜂起したが敗れ，その敗残軍を率いて先に井崗山に立てこもっていた．南昌から出発した軍はこれに合流したわけである．ここに人民解放軍の前身である紅軍（正式には工農紅軍）の基礎ができあがった．

そのころまだ紅軍の中級士官にすぎなかった林彪の政治面での指導者は，こ

れまた後に対立することになる陳毅（建国後，10人の元帥の1人で外相）であった．2人の関係はあまりうまくなかったようであるが，にもかかわらず曲がりなりにも林彪がその地位を失わなかったのは，毛沢東に可愛がられたからである．

　井崗山で苦労に苦労を重ねて紅軍を育て上げていた毛沢東は，1人でも多くの有能で専門的な軍の指揮官を欲していた．周恩来や朱徳や陳毅はすでに名の通った，見方によっては毛よりも上級の指導者だった．彼は自分の言うがままに働いてくれる軍人がほしかったのである．そこに林彪が現れた．運命的な出会いであった．

　毛沢東は林彪の才能を高く評価したが，その一本気で強情なくせにともすれば弱気が現れてくる性格には，てこずったようである．林彪もまた毛の真の性質を見抜き，その将来性に賭けるほど熟達した人間観察力をもっていたわけではなかった．毛は繰り返し林彪の弱気を叱咤し，彼を教育することを通して自分の思想と戦略を紅軍のなかに浸透させていった．その1つが1930年1月5日づけ林彪宛の書簡――後世「星のように小さな火花でも，原野を焼き尽くすことができる（星星之火，可以燎原）」と題されるようになった論文――である《毛沢東選集第一巻》．

　毛沢東はこのなかで，現在退潮期にある革命運動も早い時期に必ず全国的な高揚期を迎えるという信念を吐露し，それまでじっと地方に割拠する「赤色政権」を維持していかなければならないと説いている．当時林彪はまだ23歳で最前線の精鋭部隊である紅軍の一部隊の指揮官だった．国民党の軍隊に包囲攻撃される困難な軍事情勢のなかで革命運動に対する信念がともすれば動揺していたのであろう．つまり革命戦略の展望を見いだせなかったのである．しかしそうした人々は林彪だけでなくたくさん居たのである．毛沢東はわざわざ彼を名指しで叱咤激励するという形をとりながら，党と紅軍の内部にあるそうした悲観主義を鋭く批判したのであった．それは若き指揮官に対する愛情と信頼の表現以外のなにものでもなかった．今日でこそ，この論文は毛沢東による林彪批判，林彪を信用していなかった証拠のように言われているが，そのような理解

は明らかに間違っている．もし本当に林彪個人を批判し糾弾するものであったとすれば，林彪はここで当然失脚し歴史の表舞台から姿を消していたはずだからである．むしろこの批判は逆に林彪の名と信頼度を中国共産党＝紅軍のなかに知れわたらせたと見るべきであろう．彼は毛沢東の期待に応えて軍事戦術の面で指揮官としては立派に仕事をしたのである．

　しかし30年代の前半は，毛沢東の出世の始まりではあったが，苦難に満ちた時期でもあった．毛の大嫌いなモスクワ帰りの若い共産党員の王明や博古が主導権を握っていたからである．そこへオットー・ブラウン（中国名は李徳，または華夫）というドイツ人が，コミンテルンの軍事顧問としてモスクワから派遣されてきた．彼らは結託して紅軍に対する毛沢東の影響力を奪い去ろうとした．とりわけ王明は後々まで毛沢東の憎悪の対象となり，ついに建国後も中国に居られなくなってモスクワで客死することになる．

　林彪は一時，このオットー・ブラウンに心酔し，オットーが練り上げ中国人によって「短促突撃」論と名付けられた戦術を紅軍内で鼓吹してまわっている．しかし江西での戦いに敗れ，その根拠地を捨てていわゆる「長征」に乗り出さざるをえなくなったとき，林彪はオットーを激しく非難し第一線の指揮官として毛沢東を支持し，毛の軍事指導権奪回の成功に寄与した．1935年1月の遵義会議でのことである．こうして毛沢東は林彪をより一層愛でることとなり，林彪もまた毛の指導者としての実力を認め，彼に追随することになる．24歳にして林彪は毛沢東の抜擢を受けて紅軍の最精鋭部隊である工農紅軍第四軍第1縦隊司令，さらに第1軍団の軍団長となる《中公新書拙著》．

　林彪の才能を評価したのは中国人だけではなかった．上述のオットー・ブラウンもそうであったが，より高い評価を彼に与えたのは，おそらくモスクワのスターリンであった．スターリンは抗日戦争で負傷してモスクワに療養に来ていた林彪に惚れこみ，ドイツの侵略に苦しむソ連の防衛のために，林彪がそのままソ連に止まって一臂の力を貸すようにと誘ったほどであった．だが林彪は王明の二の舞いにはならなかった．毛沢東の下に帰って行ったのである．

　抗日戦争では八路軍（第18集団軍－総司令官は朱徳）のわずか3つの師団の1

つ第115師団の指揮を委ねられた．先任将校ともいうべき人々を飛び越えてである．わずか30歳であった．いかに毛沢東が信任していたかがうかがえる．その緒戦において板垣師団を敗った有名な平型関の戦いがある．日本軍側はこれをできるだけ小さな敗北だと見なそうとしたが，中国側は大勝利と宣伝した．林彪は一躍民族の英雄となった．しかしその直後に彼は同盟軍の誤射によって重傷を負い，第一線から退いて療養の身となった．回復がはかばかしくなかったので1938年の冬に延安を離れモスクワに後送された．モスクワから帰ってきたのは42年2月だが，この時毛沢東は自ら林彪の車を出迎えた．異例のことであったと言われる《師哲》．

帰国してからは第一線に出撃せずに，後方基地の延安で抗日軍政大学校長となり，周恩来とともに重慶の国民政府との交渉にあたったりしている．もと黄埔軍官学校の校長の蔣介石に国共分裂後はじめて会ったのはこの時のことである．それからしばらくして戦争末期の45年4月に延安で開かれた中国共産党第7回全国代表大会で初めて中央委員になった．38歳であった．

この延安時代に林彪は終生の妻，福建生まれの葉群と結婚している．モスクワから帰国して1年とちょっとの1943年のことである．当時彼女は24歳，延安の「8人の美女」の1人と言われた才媛である．中国人は公式文書にせよ偉い人の回想録にせよ，あまり艶っぽい話は書かないが，しかし男女関係はご多聞にもれずやはり大きな関心事であるらしく，一般の多くの文献が葉群のこと，彼女と林彪との関係のことを詳細に書いている．それらをまとめると，こんなことになる《王振・林雨》．

林彪には早くに親が決めた女性がいたらしい．しかし彼はそれを嫌って正式な結婚はしなかったのだが，彼女の方は結婚したものと考えてずっと死ぬまで独り身だったという．彼が党の許可をえて正式に結婚したのは1937年で，陝西出身のまだ17歳の張梅（本名は劉希敏とも劉新民とも書かれている）という女性だった．この女性は彼が療養のためにモスクワに行くのに1人の子供をつれて同行したが，その地での結婚生活は必ずしもうまくいかず，林彪帰国に際しては1人モスクワに残った．彼女が帰国したときにはすでに林彪は葉群と結婚し

ていたのである．だから林と葉群との結婚は，毛沢東と江青との関係とまったく同様に共産党公認ではあるが今流にいえば重婚なのだが，どうしてそんなことが許されたのかは分からない．当時の延安は男女の比率が極端で，圧倒的に男性それも若い者が多かった．若い女性は垂涎の的だったのは当然である．ところがそれらの多くが高級幹部連中に取られたことが若者たちの不満をまねき，後の延安整風運動の1つのきっかけになったとさえ言われている．

「若き鷹」と言われた英雄林彪のロマンスはこれに止まらない．どの本にも書いてあるのが，モスクワ時代に孫維世という女性に懸想したという話である．この女性は国民党に殺された初期の党員，孫炳文の遺児で周恩来が面倒をみていてモスクワに留学させたと言われる．妻も子供もある，そして英雄視されている壮年の男性が20をちょっと越えたばかりの女性に夢中になり，しきりとモーションをかけていたというのである．林彪が失脚したからこそ出てきた話だが，これには後日談がある．この孫という女性のことは葉群もよく知っていて激しい嫉妬の対象だった．文化大革命のころ，葉群は孫をソ連のスパイとして摘発させ，彼女を投獄して殺してしまったというのである．周恩来もついに彼女を守りきれなかったのである．この話もまた葉群が失脚したからこそ言えることであるが，いかに彼女が残酷で嫉妬深い女だったかの証明みたいに，多くの本に書かれているエピソードである．

このような話を読むかぎり葉群の悪女振りが突出してくるのだが，もちろんそんな面ばかりではなかった．彼女は北京の学生であったときに有名な「一二・九」（日本の侵略に反対する学生運動―1935年）に参加し，愛国の熱情に燃えてはるばる危険な延安にやってきたのである．愛国と革命のために命を捧げるくらいの覚悟であったことは間違いない．そこですでに有名人であり毛沢東の寵愛を受けている，そして女性たちの憧れの的である傑出した軍人の林彪に見染められるとは，夢にも思わなかったことであった．その愛を受け入れて結婚するにあたっては，もちろん彼に劉某という妻があることは知っていた．しかしすでに毛沢東と江青との結婚という先例があり，世間も党中央も仕方なくその結婚を認めざるをえなかった．彼女の側から見れば愛を貫いたわけである．

その後も延安から東北の内戦に出征していく夫の後ろについて，まだ乳離れしない女の子を抱え，さらに2番目の子供をお腹に抱えて健気に行軍した．林立衡（愛称豆々）と林立果である．その苦労は理解してやらなければなるまい．

こうした経緯から葉群は建国後も毛沢東の妻江青と同様に政治の表舞台には登場させてもらえなかった．その欲求不満が文化大革命において突然ほとばしり出たのである．そして林彪弁公室主任として政治局員にまで上り詰めてしまい，彼女の運命を決定的に狂わせてしまったのである．多くの書物は彼女のことを強情，わがまま，権力欲の権化，そのうえに多情な女として描いている．なかでも極め付けは，彼女が林彪と結婚したころ，はたして彼女が「処女」だったかどうかが問題とされたため，彼女は夫の林彪に処女証明書まで書かせた云々という話がある．これらはみな権力を握ろうとして悪逆無道を行ったとされる文化大革命のころの話であって，そこでは脂っ気が抜けてしまってまったく可愛げのない，強欲さだけがむきだしになっている女の姿が面白おかしく描き出されている．権勢を振るった女への一般庶民の怨嗟の声とも，悪妻のために苦労し地位や名誉まで破り去られた林彪に対する隠れた同情の念の裏返しとも取れる．あるいはいまだに武則天というれっきとした女帝を「則天武后」と言いたがる儒教的女性蔑視観の表れかとも思うのである．いずれにしても権力は失いたくないものである．

さて抗日戦争後，林彪は内戦に備えて山東に派遣されることになった．8月下旬に彼は延安を出発した．しかしその途上，毛沢東ら党中央は東北（満州）の重要性に鑑み，急遽彼を東北に回すことに決定，彼は妻子を抱えたまま徒歩で錦州まで行った．

これより本書の主題になるので割愛する．また内戦終結，中華人民共和国成立後の林彪の出世街道については第二部で書くので，ここでは割愛する．

序　章　ハルビンにて

　さてこの本を書き出すにあたって，わたしはハルビンの思い出から始めたい．ハルビンこそ，当時の満州・東北における中国共産党の最大の拠点であり，地殻変動はまさにそこを震源地として始まったからである．そしてもう1つの震源地，というよりもその変動によって最大の被害を被ったのが，この地の国民党の本拠地，瀋陽（奉天）であった．この本はハルビンと瀋陽を縦軸として展開される．

　わたしが初めてハルビンを訪れたのは，今から20年前，2月の氷祭りの終わりころであった．天津から乗った列車は，真夜中近くハルビン駅に滑りこんだ．夜の駅前の道はカチカチに凍っていて，注意しないとツルツルと滑ってしまう．雪や氷になれないわたしは，腰に力を入れ這うようにして坂道をのぼった．

　昼間，厚い氷に閉ざされた松花江の岸辺に立った．観光客めあての馬橇が岸辺に雑然と屯しており，客引き同士のケンカがたえまなかった．その1台に乗って氷上を疾走するのは爽快そのもので，思わず「トロイカ」とか「カチューシャ」といった古いロシア民謡を口ずさんでしまう気分であった．河の上にかかる松花江鉄橋を，黒い煙を吐きながら長い長い貨物列車が通り過ぎていく．北に行くのか南に行くのか，巨大なコンクリートの橋げたの下にたたずみながら，40年ほど前の歴史の一齣に思いを馳せていた．

　この河も橋も，長くて複雑な歴史を見つづけてきた．ロシア軍が渡り，日本軍が渡った．そして共産軍が渡った．結局，日本の敗戦後も当時の中国政府，つまり中華民国国民政府の軍だけが，一時的に進攻してきただけでここを完全

に支配することはできなかった．

　ハルビンの町中はロシア風の建物が目立って立派で，日本風のものはほとんど無いように見えた．ホテルやレストランもロシア風のものに客足が多く，異国情緒というよりはロシア情緒が幅をきかせる街という感じであった．その町中の一角，とある分厚くて高い塀に囲まれた一軒の豪邸の屋敷内をのぞきこんだ．それは旧満州軍閥に属する高級官僚の屋敷であったとかで，本編主人公の林彪も住んでいたことがあるらしいが，彼自身はそんなところに住むのが嫌であったのか，或いはそんな時間的な余裕がなかったというべきか，ハルビンの南，60キロほどの双城に居住していて，この家にまつわるエピソードを聞いたことがない．

　黄土高原の延安から連れて来ていた彼の妻の葉群と娘の林豆々，それに生まれたばかりの長男，林立果らはハルビンに住んでいたそうだから，ひょっとするとこの屋敷であったかもしれない．なにしろ彼，林彪は「東北の王」と言われるほど党，政，軍の三権を握る最高実力者であったのだから，どのような豪邸も思いのままだったはずだが，彼個人は，そんなところを好まなかった．つまり妻子とは別々に住み，戦塵にまみれて生活していたのである．それはまるで1971年の9月に悲惨な末期をとげたこの人物の，その悲惨さを演出した家族との関係を暗示しているようであった．

　松花江は上流の方が大湿地帯らしいが，この大都市あたりは肥沃な平原のなかにある．しかし北京や天津に比べると，けっこう坂の多い街という感じである．河からはずっと小高い丘陵地が広がっていて，それほど大きくもない松類の疎林がどこまでも続いている．街を出て少し南に下った松林のなかの1つの鎮・平房に例の日本軍「七三一部隊」の所在地もあった．

　河は北上してハバロフスクの上流で黒竜江（アムール河）に合流する．しかし人と物産は旧満州鉄道の一部をなす中長鉄道を400キロほど南下して長春に，そしてさらに400キロほど南下すると瀋陽（奉天）に至る．そこから鉄道は2つに別れ，まっすぐ南下すると昔の南満州鉄道を下って営口と大連に出るし，南西に向かうと錦州に出，いわゆる遼西回廊を経て天津・北京に至る．

一般に東北・満州を指す言葉に「黒水白山」というのがあるが，これは北の黒竜江，東の長白山に囲まれた大地といった意味であるらしい．その広大な土地の中枢部分は，ハルビン・長春・瀋陽・大連，そして錦州と連なる地域である．それは松花江とその支流である第二松花江，南に下って遼東湾に注ぐ遼河，巨流河，大凌河などの流域に形成された複合平野で，いわゆる東北平原である．これだけでも日本の国土よりも広い．ここは古い日本人なら誰でも知っている大豆，小麦，トウモロコシ，コウリャンなど中国有数の食糧生産地帯で，そのこともあって，中国人は一般にある種の羨望と畏敬の念をこめて「黒い大地」と呼んできた．

　厳密にいえば実際の黒土は遼河平原だけだが，多分，黄色い大地が中国文明を生み出した土壌であるという中国人の通念からすれば，文字通り異色の地であり，同時に飢えとは縁遠い豊かな地域と見なされていたのかもしれない．

　例えば毛沢東と蔣介石．この現代史に傑出した2人の革命家，ライバルはともに南方の出身である．毛沢東の湖南は高温多湿，青い湘江の水に赤い土が映し出されるような地域である．黒っぽい土もないわけではないが，しっとりと量感のある土質ではない．そのうえ日本軍と戦い，1947年に国民党軍によって追い出されるまで10年間も住んでい延安は，人も知る黄土高原のど真ん中である．満州の黒い土に憧れ夢にまで見たかもしれないのは，あながちこの地の戦略的価値と，長い間日本に植民地化されていたせいだけではなかっただろう．革命中，毛沢東はついに一度もこの大地を踏んだことはない．

　蔣介石もまたしかり．毛沢東に比べて外国も含めてはるかに多くの地方を見て来た彼もまた，日本に侵略されていた満州という土地を知らなかった．満州の回復は民族の指導者としては当然の責務である中国の統一という課題だけでなく，未知なるものへの憧れに駆り立てられていた彼の執念であり悲願でもあったように思われる．しかし毛沢東と違って，彼は革命のさなかに何度もこの地に来り，また上空を飛んでいる．

　それと同時にこの豊饒の土地は，近代以降は中国最大の工業地帯，なかんずく重工業地帯として発展して来た．農工両々あいまって兵家必争の地とでもい

うべき経済発展の環境を作り出したが，それゆえにこそ不幸なことに，この地域は近代百年に近い歴史を通じて侵略と戦乱と匪賊の跋扈が絶え間なかったのである．

ここで人文地理のお勉強のようなことを書いたのは，それがこれからの物語に欠かせない要素だからである．気候，気温，雨量，植生，農作物などを含む自然・人文地理と方向感覚が無いと，戦争の話について行けないのは古今東西の常識であろう．戦争は戦闘だけではない．将兵と戦乱に巻きこまれた民衆の生活もかかっていたのである．

たった50年だけ前の時代だのに，飛行機や戦車・砲車や兵員輸送車が大平原を飛び回り馳せかうという想像からは懸け離れた，徒歩を最も重要な移動手段とし馬やラバや大八車を主要な運搬手段としていた戦争においては，なおさらのことである．列車がめったに通らない鉄路，舗装されていない街道，橋がかかっていない渡し場，雷雨や猛吹雪を避ける場所もない平原や湿地帯，そして食料や医療品が十分でない戦場などなど．そうしたものが本編の舞台なのである．ただ時代は，こうした状況からやや進展して，わたしたちがイメージする戦争（第二次世界大戦から朝鮮戦争を経てベトナム戦争にいたる）に近い近代戦へと移り変わりつつあった．本編に描かれた戦争は，そういう変化の過渡期にあったものと位置づけられるかもしれない．

・読者の参考のために（1）　本書の軍事用語，登場人物，資料について

本編は中国共産党とその軍隊，中国国民党とその軍隊が対決する経過を中心とした軍事史研究の1つの産物であり，繰り返し軍，軍人，戦闘のことが述べられている．そこで叙述においては当時の中国の軍事上の特徴に即して出来るだけ簡明を旨としたが，読者のために若干の説明を最初にしておきたい．

（1）　まず両軍の記述の仕方であるが，本書では「政府軍」と「共産軍」というようにした．今日の中国では「国民党軍」とか「国民党政府」といい，また「解放軍」といっているが，これは中国共産党の観点であって当時の客観的な位置づけとしては相応しくない．どちらも党が指導する軍隊という意味で

は，「国民党軍」「国民党政府」は本質的に正しいが，これでは当時中国には正式な政府がなかったことになってしまう．中国共産党から見て正統であろうとなかろうと，ソ連を含めて国際的に認知された政府（中華民国国民政府）は厳然として存在していた．その政府が組織した軍隊は政府軍だというのが，わたしの認識である．では「政府軍」に対しては「反乱軍」が妥当な表現のように思われるが，これも正確ではないように思われる．なぜならこれは国民政府・国民党側からの価値観が入っており，中共側からすれば抗日戦争時期には共産党支配地域が合法的に認められていたこと（辺区として），その権利の延長線上に戦後の秩序を再建しようと主張していたこと，という歴史的事実が無視されてしまいかねないからである．苦慮の末に「政府軍」と「共産軍」としたのであるが，これが両者の当時の客観的な位置づけ方だと考えた結果であって他意はない．

　（2）　また本編は現在の中国でいう「遼瀋戦役」を描いたものであるが，この「戦役」という表現は中国独特の用語法であるので（日本でも使わないわけではないが意味内容が異なる）若干説明しておく必要があるだろう．

　戦争に勝利するための全般的で総合的な方策，指導方針が戦略である．これには政治的交渉，かけひき，謀略，情報合戦はもちろんのこと，それを支援する後方兵站の維持のための工業農業生産，交通運輸などの産業面をはじめ人口，民衆の教育，扇動宣伝，動員など極めて複雑多岐にわたる組織的な活動が必須である．今日の中国流にいえば「総合国力」の戦争への結集と動員である．

　これを戦闘行為，作戦という戦争の表面的な活動，あるいは現象に限っていえば，この戦略は多くの局地的部分的な戦闘（政治的な交渉，かけひきも含めた）の集積として成り立っている．それを考案し指導するのが戦術である．しかしそのような個々の戦闘だけにいくら勝利しても戦争全体の勝利（すなわち戦略の貫徹）を勝ち取ることはできない．なぜなら一打逆転ということもありうるからである．したがって個々の戦闘（戦術）が戦略的勝利に直接結びついていくような一連の連続する作戦が必要となる．それが「戦役」であり，戦役の勝

利が戦略的勝利に直接結びつくような場合に「戦略的決戦」とも言われる．

以下において，戦略・戦術をもっぱら戦争指導に関する思想面で使い，これに対応する実戦面では戦争，戦役，戦闘という使い方をする．

（3） 本文では当時の軍編制のことが頻出するので，これについても若干述べておかなければならない．旧日本軍の編成とは呼称，規模において異なるので日本の読者には分かりづらいと思うからである．以下は政府軍と共産軍および日本軍の簡単な比較表である．

政府軍－　　兵団　　－軍　　　－師（旅）－団　－営－連　－排
共産軍－（兵団）－縦隊（軍）－師　　　－団　－営－連　－排　－班（組）
日本軍－（方面軍）－軍　　　－師団　－連隊－大隊－中隊－小隊－分隊

中国の軍事組織制度は，一般には「三三制」をとっている．つまり1個軍（縦隊）は3個師団，1個師は3個連隊，1個連隊は3個大隊，1個大隊は3個中隊，1個中隊は3個小隊からそれぞれ成り立っている．最小作戦単位は中隊のようであるが，軍隊内の生活活動はもっと小さな集団，食事を一緒にとるという意味の言葉「伙食」という単位がしばしば使われる．これは正規の軍隊の組織を意味しているわけではないが，最も密着した共同生活を重視するという中共軍隊の特徴をよく表している．小隊とか分隊がこれに該当する．分隊はさらに小さな3－4人からなる小組に分けて活動することがある．一般社会の隣組（伝統的な中国社会では隣保制とか保甲制のような身近な者たちの連座制）が想起される．これは後述するように戦闘行動において重要な意味をもつことになる．なお共産軍でも兵団とか旅団がなかったわけではないが，この時期の通常編成ではない．

上記のように本文では中国流ではなく日本流の呼称を使うが，規模は日本の戦闘師団，国民政府軍，共産軍の順で少しずつ小さくなっている．共産軍の場合，時期と各縦隊によって異なるようであるが，大体において1個師団は1万人前後，したがって1個縦隊はその3倍プラス各師団・縦隊司令部要員とその直属護衛隊，各種補助兵員（砲兵隊，騎兵隊，工兵，衛生隊，兵站部），および共産軍独特の政治工作要員がいる．

共産軍が政治工作を重視したことはよく知られているが，それはソ連赤軍を模した孫文の国民革命軍，およびその後の紅軍時代からの伝統である．その組織は連隊以上に政治委員がおり，彼らの下に政治部が設置されている．それより下級の単位には政治指導員と政治処が置かれている．これを含めて本編では，各縦隊によって必ずしも一律ではないが1個縦隊はほぼ4万人前後と想定して書いている．

　以上が本書を読んでいただく場合の最小限必要な予備知識である．

　（4）　次に本書の基本資料である『陣中日記』について若干の紹介をしておこう．

　この『日記』は東北人民解放軍司令部の1948年1月から11月までの毎日の記録である．つまりいわゆる「遼瀋戦役」の全期間の日々の記録というわけである．中共中央党史資料徴集委員会と人民解放軍檔案館との編集になり，1987年，北京で出版されている．人民解放軍（当時は東北野戦軍が正式な呼称である）司令部の日々の行動，作戦方針，軍の配置や党中央軍事委員会（毛沢東ら）との電報のやりとりから，隷下各部隊への指示・命令とそれら下級部隊からの報告，意見具申，移動状況などにかかわる電報のやりとりなどが記されている．この記録を実際に誰が書いたのかということは書かれていない．野戦軍司令部の組織を見ると，「第四処」というのが副官処であり，また機密書類などを記録・保存したりする「機要処」というのもある．筆者はこのどちらかが書いていたものだ推測していたが，ある中国人研究者は司令部の「参謀処」ではないかと言われた．いずれにしても首脳部の刻々の動きや考え方，電報のやりとりとその内容などがその日のうちに記録されているという性格上からすると，参謀たちか副官たちが書いたものと考えるのが妥当だと思う．

　この本がなぜ貴重かというと，今まで中国では上記のような軍の機密にかかわる生の資料は絶対に公表されてこなかったからである．これは内戦で敗けた側の台湾ではなおさらで，資料公開が相当に進んでいる今日でも軍事関係は厳しく制限されている．勝った側の大陸政権がなぜ資料を公開したがらないのか分からないが，この『日記』を読んで，なるほどなるほどと頷かされることが

多々あった．つまり一言でいうと，中国共産党と人民解放軍の神聖にして犯すべからざる権力の正統性・正当性が損なわれかねないことが，歴史上の事実としては結構あったということである．言葉をかえると，この中共や解放軍，とりわけ毛沢東の絶対的な正しさを系統的に（つじつま合わせで）叙述しようとする正史からは，はみ出してしまう細かな史実がたくさんあることが見えてくるということである．どのようなことかということは，おいおい述べるとして本編でも最も重要な時点，「遼瀋戦役」の方針決定とそれを巡る毛沢東と林彪の対立なるものの実態――毛沢東が一貫して絶対的に正しく，林彪はたえず動揺逡巡し誤りを犯していたなどという正史のマンガチックな解釈説明――が垣間見えてくるであろう．

　公認の「正史」と言えるようなものが有るのか無いのかは問題で，すべての教科書や書物が日本とは比較にならないほど厳しい検閲を経て公刊されているという状況からすれば，われわれが読むことのできる書物はみな「正史」だということになる．そのようなものからは中共党史，人民解放軍史，毛沢東史などの叙述から矛盾どころか問題提起の意識さえも，なかなか読み取れないのが普通だ．例えば上記のような毛沢東ｖ＆ｓ林彪などという話も，林彪が失脚したからこそ言えること，書けることであった．だから，もしそんな話のなかにも真実があるとするなら，できるだけたくさんの人が失脚してくれるのが歴史研究には望ましいという，とても不幸な話になってしまうのである．

　一般書でさえそうなので，生の資料集ということになると，そういう叙述に不整合な都合の悪いもの，部分はみなカットされてしまう．「実事求是」の精神なるものは，歴史に限っていえば眉唾ものである．これまた権力から転げ落ちた人に関する資料はゴロゴロ出てくるし，そうでない人の場合（誰のことなどというのは野暮である）は永遠に発表してもらえないということになる．政治的にまずいのである．だから中国で刊行される資料集の類い，ましてや無数に出されている個人の回想録の類いはよくよく注意して読む必要があるし，そういう資料を無条件無批判に使って書かれた「実証主義」研究なるものも疑ってかかるのが常識だろう．

序章　ハルビンにて　21

　勿論この『日記』も後世の人の手が加わっているという意味では,「生の」ものかどうか疑ってかかる必要がある．しかし比較的原文に忠実だと思えるのは,「善玉・毛沢東」「悪玉・林彪」といった現代中国の明確な価値観に貫かれた記述は無く, 人々の言動が粉飾や悪意に満ちた改ざんなしに淡々と復元されているように読み取れることである．『日記』は日本の陣中日誌, 戦闘詳報の類いに似ているが, これらが防衛図書館などで生の形で見られるのとは異なり, まず中国では絶対に生のものは閲読できない．中央檔案館など党中央レベルの資料館や図書館には軍事関係の文書・資料類が保存されていることは中国で刊行された書籍に出ていることから確かであるが, 外国人で実際に見たことがあるという人に出会ったことがない．党中央党史研究室の人にこの点を問いただしたら, 安全上の問題とプライベイトの保持（特になお生存されている偉いさんを含む）を理由として挙げ, 日本でも同じように軍人関係は見せないでしょうと逆襲された．

　（5）　当時, 中国の首都は南京であり, 今日の北京は「北平」と呼ばれていた．これは中国共産党側もそのように呼んでいた．ということは(1)で書いたように, とりあえず中共側も中華民国国民政府を中国の政府と認めていたことになろう．しかし本書では現代の読者には煩瑣になるので, 引用文や特に意味がある場合を除いては「北平」とは書かずに「北京」とした．この点, 最初にご了解いただきたい．

　（6）　登 場 人 物

　本書では多数の人名や地名が出てくる．その場でも説明を加えるが, 読者の便宜のため頻出する人名の簡単な一覧表を提示しておきたい．（有名な鄧小平などは本編ではあまり出てこないので省略）

◆中国共産党関係（ポストは1945年の第7回全国代表大会選出）

　毛沢東－中央委員, 政治局委員, 書記処主席, 中央軍事委員会主席

　朱徳　－中央委員, 政治局委員, 書記処書記, 中央軍事委員会副主席, 解放
　　　　　軍総司令

　劉少奇－中央委員, 政治局委員, 書記処書記, 中央軍事委員会委員

周恩来－中央委員，政治局委員，書記処書記，中央軍事委員会副主席

任弼時－中央委員，政治局委員，書記処書記，中央軍事委員会委員

以上 5 人がトップクラス．ただし48年 9 月段階では任のかわりに彭徳懐が軍事委員会委員（同委員会秘書長は楊尚昆．参謀長は葉剣英）．このうち1947年 3 月，延安が陥落してからしばらくの間，党中央は二手に別れて行動していた．毛，周，任の 3 人は前敵委員会として陝西・山西を転戦，劉，朱は工作委員会として河北の西柏坡村で活動した．この間，「中央」というのは毛沢東の前敵委員会のことである．翌48年 4 － 5 月の間に両者が合流，9 月，政治局拡大会議を挙行して名実ともに統一された中央委員会となる．以下，東北地方にかかわる第七期中央委員（候補委員）を序列順に記せば次の通り．

林彪　－中央委員，中央軍事委員会委員，東北局書記（正式には中央東北局といったが，本当の中央と紛らわしいので以下は東北局とのみ記す），東北軍区司令兼政治委員，東北野戦軍司令

陳雲　－中央委員，中央政治局委員，東北局委員，東北軍区副政治委員……

高崗　－中央委員，中央政治局委員，東北局委員，東北軍区第一副司令

羅栄桓－中央委員，東北局委員，東北軍区第一副政治委員，東北野戦軍政治委員

李富春－中央委員，東北局委員，東北軍区副政治委員兼後勤部長……

林楓　－中央委員，東北局委員，東北行政委員会主任

黄克誠－中央候補委員，東北局委員，東北野戦軍第二兵団政治委員

譚政　－中央候補委員，東北局委員，東北軍区政治部主任，東北野戦軍政治部主任

程子華－中央候補委員，東北局委員，東北野戦軍第二兵団司令

呂正操－中央候補委員，東北局委員，東北軍区副司令，

蕭勁光－中央候補委員，東北局委員，東北軍区副司令，第一兵団司令

その他の重要人物

劉亜楼－東北軍区参謀長，東北野戦軍参謀長

周保中－東北軍区副司令兼吉林軍区司令

蕭華　－東北野戦軍第一兵団政治委員

鐘赤兵－東北野戦軍後勤部長兼後勤部政治委員

　その他，参考までに書いておけば，魏白という人が書いた『第四野戦軍の10人の虎将』では，上記の黄，蕭，劉の３人の他に，韓先楚，鄧華，李天佑，梁興初，呉克華，鐘偉，賀晋年の７人の名を挙げている．これは最前線で勇名を馳せた猛将のことを言っているのではあるが，必ずしも当時そのように言われていたというわけではない．著者の好みや選択基準が明確でないが，もし林彪が失脚していなかったなら，林彪の四天王と言われた黄永勝（失脚当時，総参謀長，中国共産党中央政治局委員），李作鵬（同，海軍政治委員，中国共産党中央政治局委員），呉法憲（同，空軍司令，中国共産党中央政治局委員），邱会作（同，後勤部長，中国共産党中央政治局委員）の名が挙げられたであろう．以上が本編に登場する目ぼしい人物たちである（第四野戦軍というのは東北野戦軍の後身である）．

◆国民政府軍関係（中国国民党関係は1947年７月新選任のもの）

蔣介石－国民党総裁・中央執行委員会委員長，国民政府主席，中華民国初代
　　　　総統

何応欽－国民党中央執行委員会常務委員，国民政府国防部長

陳誠　－国民党中央執行委員会常務委員，衛立煌の前の東北剿匪総司令兼委
　　　　員長東北行轅主任，もと参謀総長（48年５月まで）

熊式輝－国民党中央執行委員，もと東北行轅主任

顧祝同－国民党中央執行委員，徐州剿匪総司令，陳誠の後の参謀総長，もと
　　　　陸軍総司令

余漢謀－国民党中央執行委員，陸軍総司令

周至柔－国民党中央執行委員，空軍総司令

桂永清－国民党中央執行委員，海軍総司令

杜聿明－国民党中央候補執行委員，もと東北保安司令部司令長官兼東北行轅
　　　　副主任，東北剿匪総司令部副司令，徐州剿匪総司令部副総司令のち
　　　　総司令

郭忏　－国民党中央執行委員，連合後勤部長

傅作義－華北剿匪総司令
以下は東北関係者
衛立煌－国民党中央執行委員，東北剿匪総司令
鄭洞国－国民党中央候補執行委員，東北剿匪総司令部副総司令兼第一兵団司令（長春防衛）
范漢傑－国民党中央監察委員，東北剿匪総司令部副総司令兼錦州指揮所主任兼冀熱遼辺区司令（錦州防衛）
趙家驤－東北剿匪総司令部参謀長，もと第九兵団参謀長
陳鉄　－東北剿匪総司令部副総司令
孫渡　－東北剿匪総司令部副総司令
廖耀湘－東北剿匪総司令部副総司令兼第九兵団司令（西進兵団）
周福成－国民党中央候補監察委員，第八兵団司令（瀋陽防衛）兼第53軍軍長
羅沢闓－国民党中央監察委員，
盧濬泉－第六兵団司令
曾沢生－第一兵団副司令兼第60軍軍長（長春防衛）

第1章　双城を発す

　さてハルビンの南，双城という小さな街のことである．歴史を知らない者なら何気なく通り過ぎる路傍の石ころのような存在である．この何の特徴もない静かな田舎町が，歴史の一瞬に雷名を轟かせたのである．それは国共内戦の最終段階に，中国共産党軍，すなわち東北野戦軍総司令部の所在地，その最高司令官の林彪と幕僚たちが住まいしていたからである．《双城については，加藤直人という人が「黒竜江省双城市檔案局」という報告書を書いているのが参考になる＜研究代表者・江夏由樹『文部省科学研究費補助金報告書』2000年3月刊》
　この双城，司令部の記録『陣中日記』によれば，わたしがハルビンを訪れたころの2月29日午前8時の気温，マイナス22度．もちろん夜半はもっと下がる．
　中国共産党の勝利を決定的にした東北の内戦のほとんどの作戦指令・命令は，ここから発せられた．百万にのぼる野戦軍，地方軍，民兵，それに軍の作戦や移動に協力した延べ百万ともいわれる農民たちの巨大な流れは，ここからの発信に従って黒い大地の東西南北を縦横無尽に駆け巡った．それはまことに見事な動きであり戦争の芸術というに相応しい．
　1948年9月30日午後，双城．ちっぽけで貧弱な駅頭に立つと，すでに肌を刺すような冷たい風が吹き抜ける．今，東北野戦軍司令部の首脳たちが，決戦の最前線に赴こうとしている．総司令官の林彪を筆頭に，政治委員の羅栄桓，参謀長の劉亜楼，政治部主任の譚政らである．それまで双城の陋屋で，各地からの報告書や電報を受け取り，分析し，地図と睨めっこしながら，そして毛沢東

ら党中央からの指示との整合性に苦慮しながら，戦略戦術を考え，指令を発していた林彪と東北野戦軍首脳部が，ついに腰を上げて最前線に直接指揮所を設ける日が来たのである．

極秘裡の移動であった．建国後，10人の元帥の1人となる政治委員，羅栄桓の伝記によると，国民党のスパイ網に探知されるのを警戒し空爆を恐れて，列車はまっすぐに目的地には向かわず，いったん北上してハルビンに入り，しばらく停車して状況を見極めた後，東の牡丹江方面に向けて発車した．しかしそれも敵の目を欺くためであって，間もなく反転して再びハルビンに引き返し，そこを通過してハルビンから満洲里に通じる哈洲線を西に進んだという．

司令部の記録である『陣中日記』によれば，目的地は「阜新，海州」で，3日間後にそこに着く予定と記されている．

この列車は翌10月1日は哈斉鄭（実際にはこのような地名はない．多分，暗号名であろう）を通過，2日に双遼（鄭家屯）に着いていったん待機，内蒙古の通遼を経て真っすぐに南下し，翌3日8時に彰武の近くの馮家窩堡に着いている．そこで再び待機して夕刻の4時に出発，翌4日の真夜中12時に海州に到着したとされている．一行はさらに翌5日午後3時，海州から田家屯まで進出した．

予定より2日遅れということになるが，当時の交通運輸事情と主として夜間に走らざるをえなかったことからやむを得ず，また途中で首脳部内に議論があったことにもよる．『羅栄桓伝』では10月2日に彰武着，そこでもめごとがあったとしているが，この件については後に述べる．

彰武に着いた日付が『日記』と『伝記』とでは違うが，『日記』ではこの彰武に停まったとは記されていない．実際，この地は偵察機の飛来と空爆，スパイ活動が激しかったことから，この重要都市に首脳陣がウロウロしていたとは思えない．ここでは『日記』の方が信憑性が高いものとして考え，2日の夜，通遼から彰武に至る途中のどこかで一時停車し，議論があったのであろう．『伝記』のような一般書では細かな地名を省いて「彰武」と簡単に書かれるようになったものと思われる．

以上によって見るに，目下攻防戦の最中である長春を大きく迂回し（長春陥

落は10月19日)，政府軍の飛行機が飛び回り前線部隊が出没する瀋陽近辺も注意深く避けて，当面の集中攻撃の目標地，錦州に接近したわけである．主力部隊の移動，集結もまた同様に極秘に行われていたが，首脳部のこの行程はもちろん極秘中の極秘であった．それゆえ内部の機密資料であったはずの『日記』も，秘密漏洩を恐れてか，目的地が「錦州」ではなく「海州」となっている．というのもこの『日記』は体裁は日記だが，司令部の記録としてはるか離れた党中央（毛沢東）のところにも報告として送られていた可能性があり，極秘暗号電報とはいえ解読される恐れがあったからである．当時の海州とは阜新，もう少し錦州寄りの清河門のことのようである．

　ところで当時の交通運輸事情について，いくつかの回想録をもとに記しておく必要がある．それらを読むと，足の便がむちゃくちゃに混乱し，空の便などまったくなかった広大な地域で，数10万人単位の大作戦がなぜ実現しえたかという素朴な疑問が多少とも理解できる《『遼瀋決戦』》．

　鉄道の運輸を担当していたのは，建国後に鉄道大臣になる呂正操という人である．彼はもともとは張学良の東北軍に属していた東北人で，早くに共産党に入り河北省中部で抗日戦争を戦った．満州のことが詳しいし知人も多いということであろう，内戦初期にすでに東北地方に入っている．

　この人の回想によると，8月下旬，東北野戦軍司令部から，ハルビン周辺から四平にかけて分散し訓練していた大量の軍（第3縦隊全軍，第2縦隊の1個師団，それに砲兵縦隊および戦車隊．概算で6－7万の兵員と各種大砲，戦車など）を千キロ離れた錦州方面に急速移動させよという命令が下った．もちろん軍の移動はこれだけに止まらず，主力軍は四平－長春の一線に居たから，これらも一部を残して西，西南に急速移動したのである．瀋陽周辺の部隊もあった．これらを平時のハルビン－長春－四平－瀋陽そして錦州というルートでは運べない．先に林彪ら司令部の移動で示したのと同じ迂回路を通すのである．これがいかに至難の業であるかは，制空権が完全に政府軍側に握られている状況下，列車の運行がほとんどすべて夜間であって昼間は退避，隠蔽せざるをえなかったことと，破壊され空爆にさらされている鉄橋，鉄路の補修，保全，および機関車

と車両の安全確保だけを取り上げても十分に想像できる．例えばターミナル駅にあたる彰武－阜新間はわずか100キロあまりだが，遼河や大凌河の支流が幾筋も流れていて，特に重要な彰武の柳河鉄橋は10月1日と10月5日の二度にわたって爆破されている．駅の爆撃はいわずもがなである．

B－24，25などの爆撃機，P－51などの戦闘機，偵察機などはみなアメリカから供給されたものだった．それらは北京の空軍第一戦区，瀋陽の第二戦区から飛びたったものであるが『徐康良先生』，共産軍の者たちはそれだけでもアメリカ帝国主義の本質を知り，アメリカが憎いと思うのだった．

余談になるが，わたしが少年のころ，神戸の家はB－29の無差別爆撃で焼かれてしまった．わたしは縁故疎開していて助かったが，両親とすぐ上の兄は命からがら逃げ回ったという．それから明石の山奥に一家はともども避難したが，山越しにやはりB－29の空爆を見，P－51の地上掃射を受けて地に伏した．憎たらしいことに戦闘機のパイロットは，地上の人間や牛馬を面白半分に射ちながら，機上でハンケチを振っていたのである．日本空軍の無力さに怒り爆撃機の大きさに驚嘆したものであった．しかしアメリカのスミソニアン博物館でその爆撃機がベトナム戦争で名を知られたB－52と並んでいるのを見て，B－29とはあんなに小さかったのかと，またまた驚いてしまったことである．戦争を知らない世代のために一言．

それはさておき，こうした状況だったので，車両も運搬物資・兵員もしばしば線路上に立ち往生せざるをえなかった．そこで搬送は戦闘員，弾薬，ガソリン，被服を最優先させ，政治関係者や運搬要員ら非戦闘員は鄭家屯（双遼）で下車，前線まで数百キロを歩けということになったという．結局，9月12日にいわゆる遼瀋戦役が開始されてから錦州陥落後の10月21日までの間に鉄道縦隊と鉄路局は車両1万9,561輌，各種物資58万6,830トンを運びきったとされている．

この呂正操の回想に「3005便」列車のことが出てくる．そして実際にこの列車を運行させた人々の回想も掲載されている．これは大事なことなので紹介しておく価値がある．なぜなら，この列車が命懸けで通したルートこそ，その直

後に林彪らが通った道筋だったからである．

　チチハルの鉄路局が緊急会議を招集したのは9月27日夜のことだった．錦州攻略戦のために緊急に作戦用の物資を運べとの指令を野戦軍から受け取ったというのである．さっそく共産党員を中心に，1人の指揮者と，運転手1，缶焚き2の3人を1組とする3組編成，全員で15人からなる特殊乗務員グループが結成された．特別列車はすでにハルビンからバラバラに送られて来ていて，チチハル近くの昂々渓の操車場にすでに集結していた．それは武器弾薬その他を満載した32輛の有蓋貨車であった．同乗者は，15人の他に運転手長，車検係，それに1個小隊の護衛兵士であった．

　特別列車は28日午前6時50分，昂々渓を出発，一路南下して正午に白城に着いた．この辺りは敵空軍機も飛来せず，昼間堂々と運行できたのであるが，ここからは空襲警戒地域になる．そこで日が落ちてから発車，29日の夜明けに玻璃山駅に着き，貨車を分散させて待避し夕暮れを待った．夜，四平と通遼とから来る線路の交差点，鄭家屯（双遼）に着いた．普通，列車はここで積み荷を報告するとともに積み替えしなければならない規定になっていたから，駅の責任者は規定通りにせよと要求した．極秘任務を帯びている一行はそれを拒否したため一悶着が起きた．ちょうどそこへ東北軍区のお偉方，陳雲と呂正操から同列車の安否を気遣う電話があり，何も聞かずに通してやれということになった．

　列車はここから南下すると四平に出るが，それは極めて危険であり鉄路もズタズタにされているので，西に転じて通遼に至る．通遼から一路南下すると彰武に出るが，先に述べたようにこの辺りは最も危険な地域だし鉄路の状況も分からない．

　9月30日午前4時50分，彰武の手前，阿爾郷に停車，貨車を13箇所に分散し，木の枝やコーリャン殻で覆い隠した．付近の村人たちも手伝ってくれたが，積み荷が何であるかは絶対にしゃべれなかった．7時ころ，1回目の敵機来襲は何事もなかったが，2回目は猛烈な機銃掃射を受けた．しかし目標は列車ではなく前方の小駅であった．この日，彰武が爆撃され駅舎と線路が被害を

受けたが，懸命の復旧作業によって列車は通過することができた．

10月1日午前3時，彰武を通過し，4時46分，五峰という小駅に到着．まさに間一髪であった．というのは，この日の彰武爆撃で柳河大橋が破損され，その修理にかなりの時間をくったからである．一行は上空を飛び交う敵機を眺め，爆撃の地響きを聞きながら胸をなでおろしたことである．しかし危機を逃れたかわりに，この小駅には何の設備もなかった．発車間際になって水が足りなくなっていることを発見したが，給水塔もなかったので，付近の井戸から住民に手伝ってもらってバケツリレーで給水した．線路の状態を調べるために責任者は線路の上を歩いて列車を先導した．

この日の夜，阜新に近づいてみんなが安心しかかったころ，夜間飛行の戦闘機に機銃掃射を受けた．命中すれば列車もろとも大爆発である．運転手は列車を停めたり進めたりバックさせたりして線路上の回避運動をして飛行機をやり過ごした．1個小隊の護衛戦闘員も機関銃と小銃で「遊撃戦」をやったという．

10月2日午前5時，最終目的地の清河門に到着した．32輌分の武器弾薬は無事に届けられ，待ち構えていた野戦軍兵士によって瞬く間に下ろされた．まさにこれと同じころ，野戦軍司令部は後追いで彰武の手前まで来ていたのである．

こうして丸4日の危険な行程は終了した．それは直ちに鉄道縦隊，鉄路局および野戦軍司令部に報告された．おそらく「3005便」の報告は武器弾薬の無事到着が喜ばれただけでなく，その行程の詳細，つまり通過各地と路線の状況が明らかになったことも大きな貢献であっただろう．一行は「集団特別功労賞」を受賞した．

いささか共産軍側の資料に依拠して，これを褒め過ぎたきらいがあるかもしれない．しかしこれはほぼ事実だろうと思う．そうでなければ，蒋介石をはじめ政府軍側が，見当違いの防衛戦を考えていて共産軍が忽然と大量に錦州方面に出現した，その時の驚きを理解できない．後に述べるように，政府軍側が共産軍の意図を理解したのは9月24日ころであったとされる．2週間近くも，こ

の意図を阻止する有効な措置がとれなかったわけである．

さて10月5日真夜中，無事に双城から錦州近辺まで運ばれてきた林彪らは，翌日さらに錦州に接近（『日記』には田家屯とある），ここに前線指揮所を設け，状況に即応する臨機応変の作戦を策定することになる．その当面の目標は錦州攻略であった（冒頭の写真参照）．

抗日戦争時期の毛沢東と林彪

出典　胡哲峰，于化民『毛沢東と林彪』（広西人民出版社，1998年）

第2章　満州をめぐる戦後の国共両軍の相克

1. 戦後の政治情勢

　これより3年前, 8年の抗戦において戦勝国となった中国ではあったが, その勝利は「惨勝」という言葉通りに無惨なものであった. 圧倒的多数の戦勝国民がかちとったものは何もなく, 残されたのは飢えと寒さと心身に深く刻まれた傷痕だけであった. しかも心あるものなら誰でも知っていたように, 抗日戦争の間は曲がりなりにも保たれてきた国共両党を核とした民族統一戦線は, その両党の確執が露骨になり激しさを加えつつあったことによって, 崩壊寸前に立ち至っていた. 両者の間に平和, 自由と民主主義を求めて奔走する知識人や学生たち, 生活に追われて依然として生命の危機にさらされて右往左往する民衆がいた.

　この中国をめぐって, アメリカとソ連の勢力争いが見え隠れしていた. しかし少なくとも1945年の末までは, 表面的にはモスクワ3国外相会議に見られるような戦時の連合国間の協調体制が保たれていて, すぐ後にくる冷戦体制のような露骨な米ソの対立は見られなかった. 満州はヤルタ協定によって進撃したソ連軍によって「解放」されたものであるが, そのソ連も一応は連合国の一員としてアメリカなどに気を使っていたのである.

　以上のような情勢を一言でいえば, 戦後, 米ソの対立を核とした冷戦が始まるまでの短い期間に, ファシズムに反対する国際的な統一戦線の枠組みのなかで戦ってきた諸国諸勢力 (連合国) が, まだその枠組みを尊重して中国政策を模索していた時期があったということである. このことが, 国共両党の対立を

完全に表面化させることなく，アメリカの仲介による両党の協調——蔣介石と毛沢東との間の重慶談判，その結果としてのいわゆる「双十協定」を生み出し，さらには新中国の建設を目指す政治協商会議を実現させることになったわけである．これが「平和と民主主義の新段階」と言われる時期である．それはわずか半年ほどで挫折してしまうが，中国では珍しくさまざまな政党政派が寄り集まり話し合いによって将来を決めようという，協調精神に富んだ政治状況を生み出した．いかに中国の圧倒的多数の人々が，戦争と一党独裁を忌み嫌い，平和と自由と民主主義，そしてそのような状況の下での豊かな生活を心から望んでいたかを示している．

中国では60年代の文化大革命のころ，この「平和と民主主義の新段階」を否定する議論が展開されたことがある．国共両党の対決を軸とした「2つの路線」の生きるか死ぬかの階級闘争こそが歴史の本流であり，「新段階」は一時的なまやかしにすぎず，それを主張した者たちは階級闘争を否定し人々の警戒心と闘争心を眠らせるだけの裏切り者（主として劉少奇を指している）であった，というのである．このような主張は，当時の中国の人々が心底何を望み，何を求めて四苦八苦していたかを理解しない，暴力革命と中国共産党だけが歴史の中心であるかのように考えるものであると言わざるをえない．

しかし皮肉な言い方をすれば，このような乱暴な議論にも一定の根拠があったのである．それは「平和と民主主義」が真剣に模索されているまさにその時に，国共両党はひそかに（あるいは公然の秘密として）暴力，陰謀，駆け引きに奔走していたということである．両党もまた誠心誠意，平和と民主主義の実現に努力する国民向けの素振りを見せながら，他方では自勢力に有利な戦略的地位を獲得するためにほとんどの精力を注いでいたのである．そしてその焦点が，満州・東北なのであった．この間の事情を「新段階」が名実ともに破綻する46年7月までの事実関係を追いながら，整理して述べておこう．

戦後の中国にとって焦眉の急は，百万とも言われる日本軍の処置であった．それを武装解除し，その支配してきた勢力範囲を政治的にと同時に実戦部隊としての日本軍そのものを，誰がいかに接収するかは，戦後中国の政治地図を大

きく左右する重要な要素であった．

「支那派遣軍」の岡村寧次総司令官は，敗戦という事実を受け入れることを拒否して徹底抗戦を主張していたが，万やむを得ずそれを受諾するにあたっては蔣介石を首班とする中華民国国民政府に投降するのは当然のことと考え，日本軍全軍にその旨を伝えていた．そのうえに彼自身は，日本が夢見た「大東亜共栄圏」にかわる「東亜の新秩序」は反共・親日的な蔣介石によって建設されるべきだという見解をもっていた．その意志を貫くためにも「支那派遣軍」は蔣介石の命に従い，これに協力すべきであり，中国共産党とその武装勢力である八路軍・新四軍に投降したり武装解除されるなどということは，彼には考えもできないことなのであった．ただでさえ敗戦意識が希薄であった日本軍の高級将校たちが岡村の命に従い中共勢力を峻拒したのは当然であって，ここに戦後であるにもかかわらず多数の日本人の命が無為に失われるという事態が各地に発生していた．

中国共産党側は45年5月に開催された中共第7回全国代表者大会において，91万の正規軍，220万の民兵を要する一大勢力に発展していることを誇示していたが，日本の敗戦に際しては当然の権利として実効支配している解放区，ないしは八路軍・新四軍支配地域の日本軍は彼らに投降すべきだと主張した．彼らにとって日本軍の武装と人的資源とは喉から手が出るほど欲しいものであった．とりわけ当時の中国において最も工業が発展し，農産物の宝庫であり地下資源も豊富な満州は，その後の勢力争い，中国革命の勝利のためには必争の地と認識されていたのである．

満州はソ連軍によって「解放」された．それは中共にとっては極めて有利な政治的条件だと考えられた．それを見越して，中国国民党＝国民政府の側はこの政府こそが中国の唯一の正統政府であるとして，日本の敗戦間近にいち早くソ連と中ソ友好同盟条約を取り結んだ．ソ連は「革命の大義」と正統政府との正常な外交関係との間に板挟みとなり，極めて曖昧で（柔軟な？）二枚舌的な政策を取った．すなわち一方では中共側に旧日本軍の武器弾薬を渡し中共軍の満州進攻に一定の便宜を供与してやり，さらに政府軍が大連・旅順を使用する

（政府の大軍がここに上陸する）のを拒否して中共に有利な条件を作ってやった．しかし他方では条約の規定に縛られると称して満州各地の大都市から中共軍の撤退を要求し，自らは国民政府の要請に従って二度三度と撤退を延期して，これらの大都市の接収を政府軍に委ねたのである．国民政府はまたアメリカの強力な支援にも後押しされて，満州への進撃を強行しようとしていた．

ここに日本の敗戦による統治機構の解体とソ連軍の侵攻による大混乱という事態のもとで，政治的空白地帯の満州の地の新しい支配者をめぐって，国際的には米ソの角逐，国内的には国共両党の対立という複雑な構図が描かれることになる．以下において満州の争奪戦の様相を簡単に見ておきたい．

2．満州争奪戦の開始

中国共産党が革命のための戦略的最重要拠点＝後方基地として満州に着目したのは，日本の敗戦よりもかなり前の44年5月，中共第六期第7回中央委員会会議あたりからで，次の年の4月から始まる中共第7回全国代表大会（七全大会）では，公然と中共勢力の満州への進出が主張されていた．日本の敗戦とともに，「ヨーイ，ドン」で国共両党・両軍の満州進攻競争が始まった．

抗日戦争中，満州には中共勢力として東北抗日連軍があった．しかしそれは日本軍の度重なる討伐によって追い詰められ，一部はソ連国境内に逃げこまざるをえないような状況にあり，ほぼ壊滅状態にあったと言える．したがって中共としては建前としてはこの抗日連軍が存在していたことをもって満州での合法的な地位，日本軍の投降受け入れ先たることを主張したが，実際にはほとんど一から自派の勢力を満州に派遣して勢力扶植につとめなければならなかった．

彼らにとって幸いなことに，国民政府（重慶）もまたこの地に有力な基盤をもっていなかった．政府としては，一方で国際的に承認されている正統な中国政府としての重慶政府に日本軍（関東軍）は投降し，あらゆる武装，設備，資源ならびに人間を同政府に引き渡すことを要求するとともに，他方では旧満州

国の行政管理機構とその人員・官吏をそのまま利用しようとした．これがまず最初に重慶政府に対する満州の人民の反感を買うことになった．なぜなら戦後の満州人民が最も切実に要求したことは，日本軍と満州国によって抑圧され苦しめられてきたことに対する報復と「清算」として，威張りかえっていた満州人の官僚や地主・商人などから「勝利の果実」をかちとることであったからである．土地改革や分配はもう少し後の話である．

　重慶政府はアメリカとソ連の協力を得て，政府官吏と正規軍の満州派遣を順調に行いたかったのであるが，何しろこれらはみな重慶というはるか遠くの地から運ばなければならなかった．とりわけ蒋介石の「虎の子」の精鋭部隊が日本軍と直接対峙しない奥地に温存されていたのである．アメリカの支援といっても，まずこれらの部隊を沿岸まで運び，次いでそこから海路か空輸で満州まで運びこむのである．海路からの大量運送は大連か旅順が最も適切である．しかしそれらはソ連が「自由な商港」だから軍事輸送は駄目だという口実で上陸させない．それより少し南の葫芦島はすでに共産軍が占拠している．仕方がないからさらに山海関よりも南（関内）の秦皇島に上陸させざるをえなかった．正規の精鋭部隊が大量に華北から満州に向けて進撃できるようになるのは，年の暮れも迫った11月になってからのことである．空輸はそれほど大量にはできず，それとても空港の使用にはソ連軍の許可が必要であった．

　他方，中共側には政府よりも有利な条件がいくつかあった．第1に日本時代には華北と満州との「国境線」とされてきた万里の長城線の南北，南は冀東，北は熱河に早くから八路軍の正規部隊と地方部隊が活躍していたことである．第2に共産軍には張学良の旧東北軍の将校たちが入っていて，彼らが先遣隊として満州の地で活躍できたことである．第3に，渤海湾を隔てた山東半島にも八路軍がいて，政府軍と違って重装備ではなかった分，身軽に小船に乗って海を渡り営口などの小さな港や海浜に上陸できたことである．そして何よりも，ソ連軍がひそかに共産党と共産軍に便利を供与したことである．

　日本の敗戦直前の1945年8月11日，八路軍総司令官の朱徳が発した「命令第2号」は，上記の旧東北軍の共産党員，呂正操，万毅らに東北への進軍を命じ

た．山東にいた彼らは九月初旬に出発，挺身隊として海を渡り満州に入った．それよりも早く，冀東・熱河の部隊は動き始め，9月上旬には秦皇島，さらには満州の喉仏とされる錦州をも占領した．そしてその一部は9月6日には瀋陽（奉天）に入った．

　瀋陽に入った部隊の指揮官は曾克林という人物である．彼はそこでソ連の最高司令官マリノフスキー元帥に会い，その部下の1人をともなって9月14日，延安に飛来した．満州の問題をめぐって中共と打ち合わせをするためである．このころ毛沢東は重慶談判のため延安には不在であったが，劉少奇が中央の会議を主催し，いくつかの重要な決定をしている．最もよく知られているのは「力争東北，控制熱察（熱河・チャハルの支配）」という方針で，この方針に基づいて「向北推進，向南防御（北に向かって前進し南に対しては防御する）」という政策を立てたことであろう．熱河，冀東，チャハルそして満州が中国共産党の当面の戦略目標になったわけである．そのために中共は彭真を最高責任者とする中央東北局を新設し，陳雲ら有力な中央委員クラスの人間を20人も派遣すること，この段階ではまだ3万人程度の軍しかいなかったが，これを10万くらいに増やし幹部も数万人派遣することにした．

　このソ連と中共との打ち合わせは極めて重要である．9月15日づけで出された「東北の状況についての中央の通報」は，満州に入った軍と幹部は「中国共産党と八路軍」の名称を使わないこととしているが，これはソ連の要請によってそのような条件で，ソ連軍のひそかな支援を受けられるということを示しているものであろう．以上のことは，師哲という人の回想録と一致する（ここではソ連軍将校の名は「ベスビエフ大佐」で15日午前に来たという．しかし15日では同日づけの「通報」は出せないはずであるから，公式の文献通りに14日延安到着とした）．かの将校，曾克林は，新たに任命された東北局のメンバーとともに瀋陽に引き返した．

　ソ連軍の支援を受けられることがはっきりしたので，中共側は大いに自信を深めた．上記の戦略目標の決定もその表れである．これに基づき正規軍が次々と派遣された．11月4日づけの東北局への中央の「指示」では，すでに10万の

軍が満州に入ったとされている．しかしそれらの軍は各地からの寄せ集めであり，統一した指揮命令系統や武器装備をもっていたわけではない．とりわけ共産軍の1つの特徴でもあった各根拠地・各軍ごとの独自の活動と指揮命令系統がそのまま満州にも持ち込まれてきたわけで，これでは強力な政府軍に対抗できない．そこで先のように中央東北局を政治面での最高指導組織として設置するとともに，軍としても全軍を1つの統一されたものにする必要があった．かくして10月末，「東北人民自治軍」が設置された．名称はソ連の言い分をも受け入れたことを示している．そしてその司令官として任命されたのが，ほかならぬ林彪なのであった．林彪は中央の命令で延安から山東に向かいつつあったが，その途上で命令変更を知り，急遽道を北にとって陸路満州に向かった．

　中共の鼻息ははなはだ荒いものがあった．11月にはまだ10万だったが，中央の見通しでは年末までには正規軍30万，地方部隊も入れると百万の大軍を組織できるとしていた．こうした勢いをもって，満州には政府軍を進攻させず，大都市を含む重要拠点を死守し，各地の旧政府機関・工業なども11月半ばまでにはみな「接収」し (11月4日指示)，こうして満州は完全に中共が単独で支配できると考えていた．11月ころの公式文書にしばしば「独占」とか「独覇」という言葉が出てくるのは，この過剰なほどの自信と決意の表現であったろう．

　しかし事態は急変した．その最大の理由は，ソ連が国民政府から条約履行を迫られて譲歩し，政府軍の大都市への進駐を容認するとともに，中共側の軍と行政要員の立ち退きを要求してきたことである．それは11月19日のことであった．モスクワ3国外相会談を前にしてアメリカと衝突するのを回避したいというのがソ連の思惑であっただろう．

　正規の政府軍が次々と満州に来着し始めた．その先陣をきって戦後香港に進駐していた第13軍が米艦に運ばれて秦皇島にやって来た．その指揮官(第13軍軍長)であった石覚将軍の回想録によると，同軍が香港を出発したのは10月24日，秦皇島では11月1日から3日の間に全軍3万9,000人が上陸した．まだ大連・旅順への上陸がソ連軍によって認められず，営口も使用できなかったのである．上陸した後，山海関に進撃，ここを防衛していた共産軍を撃破，遼西回

廊に沿って北上し錦州を攻略した．この部隊はさらに義県を攻略し，次いで西に転じて熱河に向かい，結局満州での政府軍の壊滅までここを持ちこたえている．回想録であるから自身のことを悪く言わないのは当然としても，共産軍相手に最後まで孤軍奮闘し，しばしばこれを打ち破った事例は他にはあまりない．また満州で戦いながら中共側に捕まらなかった数少ない将軍の1人でもある．

　石覚将軍はその回想録のなかで，錦州攻略後に短い期間だけ停戦が実現したが，それは共産軍を休ませ元気を回復させたこと，またこの段階で一気に共産軍をたたき潰せなかったのは，戦争指導部の責任であり，とりわけ満州の最高指揮官となった杜聿明の誤りだと厳しく指弾している．彼にはこの内戦初期の段階で共産軍を壊滅させる自信があったようである．

　実際，このころの中国共産党は二重の意味で動揺していた．ソ連の後ろ盾を公式的には失ったこと，そしてもう1つは軍事的敗北が続いたことである．中共側が錦州の敗戦を公式に認めたのは11月23日で，それまでは錦州のみならず山海関までも死守せよと前線を叱咤激励していた．10月から11月の公式資料から読み取れることは，なかでも毛沢東は，後世に言われているのとは違って満州の死守論者であり，同時に満州の独占支配の可能性を信じていた者の筆頭であるように思われる．

　しかしついに先に紹介したように11月19日，ソ連側から「東北人民自治軍への通告」を受け，「中長鉄道沿線および都市から撤退しこれらを蔣介石軍の手に移すこと，ならびに中共軍は鉄道沿線から若干キロ離れたところに撤退するよう要求」されて，戦略を転換せざるをえなくなるのでる．翌20日には，「10月19日以来取り続けてきた国民党軍の東北への進撃を阻止する」方針を中止し，東北人民自治軍の各大都市からの撤退を命じるに至った．その後の資料には，しばしば「東北の独占の可能性はなくなった」(11月29日の指示)とか，「東北に独立の局面を創造することは不可能になった」(11月29日の通報)という言い方が現れる．12月7日の東北局への指示では，はっきりと「友方(ソ連)の援助なしには大都市の占領は不可能である」とも述べている．それにもかかわ

らず23日まで錦州防衛戦が続けられたのは，瀋陽・長春などの大都市からの軍・政関係者や物資の撤退を支援するためだったとされている．実際，中共にとってはソ連の出方が読めなかったこともあって，新しい事態の進展はあまりにも突発的で，精神的にも物理的にも準備が十分にできておらず，都市に存在していた戦略物資や工業関係の機械器具類，それどころか武器弾薬さえ持ち出せなかったところが多かったようなのである．

　45年11月から翌46年初頭にかけては，誠に複雑きわまりない政治的変動の時期であった．国際的には米ソ協調という雰囲気のもとで，政治協商会議の準備と開催，アメリカのマーシャル将軍の仲介による停戦協定の協議とその実施などが着々と進められており，満州では国民政府と政府軍の到着が遅れているために政府側からソ連軍の撤退延期が要請されたりしていた．結局，ソ連軍の完全撤退は46年4−5月にずれ込んでいる．こうした経緯について，当時満州当局の最高指導部（東北行営）で経済委員会主任の要職にあった張公権の日記が最も詳細に記しているように思われる．

　張によれば，ソ連は自国の経済復興のために中国との間に経済合作協定を早く締結したがっていた．中ソ友好同盟条約を結んだのも，ここに主目的があった．しかしソ連が提示した案は中国側に極めて不利であり，主権を失うなら中ソ条約を破棄してもよいとか，ソ連の武力が満州を支配している限り協定は調印できないといった強硬な意見があり，重慶の中央政府は協定案をまとめることができなかった．ためにソ連は出先の東北行営を脅したりすかしたりして揺さぶりをかけ，特に政府による東北の接収問題とからめて自己に有利に展開しようとしていた．業を煮やした蔣介石はついに11月15日，長春などから政府要人の撤退を命じた．ソ連は多少軟化し（この脅しがきいてソ連は中共と一定の距離を保つことを中共に通告してきたのである），政府が接収に便利なようにソ連軍の撤退を延期すること（撤退の遅延は中国側の要請が主たる理由だとしている），協定内容を中国案に歩み寄らせることなどの譲歩を示した．結局，経済合作協定はアメリカに支援されているという重慶中央政府の自信が背景にあって締結されず，満州の戦局が中共側に有利に展開するにつれてソ連は熱意を失い中国政府

はソッポを向かれることになった．

　張公権のこの日記はいくつかの点で極めて興味深い事実を提示している．第1に国民政府は大きな制約条件がありながらも，ソ連の支援を受けて初めて満州進出が可能となったことである．ソ連は何よりも国境を接する満州に旧日本のような敵対的な国をもちたくなかったことと，アメリカの影響力が満州に広がることを警戒していたのであって，国民政府が進出すること自体に（日本からの接収）反対したり邪魔したりしたわけではなかった．

　そのこともあって，第2に国民政府は中ソ条約の有効性とアメリカの支援（アメリカ・カード）を過信していたために，ソ連に譲歩する気がなかったことである．それは国民党内の一部の人々が主張し，また結果としてもそうなったのだが，中国の主権を守るという点で特筆に値するものであったかもしれない．後述するように逆に中共の場合，ソ連のもつ武器弾薬を入手するために，相当の譲歩（片務協定的な）をしているし，またこれは推測にすぎないが，後々満州（中国東北）とソ連との関係において東北で勢力をふるった中共の一部の指導者（高崗ら）はソ連に相当の譲歩，もしくは媚を売った気配がする．それが50年代前半の中共内部の権力闘争と結びついて「高崗事件」となったように思われるのであるが，そうした中共の側の対ソ態度に比較すれば，国民党・国民政府の態度・姿勢というものが評価されてしかるべきであるように思われるのである．

　第3に，ソ連が中共を支持したり支援したという問題である．後世，国民党側は満州の喪失の一大要因としてソ連が中共を支援したことを必ず指摘するが，『日記』によって見る限り，それは極めて限定的である．むしろ張公権の怒りは，ソ連が旧日本の大量の物資と施設をソ連に支払うべき日本の賠償金代わりの「戦利品」としてもち去り，中国に返還したり国際的な正当な費用の対象にしようとしなかったことに，向けられていたように思われる．これもまた中国の主権意識と言えなくもない．

　他方，中共側は後世，「兄弟党・友方」としてのソ連の援助が十分でなかったこと，極めてひどい片務協定的なものであったことを指摘し批判している．

しかしこれは当時の状況からすれば正当な評価とは言えないであろう.『日記』はソ連がこっそりと中共を支援しており,また国民政府の接収工作を陰に陽に邪魔したことを指摘している.これがソ連としての限界だったのである.それ以上のことをソ連に要求したり期待することは,中共,とりわけ毛沢東の国際情勢とソ連に対する評価の甘さ,無いものねだりということになろう.ソ連に対する後世の極めて厳しい評価は,満州解放における中共の独自性と「自力更生」を強調するためである.

3. 中国共産党の初期満州戦略

張公権の『日記』にこだわりすぎたかもしれない.いずれにせよ中共は大都市から撤退し,農村部に反撃の根拠地を建設する方針を打ち立てざるをえないことになる.これが有名な12月28日づけ毛沢東の東北局への指示,「強固な東北根拠地を築こう」である.主力軍は分散して各地の匪賊の討伐に力を注ぎ,幹部は「減租(小作料の引き下げ)」や「清算闘争」をやって貧農や一般民衆の支持の獲得を図るようになる.こうして一見,中共の努力目標は地道な農村根拠地の建設に向けられたかのようであった.

後世,毛沢東が当初からそのような戦略をもっていたかのように言う人々がいるが,それが明らかに誤った歴史認識であることは,すでに述べてきたところからも分かる.それだけでなく毛沢東は,依然として政府軍の満州進攻を阻止,もしくは遅らせることに腐心していたように見える.「平和と民主主義の貫徹のために国民党の内戦発動の犯罪行為を暴露する」ことを目的とした武力抵抗が呼びかけられる(12月12日の指示).停戦令が公布される前に,どちらの陣営も有利な条件と戦略的地歩を固めるために戦い続ける.その1つの焦点が熱河・冀東地域であった.中共は熱河の陣地を堅持し,この周辺を「いかなる犠牲をも惜しまず死守せよ」と命じている.(46年1月4日の指示)

46年1月13日,国共両軍間の停戦令が発効,中共もその厳守を誓うとともに政府軍が満州に進軍してくることをも承認したが,それは条件付だとされてい

た．それは海運やすでに中共が撤退している地域を政府軍が通過するのは認めるが，中共支配地域（根拠地・解放区）に侵入してはならず，また大軍であってはならないなどというものであった．根拠地や解放区を合法的な政権と認めていない政府軍からすれば，そのような条件を認めるわけにはいかず，したがって政府軍の大規模な移動はいたるところで共産軍の抵抗に出会った．

　2月1日，中共は「当面の情勢と任務についての指示」において，「武装闘争から非武装の議会（政治協商会議）闘争に転換した」と明言したが，もちろん武器を放棄することも武装闘争を中止することもなかったのである．そしてこのような武装闘争と非武装の議会（合法的な）闘争とが併存する趨勢は，7月になって政府軍が大量に動員され解放区に進撃することによって破綻し全面的な内戦が勃発するが，満州ではそれよりも前に双方あわせて数万にもおよぶ戦死傷者を出した四平の攻防戦があり，国共両党・両軍の対立と激闘は抜き差しならぬところまで進んでいたのである．このことは次章において述べる．

　抗戦終了から内戦の全面的開始までの間，中国共産党の戦略は後世に言われるほど確たるものでもなかったし，毛沢東もまた然りであった．繰り返しになるが，当初中共はソ連の支援を当てにして満州制覇競争に勝つことができると確信していた．しかし満州には中共の立脚すべき基盤も力もなかった．華中の新四軍を率いて満州に渡ってきた黄克誠が，政府軍相手に戦うにはあまりにも何も無さすぎることを嘆いたのが，実情であり当時の実力だったのである．11月25日，彼は毛沢東宛の報告のなかで，「党の組織無く，大衆の支持無く，政権無く，食料も無く，経費も無く，医薬品も無く，衣服や靴も無い．これらは部隊の士気に極めて大きな影響を与えている」と書いている．

　彼はその実情に基づいて長期戦の準備にかかるべきだと進言したが，上級に認められなかった．最前線の指揮官の報告，悲鳴に近い訴えは受け入れられなかった．真正面からの力押しで政府軍を跳ね返そうとする試みはなおも続けられた．「一寸の土地をも争う」というスローガンがこれをよく示している．自己の力を過信した情勢判断と戦略の誤り，冒険主義的方針であったと言わざるをえない．

次いで「平和と民主主義の新段階」においては，大都市以外の地方に深く入りこみ，力を蓄え作り出すことに重点を置き換えつつあったが，武力闘争と平和的な議会闘争とを平行的に行いながら，武力闘争の面ではまだ，冒険主義的傾向が顕著に見られた．46年4月の四平の攻防戦（中共側の防衛戦）に至っても，なお「四平を中国のマドリードと化せ」と呼号して，これを死守せよと命じたことは，実力と実情を無視した戦略的誤りであった．中共が実力を理解し「戦略的後退」を認識してそれを実施するのは，四平以降である．このわずか1年足らずの歴史的事実は，資料的にも証言としても明らかであるのに，中国においては十分に検証されたり正確に把握されていないように思われる．それは毛沢東の誤りと密接に結びついているからである．

　いずれにせよ46年5-6月以降，中国共産党にとっては苦難の満州制覇戦が，国民党にとっては悲劇的な満州防衛戦が始まる．

第3章　因縁の地，四平

1．四平攻防の2年間

　国共両党・両軍による満州争奪戦の一進一退を象徴するのが四平街であった．この街は曲がりなりにも満州の要衝，中規模の都市であったから，それまで山奥や農村でゲリラ戦ばかりやってきた中国共産党とその軍隊にとっては，ゲリラ戦ではない新たな戦略の実施のために大規模で，よく訓練された兵団の大運動戦（大機動作戦）と大規模で破壊力のある陣地攻略戦，逆に猛攻にさらされながらこれに耐えぬく陣地防衛戦の三方面の同時建設が必須であった．それは1948年3月の四平攻略戦を経て，大々的な軍の再編成再訓練によって，それまでの経験を学び教訓としながら作り上げられたものであった．それがなかったら，共産軍は新たな時代へと脱皮することはできなかったかもしれない．

　いま地図を開き略図を書いてみると，四平の重要性がよく分かるであろう（冒頭の地図参照）．四平は瀋陽東北方200キロ余，長春南方120キロのところにある．ここを扼すれば旧満州鉄道の北段（中長鉄路）は寸断され，西北の双遼－通遼への交通も遮断される．東の朝鮮国境へも，ここを経由して行くことができる．ハルビンが共産軍に占領されている状況下では，長春は完全に孤立してしまうであろう．共産軍は瀋陽－長春間およびその東西，長春以北に広大な自由活動の天地をもつことになる．

　そのことは45年8月以降に中国共産党と共産軍が満州に進攻してきた時から，はっきりと認識されていた．それゆえそれ以降，四平の攻防戦は内戦の4

年間のうち四度行われた．内戦初期の最も激烈な戦闘は，この地で展開されたのである．この時毛沢東は，四平を「東洋のマドリードと化し，侵攻してくる敵軍を四平に葬りされ」と呼号したものである．これが林彪の脳裏にしみついてしまった．彼はそれを忠実に守ろうとしたのである．彼，林彪にとって四平は初めての都市攻略戦，堅陣攻略戦であった．過去の輝かしい戦歴のなかで，彼が陣地攻略あるいは防衛に挑んだのは紅軍時代の一時期だけである．この時，林彪はコミンテルンから派遣されてきていたドイツ人オットー・ブラウン（中国名は李徳）の「短促突撃」論に共鳴，それを紅軍の最も若い第一線指揮官として実践した．その話に入ると長くなるから割愛するが（拙著『中国革命に生きる』に詳しい），要するにそれは野戦における運動戦と堅塁攻撃戦とを組み合わせたものであった．紅軍の方も堅塁を構築し，敵が陣地から出てきたら短距離間だけ突撃し，打撃を加えたら陣地にもどるというヒットエンドランなのである．

　しかし当時の彼我の力関係，特に火力において懸絶している状況において，これには幾つもの問題があった．第1に敵が堅陣にたてこもって出撃してこなかったら，どうするのか．実際，蒋介石はそれぞれのトーチカの機銃と機銃とを交錯させて十字砲火を浴びせかけ得る範囲内に，堅塁を延々とつなぎあわせて包囲網を構築し，封鎖に重点をおいて出撃させなかった．第2に，紅軍の陣地は土と樹木だけで作らざるをえず，鉄筋もコンクリートもなく，砲爆撃には脆いものであった．しかも紅軍には大砲による援護がほとんどなかった．このような欠点をもつ「短促突撃」は，後に毛沢東によって広範囲にわたるゲリラ戦や運動戦を放棄した「単純防御」戦術であり，江西ソビエトの最大の軍事的敗因だと批判されることになる．

　毛沢東の批判の当否はさておいて，林彪が李徳の見解に賛意を表し，この戦術を実際に適用したことは確かである．したがって本来なら彼も李徳とともに批判されてしかるべきであったが，毛はそれを注意深く避け，彼の手の内の有力な軍人として残しておいたのである．

　抗日戦争では，平型関の戦いで待ち伏せ攻撃をやって勇名を馳せたのちは，

一切の戦闘を指揮していない．頑丈な防備を施された陣地，堅塁の攻撃はやったことがないのである．まだ41歳の比較的に若い最高指揮官として満州に派遣された林彪が，功名心にはやらないわけがなかった．毛沢東の恩顧と信頼に応えなければならなかった．その毛が四平を死守せよと命じてきたのである．

　当時，1946年初頭，国共両軍は休戦協定を結ぶために，アメリカのマーシャル将軍を仲介者とする三者間で協議中であった．暫定的な停戦協定は3月23日に結ばれた．この協定が発効する前に，両軍は必死になって停戦後の有利な条件，地歩を占めようとしたのである．さらに複雑な要素があった．満州に進駐していたソ連軍の撤退が始まったことである．その撤退後，だれがそれに取ってかわるかが焦点となった．日本軍が敗退しソ連軍が撤退した後に政治的軍事的な真空状態が生じたのである．

　3月14日，ソ連軍は四平を撤退，同月20日，林彪率いる共産軍が入城した．共産軍はそのほかに長春，ハルビンなどに入った．毛沢東は翌25日，さらに停戦後の満州の状況を展望してソ連軍の撤退直後に長春－ハルビン－チチハルに入り北満州の根拠地を強化するよう，林彪ら現地指導者に命じた．当然，このような共産軍の動きに対して国民政府の側も強力な精鋭部隊を次々と投入，ここに満州各地の重要拠点で激しい戦闘が展開されることになった．その中心が四平街だったのである．

　このころの毛沢東（延安の中共中央）から満州（中共中央東北局－当時は彭真が書記で党の責任者，林彪は「抗日民主連軍」の指揮官）に宛てた指示には矛盾が見られる．一方で停戦協定を守れといいながら，他方では四平から以北，特に長春・ハルビン・チチハルを死守し強化せよと命じていたし（4月6日），戦いは出撃してくる敵軍の殲滅を主とし都市を死守しなくてもよいといいながら（4月12日），長春の占領を高く評価し（4月19日），主力軍を集結して四平を防衛せよと命じた（4月23日）．いずれも停戦協定発効前の有効な措置，停戦後の有利な体勢作りのためであり，政府軍の進攻を遅らせる時間稼ぎであった．

　攻防戦が始まる前後，4月19日づけの現地の東北局が下級に送った指示では「頑固な国軍（政府軍のこと）はわれわれが長春，チチハル，ハルビンなどを占

領しているのに甘んじることはできず,東北の闘争は必ず一層激烈になるであろう」としたうえで,「当面の東北の戦争は規模が大きいだけでなく,激烈さも空前のものとなり,わが軍の死傷者も非常に多く出るであろう.主力部隊であっても次々と適宜兵員を補充するということもできず,勝利の保証はない.」敵は次々と戦闘部隊を投入してくるのに,こちらはできない,主力部隊に集中しようとすると地方の匪賊が跋扈する,大衆動員しようとすると幹部が足りない等など,ここで列挙されていることは,ほとんど悲鳴に近いものであった.

　この指示は延安の党中央にも送られ,それに対して党中央の回答電報が4月23日に打たれてきた.「すみやかに南北の主力部隊を林彪の電報によって四平に集中し,新兵を募集して前線を補充し,すみやかに民兵と地方部隊を組織して匪賊を討伐し地方を安んじ,すみやかに四平以北,ハルビン市以南の広範な大衆を動員して長春,ハルビンの防衛のために戦わせ,すみやかに土地問題を解決しておもいきり大量の現地の人々を用いて事に従事させよ.」これではまるで何でもやれといっているようなもので,当面何の役にも立たなかったが,林彪らに対する督促と同時に信頼も読み取れる.

　こうして共産軍が死守せんとする四平街の攻防戦は始まった.4月15日ころから政府軍が四平の外郭陣地に攻撃を開始し始めてから,5月19日に党中央が撤退を認めるまでの,ほぼ1カ月にわたる四平の防衛戦は悲惨なものであった.

　当時,第四縦隊の副司令(後に第三縦隊司令)となった韓先楚は,この戦闘を総括してこう書いている《『遼瀋決戦』上巻》.「敵一万を死傷せしめるという戦果を上げ,敵の進攻を阻んだけれども,我が軍が劣勢にあるという状況下にありながら一城一地の得失を重く見過ぎ,敵と不利な条件の下で戦ったのは戦略上の失敗であった.我が軍は少なからざる軍を流用し縦深陣地も浅く兵力火力ともに十分に得られないという状態の下で,あんなにも長い戦線であんなにも長時間戦ったから,各部隊の戦闘は相当に苦しく,ある者たちは気力さえ失ってしまった.我が軍は英雄的に戦い戦闘の経験と教訓をも得たが,八千余の戦

闘の骨幹を死傷させるという代価を払った．我が軍が果断に撤退したことによって，戦略的な受動を抜け出し，さらなる不利な条件の下での決戦を回避し，戦闘力を保存することができた．」

　苦渋に満ちた総括である．この度の四平街の攻防戦は「反面教師」として将兵の心の中にしみついた．この総括の前に，韓先楚は当時中共中央と東北局との間，また東北局そのものの中に「和平か戦いか，農村での根拠地建設か都市の保持か，さらには作戦方針などをめぐって意見の相違と混乱があった」ことを率直に認めている．

　中央の命令から撤退に至るまでの経過を最も詳細に記しているのは，この時野戦政治部副主任に任じられ，林彪の近くに居て撤退命令の起草を手伝った陳斤の回想録だと思われる．それによれば，四平を断固として死守せよと命じたのは中央と毛沢東だったとはっきりと書き，「わたし個人の記憶では"一方で戦い他方では退く"という考え方は終始わたしの思想の中にあり，終始野戦政治部の工作に影響していた．林彪本人について言えば，当時四平で一大戦役を挙行するとは言ったことはなく，我が軍の全軍上下ともこのような"一方で戦い他方では退く"という戦闘方法は合理的なものだと考えていたのである」（同上書）としている．

　さらに陳は撤退をめぐって，林彪の言葉としてこう書いている．「"明日敵が塔子山を占領しうるかどうかだが，廖耀湘（新六軍軍長）は必ず全力を挙げて塔子山を攻めてくるだろう．もしここが落ちれば，敵は我が後方と側面とに迂回し，わが四平の防衛軍の退路を封鎖することができる．そうなるとわれわれは完全に受動的となり，そのうえに殲滅される危険性がある．……われわれはすでに大量の敵を消滅し，時間を稼いだ．われわれの防衛戦は勝利したのであり，特に我が軍はいずれもみな一定程度の鍛練を得た．"ここまで言って彼（林彪）は長嘆息し，それから一気にこう言った．"ただ惜しいことに，われわれには後が無いから，この時間を大切にし利用することができない．"それから彼の前に立っているすべての人々に向かって，こう言った．"和平の空気こそ，今日の東北においてわれわれを最も害するものである．またアメリカの武

器で完全装備された敵に対する評価が足りず，第三縦隊の防衛線は新六軍によって迅速に突破されてしまい，防衛戦の全局に影響を与えた．これが最大の教訓である．"……最後に林彪は自ら電報を起草し毛沢東主席と東北局に状況と決定とを報告し，批准を受けた．1カ月にわたった四平防衛戦はこうして終わったのである．」

　韓と陳の述べているところは極めて率直で明確だという印象を受ける．資料と対照しても信憑性がある．いわば寄せ集めの訓練，装備ともに不足している共産軍を，政府軍の精鋭部隊に真正面からぶっつけ出血を強いたのは毛沢東であったという事実である．後になって，四平の防衛戦がいかに時間稼ぎになり農村根拠地を形成するのに役立ったか，いかに軍に良い教訓と鍛練を与えたかといった理屈をつけても，当時の共産軍精鋭八千を失って奥地に敗残の身を隠すことになったことの内外への影響は，計り知れないものがあったのである．後に勝ったから良かったものの，負けていたら敗戦の戦史に残るその責任は明らかに毛沢東がとらなければならなかった．

　林彪事件後，それに連座して失脚する周赤萍（当時，遼北軍区政治委員，第1縦隊副政治委員，後に第10縦隊政治委員）は，林彪全盛時の回想録で林彪の言葉として次のように書いている．四平撤退後の5月26日，吉林でのことだとある《『林彪専輯』》．

　「この度の四平防衛戦の戦いぶりは非常によかった．一方では国民党の部隊の様子がよく分かったし，また彼らの進撃の時間を遅らせ，わが方の配置を完成させた．……四平を撤退したからには，蒋介石は大都市を占領することになるだろうが，そんなことはかまわない．松花江以南の都市はみな，彼に呉れてやればよいのだ．彼が都市を占領すれば，風呂敷を背負うことになる．占領すれば守らなければならない．こんなにもたくさんの都市を守ろうとすれば，兵力は分散してしまい，われわれは各個撃破できるというものだ．君は，都市は彼の足を引っ張ると言ったが，その通り，それが風呂敷でなくて何なのか．彼が背負いたがっているからには，われわれは風呂敷をみんな彼に呉れてやればよい．彼が背負うものが多ければ多いほど，重ければ重いほど，よろしい．彼

が動けないほど足を引っ張ってやり，それからわれわれは1つひとつ，それを食ってしまうのだ.」

　負け惜しみと言えば，そのように言えなくもない．戦わないで撤退することを最初から考えていたとしても，「重い風呂敷を背負わせる云々」というようなことであったかどうかは疑わしい．しかし敗戦後の意気消沈を防ぐためにも，このようにプラス思考を将兵に与えることは必要だった．このような考え方が全軍に広められた．

　周のこの回想録は後に文革派によってさんざんケチをつけられるが，そのケチの要点は，四平を無理やり防衛しようとした戦略的誤りの責任は林彪にあり，プラス思考は毛沢東のものだったというものである．もはやこの点で反論したり言い訳する必要は無いであろう．当時，共産軍の第七縦隊に砲兵として直接参加していた日本人の山口盈文は，この戦略的撤退について聞かされ感心している．そして上記の周の回想にある林彪の言葉とほとんど同じことを書いて，「(林彪が)こんな具合に語ったのだと教えられた」と書いている（山口）．もしそうだとすれば，最下級の兵士であり言葉もままならぬ外国人でさえ知っていたということだから，この話は相当広範に深く教育されていることが分かる．周の作り話ではなかったのである．しかし無理やり防衛戦をやった，あるいはやらされたことの責任は，どうも誰も口にした様子がないようにうかがえる．

　ちなみに山口は満蒙開拓青少年義勇軍に志願して入隊，勃利で日本の敗戦を迎えた．ソ連軍に捕らえれ収容所生活を送ったが，そこを脱走，紆余曲折を経て今度は八路軍に捕まり，結局八路軍＝東北民主連軍第七縦隊の擲弾筒兵，後に砲兵として内戦に参加することになったものである．

　他方，政府側は共産軍の損失十万と宣伝したが，それほどでないまでも上述したように当時の東北の主力軍の被害は相当なものだったことは確かである．しかしそれは「単純防御」だとして批判されることはなく，5月19日の党中央の指示では「人民の軍隊の高度の頑強性と英雄的精神を表した，歴史的意義をもつもの」と評価された．

この指示ではまた「諸君が四平を引き続き死守することが不可能だと考えたときは，主動的に四平を放棄し，一部の部隊で正面の敵の進撃を遅らせつつ，主力は両翼に撤退して休息をとり再編成し，陣地戦から運動戦への転換を準備せよ」と述べ，事実上の敗北を認めた．共産軍側を防衛者とする第1回目の四平の攻防戦はここに終わったのである．

この指示はさらに四平撤退によって「わが軍は当面の受動的で不利な立場から，主動的で有利な立場に転換することができ，他方，敵は進めば進むほど分散し，食料弾薬はますます困難になり，その力は必然的に弱まる」という展望を述べている．このような指摘が，後になって毛沢東の戦略的意図の正しさの証明のように言われるのであるが，しかし当面の状況下では単なる慰めにすぎなかった．もしかりに四平攻防戦の戦術が正しかったなら，その撤退は完全な敗北であり，逆に最初から「指示」のように撤退し，農村根拠地の強化に入るのが正しいのであったなら，四平の攻防戦は無駄な「単純防御」であったということになる．どちらにしても本来なら責任追及は免れないところであるが，すでに述べてきたところからも明らかなように，その責任主体は毛沢東以外にはなかったはずである．巨大な損失を被った四平の攻防戦が何らかの「歴史的意味」があったとするなら，それは政府軍の進攻を遅らせたという，ただ一点のみであり，その功績は毛沢東に与えられている．46年夏の四平防衛戦が毛沢東の強引な命令によるものであることは，最近では中国でも認められているようである．『四野の十人の虎将軍』「黄克誠」の項によると，黄は当時の両軍の力関係からして四平の防衛は無理だと考え，上司である林彪にも意見具申した．しかし林彪は返答をしなかったので，黄はさらに直接中央にも電報で意見具申した．これまたナシのつぶてで，結局，防衛戦は挙行され甚大な被害を被って敗退せざるをえなかったのである．

著者の魏白はいう．「東北を独占支配しようとする意欲が共産党員の中に広まっていた．毛沢東本人でさえも，東北に進攻してきた国民党軍と決戦を行うことを希望していた．」実際，現地軍の首脳は林彪も含めて決戦することの不利を知っていた．黄克誠と同意見だったわけである．ところが毛沢東が強硬

だったために，林彪は黄に返事することができなかったのである．

後年，1959年の廬山会議で黄は毛によって排斥されてしまうが，その直前，廬山において2人は，同郷の湖南の誼みということもあって親しく語り合った．そのおりに毛沢東は，「四平を固守するということは，私が決定した」と語った．黄は遠慮なく「あなたの決定は誤ったものだった」と指摘した．毛はつぶやくように答えた．「後世の人の評価に委ねよう」と．

このやりとりは二重の意味で興味深い．一つは言うまでもなく四平の攻防戦の責任の所在が，資料通り毛沢東の責任であったことを中国人も表立って認めていることである．もう一つは本文には直接に関係ないことだが，かの廬山会議の悲惨な結末がやって来るまでは，毛沢東もひどく素直に歴史上の誤りを認めるという，そんな率直で自由な雰囲気があったということである．このような雰囲気が持続されていたなら，その後の文化大革命のような中国の悲劇は生じなかったであろう．

いずれにせよこの戦闘以降，共産軍は5月下旬に長春を撤退，6月3日にはハルビンさえも撤退の用意がなされるほどの痛手を被り，ハルビン以北の農村地帯に退いて捲土重来を図ることになる．故意か偶然か，東北の共産軍が北満に引きこもったころ，7月に全国的な内戦が本格化する．政府軍側はもちろんこの責任は停戦協定を破った共産軍の「大反乱」にあるとするし，共産軍側は政府軍の大侵攻にあるとしている．四平の攻防戦は一時的な平和の夢が破れる最終的シグナルだったわけである．

2．四平，攻略す

林彪の都市陣地攻防戦の第一ラウンドはこうして完全な敗北に終わった．それは誇り高き英雄，常勝将軍といわれた林彪の最初の敗北，恥辱でもあった．先の回想録類から見ると，ひょっとすると彼は四平という都市を最初から捨てるつもりであったかもしれない．もしそうだとすると，彼は毛沢東の指示命令で，最も不得意とする陣地防衛戦をいやおうなくやらざるをえなかった．その

結果，予測されていたように大きな損害を被り，屈辱的な敗退に追い込まれたのである．彼の心中はいかばかりであったか．

これより彼の四平に対する執念が生まれ，同時に四平，長春，錦州などの都市・陣地の攻略に対する認識が高められるのである．その後も四平への攻撃は執拗に繰り返し決行された．第二次は47年夏に行われたが，散々な目にあって敗退させられた．

この四平街攻防戦の悲惨な状況を，直接つぶさに見た日本人が居た．古山秀男である（古山）．彼は山口と同様に満蒙開拓青少年義勇隊に入隊し，ハルビン近くで訓練中に敗戦を迎え，「まったく思いもよらずに」東北民主連軍に入れられた．第一縦隊の救護担架隊であった．こうしてその後3年あまりの間，大陸を1万6,000キロ余も歩いて転戦し，百回以上の戦闘に参加したという．古山が参加した最初の本格的な激戦が，47年6月の四平街攻撃戦だった．彼はこの戦闘の模様を生々しく語っている．

「部落へ着いたその日から，おびただしい数の負傷兵が，つぎからつぎへと民扶によって運びこまれてきた．どんなに激しい戦闘が行われているかは，負傷兵の数と傷口を見ただけでよく分かる．……あまりにも負傷兵が多くて民扶が不足したこと，それと戦闘が予想以上に激しいことから民扶たちが恐ろしがってつぎつぎと逃亡するため，負傷兵を担いで運ぶ者が足りなくなってしまったのだ．……この戦闘で敵味方ともに莫大な犠牲者が出た．最前線には，死屍累々として片付ける人もなく，炎天下で異臭をはなっていた．激戦を終えて行軍に移ったとき，戦闘部隊の兵数の少ないのに驚いた．ふつう一個連（中隊のこと）の兵員は150人くらいいたのに，ひどい連では炊事兵をふくめても30人そこそこしかいないではないか！　いかに激しい攻撃戦が行われたかは，この隊列を見ただけでよく分かった．」

彼はその後，渭津の町で軍事法廷があり，その結果銃殺刑に処せられた者を見たが，その男は「まえに一度強姦事件を起こしたことがあり，そのときは寛大な処置ですまされたという．ところが四平街の戦闘のとき，前線逃亡をしたうえ，民家に押し入り，またもや強姦事件を犯した．」後世，伝説的になった

解放軍の姿とは似ても似つかない状況がここには見られる．

　第三ラウンド，1947年9月14日に始められた秋期攻勢は11月5日まで続けられ，6万9,000人を殲滅し吉林など重要拠点-15の都市を奪取したとされるが，四平の奪回は大々的には報じられなかった．奪回よりもその周辺の防御を弱めることに主目的があったようであるが，敵主力を四平の陣地内に逃げ込ませてしまって殲滅の目的を達しなかったという《『戦役戦例選編』》．

　四平への第四ラウンドの攻撃は1948年2月下旬から，外郭陣地への攻撃から始まった．47年末から始まるいわゆる冬季攻勢の一環である．第一ラウンドから2年近い歳月が流れていた．1947年の暮れから48年初頭にかけて，共産軍は結氷を利用した冬季攻勢をかけ，遼陽・鞍山・法庫・営口など瀋陽周辺，鉄道沿線の重要拠点を次々に落としていった．残すところは瀋陽-長春間の四平だけとなった．林彪の四平攻略にかける執念と戦略眼があますところなく発揮され，そしてその戦術，いわゆる林彪の「6個の戦術原則」が完成された戦いであった．

　この前後，冬季攻勢の第1段階で瀋陽周辺の重要拠点がすでに共産軍支配下に入っていたから，東北における政府軍はそれぞれが孤立した瀋陽-長春-錦州の3拠点とそれぞれを結ぶ細々とした鉄道・公路を支配するのみとなった．しかしまだ長春と瀋陽方面には有力な精鋭部隊が残存していた．48年2月，新任の東北剿匪総司令，衛立煌は「点を固め，線を繋ぎ，面を拡張する」方針をもってこれらを残された主要大都市（長春，吉林，四平，瀋陽，錦州）の防衛強化に当てていた．四平への救援の可能性が十分にあった．48年2月下旬，四平攻略の主要意図を秘匿するためにその周辺部と錦州-北京間の北寧線で陽動作戦が展開されていた．主力軍は着々と四平周辺に集結されつつあり，その前哨戦として一部隊が彰武，瀋陽と四平の間の開原を「急襲作戦」によって攻略した．

　瀋陽から長春に北上すると，鉄嶺，開原，昌図と重要な地方都市が並んでいる．現在は高速道路が貫通していて簡単に行けるが，通常バスで行くと平坦ながら結構起伏に富んだ田舎道をウネウネとあちこちの村々に寄りながらの道中

で時間がかかる．秋の採り入れころ，道路の両側は地平線までつらなるトウモロコシ，コウリャンの黄金色した広大な畑が日の光に輝いている．前回の9月の攻防戦は，この金色の大地を舞台に硝煙と戦塵の中を人馬と戦闘車両が渦巻いたのであろう．昌図から四平へは丘陵地帯が続いていて，ところどころ切れ込むように遼河の支流が小さな谷間を作っている．最後の丘からは四平の街が北側に一望できる．そこから一気呵成に街になだれ込むような感じで進撃してしまえそうな地形である．

　戦場図によれば，四平の南に位置するこの小高い丘ではなく，北と東に位置する丘陵地帯に解放軍の陣地が構築され，それと西側の平坦地から攻撃したようになっているが，もちろん政府軍の援軍が来るとすれば，南側の昌図方面からであり，さればこそ四平攻略に先立って開原，昌図を落とすことが必須条件だったわけである．丘陵には疎林が点々としている．敵も味方も小さな谷間と疎林との組み合わせを有効に利用して，隠蔽しつつ陣地を構築していたものと思われる．

　さて2月29日，四平攻略部隊が四平周辺に巧妙に配置される．第1縦隊の全師団，第2縦隊の2個師団，第3縦隊の2個師団，第6縦隊の全師団，第7縦隊の2個師団，第8縦隊の全師団，そして砲兵縦隊，それに幾つかの独立師団，全軍10数万の大軍である．さらに開原攻略の主力部隊だった第10縦隊がそのまま開原周辺に展開している．瀋陽－鉄嶺－開原の線に沿って進撃してくると予測される敵の増援部隊が，もし四平総攻撃の前に来れば主力を転じて10縦と協力してこれに当たり，得意の「打援（敵援軍の迎撃）」戦闘に突入するし，もし総攻撃開始後に増援部隊が来れば，2縦だけを転じて10縦とともにこれに当て，阻止戦を展開して時間稼ぎをするものとされていた．水も漏らさぬ用意周到な包囲陣であり，雑魚一匹もぐりこめない封鎖線であった．いかに林彪がこの一戦に賭けていたかが窺がえるのである．

　対する四平防衛の政府軍は，精鋭第71軍の88師団，91師団の一部など1万4,200（1万9,000とするものもある）に過ぎないが，外郭陣地と市内の複郭縦深陣地とを組み合わせた強固な防衛陣である．攻略後に市内に入った日本人の古

山は，こう書いている（古山は47年秋からの秋期攻勢にも参加したが，実戦には携わらなかった）．

「前線周辺の民家は，遮蔽物とならないよう，蒋介石軍によって，徹底的に打ちこわされ，突破口一帯には，敵味方の死体が累々として横たわっていた．とくに，地雷を踏んで犠牲となった兵士や軍馬の姿は足がちぎれたり，はらわたがとび出したりで見るも無残なものだ．」しかし「前年夏の攻撃で，多大な犠牲をこうむったあのきびしさが嘘のようだ．」「市内に入ってびっくりしたのは，街路の主な交差点には必ず1個小隊くらいは入れる厚さ四，五十センチもある頑丈なコンクリートのトーチカが築いてあったことだ．かつて見たこともない立派なものばかりである．敵がいかに解放軍の攻撃を恐れていたかが分かるとともに，四平という要衝をどんなに重視していたかが肌に伝わるようであった．」

もう1人，古山とまったく同じ時，同じ場所に居たのが先述の山口盈文である．彼は古山とは違って砲兵として47年6月の四平街攻撃戦に加わった（もちろんお2人は互いにそのことを知らない）．この時，先着していた工兵隊から"めくらの砲兵さんよ，味方を撃つくらいなら，とっとと消え失せろ"と言われた．「聞いてみると，前回の攻略時は連絡ミスで砲撃距離を誤り，多数の味方を砲撃して死なせてしまうという事故があったらしい．」この時，敵の砲撃でひん死の重傷を負い「奇跡的にも命を取り戻した」のだが，彼を救ったのが日本人の医師と看護兵だった．彼は傷のリハビリ中に日本人の担架兵と話し合ったらしいが，衛生兵（古山によれば担架兵よりは上位にランクされていた）だった古山はこのことを語っていない．2人はこの同じ戦場の野戦病院で交錯しているが，これまた彼らの知るところではなかった．

48年3月の四平攻略戦は山口にとっては「高見の見物となってしまった．」彼によれば，この時も攻略した四平から全軍は撤退したと言い，最終的に四平を攻略し占領したのは8月の戦闘だったとしている．この最後の四平攻略戦の折りの話は，山口の回想録の中でも最も興味深い，精彩に富んだものであり，詳細に戦闘の模様と戦闘直後の市内の様子を書いていて大変参考になる．しか

し時期的にはどうも合点が行かない．『陣中日記』などの公式の記録では攻略戦は3月13日午前8時20分に終わり，山口が所属していた第7縦隊の砲兵連隊は郊外に移って休息したとある．この部隊だけでなく四平攻略戦の後，全軍はかなり長期の「整訓」に入った．このことはどの文献でもそうなっている．この点を山口に直接お会いして確かめたが，彼は8月説を固持した．山口の記憶違いなのかどうか．

それはともかく，いかに堅固な防衛陣であろうとも，援軍の望みなく，補給もわずかな空輸に頼るのみでは，陥落も時間の問題であった．3月6日から外郭陣地の掃討戦が始まり，8日にはほぼ掃滅した．かくして3月12日午前8時，総攻撃は開始された．気温マイナス4度（総司令部所在地の双城はマイナス6度）に始まり，激戦が続く10時にはプラス3度に上昇，凍土は熱い銃火，硝煙，そして人馬の血で泥濘と化した．

総攻撃は一発の信号弾とともに開始された．7縦の砲兵部隊に所属していた山口は，先にも書いたように戦傷のためこの戦闘には「高見の見物」だったらしいが，砲撃によって始まるのが作戦慣例になっていたと書いている．状況としてはよく分かる．

『日記』によれば，その砲列は3縦の野砲17門，榴弾砲8門，1縦第1師団の野砲21門，榴弾砲4門，第2師団の野砲16門，榴弾砲8門，7縦の砲9門，その他に15センチ榴弾砲が数門．合計90門ほどの重軽砲が一斉に狭い四平市街地にぶち込まれたのである．これに対する政府軍の砲は山口によればアメリカ製122ミリ榴弾砲をもっていたというが，せいぜい12門のみであった．

後に述べるように，この四平攻略戦はその後の攻堅戦（堅固な防衛陣地ないしは都市の攻略戦）の先例となったものである．ここで要点だけ言えば，まず強力な砲火を防衛陣地の一点に集中して突破口をこじ開け，そこに精鋭の突撃部隊を投入して敵陣に進入し，後続部隊がその突破口を大きくし，点から面へと戦果を広げて行くというものである．さらにこの四平攻略戦が後の攻堅戦の先例となったのは，突入後の市街戦において，1つひとつのトーチカや防御物の排除に苦労したからである．先に日本人の古山の記録を紹介したが，四平市内

には至る所，トーチカと堅く防御された建造物，それに地雷が付設されていた．砲撃による突破口開口とそこへの突入まではよかったが，この市街戦で大きな被害を出しているのである．古山の所属する第1縦隊は先陣をきっただけに，その被害も大きかったのである．

『日記』に言う．1縦1師，午前8時に早くも突入するも，敵の頑強な抵抗に会い進展緩慢，2師，7時50分（8時15分の誤りか？）突入，独立2師，8時15分突入，この2個師団は10時ころ（『選例』では11時30分），7縦の突撃部隊と中央大街で合流．辛苦のほどが窺える．

その他，3縦の2個師団，7縦の全師団（このうちの1個師団が先の1縦と合流したもの）が突入部隊となった．同日午後8時には市街戦は終わった．防衛軍1万数千は殲滅，あるいは捕虜となって四平は完全に制圧されたのである．

3．林彪の戦術原則

最後の四平の戦いのころは，共産軍は先に述べた毛沢東の「優勢な兵力を集中して，敵を各個撃破する」という戦略をかなりの精密度をもって実践に応用できるようになっていた《46年9月16日の党内指示『毛沢東選集』》．

毛はこの論文のなかで，「戦役上」でも「戦術上」でも，このような作戦方法をとるべしとして，「戦役上」では進撃してくるいくつかの敵部隊のうち，最も弱い部分を選んでその何倍もの優勢な味方の軍を集中し，これを殲滅する，これを繰り返していけば，全体としては劣勢であっても部分的には優勢な力をもって1つひとつ敵を殲滅していくことができるとしている．また「戦術上」では1つの敵部隊に攻撃を仕掛ける場合，やはりその最も弱い部分に兵力火力を集中し，ここを攻略してから戦果を迅速に拡大して，その敵部隊を殲滅するとしている．たとえば有名な林彪・8路軍の出世作，抗日戦争初期の平型関の戦いは，日本軍の最も弱い部分，戦闘部隊から離れた輜重兵部隊を攻撃したものであり，日本軍にとって決定的敗戦というのではなかったが，中国軍にとっては緒戦の勝利として恰好の戦意高揚の材料になった．

後に毛沢東のこのような殲滅戦思想は「十大軍事原則」の1つとされるようになるが，実戦においては実はこのような主張は新しいものではなく，紅軍から抗日戦争時期にかけてほぼ完成されていた経験則みたいなものであり，ゲリラ戦，機動戦の双方に応用可能な戦略論である．内戦期にこれを応用するには，敵は機械化された政府軍であり，こちらは鉄道輸送さえままならぬ素足の「粟と小銃」の歩兵のみである．それが迂回，側面と背後からの急襲，偽装撤退などによって政府軍を奔命に疲れさせるには，一般民衆からの情報収集，協力をえてただひたすら「足」を使った急行軍によってのみ可能であった．古山や山口など日本人の参戦者が口をそろえて証言しているように，八路軍＝解放軍は走り回るだけの軍隊かと思わせられたというのも，誇張やウソではなかったわけである．

毛沢東の戦略論をもう少し説明しよう．「優勢な兵力を集中する」という意味は2つある．1つは，全体として敵が優勢であって味方が劣勢であっても，ある部分，局地的には敵が集結しない前に味方を急速に集中しさえすれば，そこだけは味方が優勢になりうるという相対的な考え方である．もう1つは劣勢な敵に対して圧倒的に優勢な味方を集結して殲滅してしまうという絶対的優位論である．この考え方は同時に「味方の勝利が確信できない時は戦わない」という必勝不敗論と表裏一体をなしている．孫子の兵法の現代的応用とでも言えそうであるが，毛沢東がこの戦略を提起した内戦の初期は，情勢は共産軍側が劣勢であったから，応用問題としては相対的優位をかちとるということになる．

しかし情勢は変わった．相対的優位を強調せざるをえなかった「党内指示」でさえ，「抗日戦争の時期には，わが軍は実力を分散して遊撃戦を行うことを主とし，兵力を集中して運動戦を行うことを従としていた．現在の内戦の時期は，状況が変わっているので，作戦方法も変えるべきで，兵力を集中して運動戦を行うことを主とし，兵力を分散して遊撃戦を行うことを従とすべきである」とされていたのだから，47年後半，「戦略的反攻」を呼号するようになった段階では，なおさら絶対的優位論の方が情勢に適った作戦戦略となっていた

のは当然であろう．

　いずれにせよこの戦略論は，実戦では共産軍が伝統的に得意としてきた野戦での運動戦（機動作戦）の原則である．四平の戦いに見られるような陣地攻略戦に適用できないのは言うまでもない．しかし陣地攻略戦というのも単純に堅固な陣地への正面攻撃だけで成り立っているわけではない．陣地攻略には砲兵による優勢な火力の集中，工兵による塹壕掘りや構造物の爆破・破壊，そして勇敢な歩兵の突撃といういくつかの戦術兵種の協同が必要であるが，もう1つは，敵の援軍を阻止する（「打援」といわれる）陣地防御戦が不可欠である．これらが連携プレーで戦われないと，攻撃部隊が背後をつかれたり，あるいは阻止部隊が孤立してしまったりする．四平の戦いは，この3つ（野戦運動戦，陣地攻略戦，援軍阻止戦）が大規模に組み合わさって繰り広げられた最初の戦いであった．

　戦略的に見た全体像はこのようであるが，実戦にはさらに細かな戦闘隊形，戦闘方法など，つまり戦術が不可欠である．林彪の真骨頂はここに見られる．林彪は，四平の4回にわたる攻防戦とそれまでの経験を通して自分の戦術を練り上げ，それを東北の全軍に共通の戦術として普及させ，その再編成再訓練の基本的な教育科目としたのであった．とりわけ47年9月の第2回目の四平攻防戦を前にして，繰り返しこうしたことを論じているが，長春攻撃の一時的挫折の後の2カ月間にわたる再教育のおりに再度強調された．林彪の「6個の戦術原則」と言われるものである．この点についてすでに書いたことがあるが（『中国の政治と林彪事件』），ここでもう一度紹介しておきたい．

　林彪の「六個の戦術原則」とは，「一点両面」「四快一慢」「三三制」「三猛」「四組一隊」「三種の状況，三種の攻撃方法」を指す．まず「一点両面」とは，戦術上の部隊の配置の問題である．敵の最も弱いところ（一点）を選んで，こちらの優勢な兵力を集中して攻撃を加え，キリでもみこむように深く突入し，それによって生じた敵の混乱に乗じて戦果を左右に押し広げるのと同時に，別の部隊をもって敵を包囲し敵の退路を絶って（両面，あるいは三面四面もありうる）敵を逃がさずに殲滅するということである．

この戦術用語が最も早くに表に出てくるのは1946年9月，毛沢東が「一点両面」とはどのようなことかと問い合わせたのに対して林彪が答えたものがあるという（張正隆）．毛沢東は先に引用した指示の中で，「わが軍の幹部の中には，兵力を集中して敵を各個に殲滅する原則に平素は賛成していても，いざ実戦となると，しばしばこの原則を応用できないものがたくさんいる．これは敵を軽視する結果であり，また教育を強めず，研究を重んじない結果でもある」と述べているのを見ると，林彪の「一点両面」が，毛のこの戦略論を実戦での戦術に応用すべく，また麾下の将兵に分かりやすくて覚えやすくモデル化したものであるとの印象を強く受ける．事実彼は先の回答の中で，「一点両面」の提起は「われわれの幹部が兵力を徹底的に集中することを肯んぜず，また勇敢に迂回する（包囲殲滅する）ということを敢えてやろうとしない欠点に対処するために規定したものである」と述べている．

　長年にわたり毛沢東の薫陶を受けてきた林彪にとっては，この「指示」は決して突然でも驚くべきことでもなかったわけであるが，実戦上での問題は，新しい指揮官や戦士たちにどのようにこれを教育し訓練させるか，そして「実戦に応用」させるかなのであった．したがって47年から48年の段階でも毛沢東の主張はほぼ完全に踏襲されていて別段新しさはないように見える．ただ実戦を想定した場合，優勢な兵力を集中して１点突破し，そこから戦果を拡大したとしても，敵の退路を断っていないと包囲殲滅できない．だから少なくとも「両面（あるいは兵力に余裕のある場合は三面四面）」をわざわざ指摘したわけだが，これは下手をすると兵力分散と受け取られかねない．この点，林彪は47年にも繰り返し誤解のないように，そして遺漏のないように説明しているが，彼が失脚した後にはやはりこの点が批判されることになる．

　次に「三三制」とは，戦闘隊形の問題である．部隊が突撃する場合，先頭から順繰りに１個分隊，小隊，中隊というように戦闘に加わっていくわけだが，当然のことながらそれらの各単位の全部が全部，一斉に投入されるわけではない．かりにそうだとすると密集隊形であったり横列で一斉に突入したりするわけだから，敵の十字砲火を浴びることになって被害が大きくなる．それを避け

るために突入する先頭部隊の最小単位である1つの分隊も，それが一塊となって突入するのではなく，3ないし4人が1組となり，3ないし4組で1個分隊を組織し，突撃時にはその3ないし4組が交替々々で前進，攻撃拠点確保，後続がさらに前方確保のために前進という戦闘隊形と方法を繰り返していくことにしたのである．

　文章にすると分かりにくいが，われわれには戦争映画でお馴染みの場面であるし今日の常識からすればばかばかしいようにさえ思える．共産軍が今ごろこんなことを教育していたのかと驚くのであるが，この当時まではまだこんな隊形が広く行われていなかったのである．それは何も中国軍だけではなく，フレッドによればアレキサンダー大王からナポレオンの時代までそうだったというし，映画などで見ると第一次世界大戦でのロシア軍の進撃もこんな具合であったことが分かる．大砲，機関銃とか連発銃が普及してきて，やっと被害の大きさに対応する戦闘隊形が真剣に考慮されるようになったのであろう．しかしこのような初歩的な戦闘隊形さえも日常的な訓練によって初めて可能であるから，日ごろの生活の中でも分隊単位（伙食単位という）で仲良く訓練と学習を共にしていたらしい．多分それは，旧日本軍のいわゆる内務班とは違って，古参兵とか共産党員とかが新兵，とりわけ政府軍から転向した補充兵を指導したり訓練したりする最小の基層組織だったのだろう．そちらの方が大きな意味をもっていたかもしれない．

　余談だが，少年のころ観た朝鮮戦争を題材としたハリウッド映画に，中国軍が「人海戦術」をとって，アメリカ軍の機関銃を雨のように浴びても後から後から突撃してくる場面があって，恐ろしい軍隊だなぁと感嘆したものである．大人になって，1979年に中国軍のベトナム侵攻作戦があった．ベトナム軍側の手記を読むと，やはり撃たれても撃たれても突撃してくる中国軍が恐ろしかったと書かれていた．人命尊重という観点からすると，随分と乱暴な話で信じられないくらいであった．そんな先入観があるので，ちゃんと昔から「三三制」を訓練して損害の最小化を図っていたと知っても，なんとなくホッとするところがある反面，釈然としないものも残るのである．

「三猛」とは，攻撃姿勢のことで，「猛打，猛衝，猛追」の3つを指す．「猛打」とは先の兵力と火力の集中にあったように，突破すべき1点に猛烈な攻撃を加えることである．それによって敵が動揺しうろたえている時に，そこに「猛衝（猛烈に突撃）」するのである．そして敵が逃げ始めると息もつがせぬくらいに「猛追（猛烈に追撃）」するのである．ただそれだけのことだが，それが的確に規律正しく実行されるには，これまた相当の厳しい鍛練が必要であったわけである．

「3種類の状況，3種類の攻撃方法」とは最前線の各級指揮官の臨機応変の判断力ないし心構えを説いたものである．「3種類の状況」とは，敵が防衛に専念している時，敵が退却するのかしないのかはっきりしない時，そして敵が退却する時である．敵が守りに徹している時は，しっかりと陣地攻略戦の準備をし一切の準備が完了してから攻撃をかけなければならない．敵が退却するのかしないのか分からない時は，一方で攻撃準備をしながら，他方で包囲態勢をとり敵を逃がさないようにしっかりと捕らえておくが，小出しに攻撃を加えたりしながら総攻撃を準備する．敵が退却する時は「猛烈に追撃」するが，この場合は上からの命令を待たずに，また準備しているかどうか，味方が優勢かどうか，状況がはっきりしているかどうかにかかわらず追撃しなければならない．だから最前線の指揮官は常に追撃戦を組織し計画しておかなければならないのである．

ここで言う臨機応変ということは林彪の戦闘精神と姿勢における1つの大きな特徴である．47年の段階で，「高級中級指揮官の"指揮要則"に関する指示」の中で彼は大胆にこう述べている．

「どのように決断を下すのか．戦うのか，それとも戦わないのか．……この問題についての解決の基本的方法は，細心にして冷静な状況の研究であり……戦役の指揮官が主として考え，全責任を負って決定するべきである．……もしも客観的諸情勢から見て，勝利の確信がもてるならば，大胆に果断に戦う決断を下し，決して勝利のチャンスを逃してはならない．……積極的に戦わないことによって直接間接に部隊内の士気の低下を招くが，その損失は往々にして戦

闘による死傷よりもひどいということを知っておくべきである．……このような状況下で，もしも上級の命令がないとか，あるいは上級が状況不明のために攻撃しないよう命じたから攻撃しなかったというのは，日和見主義である．しかしもしも当面の具体的情勢が，ほんとうに，確かに勝利することができないと判断されるなら，むしろ戦ってはならない．……確かに勝利の可能性がないと分かるときには，命令が下されたあとでも，部隊がまだ戦闘に入っていないとき，戦闘が行き詰まっていて勝利の可能性が確かに無いときなどには，断然攻撃を停止し戦闘を放棄すべきである．これは戦役指揮官の柔軟な機動性の発揮である．」

このように林彪は隷下の「戦役指揮官の柔軟な機動性」を容認したが，それは自らの言動に対する正当化でもあった．毛沢東－林彪自身－隷下の指揮官と連なる指揮命令系統の中で，いうまでもなく最も重要なのは上級の命令に従うことであり，この点に関しては彼も繰り返し強調している．しかし中央（最上級の政策・戦略決定・指示命令機関）は最前線にいるわけではなかったし，彼自身も常に最前線にいるわけでもなかった．そのような場合，戦場の急変する状況に正確に対応できるのは最前線指揮官しかいないわけである．しかしその状況判断は，後方で，そして後世の人々から見れば，結果オーライというわけではないにしても，むちゃくちゃな猪突猛進とか，逆に敵前逃亡と判定される危険性は常に存在していた．すでに述べたように，48年10月初旬の毛沢東と林彪（東北野戦軍首脳）の状況判断と作戦変更の可否を巡る対立は，林彪自身がこのような臨機応変を身をもって実践しようとした最大の典型的事例と言えなくもない．

以上の4つの戦術原則は，張正隆によれば四平攻略戦以前にすでに言われていて，その後に以下の2つの原則が言われるようになったという《張正隆》．確かに劉亜楼参謀長の報告にも出てくるのだから，このあたりで「6つの戦術原則」ということになったのかもしれない．ではその後の2つとは何か．

「四快一慢（4つの早い，1つのゆっくり）」とは，敵に向かって早く前進し，敵をとらえたら攻撃準備を早くし，突破後は戦果の拡張を早くし，敵が陣地を

離れて退却し始めたら追撃は早くする．しかし総攻撃を開始するには，じっくりと腰を落ち着けて準備しなければならない．これが「一慢」である．

「四組一隊」とは火力組，突撃組，爆破組，支援組が一体となって攻撃する攻城戦の戦闘隊形を指している．これは劉亜楼が提起したものだと言われるが《張》，その劉亜楼はこう述べている．

「"一点両面，三三制"は歩兵と砲兵の協同であり，"四快一慢"は普遍的な内容をもっている．堅塁攻略戦と救援部隊への攻撃との区別は，前者が"四組一隊"を重視するのに対して後者は"三猛"を重視することにある．救援部隊の阻止は頑強性を重視する．技術的にはそれぞれ重視するところが異なっており，並列的に四大技術を提起するわけにはいかない.」《『日記』》

このような戦術原則は，当然のことながら実戦部隊においては下級兵士まで教育されていた．文字通り体で覚えさせないと被害が甚大になる．ある場合には同士討ちさえやりかねない．しかし劉参謀長の言っていることは甚だ複雑で抽象的に聞こえる．まだ飲み込めない者が居たとしても不思議ではなかった．この点に関連して先に紹介した日本人兵士，山口盈文の回想録（この時は下級指揮官になっていた）に興味深い話が書かれている．

彼によれば，最後の四平攻撃に先立って縦隊副参謀長が上級から指示された攻撃目標・方向を説明しながら，こう言った．「今回の四平攻略は林彪司令員の"1点両面戦術"に基づくものであり，砲陣配置を見てもわかるように160門の砲が四平街を囲むように配置されている云々．」

これを聞いて1人の指揮官がその「1点両面」の意味を質問した．それに対して副参謀長は「1点とは兵力を1つの目標に集中して攻撃を加えることであり，両面とは包囲と殲滅の両面を考慮に入れた兵力配置のことだ」と説明した．山口は「僕はよく理解することができないまま解散となった」と書いている．砲の数に違いがあるが，それはともかく，この文章からは下級指揮官レベルではまだ林彪の戦術原則というものが十分理解が行きわたっていなかったことが分かるのであるが，しかし林彪の戦術というものが，スローガン化されて全軍に浸透しつつあったことは確認できる．

・読者の参考のために(2)　四平というところ

　四平攻防戦から50年たった1998年の秋，瀋陽から四平へ200キロ足らずの旅にでかけた．瀋陽では列車の座席が取れなかったので，まず超満員の普通大型バスに乗って鉄嶺まで行く．ここまでは高速道路を走るのだが，車内はタバコの煙り，痰の吐き捨て，飲み食いありの勝手放題，思わず昔よく歌った「田舎のバスは，おんぼろ車」を口ずさんでいた．しかし外の風景は目に快く，黄金色したトウモロコシの実り，赤っぽいコウリャンの穂先，それに緑の小麦と色とりどりの秋の恵みが視野の限り続いていて，見飽きることがない．

　鉄嶺でミニ・バスに乗り換えて開原に行く．驚いたのはミニ・バスの客引き合戦の激しいこと．そこから周辺の村鎮に四散していく人々を我が車に乗せるためである．瀋陽からのバスが鉄道駅前のターミナルに着く間も待たず，乗降口に男女の客引きが群れをなし，そこへさらに三輪車やバイクの改造タクシーが割りこんでくる．ミニ・バスに乗ってもなかなか目的地に向かわず，客が満杯になるまで駅の周辺をグルグル回ること約30分，その間，先に乗った乗客は文句もいわず黙って待っているのである．もちろん高速道路なんかには乗っからない．おかげで多分かつてと同じであろう，そして共産軍も政府軍も通ったであろう一般道路のありさま，村々とそこの住民たちの生活の一端を覗き見することができた．

　開原からまた別のミニ・バスに乗り換えて昌図まで行く．開原は静かなたたずまいの田舎町．朝鮮系の住民が多いとかで，朝鮮料理屋が目立つ．そんな店の1つで昼食をとったが，韓国人のグループがいて，中国と韓国との合弁の紡績工場があると聞いた．次の昌図は開原よりももっと泥臭くて猥雑な感じの田舎町である．しかしその地名は，50年前の歴史に四平攻防戦ともかかわってしばしば現れる．どのような所か興味をもっていただけに，そこで乗り換えた普通バスの沿路の風景には目を離せない．写真をとったりメモしたりする私に，同行の姉らしき少女とひっきりなしにしゃべる男の子が珍しげな眼差しをチラチラと向けている．この坊主，窓を開けっ放しにするので，いくら暖かとはいえ東北の秋のこと，やっと目的地の四平に着くころには風邪をひいてしまった．

四平には夕闇迫る午後6時ころ着いた．午前10時に瀋陽を発ったのだから，食事と乗り換えを含めて8時間ほどかかった勘定になる．腰痛と風邪っけはあるが感情は高揚している．なにしろ長年待ち望んでいた町にやってきたのだから．会う人ごとに挨拶したくなる気分であった．

しかしこの町は，それほど甘いところではなかった．バスが着いた鉄道の駅は旧満鉄時代のままの古びて小さい．猥雑さは変わらないが駅前には，4,50万人のこの程度の都市ならどこにでもあるビルやデパートやホテルも見当たらない．小型タクシーの群れ，行き交う人々の服装もなんとなく貧相である．それは良い．どこもかしこも「開放々々」で沸き立っている今日，そんな風潮に取り残されたような街が1つくらいあってもおかしくはなかろう．困ったのは鉄道切符売り場の，例によって例のごとき態度の悪いババァ服務員の罵詈雑言とホテルの表示1つない不親切，不案内さだ．鉄道もサービスが良くなったと評判する者もいるが，その1つに窓口を挟んで駅員の側にマイクが設置され向こうの言うことがよく分かるようになったというのがあるが，それはちょっとおかしいのではないか．もともとサービスする気のないのがマイクを握ると，一方的に怒鳴りたてるのに都合がよいというだけに過ぎない．ただでさえでっかい声が，頭ごなしに一方的に乱暴に，がなりたてるのだから，お客に威圧感を与えるだけで，あれは声の暴力だ．多分，わたしは汚い格好をしていて下手な中国語をしゃべったものだから，どこかの田舎者が訳のわからんことを言ってるくらいに思われたのかもしれない．

鉄道服務員（どういうわけか必ず中年女性である）のサービス精神の欠如，態度の悪さは，なにも四平に限ったことではない．北京の国際列車の切符売り場もいまだにそうであるし，それどころか国際空港でさえいつも不愉快な思いをさせられる．ベトナムでもそうだった．旅行客はまず第一に切符を買うことから旅行を始めるが，その第一関門がここにある．早いこと民営化してしまえと怒鳴りたくなるのが毎度のこと．しかしここは四平なのだ．どれほど強い関心と憧れの気持ちをもってきたことか．それがまず街の窓口でしぼんでしまいそう．二度とてめぇの面なんか見たくねぇ，とか日本語で悪態をつきながら（こ

んな場合でも決して"馬鹿野郎"といってはならない．この言葉はテレビ・ドラマなどで悪役の日本人が必ず中国人を罵倒するときに使うので，多くの中国人が知っている日本語の1つだから），結局は帰りの瀋陽までの切符は買えず，来たときと同じルート，方法で帰ることになると思っただけで気が重い．次は今夜の宿泊先のこと．決めてもいなかったし当てもない．仕方がないから駅前タクシーの客待ちドライバーの顔を1人々々見て回って，どうも比較的に人の良さそうなのをつかまえて乗りこむ．どこでも良いから安くて奇麗でサービスの良いところを，なんて勝手な注文を告げて走らせる．わたしには人を見る目があるらしく，錦州でも瀋陽でも，そして四平でも結構親切なタクシー・ドライバーにありついている．早速この男に，ここに来た目的を話し明日の市内案内を予約した．

　四平の市街地域はそれほど広くない．往時の激戦をしのばせるものも今は著しく少なくなっている．まず駅から真っすぐに歩いて10分ほどのところにロータリーがあって，その真ん中に四平革命烈士記念塔が建てられている．ここがこの街の中心になり，そこから4本の路が放射線状に伸びている．別にとりたてていうほどの塔ではない．塔に向きあって市の図書館のビルがあり（というよりもビルの一角を占めている図書室といった方が正確だ），その2階に四平戦役博物館が設置されている．展示物は四平攻略戦の歴史を示す写真と地図と武器類だけである．勇名を轟かせたわりには，その貧弱さに驚かされた．さすがに当時の作戦地図と解放後の布告文書だけは他では見られなかったので写真にとりたいと思ったが，撮影禁止だという．錦州のところで書いたように，東北内戦関連の重要資料類はみな錦州の遼瀋戦役記念館に行ってしまっているとのこと（中国共産党関連の重要資料や文物は北京だ）．

　昨日のタクシー・ドライバーは面白い人で，契約したペイも良かったのであろう，自分とは別の友人のドライバーに運転させ，もっぱら説明役に徹していた．その友人というのは父親が当時から四平にいたとかで，説明役よりも戦役関係では詳しく知っていた．彼が連れて行ってくれたのは，野戦軍が四平を占領した後に林彪が総司令部を置いた家，1カ所だけ説明文を書いたパネルのあ

る小学校の弾痕だらけの建物，政府軍が物見櫓に使っていたという給水塔，最後まで激戦が続いた旧石油化学工場などであった．地名とおおよその場所が分かっていても，現在の地名や町中の様子が変わっているために見つけることができないところもあった．感慨深かったのは，旧満鉄職員の住居が破壊されずに残っていたことと，鉄道線路下の頑丈な地下道がやはり満鉄が作ったものだという説明を聞いたときだった．彼らはもう若い世代の者たちで，日本の侵略とか満鉄というのは一体どのようなことなのか認識していない様子だった．お世辞もあろうか，日本時代のものは激戦に耐え抜いて残っているということを，しきりと感嘆してくれるのだった．

　3時間も走り回ったであろうか．四平市内で見るべきものはこんなところだと，早く見終わったことを彼らは恐縮し，まだ時間もあるからと商店街や銀行まで付き合ってくれた．長くもち続けて来たわたしのイメージからすれば，まだまだ分からないことだらけだが，一応市内の激戦地と周辺の地理感覚，少なくとも南から入って行くルート（1946年に共産軍が防衛していたときは政府軍が進攻してき，48年に政府軍が防衛する側であったときは共産軍が進攻した）だけは，確実に，しっかりと観察できた．これをもって，ここまでわざわざ出掛けてきた甲斐があったとせねばなるまい．

　これまた余談になるが，腰痛に悩まされるわたしは到着した夜，早速ホテル専属のマッサージを頼んだ．中国語でも「按摩（アンモゥ）」という．わたしはちゃんと，腰痛だから腰を中心に揉んでくれればよいと伝えたのだが，やって来たのは2人のうら若い女性たち．これが噂に聞いていた売春婦だろうと察したわたしはびっくりし，慌てて「本当に按摩してもらうだけでよいのだ」と謝絶した．向こうは向こうで，キョトンとしている．こちらの言っていることがやっと理解できて，フンといった調子で出ていった．その時に分かったのは，「本当の按摩」は中国語で「専按摩（ジュアン・アンモゥ）」と言う，ということだった．

　いい勉強になったと腹を立てる気もしなかったが，革命戦跡の1つである四平に，金儲け主義がこんふうに浸透していることを知って悲しくもあった．

もっともこの年の元旦，革命の聖地，延安でもそうした風潮に不愉快な思いをさせられたこともあったので，大して驚きもしなかったのであるが．ちなみに後から来た按摩専門の大姐御に聞くと，彼女は45分で100元（約1,500円ほど），偽按摩は同じ時間で300元だという．技術も労働もいらない金儲けとしては，こちらの方が分がいいのは言うまでもないと変に感心したことである．

第4章　国共両軍の軍事力　大軍の完成と進発

1．総　力　戦

　戦争は内戦といえども総力戦でなければ勝てない．平たくいえば「ヒト・モノ・カネ・ニュース（情報）」の総合力の戦いである．「ヒト」の問題としての大軍が成ったとしても，それをいかに食わせるか，どのような武器・装備で戦わせるかという「モノ・カネ」の問題が解決したわけではない．すなわち軍需生産，軍事物資の供給がいかになされたかという問題である．これが両軍ともに意外に分からない．

　当時はもちろん絶対的な軍の機密事項であったのは当然である．ところが今日でも，大陸，台湾ともにいぜんとし隠されている．敗戦の将が多くを語りたがらないのは分かるが，勝った側がなぜ，かくも厳密に秘密保持につとめるのか理解しがたい．これだけ資料公開が進んでいるのに，軍の機密は格別なのである．

　余談になるが，今から10数年ほど前，1年ちょっと天津に住んでいて，万里の長城の北側の山岳地帯での旧日本軍の「三光作戦」の実態を調査しようとしたことがある．天津市の公安局は許可してくれて，いざ出発という段になって「待った」がかかった．横槍はなんと，ずっと上級の北京軍区から出され，理由は軍事的重要基地，要塞地帯だからだという．驚いてしまった．北方の異民族の侵入を防ぐつもりで作られた万里の長城が，今日でも要塞地帯だというのは，時代錯誤も甚だしいではないか．もっとも中国のために一言すれば，その後ある中国人を介して脇道から入ることはできたので，話のもって行き方にも

問題があったのかと思っている次第である.

　そんなわけでかつての軍事機密事項はいまだにガードが固いのであるが，多少の資料と文献は出されている．そのようなものを突き合わせて，できる限り軍需・軍事物資の供給問題，つまり「モノ」の実態を実証的に考察してみたい．やや固い叙述となることをご承知おきいただきたい．（以下，特に注釈のない限りは『檔案資料』による）

〈内戦期国民政府の武器弾薬損耗表〉

	1946	1947	1948 （1948年上半期）	1949上半期
歩兵銃	100,770	301,323	463,308 (199,254)	264,018
軽機関銃	8,509	23,413	40,738 (14,285)	30,328
重機関銃	1,593	3,977	7,013 (2,387)	5,063
マシンガン （突撃軽機関銃）	4,861	23,110	38,126 (14,535)	30,273
ピストル	2,606	18,905	16,333 (8,230)	15,947
60ミリ迫撃砲 81・82ミリ迫撃砲	1,617	5,299	10,723 (2,544)	8,014
歩兵砲・山砲 ・野砲・榴弾砲	259	810	1,228 (314)	980
ロケット（バズーガ砲）	204	471	276	960
擲（銃）弾筒	8,975	17,354	30,559 (9,918)	28,918
銃　　弾	265,866,681	430,840,806	533,843,975	275百万
迫撃砲弾	1,728,018	2,420,841	3,682,212	1,740,000
歩兵砲等の砲弾	479,576	614,077	1,364,855	630,000
ロケット弾	39,471	31,594	47,500	
手榴弾・擲弾筒弾	2,873,135	4,782,132	9,204,285	3,700,000

（兵工署1946－49年上半期武器弾薬損耗概況表　1949年10月25日作成）

2．政府軍の実力

　まず前頁のような資料を見ていただきたい．政府軍側の武器弾薬の損耗数である．（武器は「丁・挺・門」弾薬は「発」）

　表のうち（　）内は1948年上半期のみのもの，つまり遼瀋戦役開始前のものである．したがって1948年分から（　）内の数字を引いたものが，同年の下半期分，つまり大体遼瀋戦役の間の損耗ということになる（もちろん東北だけでなく全国の数値ではあるが）．

　この上半期分の数値があまりにも大きいので，蒋介石は連合後勤総部総司令の郭忏宛に8月5日付けで質問電報を打ち，「この数値は一昨年以来の損失数なのか」とたずねたほどである．もちろん返電は「本年1月から6月までの損耗数」であった．当然，この段階では下半期の分は知らないわけであるから，半年の数値が知らされた時の蒋介石の驚きがいかほどであったか想像に余りある．引かれた後の数（下半期分）の方が断然多かったことは，戦況の推移からして当然であった．

　驚くべきことは，この数値が大きいということもさることながら，その損耗率である．1946年では平均して1割程度であったのが，48年では3割強，49年では5割を超えているのである．

　損耗の内訳は書かれていないが，破壊されただけでなく，軍の投降，逃亡などによって共産軍に「捕獲」されたものが含まれている．政府軍は共産軍の輸送部隊だと言われたのも理由がないわけではない．先に挙げた人的損失のうちの戦わずして武器を放棄した者が79パーセントもいたということを，武器の面からも裏書きしていると言えそうである．ではそれはどれくらいか．共産軍側の資料では次のようである．（『中国人民解放軍戦史』第3巻による．共産軍側の統計は各年度ではなく戦争の「第1年度（1946年7月－47年6月），第2年度（47年7月－48年6月），第3年度（48年7月－49年6月），第4年度（49年7月－50年6月」であるので，各年で比較すると両者は一致しない．項目も政府軍側のと取り方が違っている

第一部　栄光の巻：中国満州・1948年秋

〈内戦期（1946年7月—1950年6月）共産軍による主要武器の捕獲表〉

	第1年度	第2年度	第3年度	第4年度
銃	376,677	518,086	1,019,794	1,077,701
ピストル	12,241	25,116	53,133	78,303
重機関銃	3,961	4,766	14,924	7,432
軽機関銃	26,951	28,488	76,297	36,873
突撃軽機関銃	8,729	15,389	74,225	21,674
迫撃砲（重・軽）	1,746	2,132	5,940	2,759
榴弾砲	73	36	419	59
野砲・山砲	424	543	1,565	336
ロケット（バズーガ）	463	252	1,201	422
大砲総計（その他も）	6,166	8,920	29,562	9,782
擲(銃)弾筒	4,812	5,425	16,359	10,057

が，ここでは上記国民政府の資料に合わせて整理している）

　政府軍側のと共産軍側のを比較対照してみると，先にも触れたように統計の年度の取り方が違うから，数値のズレは致し方ないとしても，その違いがあまりにも大きすぎるのに困惑してしまう．主要武器である銃と機関銃を見た限りでは，政府軍側の統計は共産軍側のそれの半分から3分の1程度である．これは何を意味しているのか．当然，敗北者である政府軍側は損害（「消耗」）を少なく言いたがるし，勝利者は戦勝（「捕獲」）を大きく言いたがるものである．そのことを割り引いても釈然としない．ひょっとすると政府軍側は，損失人数のところで出て来た「捕虜」とか「寝返り」によって持っていかれた武器類は勘定に入れていないのではないかとさえ思える．そうなると，勝利者の側の方がかなり厳密に入手した敵の武器の数をカウントするはずだから，こっちの方が信用するに足りるかもしれない．それでもよくある話だが，武功を競いあう者たちが自分の功績を実際より大きく報告したり，あるいは意図的でなく二重にカウントしたりすることは十分にありうる．上級組織によって集計された数値が大きくなるわけである．

数の問題はさておいて，ここで問題にしておきたいことは，これほどの損耗を出しながらも，これを補充してきた国民政府の生産力ないし補充方法である．国民政府の軍事工業生産だけでは何百万人もの軍隊に供給する武器弾薬，たった3年間で損耗する何10万丁もの銃器，何億発もの弾丸を賄い切れるものではない．ましてや新式の大口径砲，高射砲，ロケット（バズーカ砲など）は生産さえできない．中国で生産されたもの，旧日本軍，アメリカ軍のものがかなり使用されているが，若干時計の針を逆戻りさせて日中戦争（抗日）のころからの武器弾薬の生産と補充状況を振り返ってみると，実にさまざまな国々のものが使われていたことが分かる．

政府自前の武器弾薬の生産状況を，戦争直前のもの，戦争中のもの，そして内戦最中のものの3種類の統計を並べてみると次頁の表のようであった．（1937年4月，軍政部兵工署作成の統計表，1944年戦時生産局の統計表，および1947年7月の各兵工廠の報告の合計）

この表のうち，たとえば銃砲の記載がないのに銃砲弾の記載があるのは，国内ではその銃砲が製造できないことを示している．日本軍式，アメリカ軍式などの武器を改造したり逆に弾薬をこれに合わせて製造したりしたものも統計に入っている．

以上によって武器弾薬の製造変遷状況がある程度理解できる．しかし問題の内戦期の国民政府の武器弾薬の種類と生産数はこれだけでは分からない．幸いなことに，以下に紹介するような資料があって，政府軍がどのような武器弾薬を使っていたかが分かる．またこれは先に示した48年上半期の「損耗表」と比較すると，その補充程度が分かる．もちろん補充は自前の生産だけではなく，自前で生産できないような種類のものでアメリカに依存している分があるが，それはここには現れて来ない．

統計には信管のような重要なものが無いのは奇妙であるが，以上のほかにも砲の照準鏡，測距儀，望遠鏡，弾帯，革帯，弾薬箱，薬莢なども掲載されている．なおこれは「計画表」であってこれを実施するための予算が物価上昇によってコストが高くなり実際に製造されなかった場合もあるが，これによって

〈抗日戦争から内戦期にかけての国民政府の武器弾薬の生産表〉

	1936年	1944年 (一日の最大限生産能力)	1947年 (17工廠の年間合計)
歩兵銃	98,948	(7.9ミリ) 11,600	114,000
機関銃	1,006	(重軽) 1,380	(重軽) 10,200
突撃銃(マシンガン)			18,000
迫撃砲(82ミリ)	565	210	2,400
(60ミリ)		250	7,200
擲弾筒			30,000
銃弾(7.9ミリ)	12,800万	2,100万	13,200万
0.3インチ			4,800万
6.5ミリ			1,200万
7.7ミリ			1,200万
0.45インチ			1,680万
75ミリ山野砲弾	91,126	91,126	
迫撃砲弾(82ミリ)	247,840	150,000	720,000
(60ミリ)		60,000	960,000
(150ミリ)		3,000	
手榴弾	198万	425,000	852万
飛行機爆弾	33,050		
信号弾	130,000		
防毒マスク	44,634	8,000	
擲(銃)弾筒弾		78,000	960,000
甲雷		12,000	
無煙火薬		20トン	
望遠鏡			3,600
迫撃砲標準鏡			3,000

〈内戦末期，国民政府の武器弾薬生産表〉

銃（製造は重慶第21，済南44，昆明53，南京60，北平70，東北文官屯90各工場）		
歩兵銃（改造を含む）	85,000丁	24,000
36・38式11ミリ突撃銃	9,500丁	6,000
軽機関銃	4,200丁	チェコ式900丁
重機関銃（改造を含む）	2,300丁	
信号ピストル（済南第44工場のみ）	2,400丁	
砲（第21，24，44，50，60，90各工場にて製造）		
41式75ミリ山砲（90工場のみ）	16門	4門試製
60ミリ迫撃砲（第50工場のみ）	3,600門	
82ミリ迫撃砲	1,450門	600門
120ミリ迫撃砲（第21工場のみ）	36門	
超迫撃砲（第50工場のみ）	150門	
57ミリ無反動砲（第50工場のみ）	30門	
23,6ミリバズーガ砲（第21工場のみ）	45門	
照明弾発射筒（第60工場のみ）	15,000門	
火炎放射器（第60工場のみ一）	500台	
アメリカ式（同上）	25,000台	
日本式（同上）	25,000台	
37式化学放射弾筒（同上）	15,000台	
28式擲弾筒（第24工場のみ）	21,000門	
銃弾（漢口第11，重慶21，24，30，済南44，南京60，北平70広東80文官屯90）		
3.0ミリ弾（漢口第11工場のみ）	600万発	
4.5ミリ弾	1,400万発	2,400万発
6.5ミリ弾（文官屯第90工場のみ）	650万発	2,400万発
7.7ミリ弾（同上）	170万発	—
7,9ミリ弾（第20，90工場のみ）	8,200万発	
砲弾（第21，44，50，60，90各工場で製造）		
山砲弾	42,000発	10万発

アメリカ式105ミリ榴弾（第90工場のみ）	500発	5,000発
60ミリ迫撃砲弾	69万発	18万発
82ミリ迫撃砲弾（第21工場のみ）	36万発	24万発
120ミリ迫撃砲弾（第21工場のみ）	6,000発	
無反動砲弾（第50工場のみ）	3,000発	
照明弾	15,000発	
照明手榴弾	6,000発	
信号弾	12万発	
擲(銃)弾筒弾	76万発	
木柄手榴弾・手榴弾	660万発	240万発
火薬類・原料（23, 24, 44各工場で製造）		
7.9ミリ弾薬（第23工場のみ）	60トン	
苛性ソーダ　　　（同上）	150トン	
二硝基気化本　　（同上）	100トン	
硫　酸　　　　　（同上）	180トン	
硝　酸　　　　　（同上）	35万キロ	
工業用アルコール（同上）	10万ガロン	
気酸金甲		
導火線（第44工場のみ）	60万メートル	

（兵工署1948年上半期製造計画表，および東北＝右欄の文官屯90工場の全年度製造計画表より作成）

主要な武器弾薬の種類と製造数量が分かるであろう．また実戦に大量に使用しながら（それは先の共産軍の「捕獲武器表」によって分かる）ここに出て来ないのは，製造できないでアメリカの援助武器・物資によって賄われたことを物語っている．

　実際に製造できなくて外国から購入した（しようとした）のは，何がどれくらいなのか．決戦前夜の政府の悲鳴に近い資料が残されている．「兵工署外勤部の主要弾薬の重大な欠乏状況につき郭阡（総後勤部司令）に送った書簡原稿」（1948年7月）によれば次のようである．

A；7.9ミリ小銃弾－現在後方に800万発貯蔵されている．各工場で月産最高1,200万発製造できる．ベルギーと購入契約した5,000万発のうち，250万発がすでに上海に到着している他，毎月500万発ずつ搬入される．スエーデンと購入契約した2,500万発は8月には到着する．カナダと購入契約しようとしている分の9,000万発は，契約調印の3カ月後に運送され始める．

B；6.5ミリ機銃弾－東北で月産100万発．その他の地域で完成品として仕上げられるもの，600万発．

C；4.5ミリ突撃銃－昨年9月ですでに貯蔵無し．現在各部隊で携行している分もすでに不足しているところがある．現在，月産200万発が瀋陽で製造されているが，東北の部隊の消耗だけでも不足している．アメリカの余剰銃弾のうち，すでに上海に80万発が到着，各地に送られている．ハワイの100万発はまだ到着していない．

D；60ミリ迫撃砲弾－現在後方に8万発貯蔵．月産わずかに11万発．アメリカの余剰物資のうち，すでに5万5,000発が到着，まだ3万発が到着していない．報告によると多くは実用に耐えないという．

E；アメリカ製銃榴弾－後方にはすでに貯蔵無し．アメリカからの余剰物資20万発はまだ到着していない．

F；ロケット（バズーカ砲）弾－現在重慶に1,000発．アメリカの余剰弾丸はわずかに200発，しかも実用に耐えうるかどうか問題あり．

　これが決戦前夜の実情なのであった．これを後述する同時期の共産軍の貯蔵・製造と比較すれば，政府軍側がはるかに劣勢に立たされていたことが明白である．武器弾薬で早くもこうなっていた．兵力もまた逆転しているのであるから，政府軍の敗北はすでにこの決戦前夜の段階で決定的であったことが分かるのである．

3．共産軍の実力

　他方，中国共産党＝共産軍の場合はどうか．共産軍は45年10月前後に10万人強，翌年初頭には30万を超す大兵力になっていた．これを政府軍に比べれば，必ずしも「敵は強く我は弱い」とだけ言えるような状態ではなかったのである．しかし装備，武器弾薬の類いでは確かに劣っていた．

　ソ連の研究者ボリソフによれば，この初期の軍隊に対してソ連は「大砲，迫撃砲，擲弾筒を3,700門以上，戦車を600台，飛行機を861機，機関銃1,200挺，いろいろな倉庫を約680，ならびに松花江河川艦隊の軍艦数隻が含まれていた」と書いている《『極東の諸問題』1976年3月》．彼が言うには，このような武器の問題をも含めてソ連の援助が満州を中国革命の基地にするうえで極めて重要であったのだが，このことを中国共産党の毛沢東派は意識的に軽視し歪曲して来たという．しかしもちろん中共は中共で言い分があった．当時の参謀長の劉亜楼は，このように語っている．

　「一般の人々はソ連が四野（東北野戦軍）に残した武器は少なくないと考えているが，それは誤解である．この問題を戦史にはっきりと書き留めておくべきだ．当時，われわれに武器を供給しなかっただけでなく，われわれの少なからざる部隊を食いつぶしたのだ．……当時われわれは党中央の名義でソ連軍に要求することを中央に提案した．毛沢東主席は直ちに返電してきて，中国革命は主として中国自身の力に依るべきであって，中央の名義で彼らに何かを要求することは禁じるとした．この電報はわたし自身が実際に見たものだが，ちゃんと調査してほしい．後には四野の名義で食料をもって彼らの若干の武器と交換することになった．紅軍票をもって大連で金を買い，それで若干の武器を買ったのだ．」

　またこの談話を紹介している劉統は次のように書いている．

　「武器はどこから来たか．1つは北満各地を探しまわったのである．朱瑞（後に東北野戦軍砲兵司令となる）同志のように，山野をあまねく経巡って日本軍が

遺棄した弾薬と装備を探し求めたのである．多くの部隊がこのようにした．当然，一定の収穫があった．しかし作戦の必要には遠く及ばなかったので，司令部は考慮の結果，ソ連から買うことにした．ソ連軍は東北を撤退するとき大量の日本軍の武器をもちさった．これらの武器は彼らにとってはただの廃品の山にすぎず，何の役にもたたなかった．当時，その一部は朝鮮に留めおかれ，他の一部は中ソ国境の満州里に放置されていた．」《『紀実』》

　ソ連は食料に飢えていた．穀物と肉類が中国側の輸出物となり，ソ連からは塩，布，医薬品，それに武器とその部品であった．しかしいくら食料の宝庫だとはいえ，満州にそれがあり余っていたわけではなかった．軍を食わせ，一般民衆にも食わせなければ，中共の評判は落ちてしまう．したがってそのような食料を切り詰めての「飢餓輸出」だったことは間違いない．そのうえにソ連は中国側の足元を見て，等価交換ではなく不等価な交換を要求してきた．さらに当初は劉亜楼も語っているように交換，決済の方法にも問題があったのである．

　喉から手が出るほどに武器弾薬がほしかった足元を見られたのである．後には中(中共)ソ関係が好転し，物々交換は中ソ国境で行われるようになるが，このころはソ連管轄下の大連にまで穀物と肉類を運び，そこで決済したのである．大連は前にも述べたように国民政府との間の中ソ友好同盟条約によって中立的な商港とされていた．そのことがあって，政府軍はここから上陸できずに遅れをとったのであるから，その限りでは国民政府は切歯扼腕し，中共は助かったのだけれども，事この問題については中共にとって面倒このうえなかったのである．戦闘に加えて「運輸事業」が中共の必死の課題となった．いろいろな意味で片務協定的な意味をもっていたことは間違いなく，それゆえ上述のように参謀長自らが乗り出さなくてはならなくなったのである．

　ソ連と中共との関係は，両者の言い分がまったく対立しているから，もっとよく検討しなければならない．国民政府もまた，ソ連は中ソ友好同盟条約を踏みにじって中共を支援したので満州の力関係が決定的に彼らに不利だったとする．この時期の満州におけるソ連とソ連軍の評価は，ソ連自身を除いてメチャ

クチャに悪いが，はたしてそうなのかどうか．

　ボリソフほど大袈裟に言えないまでも，中国共産党が主張するほどソ連が非協力的だったとは思えない．事実，中共側の資料によれば，すでに45年10月，ソ連軍は抗日戦争において協力的だった東北抗日連軍の周保中を通して，長春において「小銃弾6,718箱，約800万発，手榴弾268箱，小銃7,844挺，軽機関銃364挺，重機関銃114」が「送り込まれた」とされている．この時期（45年10月以前）のことであるから，上記したソ連との交渉云々によって得られたものではなく，個人的な関係をたどって入手した旧日本軍のものだったと思われる．とりあえず東北に進駐してきた共産軍10万にとって，これがどれほど貴重だったかは言うまでもない（下記の「総括」）．

　それはともかくとして，中共・共産軍が30万に増大したころは，武器弾薬の補給と生産に極端に困窮していたことだけは確かである．その欠乏問題は内戦が進むにつれて徐々に政府軍からの「補給」によって軽減されていくことは，先の捕獲表によっても明らかである．しかしそれまでは絶対量が不足していただけでなく，政府軍に追いかけ回されて，まったく安定した補給・生産基地をもたなかったのである．その状況を資料によって追ってみよう．この点で最もよく整理されていて参考になるのは，東北の決戦後の1949年5月に書かれた「東北軍区軍工部3年半来の軍事工業の発展総括」である．

　この資料によれば，東北・満州の軍事工業の発展は，（1）1945年10月－46年7月，（2）46年8月－47年10月，（3）47年10月－48年9月，（4）それ以降の4つの段階があったとされている．

　まず第一段階は，前にも触れたように政府軍に追い回され乏しい資材と原材料を抱えて瀋陽，通化，朝鮮国境とソ連国境などを点々と移動していた時期である．瀋陽はソ連軍が資材やストックを持ち去ったとはいえ日本が作り上げた大軍事工業基地であった．残された機械・用具・部品，それに労働者などをかき集めて四平の敗戦までの5カ月間に弾丸10万発を作り，火薬も製造することができた．ところがこれらの機械資材を運び出す準備ができていなかったために，瀋陽撤退時に大部分を失ってしまった．撫順を経て通化に退いたとき，武

器製造機械はわずかに100台，資材300トン，それに輯安の日本軍の修理機械が91台のみという惨憺たるありさまだった．それでもここでは弾丸30万発，手榴弾12万発，擲弾筒20門を生産することができた．しかしここも日本人を含む反乱（通化事件）があったり，政府軍の追求も厳しくなって撤退，さらに国境に近い図們，琿春へ撤退，やっとこの琿春で46年8月から正式生産に入ることができるようになった．他方では，ハルビンが政府軍に占領されることなく，後方基地であり続けたが，いつ占領されるか分からないから工場も分散させざるをえなかった．その後方の鶏西，佳木斯が武器生産基地として開かれることになった．結局，上記の琿春，鶏西，ハルビン・佳木斯・興山地区が第2期の主要な生産基地となる．（興山については，この当時ここにいた福西豊の未公刊の手記「落日と彷徨」が参考になる．もっともこの人は武器製造にかかわっていたわけではなく医療活動，傷病兵の看護にあたっていたのである．）

第2期，曲がりなりにもある程度安定した生産基地・工場が設置できた．この時期，各地区での生産状況は次のようであった．

	琿　春	興　山	鶏　西	ハルビン
82ミリ迫撃砲	40			
同弾丸部品	53,000			
82ミリ迫撃砲弾	50,000			
手　榴　弾	635,000	112,226	323,100	
雷　　管	287,000	320,000	60,000	
信　　管		146,000		
薬　　莢		577,546	318,000	
小　銃　弾		1,917,970		
同　弾　頭		3,699,608		
50ミリ砲弾				26,000
擲弾筒弾			20,000	

その他の零細生産も含めて報告されている数字は，手榴弾1,070,326発，82ミリ迫撃砲弾80,000発，小銃弾1,917,970発，雷管667,000個，擲弾筒弾26,000

発となっている．各種弾丸は日本軍遺棄の半製品の完成化を目指すものが多く，また大砲や迫撃砲，機関銃の製造はまだほとんど不可能であり，せいぜいそれらの修理ができる程度の技術力と機械であった．旧日本軍の迫撃砲の口径に合わせて弾を作ったりする状況であった．

これらの生産に当たった労働者は3,831人とされているが，このうちかなりの部分，特に熟練技術者のほとんどは日本人であった．通化撤退時には300人いたとされ，そのすべてが移動先に来たとは限らないが，しかしまた鶏西では80人が補充されたというから，全体の1割以上が日本人であったとして間違いないと思われる．

上記の数値は47年10月までに実際に生産されたものである．1946年末当時に実戦状況の必要に迫られて弾き出していた次年度（1947年）計画数値は，次のようであった．（「東北軍区軍工部の生産任務と組織機構に関する初歩的見解」1946年12月）手榴弾　2,040,000発，迫撃砲弾　188,000発，小銃弾8,400,000発，擲弾筒弾180,000発，小銃修理30,000挺，機関銃修理6,000挺，雷管1,000,000個．

両者を比較してみると，明らかに生産実数がはるかに少ない．実数は47年10月までのもので，計画数値は47年度全体のものであるから多少違いが生じるのは当然であるが，それにしても実数が少なすぎる．ということは実際の生産が戦争に必要とされた計画数値に及ばなかったということであろう．この資料より若干後の資料では，もっと沢山の武器弾薬が生産される計画だったことが示されているが，上記の実数のなかには現れてこない．しかもそれらの資料によって知られるのは，このころ生産された武器弾薬は，粗製乱造だったり保存が悪かったりして暴発したり不発であったりするものが多かった．実戦部隊から囂々たる非難が寄せられたとある．また原料や資材の不足も深刻で，紙の雷管を使ったりしたことが知られる．日本軍の残して行った半製品を完成させたり，一度使ったものを（薬莢・砲弾の破片など）すぐに再利用したりもしたらしい．

粗製乱造，保管や輸送の不備などだけでなく，実は武器弾薬の規格が極めて

〈内戦末期，共産軍の武器弾薬生産能力〉

1948年年度内計画・上半期実績（年度内10カ月実績）			1949年度計画
迫撃砲弾	50万発	27.7万発（43万）	100万発（81,82ミリ）
60ミリ砲弾	56万発	13.9万発（52万）	150万発
山野砲弾完成品（北満）	15万発	6.9万発（9.4万）	90万発
擲弾筒弾完成品	25万発	15余万発（20万）	30万発
銃弾完成品	1,700万発	426万発（675万）	3,000万発
手榴弾	150万発	86.7万発（135万）	100万発
宣伝弾（81ミリ）		（771）	1,5万発
同　　（60ミリ）			1.5万発
爆破筒		（1万）	1万発
60ミリ砲	2,000門	510門	3,000門
迫撃砲（81ミリ）		（15）	200門
歩兵砲		（1,372）	200門
重機関銃			1,100挺
軽機関銃			1,700挺
各種砲の修理		（364）	700門
小銃の修理		（17,266）	33,000挺
大連75ミリ山野砲	5万発，銃弾	1,000万発	
発射火薬			420トン
TNT火薬			150トン
濃硫酸			4,000トン
濃硝酸			600トン
手動発電機			600台
発信機			600台
信号銃			2,000挺
信号弾			20万発
乾電池			60万個
製造母機			72台
電極			200トン
爆破導火線			20万個
電管			500万個
軍用シャベルとスコップ			4万挺
練鉄			1万トン

不統一であった．旧日本軍の銃器に政府軍から捕獲した弾薬を使ったり，逆に弾薬に合わせて口径を変えたり，火薬や爆薬の調合を間違えたりしていた．製品の規格を統一したのは，何と1947年11月の段階であった．(「各区の兵器工業製品の規格に関する規定」)

　こうした並々ならぬ苦労を経て，戦略的反攻の時期に入る．その第3の時期は47年10月の軍工会議以降とされる．決戦前夜から決戦当時までである．この会議では分散から統一へ，各軍区から東北局が直接指導する軍工部の統一指導へと体制，組織が変わって行き，規格も統一された．工場も質の悪いものは淘汰され条件の良いところに集中されるようになった．原材料もかなり豊富になり大量生産が可能になった．もちろんその裏には，数多くの実戦を経て経験が豊かになったことや大量の政府軍からの捕獲品と技術者の獲得もあって，それらから大いに学びとったことも大きな要因であった．大口径の武器弾薬の生産と使用が可能になった．

　決戦前夜の48年8月，東北野戦軍の首脳から中央に送られた電報によると，大連も含めた東北全区には大小の軍事工場55箇所，機械設備と動力機2,060台，発射火薬設備2セット，硫酸製造設備2セット，電気溶鉱炉7箇所，その他の機器1,546台，大小発電機1,479台，その出力15,324馬力とある．そしてこれらの工場で働く労働者は20,735人，技術幹部を含む幹部529人であった．このうち日本人が1,346人，朝鮮人825人で，重要な技術者の大部分が日本人だったとされている．

　この同じ資料によれば，48年上半期の実績と年度内計画，および次年度の生産計画は前頁のようであった．《1948年8月27日「林彪・羅栄桓・劉亜楼・伍修権・何長工の中央軍事委員会宛東北軍区軍工建設に関する電報」および1948年12月「東北軍区軍工部軍工工作報告提綱」》

　以上のような報告，およびその報告の基礎となる実績に基づく次年度計画はそれなりに実態を表していた．もはや46年，47年のような希望的観測に基づく無理な計画ではなくなっていたのである．それどころか右端の計画ではすでに瀋陽の兵工廠(国民政府の統計にある文官屯である)が占領されていたという状

況からして，過剰生産さえ生じていた．劉統が「48年6月末には，東北軍区軍工部は大小55の工場，労働者1万人，幹部2,500人を抱えるまでにいたり……基本的にはわが軍の東北における作戦の需要を満たすことができた」としているのも首肯しうる．《『紀実』》

上記「東北軍区から中央への電報」に対する中央からの11月29日付け「指示返電」によれば，小銃，擲弾筒弾のより一層の増産を期待したほかは，山野砲弾25万発を東北以外の関内に回すように命じている．この「指示」は次のような興味深い指摘，命令がなされている．

「3：81，82ミリ迫撃砲は各歩兵連隊(団)6門だとして計算すると，秋期攻勢以降，すでに6−700門余りあることになり，60ミリ歩兵砲は各歩兵連隊9門だとして計算すると，秋期攻勢以降すでに1,000門余りあることになり，さらにこれらは大量に捕獲する可能性がある．したがって81・82ミリ迫撃砲と60ミリ歩兵砲はこれ以上まったく製造する必要はない．ただし重迫撃砲は当面，数に限りがあり捕獲もそれほど見込めない．120ミリと150ミリ重迫撃砲は中央軍事委員会が指摘してきたように極めて重要な役割（大都市や堅塁の攻撃での役割を意味している）をはたすので，瀋陽兵工廠を獲得したこともあり，比較的容易に解決できるであろうから，150ミリ迫撃砲の大量生産計画を提案する．」

これから逆算すると第一線の歩兵連隊(団)は約100個連隊であり，また今や共産軍は重迫撃砲をも大量生産しうる能力をもっていたことが分かる．もはやこの武器弾薬の生産面においても政府・政府軍を凌駕していたことは明瞭であった．

なお上記の統計で大連だけがなぜ特別扱いなのかを一言しておかなければならない．中共が東北に入ってきた当初，「45年10月始め」大連の最高責任者だった韓光の証言はすでに第1章で紹介した．なんだかんだと言われながら，ソ連が中共をひそかに支援していたことは確かである．その後ろ盾があったからこそ，その後の3年間に，3万人もの人間を軍に送り込み，30万着以上の軍服，236万足以上の靴を作って前線に送り，医薬品医療器具をも送ることができたのである．《『遼瀋戦役』上巻》

軍事物資については47年初め頃の資料によれば，46年中には大連の重要性に着目して「購入組」が設立され，上海など関内からの物資購入の窓口にしたことが記されている（「今後の意見」具申）．

すでに述べたように大連を中共が使用することについては，国民政府とソ連との外交関係，中共とソ連との秘密外交交渉という二重の問題があって難しく，中共も相当に苦労したのであるが，それでもこの購入組を通じて弾丸発射火薬，鉄条網，革帯，銅，さまざまな工具などを購入した．こうしたことや前記の資料にある武器弾薬の製造にかかわる工場の設置などで大連がはたした役割は極めて重要であつた．劉統はこう書いている．

「東北の軍事工業にはさらにもう１つの特殊な基地があった．大連である．……1946年初頭，国民党の軍隊が大挙して南満州に進攻してきたとき，わが軍は相当多数の部隊と幹部を大連に退避させ，その地に隠した．」47年春，この地で朱毅を社長とし江沢民（後の国家主席）を副社長とする「建新公司」を設立，「一方で華東部隊のために武器弾薬や軍事品を買い集めたり生産したりし，他方では東北武器弾薬のために軍事品を生産した．江沢民同志は東北の仕事を主管した．」この建新公司こそ大連の秘密軍事工業生産の中心であり，そこから北方の共産軍の戦いを支援する都市における重要な根拠地なのであった．この会社はソ連軍と交渉して接収した旧日本・満州の工場を接収してできたものであり，当時の中共東北局の乏しい準備金から東北通貨３億５千万元を投資してできたものである．劉統は書いている．「これはわが党の全国の最大の工業投資であった」と．ここでは他の中共地区のどこにも生産できなかった火薬，化学薬品を作ることができたし，石炭や鉄鋼を買い取ることもできた．しかしこれを最前線に運び込むことも，また内陸部から原材料を集めてくることも極めて困難であった．鉄道が政府軍に支配されていたからである．そこで海運によって朝鮮の鄭南浦経由で東側から入る道を往来するか，陸路を朝鮮国境沿いの安東経由で通化へ入っていくかのどちらかであった．いずれにしても朝鮮（北朝鮮）が噛んでいる．当然，金日成指導下の朝鮮政府との交渉が不可欠であった．この時の恩義が，後の朝鮮戦争において中国軍が介入する一つの

理由となった.

　この朝鮮との交渉とその協力関係については，丁雪松らの回想がある．それによれば，46年6月に中共東北局の駐朝鮮事務所が平壤に設置された．その主要任務は，傷病兵の避難，戦略物資の移動の中継地点，800キロに及ぶ国境線の何箇所かに戦略物資や要員の往来の出入り口を作る，作戦物資の支援と購入を求める，経済貿易，在朝鮮華僑工作などであった．越境した戦略・作戦物資は48年の1年で30万トンに達した．食料，食塩，布，その他の工業用品，無煙炭，水産物，火薬，雷管，導火線，硫酸，硝酸，ニトロ，アセトン，ゴム靴などである．また人員は1万以上とされる．投降した政府軍捕虜をいったん朝鮮国内に入れ，ここで再教育して前線に配置した例もある．

　経路は大連から不凍港の南浦，羅津へ至りそこから陸路で朝鮮半島の北部を通って通化，図們へ出るルート，また安東から新義州を経て図們へ至るルートがあった．大連からはさらに山東半島に出て関内の共産軍に物資を運んだというから，以上簡単に紹介した朝鮮－大連ルートがいかに重要であったかが分かろう．

　こうしたことから見て，生産基地と輸送基地の両面からして大連の重要性は疑うべくもないが，それは同時にソ連の協力と秘密支援なしにはありえなかったわけで，中共側が言うようにソ連が非協力的だったとはとても思えない．むしろソ連は中ソ友好同盟条約を破って秘密裏に中共＝共産軍を支援したと非難してきた国民政府＝国民党の主張の方が，歴史的事実としては正しいように思われる．（上記建新公司については，本書脱稿後に飯島靖「国共内戦期・中国共産党による軍需生産――大連建新公司を中心に」（下関市大論集52―3，2009.1）があるのを知った．記して参考に供する．）

4．大 軍 成 る

　以上において国共両軍の実力のほどを概略検討してきた．これによって共産軍の建設がいかに困難な事業であったかが推察されるのである．しかしこれは

武器弾薬，装備などのいわばハード面での問題であり，これだけでは共産軍の大軍が完成されたとは言えない．共産軍の側は政府軍と違ったソフト面での建設が必須だったのである．

東北野戦軍は48年3月13日に四平の戦闘終結後の18日から全面的な「整訓（再編成再訓練）」に入り，同時に長春の包囲にとりかかるものとされた（3月14日『日記』）．「整訓」の主たる目的は「政治面の再訓練，指揮員・戦闘員の自覚と部隊の政治性の向上，戦闘力の向上」にあるとされている．

ここに見られるように，共産軍の再訓練再教育は政治的課題と一体となって施されるところに特徴があるが，とりわけ政府軍の捕虜を再教育して共産軍の拡大補充のために活用することが緊要であった．このころには，彼らをいかに思想的精神的に教育するかが極めて重要な課題となっていた．そのためにこの再教育再訓練は，各部隊の中隊レベルにまで掘り下げた訴苦（「旧社会と反動派が勤労人民に与えた苦しみを訴えること」・三査「出身階級を点検し，工作を点検し，闘志を点検すること」ーいずれも『毛沢東選集』の注釈による）運動および大衆運動としての「土地改革」と結合して行われた．「武装した農民」（スターリン）である解放軍兵士らの（政府軍といえども基本的にはそうである）出身郷里における貧苦の生活や土豪・地主による収奪，人身支配，そして土地への渇望を思い起こさせ，支配階級への憎しみをかき立てるとともに，解放戦争がいかに彼らにとって意味のあることであるか，利益になるかを体の隅々にまでたたき込むのが目的であった．「訴苦」は47年夏以前に東北民主連軍の第3縦隊第7師団第20連隊第9中隊の経験が「部隊の教育の内容を解決し教育方法をも解決」するために行ったのが最初で，この方法が極めて有効であると認めた同軍の政治部が全軍に広めたものである．そしてさらにそれが『東北日報』に紹介され（47年8月26日），それを毛沢東が褒めたたえたことによってオーソライズされたのである．

翌48年3月7日，すなわち四平陥落の直前に毛沢東が書いたとされる論文（「西北地方の大勝利を評し，あわせて解放軍の新しい型の整軍運動を論ず」）は，西北での大勝利の要因を種々挙げたうえで，「しかし，最も注意すべき点は，冬の

２カ月あまりのあいだに，訴苦と三査の方法で，新しい型の整軍運動をやったことである」と指摘し，これらを行ったことによって「全軍の指揮員，戦闘員の，……自覚が大いに高まるとともに，[彼らの]共産党の指導の下におけるかたい団結が大いに強まった．」「このような軍隊は天下無敵となるであろう」と高く評価している．東北に次いで西北もこのような運動を展開したことによって軍の戦闘能力が著しく高まったわけである．

当時の軍隊と農民とが結合した土地闘争，清算闘争と訴苦運動は，日本人の目から見ると奇異でもあり素晴らしいものとも映った．記録を残しているすべての日本人がこれに触れているが，その１人，元木和男の回想を紹介しておこう．遼瀋戦役の前，元木は清算闘争と土地闘争とを実際に経験した．行軍中に，清算闘争によって処刑された地主らの死体が雪の大地の上に裸で転がされ，それを野犬が食い散らかしているのも見た．そうした後に訴苦大会に参加することになった．

「訴苦とは，苦しみを訴えると言う事で，各人の生い立ちから，家庭の事情，兄弟の事，つまり，旧社会に於いて，どの様な形で圧迫され，搾取されて来たかを，つつみ隠さず真実を発表するのである．……主な目的は，各軍人が階級意識を高め，闘争心を燃やし，搾取思想を取り除き，父母兄弟の為，全中国の被搾取者の為に，先頭にたって戦う意識を培う為のものであった．

会場内で，次から次へと発表する中国人同志の訴苦は，実に素晴らしく聞いている者ですら声がつまり，涙を呼び，怒りがこみ上げて来る．……彼等の盛り上がる階級意識は，私達日本人にも深い感銘を与えずにはおかなかった．やがて，日本人の中でも，学習会を通じて小型の訴苦大会が開かれる様になったのである．」《元木》

日本人さえをも感動させたこのような運動は，初めから解放軍に参加していた中国人農民だけでなく，捕虜となり解放軍に参加するようになった元政府軍の兵士らをも改造していった．彼らの多くが貧窮農民の出身であったからである．東北の解放軍の新兵の募集と入隊した者たちの訓練にこの方法が大変有効であり，軍の補充に大きな役割をはたしたのである．

以上のような精神面思想面での教育は，先の戦術教育・訓練と両々あいまって将兵の信念と戦う自信を高めた．彼らは農民としての自分が生まれ変わった（「翻身」という）と高らかに歌い，そのことを歌うことによってまだ軍隊にも土地革命にも参加していない他の農民たちにも「翻身」を呼びかけた．当時，このような教育的意味も込めて中共が広めた歌として，こんなのがあったという《李時新『林彪軍旅的生涯』》．

　　万里の長城は越えがたいよ
　　関東（ここでは東北のことを指す）は素晴らしい山河だよ
　　天をつく森林が鉱山を覆いつくし，土地いっぱいの実りが人々を喜ばすよ．
　　万里の長城は曲がりくねってるよ
　　関東の人民は災難が多かったよ
　　蔣介石は抵抗もせず人々に害を与え，14年もの苦しみは語り尽くせないよ．
　　4億の中国人民はよ
　　断固抗戦して日本の鬼を追っ払ったよ
　　"8・15"（日本の敗戦の日）は人々を解放して喜ばせたけれど，
　　蔣介石がやって来て売国の内戦をおっぱじめたよ．
　　白い山，黒い河（満州のこと）の水は天まであふれるよ
　　東北の人民は立ち上がって翻身したよ
　　清算闘争は土地を分かち家も分かったよ
　　苦い水（旧社会の苦しみのこと）は汲みつくし，冤罪はそそいだよ．

ところで四平攻略戦の勝利，長春攻略戦の失敗を経て，東北野戦軍が決定した戦略方針は，一方で長春を長期にわたって包囲し（攻堅戦），そこから脱出しようとする敵，あるいは瀋陽からの救援の敵戦闘部隊を運動戦によって各個に殲滅するという部分と，他方では2月7日の毛沢東（中央軍事委員会）の方針に基づく南下作戦とを組み合わせようと努力した跡がうかがえる．この戦略方針

第4章　国共両軍の軍事力　大軍の完成と進発　97

を全軍に徹底させ，かつそれぞれの戦闘部隊の実戦における戦術，戦闘方法をも徹底させるために開かれたのが吉林の高級幹部会議であった．しかし以下に見るように，ここにおいてもまだ中央の戦略と現地軍の戦術とが完全に一致したとは言えない状況が見られた．

　幹部会議は6月15日から始まった．『日記』にはこの会議の議事録の摘要が「行動方針に関する伝達および4カ月の練兵部署」として書かれているが，その最初の報告者は政治委員の羅栄桓であった．司令官の林彪が何か話したのかどうかは分からない．

　羅栄桓はまず当面の情勢について，「一般的に言って，現在は比較的分散した敵を打つことはより困難になっている．敵の大都市と対抗するという情勢は確定している．敵の総体的な作戦方針は，東北と華北においては主として対抗防御体制をとり，我と華中を奪い合い，時間をかせぎ，後備軍を新たに組織し訓練するというものである．」これに対して共産軍の側は，この1年に大きな成果を上げたとはいえ，「弱点も暴露し，困難も存在している」ことが分かった．

　このように彼我の情勢を分析したうえで，新たな方針と任務が提起される．このあたり，『日記』は要約だとことわってあるが，話し言葉のままに記録したらしく，羅の諄々として説き来たり説きさる様子がうかがわれて面白い．こんな調子である．

　「こんにち，われわれが大都市を奪取するには，若干の条件が不足している．兵力においては3倍から4,5倍がほしいし，立派な補給線がいるし，多くの大砲と弾薬がなければならないし，一定の技術的な条件が必要だが，こうした条件はわれわれに不足していて，こうしたことから，大都市に対応するには長期包囲で籠城を困難にするという方法をとる（中国語では実に簡明に「久困長囲」である．この言葉は感じとしてはよく分かるが適切な訳語は難しい）．」

　これに続いて，華中と違って東北では四平のような都市攻略の経験があるから，いくつかの都市をとることができると言って参会者を笑わせたり自尊心をくすぐったりする．巧妙な話術である．そして核心部分に入る．

「こうした方針のもとで，われわれは長春攻撃を考慮し，攻撃を決定した．……長春攻撃には３種類の状況がありうる．１つは長春を包囲し救援部隊を攻撃するというもので，これは状況としては良いが可能性は小さい．第２にわれわれは，現在長春を攻撃しているが［実際にはこの段階では方針を転換している］時間が長くかかり，損害が大きく，敵の増援が来てもわが主力を引き下げて増援部隊を攻撃することができないし攻略も一気にできない．第３にわれわれは，たとえ５，６万の損害を出しても断固として攻略することも考えたが，補充がきかない．いくつかの独立師団をばらして主力を補充するとしても，それら攻撃師団の再編成と訓練に数カ月かかってしまう．こんなわけで現在われわれが何故長春を攻撃しないかというと，……長春は１つの大都市であり，もし攻略できないとなると士気に影響するし，また大衆に影響する．今年は自然災害で不作のうえに土地改革でも誤りを犯し，大衆の生産気分に悪い刺激を与えた．長春攻略は１つの勝利であるが，攻略できないとなると大衆に波及する．同時に攻略できないと若干の部隊は現勢力を回復するのに半年はかかり，大衆の気分にも影響する．」

大衆への影響，特に食料生産にとっての大衆の気分，情緒に気を使っていたことが分かる（土地改革の失敗とその悪しき影響が率直に語られているのは注目に値する）．毛沢東は東北の食料生産に大きな期待を寄せ，たびたび食料の貯蔵と南方への搬送を指示していたが，そのことも念頭においてであろう，南の承徳攻撃戦に触れて，こう述べている．「もし東北から搬送するとして，30万人の３カ月分の食料を解決するには，６万トンの輸送問題を解決しなければならず，それには1,500輛の自動車で２カ月はかかる．もし運べないとなると，勢い仕方なく兵を分散してしまい，長春の敵も逃げ出してしまって，二兎とも失うということになってしまう．」

毛沢東（中央）の指示に逆らってまで長春攻略を強行しながら，攻略しきれない野戦軍首脳の焦り惑い，申し訳なさが現れている．後世，こうしたものは林彪の誤りのせいにされるが，決してそうではなく東北の党・軍の指導部全体の責任であったことが，ここからも知ることができる．中央の指示，指導を受

けつつ，それとのやりとりの中で東北野戦軍自身の判断，決断が求められることになる．羅栄桓の長い報告は，最後に3つの方針を提起することで終わっている．

「われわれはここに3つの方針を提起する．1つは一気に攻略すること，第2は南下作戦，第3は長春を長期に包囲することである．中央は長春を長期包囲し，2カ月間の練兵後に再び攻撃することに同意した．これは長春攻撃の時間的な問題を解決したが，方法は未解決である．」

こうして四平攻略後の2カ月間の休養，再編再訓練の間に「現在は58万人だが，今年中に主力を60万人，後方の予備軍－地方部隊・民兵をも合計すると百万」とすることが提案された．そのために不必要な駄馬1万匹を削減し（歩兵4,5万人を養えるものとされている），民力を節減し，捕虜を再教育して正規軍に編入することなどが指摘されている．

次いで劉亜楼参謀長が羅栄桓の戦略方針に基づいて具体的な戦術，作戦配置，戦闘方法などについて話した．先にも紹介した「四大技術」としての「一点両面」「三三制」「四快一慢」「四組一隊」「三猛」，これに「3種の状況，3種の攻撃方法」である．このような用語と戦術思想は，その後『日記』にもしばしば出てくるところを見ると，この時期にはかなりの程度，野戦軍内部に普及していたのであろう．幹部会議はこれを統一的に体系的にオーソライズしたものと思われる．

こうして長春の長期包囲攻略戦が当面の主要な戦略方針として確定された（6月1日『日記』では5月30日より「長春長期包囲戦」に転換したとある．）それに合わせて戦術と戦闘隊形・方法も全軍共通のものとして確定されたわけである．ではこの戦略方針に従って動員されるべき兵力はどうであったか．

3月，長春包囲の時の部隊の配置場所は，第1,2,3,5,6,7,8,10縦隊が四平周辺，4縦隊は遼陽・鞍山付近，9縦隊は清河門と北鎮の一線となっている．第11縦隊はずっと熱河方面である．第12縦隊は新規に組織されたもの（3月14日，4月1日『日記』）．

6月の高級幹部会議での劉亜楼報告に示されている軍の配置は，第1,2,

3，4，6，7，8，12縦隊は長春攻撃部隊，第5，9縦隊は敵の救援部隊への攻撃，第10縦隊は敵の救援部隊の阻止（防衛戦），第11縦隊は熱河となっている．これは明らかに長春攻略戦の配置である．

これに対する政府軍は，長春に10万人，瀋陽とその周辺に30万人，錦州に15万人の合計55万人（この数は，もう少し後の「遼瀋戦役」発動段階のものであるが，6月から9月の3カ月間にそれほど大きな戦闘はなかったとされるから，6月段階でもこれでよいと考える）．これは羅栄桓が強調した，城攻めには3倍から4，5倍は必要だとする認識からすれば，まだまだ不足しているということになる．この兵力の対比が東北野戦軍首脳に全力を挙げて長春攻略に向かわせなかった1つの理由ではあった．

今日，一般に「遼瀋戦役」での兵力は8月までに103万とされている．うちわけは野戦部隊が歩兵12個縦隊－36個師団，ほかに15個独立師団，1個砲兵縦隊，1個鉄道縦隊，1個戦車連隊の合計約70万人，後方の地方部隊と民兵が約33万人．大砲は歩兵砲，迫撃砲などが1,600門，比較的大型の山砲，野砲，榴弾砲，キャノン砲など660門，高射砲116門とされている《『中国人民解放軍戦史』『毛沢東軍事文集』など》．

これが本当だとすると，先に紹介した6月段階で羅栄桓報告が期待をこめて

（単位千人）

	第1年度 共産軍/政府軍	第2年度 共産軍/政府軍	第3年度 共産軍/政府軍	第4年度 共産軍/政府軍
負　　傷	267——	325.3——	397.4——	59.2——
戦　　死	69——	82.3——	92.6——	19.9——
小　　計	336/426	407/540	490/571	79/173
捕　　虜	2.5/677	5.3/953	2.6/1,834	3.3/1,123
失踪（共産軍）と投降・寝返り（政府軍）	19.5/17	40/28.2	129/644	7.2/1,084
合　　計	358/1,120	453/1,521	622/3,050	90/2,380
対　　比	1/3.13	1/3.35	1/4.9	1/26.56

提起した兵力「60万」を10万ほど超過達成したことになり，林彪・羅栄桓らの兵力補充方針が正しかったということになる．しかし繰り返しになるが，6月段階では長春攻略が当面の目標とされていたのである．

ところで中国共産党側の統計によれば，内戦期間中の双方の兵力の損失は以下の通りである．(『中国人民解放軍戦史』第3巻による) 共産軍側の統計は各年度ではなく戦争の「第1年度 (1946年7月－47年6月)，第2年度 (47年7月－48年6月)，第3年度 (48年7月－49年6月)，第4年度 (49年7月－50年6月)」である．

ほぼ4年間で共産軍は152万人を失い，政府軍は807万人を失った．このうち共産軍で戦闘以外の捕虜・失踪 (主として脱走であろう) は21万人にのぼる．人的損失の14パーセントである．政府軍に比べればはるかに少ないが，しかし逆に非常に戦意の高い，勇敢な解放軍というイメージからすると意外に多いように思われる．他方，政府軍では何と636万人で，実に人的損失の79パーセントにも達する．彼らは戦わずして武器を放棄したのであり，いかに戦意のない戦闘部隊であったかが分かろうというものである．このうちのかなりの部分が，共産軍側に参加したのであり，残りの多くは旅費を支給されて郷里に帰ったか文字通り脱走して行方知れずになったものである．

この統計のうち，当面問題にしている決戦前夜までの (すなわち共産軍側のいう第2年度，48年6月) まででいえば，共産軍は81万人を失っており，これに対して現有勢力を60万にすることが呼号されていたのであるから，単純に計算して補充も含めた動員兵力は140万にのぼっていたことが分かる．この時までに内戦は2年経過していたわけであるが，当初満州に進撃してきた部隊が10数万とすれば，満州の地において2年間で130万ほどが動員されたことになる．この間，共産軍に寝返った政府軍は4.5万で，これは純粋に共産軍の補充人員になったと見てよい．一方捕虜は163万である．いろいろな文献にかなりの部分が共産軍に参加したとされているが実数は全軍の2割程度とされている．こうした部分をも含めて，本書では60万前後の人々が決戦前夜の実戦部隊に居たと理解しておきたい．これは膨大な大軍であると言えよう．

5．進発命令下る

　かくして大軍は動き始めた．そのほとんどは夜間行軍であった．そしてその多くが徒歩によるものであった．主たる出発点はハルビン－長春間，長春－四平間の北満州から南下したものであるが，南満州から西進するものもあった．もともと平寧線近辺で活動していた部隊もあった．『陣中日記』はこの動きを日々刻々と記している．

　総司令官の林彪，政治委員の羅栄桓，参謀長の劉亜楼，政治部主任の譚政ら，司令部の移動状況についてはすでに述べた．もう一度繰り返せば，双城を9月30日に発し，錦州近郊に10月4日到着，翌日さらに戦場に接近して前線指揮所を設けた（『日記』では田家屯とある）．

　ここでは大軍の移動とその困難な状況について述べる．

　『日記』9月8日，9日によれば，東北野戦軍司令部は，「北寧線の分散している敵を殲滅し，長春の包囲網を突破せんとする敵の殲滅，さらには瀋陽から錦州への増援部隊と長春の包囲網突破部隊に呼応して四平に向かう敵をそれぞれ殲滅する準備をととのえること」を決意したと書かれている．これは9月7日付けの毛沢東（中央軍事委員会）から野戦軍司令部に宛てた電報を受けての「決意」であり，現地軍としての戦略戦術のすべてを簡潔に表現したものである．

　この「決意」に従って，第1兵団所属の第12縦隊が長春包囲戦に残り（9月15日づけ司令部の指示によれば，第1兵団は「敵が我が軍の全体の企図（主力による平寧線攻撃）を察知するまでは長春包囲の部署を変更せず」とあるから，瀋陽の政府軍はこの段階でもまだ共産軍の大移動の本当の企図を知らないと林彪らは判断していたことになる），第2兵団所属の第11縦隊が原地活動拠点の熱河から平寧線攻撃への近距離移動したほかは，大軍の大規模移動が始まった．

　この8日と9日，それぞれの部隊は司令部からの命令を受領，第1，2，7，8各縦隊は12日に原地出発の準備を始めた．第1縦隊は6日間の行程で四平で

集結するものとされ，ほぼ完了していたところ，23日，新民周辺で瀋陽からの増援阻止を命じられる．第2縦隊は砲兵連隊が夜間移動するだけで歩兵は昼間の強行軍を命じられ（多分空襲にさらされない地域にいたからだろう），移動中に第1縦隊同様，23日，黒山付近で瀋陽からの増援阻止を命じられる．

　第8縦隊は命令よりも2日遅れて14日に原地出発，これらは当初いずれも錦州北方の堅城，義県攻略を目指すものとされていた．

　第3縦隊は9月11日夜，乗車し14日に新立屯着，18日には義県周辺に配置完了，第4縦隊は原地の遼南から出発して西進，14日には大凌河を渡って義県の南に到着，いったんは義県の敵が脱出して錦州に合流するのを阻止する体制をとったが，命令変更により15日から1週間以内に南下し，第九縦隊にかわって高橋，塔山地区に入ることを命じられる．直ちに第2兵団の隷下に入って平寧線攻撃を開始．27日高橋，塔山を攻撃，10月7日より，ここに防衛陣地を構築する．

　第5縦隊は14日までに移動を完了するように命じられていたが，15日，途中で瀋陽からの増援を阻止するため，原地の清原に待機せよとの命令変更を受け取る．

　第6縦隊は原地待機．18日の司令部の指示に，その一部は「敵機来襲の機会にわざと公然と長春方面に移動し」敵に主力の南下作戦の意図を惑わせよとある．この日，司令部は，まだ瀋陽側が共産軍の作戦計画を知っていないと判断していた．第7縦隊は13日行動開始，翌日四平の南に達し17日，公主屯に到着．さらに義県攻略に参加のため急速南下．

　第8縦隊は予定より2日遅れで発進，26日錦州郊外の飛行場を攻撃，錦州外郭陣地への攻撃が早くも開始されている．

　第9縦隊は原計画では4縦とともに平寧線と義県攻撃の任務を課せられていたが，その後，義県と錦州との間に入って政府軍の連絡線を遮断する．

　第10縦隊は原地待機し瀋陽からの増援阻止を任務とする．

　第11縦隊は第2兵団主力として4縦と協力し平寧線攻撃を担当，その後，塔山阻止戦の補助部隊となる．

第12縦隊はいったん瀋陽からの増援阻止部隊に入れられるが，長春から包囲網を突破してくる敵に備え第1兵団と呼応する形で四平以南に配置．

以上が全12個縦隊の配置であるが，そのほかに堅陣攻撃戦の主役ともいうべき砲兵縦隊がいた．この部隊は重砲やその牽引車と砲弾を運搬するので，移動は困難を極めた．空爆を避けつつ，橋梁や道路を補修しつつ，輸送は主として夜に行われた．そのような困難にもかかわらず，その主力は15日，西安で乗車，21日阜新に到着して積み降ろし，25日義県郊外に達した．義県砲撃に加わったのは，すでに述べたように砲兵縦隊だけで70門．そのほかに各縦隊砲があって合計100門であった．これらは義県攻略後は錦州砲撃に回った．

こうして錦州に先立つ義県攻略戦の配置は完了した．そして24日には錦州－義県間が切断され，27，28日には攻撃が開始された．錦州の外郭陣地ともいうべき義県の陥落は翌10月1日であった．こうして主目的の錦州攻略の態勢が整った．

この時点での東北野戦軍の配置は次のようであった（『日記』10月4日「決意」と「集団部署」．10月1日の「決意」と異なるが，その理由は以下の林彪－毛沢東の議論を見よ．錦州攻略に主要な努力を注ぐため）．

1；錦州包囲攻略部隊．第1，2，3，7，8，9縦隊の6個縦隊，および砲兵縦隊，戦車連隊など約20万，砲100門以上（高射砲がどれくらいあったか不明）と戦車など．攻撃方向は第7，9縦隊が鄧華の指揮下に錦州南方から北へ，第2，3縦隊は韓先楚の指揮下に北から南へ，第8縦隊は東から西へ，砲兵縦隊の主力は2，3縦隊に配属されるという配置であった．第1縦隊は総予備隊とされた．6日には高射砲連隊も到着して，錦州への空輸機を撃墜し始めた．

2；葫蘆島・錦西からの増援阻止（塔山）部隊．第2兵団隷下の第4，11縦隊および独立第4，6，8師団など8万前後，第2兵団司令官の程子華が指揮をとった．『日記』には砲63門とある．後述するように，この担当地域は狭小であるため，共産軍得意の機動戦は使えず，頑強な縦深陣地を構築して敵兵力の損耗を強要しつつ，一部が反突撃することが期待された．

3；瀋陽からの増援阻止部隊．第5,6,10,12縦隊（ただし第12縦隊は長春方向に備える），12-13万人ほど．10縦と1縦の第3師団が半拉門-遼陽河の線を担当，その他は，第6縦隊司令官の黄永勝の指揮下に黒山，大虎山を守備し，必要に応じて反撃するものとされていた．もちろんこれだけでは瀋陽からの政府軍精鋭部隊を阻止するのに不安があっただけでなく，逆に包囲殲滅することも期待されていたので，その分，錦州攻略が急がれた．錦州攻略部隊がこの方面にどれだけ早く回せるかが，戦略的意図の実現に直接かかわってくるからであった．

4；長春包囲軍．12個の独立師団が主力野戦軍の大移動が始まるのに合わせ，わざと敵の目に触れるように昼間に長春から南下し夜は再び長春近辺に帰るという陽動作戦を繰り返している．長春が主たる攻撃目標だと思わせるためである．

第5章　遼瀋戦役の戦略をめぐって
毛沢東と林彪

1．遼瀋戦役の発動

　以上のように大軍の建設がほぼ完成したところで,「遼瀋戦役」が発動される．

　ところでこの「遼瀋戦役」なるものは, 1948年9月7日, 毛沢東が中国共産党中央軍事委員会のために起草し東北野戦軍の指導部宛に送った電報に基づいて, 同月12日に発動されたとされている．

　ここでいう指導部とは司令官の林彪, 政治委員の羅栄桓, 参謀長の劉亜楼で, 中央からのこの3人の名宛電報は, 政治部主任の譚政も加えて今後しばしば出てくるので記憶されたい．

　ついでながら記しておけば, このころの東北・満州はすでに中国共産党が支配する一定の安定した地域を抱えたうえで軍事攻勢に転じていたことから, 48年1月（8月14日, 中国共産党中央軍事委員会の正式決定－譚政）, 政治経済などを統括する「東北軍区」という軍事行政単位（表向きの行政プロパーの組織としては東北行政委員会があるが, 中共東北局・東北軍区の二重指導を受けている）と実戦部隊の作戦行動その他の軍事を専門に担当する「東北野戦軍」とが, 一応分離した形で設置された．一応というのは, いうまでもなくこれら双方を統括指導していたのは中国共産党－中国共産党中央委員会東北局であって, したがって人事的にはこの3者に（中共東北局, 東北野戦軍, 東北軍区）またがって重複しているものが多いが, 基本的な任務は異なるのだという意味においてである．

参考までにこの3者の人事を記しておく．

- 中共東北局書記；林彪（46年9月に成立したころは彭真），陳雲，高崗（中央政治局委員），李富春，羅栄桓，林楓（東北行政委員会主任）（以上は中共中央委員），黄克誠，譚政，呂正操，蕭勁光，程子華（以上は中共中央候補委員），伍修権
- 東北軍区司令員；林彪，政治委員兼任，第一副政治委員羅栄桓，副政治委員陳雲，李富春，政治部主任譚政，第一副司員高崗，副司令員呂正操，周保中，蕭勁光
- 東北野戦軍司令員；林彪，政治委員羅栄桓，政治部主任譚政，参謀長劉亜楼

以上のように中国共産党東北局（最高指導，政策決定機関）－東北軍区（地域軍事行政）－東北野戦軍（作戦部隊）の三権を統括する立場にあったのが林彪なのであった．

　内戦は一種の非常事態であり，全国統一がまだ完成せず，したがって党の一元的支配と政治の中央集権化が貫徹されていない状況下にあっては，それぞれの地域が中央から相対的に自由で独自な権限をもち行動したのは，やむを得ない．それはまたゲリラ戦時期からの伝統でもあった．党中央・中央軍事委員会と地方の党政軍との関係はほとんどが電報による命令，指示と，同じく電報による下級からの報告，提案によっていた．中央の権威や権限の貫徹は地方に派遣された中央委員，およびそれを核とした中央局，地方委員会所属の党員たちの中央に対する忠誠しかなかったわけである．

　その意味では，同じ「レーニン主義の双子の兄弟」と言われる国民党と比べて，中国共産党の中央の権威，威令が行き届き厳守されていたということが，むしろ不思議なくらいである．後に林彪が「独断専行」したと批判されるようになるのも，こうした事情によるが，逆にそうしたポストに林彪を置いたというところに毛沢東の林彪に対する信頼感が明白に現れているのである．

　そこにある特定の個人に三権が集中するということになると，この者が独裁者的な傾向を帯びることになる．幸か不幸か，林彪は野戦軍を率いて南下し東北を出ていった．しかし内戦終結から建国初期まではこの形は残り，彼にかわって高崗がこのポストに就くことになる．これが建国後，東北地域を「独立

王国」のように専断したという非難となって高崗失脚につながっていくわけである．もし今日言われるように林彪に野心があったなら，とっくの昔に「独立王国」はできあがっていたはずである．

建国以後しばらくの間，東北以外には，西北，華北，華中，華東，華南，西南，中南というように大軍区が設定されていた．中央集権化が十分に進んでいなかった分，やはり同じような事態が生じていたのであろう．東北の高崗と同時に華東局の饒漱石が槍玉にあげられて失脚させられている．こうして全国の中央集権化が強力に推し進められていくが，これはまだまだ先の話．

さてこの9月7日の電報のことである．これは今日では「遼瀋戦役の作戦方針について」と題されて，どの資料集にも出てくる有名なものである．重要な資料なので少し長いがその内容を引用しておく．（この部分は日本共産党中央委員会の『毛沢東選集』第4巻下巻による）

「われわれは5年前後（1946年7月から数えて）で国民党を根本的に打倒するつもりであるが，これは可能性がある．われわれが毎年国民党の正規軍を百個旅団前後殲滅し，5年で敵を500個旅団前後殲滅しさえすれば，この目的は達成される．」

この目的達成のために，各野戦軍は中央の要求に応えなければならないが，東北野戦軍には「(華北の) 羅瑞卿，楊成武両兵団とあい呼応して，衛立煌，傅作義両軍の35個旅団前後……を殲滅し，北寧線，平綏線，平承線，平保線の，北平と天津をのぞくすべての都市の攻略にあたること」が要求されていた．また「9，10の2カ月またはそれよりいくらか長い期間内に，錦州から唐山にいたる線の敵を殲滅するとともに，錦州，山海関，唐山の諸点を攻略できるならば，18個旅団前後の敵を殲滅する目的はたっせられる．これらの敵を殲滅するため，諸君は，長春，瀋陽の両地の敵にかまわず，いまただちに主力をこの線に使用する準備を進めるとともに，錦州攻撃のさい，長春，瀋陽から錦州に増援される可能性のある敵を殲滅する準備をすべきである」と指示されていた．

錦州，山海関，唐山の一線に主力を集中して攻撃を加えるとともに（「最初の大戦役」だとされている），ここに増援されてくる瀋陽からの敵主力部隊をも待

ち伏せ攻撃して殲滅するというのである．「方針」が「これが最も理想的な状況である」と断定しているように，このような戦術は毛沢東・共産軍がこのころ最も得意とするようになった「攻堅打援」戦術なのであった．つまり堅固に防衛されている都市陣地を包囲し孤立させて攻撃を加え，必然的にこれを救援しようと出撃してくる敵野戦部隊を，今度は機動作戦で各個に分断して殲滅するのである．

ここにいう「殲滅する」という用語もまた共産軍独特のものがあって，単に敵部隊の撃破ではなく，運動戦（機動戦）を繰りひろげながら敵の戦闘力のある作戦部隊とその兵員を二度と再び組織的な攻撃に出られないくらいに物理的に消滅してしまうことを意味している．

このような各個撃破，殲滅戦の思想は30年代，40年代の紅軍と八路軍のゲリラ戦時代から経験を積みあげてきたものであるが，この内戦の2年あまりの間に経験し練りあげてきた堅固な都市陣地の包囲攻略戦と大規模な運動戦の経験をも積みかさね，両者を結合して「攻堅打援戦」にまで仕上げていったところに，この内戦最終段階の最大の特徴があった．とりわけ「堅固な都市防衛陣地の攻略戦」戦術は，最後には攻略したとはいえ惨憺たる苦労を重ねた要衝，四平のあしかけ3年にわたる攻防戦の苦い経験，この「攻堅戦」のなかで勝ちとられてきたものと言える．

繰り返しになるが，四平の攻略後，大々的な部隊の再編制と再訓練があった．四平の攻略によって中国共産党の東北局と東北野戦軍とは一息つくことができたわけである．四平攻略戦の苦い教訓を最大限に生かせるべく，猛特訓を行った．それは主として防御の堅い都市攻略戦の準備であって，これまで共産軍が経験したことのないような大規模な兵力用兵，集中砲火，防御陣の突破，市街戦などを一気に展開する要塞攻略戦なのであった．四平は，その予備訓練を実地に経験した最初のものであって，今後のために貴重な教訓，経験を残したのであった．

こうして東北野戦軍は，要塞攻略・防衛戦だけでなく，これと何万，何十万単位の大規模機動戦とを組み合わせた作戦の訓練にとりかかっていた．この作

戦に要する兵員，武器弾薬，装備，食料，そして輸送手段あるいは兵站線の確保は膨大なエネルギーを必要とした．兵員の充足と戦闘能力の向上という課題だけでも，気の遠くなるような作業なのであった．なぜなら，大規模攻勢に必要な兵員は，ほとんどが新兵であり，しかも全体の2割は投降してきた国民党軍の兵士を再教育・訓練して用いざるをえなかったからである．新兵の養成と訓練は「第二線兵団の建設」とされていたが，それは前年の47年夏から48夏までの間，第一群と第二群の2回に分けて合計50万人近くを創出したとされる《『譚政』先に述べた大軍の創出の実態はこのようなものであった．

ところで9月7日の電報は，先に紹介した部分に続いて，その末尾のところで，わざわざ「もっとも理想的な状況」を実現するうえでの注意事項として，次のように記している．「(1)錦州，山海関，唐山の3点を攻略し，この線全体を制圧する決意を固めること．(2)諸君はこれまでやったことのない大殲滅戦をやる決意を固めること，すなわち衛立煌の全軍が増援に来たばあいには，断乎これと戦うこと．(3)上にのべた2つの決意に即応するため，作戦計画を再考慮するとともに，全軍の軍需（食料，弾薬，新しい兵員など）の調達と捕虜の処置をすること．以上の意見について，考慮のうえ返電されたい．」

「決意を固める」ということは，口で言うほど易しいことではなかった．戦略が雄大であればあるほど，その実戦部隊は緻密な作戦計画と一糸乱れぬ統一的な行動が要求されるのである．しかもそれは大兵団が，極秘裏にはたさねばならぬ課題なのであった．当然，現地の実行部隊の指導部の苦労は並大抵のものではなかった．数百キロも離れ，無線と電報によってしか連絡の仕様のない中央と地方との情勢判断と実情把握の違い，意識のずれが，この「決意」を固めるまでの過程に如実に現れていた．

2．戦略はいかに決定されたか

四平攻略戦（「攻堅」である）から東北野戦軍が最終的に「決意」を固め，そして9月7日の「方針」が出されるまでに，長春攻略戦の失敗という事実が

あった.

確かに，その前年の12月から結氷期を利用した東北野戦軍の冬季攻勢が決行され，年明けから3月にかけて遼陽，四平，吉林，営口，開原，鞍山，法庫などの国民政府の重要拠点が次々と陥落，今や国民政府は瀋陽，長春，錦州の三大拠点と葫蘆島に限定されて孤立するに至っており，共産軍は刻々と東北満州の首都，瀋陽に迫るという情勢にあった．このような情勢を背景に新たな戦略が提起されてくると考えるのは自然である．四平や長春の前に，すでに錦州を攻略し政府軍を満州に閉じ込めるという戦略が毛沢東の頭のなかにあったという説は，これを示している．それは2月7日の東北野戦軍首脳に宛てた電報においてであったという．

この「電報」は冬季作戦後は「2つの方向がある」として，次のように指摘している．1つは瀋陽周辺であり，もう1つは錦州周辺とそこから天津・北京に至る北寧線である．「どちらの敵をとるのがよいかは，状況によって決定されよう．ただし諸君は敵軍が東北から華北へ撤退する状況にも対応する準備をしておくべきである．蒋介石は東北の兵力を全軍華北へ撤退させることを考えたことがあるが，これは主として南線のわが軍がまだ長江を渡っておらず，北線のわが軍がまだ一層大きな打撃を与えていないからである．」

このように情勢を分析したうえで，もし今後幾つかの大きな戦闘で勝利をえたら，「撤退する可能性は突然増大する」「その時期は夏，あるいはもう少し早くなるかもしれない」と予言したのである．

これは政府軍を東北に封じ込める可能性について述べたのであり，錦州周辺と北寧線を抑えてしまえば，「わが軍の戦略的利益からいえば，蒋介石軍を各個に殲滅するのに有利」だとの展望を示したものである．これは確かに後の遼瀋戦役の戦略を概略的に提示したものと言えなくはないが，まだ完全にそのような戦略をとるよう要求したものではなく，現地の判断に委ねた形になっている．必ずしも言われるほど断固とした方針が提起されていたわけではないことが分かる．

いずれにせよ，毛沢東が政府軍を満州に閉じ込めて各個に殲滅する可能性と

有利さを考慮していたことは間違いなく，四平をまだ攻略していない段階での展望としては優れたものと言わなければならない．しかしこれを現地の指導部から見た場合，自ずと異なった判断にならざるをえない．四平がまだ落ちておらず（主力軍は長春周辺と四平との間にいた），大軍の整備がまだできておらず，武器弾薬はもちろん民衆の支持も簡単には期待できない状況にあったからである．現地指導部がこれを中央の机上の卓論ではあるが，1つの選択肢だと受けとめていたであろうことは，容易に推測できる．林彪ら指導部は，瀋陽と長春の中間の四平を攻略した後は，孤立しすでに包囲している長春を攻略することの方が，比較的に容易であり戦略的にも有利だと判断したのも無理からぬところであろう．

　4月18日付けで毛沢東（中央軍事委員会）宛に送った電報で，現地指導部は四平攻略後1,2カ月の再編と訓練を経て，全力を挙げて長春を攻撃すると意見具申し，自信たっぷりに「半月ほどの時間内に攻略し戦闘を終結させる」と述べた．

　これに対して毛沢東は，4月22日付けで返電し，「諸君の先に長春を攻撃するという意見に同意する」と述べているが，同時に厳しい注文もつけていた．電報は言う．同意する理由は「長春を先に攻撃するのは，先に他のところを攻撃するよりも比較的に良いというだけであって，先に他のところを攻撃するのが特別に不利だとか，あるいは克服できない困難さがあるからというのではない．」「南下作戦の困難さを強調して諸君自身，および幹部たちが精神的に受動的な立場にたつべきではない．」毛沢東がイライラしている様子が電文を通して読み取れるのである．

　毛沢東から見れば長春攻防戦は無駄な時間をくっているという感じだったかもしれないが，現地軍首脳から見れば毛の要求はあまりにもせっかちで冒険主義的に見えた．食料，武器弾薬，被服，それらを運ぶ手段から敵情，地理地形，天候などなど何1つ完全に掌握していなかったのである．毛沢東は5月31日の電報にもあるように，しきりと食料の問題を指摘してきた．大作戦を演ずるなら，それが絶対に必要だということくらい，現地軍には百も承知のことだっ

た．しかし東北それ自体にどれだけの予備貯蔵があるというのか，その予測さえ立たなかったというのが実情であろう．天から降ってくるわけではない限り，新たな大規模な徴発，大量の労務者の動員など，民衆の負担の増加は避けられない問題であった．それは共産軍のアキレス腱でもあった．それを過激にやって，民衆の支持を失わないかというのが，現地司令部の頭を悩ませる課題であったことは間違いない．

しかし中央と現地との見解の相違は，意外にも長春の防衛力が堅く，簡単には落城しなかったことによって解消される方向に進んだ．5月29日づけで林彪らが中央軍事委員会に宛てた電報は，方針転換を明確にして次のように述べている．

「強硬に長春を攻略するという決意を改め，長春には一部の兵力をもって長期に包囲し，敵の撤退時にはこれを追跡し殲滅する準備をするとともに，東北野戦軍の主力を熱河南部，承徳，古北口の一線に配置転換するという作戦方針を提起する．」

この提案を受けて毛沢東は満足したに違いないが，それを露骨に出したのでは現地指導部を直接批判してメンツを潰すことになるので，さりげなくその提案を「研究中」であるとし，他方で戦略転換を前提にした「準備」に全力を挙げるように要請している．それは食料と鉄道・自動車道路などの輸送路の問題など「各項の技術的問題の準備」であった（5月31日づけ返電）．

しかしこれで長春攻略問題のかたがついたわけではなかった．野戦軍首脳部だけでなく，その下級の最前線部隊の指揮官たちはいぜんとして長春攻略にこだわった．6月1日付けで中央に送った電報のなかで，林彪らは最前線指揮官たちの意見を添付しているが，それは「長春攻略が可能だという条件」を縷々述べたものであった．首脳陣も下級の彼らの意見を無視するわけには行かなかったから，それをわざわざ中央に紹介したのであろうが，それだけでなく彼ら自身の脳裏からも長春攻略の夢を捨て切れなかったということであろう．

しかし野戦軍側の見解は明らかにトーンダウンしていた．6月5日付けの電報では，一気に攻略できないので，じっくりと包囲網を敷き，敵の武器弾薬と

食料の補充を困窮させ,「3, 4カ月」かけて攻略するとともに, その援軍を殲滅する. そしてその後の秋の採り入れころに承徳方面に転進するという意見を表明している.

これに対して中央は6月7日付けの返電で,「もともとの半カ月で攻略するというのとは違う」と皮肉っぽく批判しながらも,「基本的に同意する」と現地軍に言ってやった. ここで中央は, 長春攻略を否定するどころか, むしろその計画を評価し,「長春の勝利は, その後の南下作戦にとって大都市の道を切り開き, 各都市のは長春戦役の経験を汲み取るだろう」とまで言っているのである.

この中央と現地との電報のやりとりは, まだ現地側に長春占領の色気があり, 毛沢東もそれを一概に否定し去るわけにはいかなかった雰囲気が如実に見てとれる. だが現実には長春攻略は困難を極めた. 先の現地第一線の指揮官の意見書には,「3万以上の戦死傷者に備える」とあって, それだけの犠牲者を出しても長春を攻略するのだという意気込みが示されていたが, しかしこの段階で長春だけの「3万以上」はいかにも大きすぎた. それは当時の実戦部隊の5パーセントに及ぶものであったのである. しかもそれだけの意気込みにもかかわらず, 攻略は実現できなかった.

ところで余談になるが, 山崎豊子の小説『大地の子』の冒頭に, 長春の長期にわたる包囲戦で生じた悲劇のことが描かれている. また遠藤誉『チャーズ』, 武田英克『満州脱出』などにも述べられている事実であり, 革命を支持するしないにかかわらず, この内戦の悲惨さを表している. その兆候はすでに包囲網が完成しつつあった6月10日付け『日記』に, 最前線部隊からの報告として,「長春の周囲40里（20キロ）の土地の大部分は荒れはて, 食料はすでに敵によって奪われ, 早くも餓死者が出ている. 部隊は民衆を助けて耕作し, また毎日一両の食料を救済にあてている. 現在, 腸チフス, 回帰熱, 家畜の伝染病などが発生」と記されていることからも分かる. このような状態が11月まで半年近くも続くのである. 皮肉なことではあるが,「一気に」「半月の間に」攻略できなかったことが, 長春の悲劇を呼んだとも言えるのである.

さて徐々に戦略転換を行おうとした林彪ら現地首脳のやり方は失敗したと言えよう．ここにおいて初めて，毛沢東が先に提示していた錦州方面の攻略，政府軍の満州への封じ込めという戦略が，現地軍においても真剣に考慮の対象になったというべきであろう．先に紹介した６月15日に始まる高級幹部会議は，先月30日にすでに「一気に」長春を攻略しないとした決定を基礎に，長期に包囲する方針を採用したが，「南進」を決定したわけではなく，１つの選択肢として提起しているにすぎない．そのことは『日記』に記されている羅栄桓の演説からもうかがえる．長春を先に取りたい，さりとて一気には不可能だ，また同時に急に南進せよと言われても準備ができていない，この３つの戦略方針をめぐって現地首脳が矛盾と苦悩に満ちた選択を迫られていたことが分かるのである．

　その結果，中央と現地とが合意したのは，来るべき大兵団の大移動，陣地攻略・防衛戦と機動戦の協同という大作戦に備えて，２，３カ月の間は長春を長期にわたって包囲しつつ，主力軍の拡充と再編，再訓練，そして武器弾薬と食料の大量の補充と備蓄などに力を注ぐということであった．

３．遼瀋戦役の最終的な戦略決定

　長い説明になったが，以上のことからして遼瀋戦役戦略が毛沢東によって「２月７日」に提起されたという説は採用しがたいことを確認しておきたい．では通説のように「９月７日」説が正しいのかどうか．それが正しいとして，単純に毛沢東個人が提起した天才的な戦略眼の正確さといった評価は正しいのかどうか．実はそこに至るまでには，まだ少し事実経過を記さねばならないことがある．それは７月22日付けで中央が現地に送った「指示」電報から，問題の９月７日付けで現地に送った電報までの約１カ月半のことである．

　７月22日付けの現地軍に送った電報は，20日と22日に現地軍から次のようにいってきたことに対する返事である．

　20日付けの電報．「最近，中共中央東北局常務委員会はあらためて作戦行動

を検討，みんなは南下作戦が良く，長春を無理やり受動的に攻撃するのはよろしくないと考えるに至った．われわれの意見では，東北の主力は熱河の秋の採り入れ前後で東北の雨季が終わるのを待つこと，つまり1カ月待って8月中旬ころ最大の主力をもって南下作戦を開始し，まず急襲によって義県，錦西，興城，綏中，山海関の各所の敵を分断包囲し，しかる後，承徳の奪取とそれへの援軍の攻撃を迅速に進めるというものである．わが軍の南下作戦の最大の困難さは，食料の供給であるが，これは解決できる．」

22日の電報．「もし華北の敵が確実に空っぽになれば，わが軍の南下は晋察冀の作戦と呼応してすべての敵を殲滅し，天津，北平を奪取する可能性が極めて大きくなる．同時にまた長春，瀋陽の敵をも必然的に撤退させ東北の解放も達せられる．もし中央が7月20日の電報での提案に同意するならば，われわれの南下作戦が暴露される前に……傅作義の部隊を大同方面に分散させ，わが軍が各個に敵を殲滅できるようにしてほしい．」

これに対する中央の回答は極めて懇切丁寧で行き届いたものであった．返電に言う．

「長春攻撃はもはや可能性がなくなったのであるから，当然この計画を停止し，南下作戦の計画を予定を早めて提起してよいし，またそうするべきである．諸君が長春攻撃を準備している間，われわれは諸君に，南進の困難な条件を死ぬほど大袈裟に言って精神的に自分を規制し，主動性を失ってしまってはならないと言ってきた．今や諸君はすでに注意力を南下作戦の方に向け，南面の敵情，地形，食料などの状況を研究するようになった．これは非常に良いことであるし極めて必要なことである．……（全軍の将兵，とりわけ幹部に）途中で出くわすであろう，あるいは必然的に出くわさざるをえないさまざまな困難な状況，たとえば食料調達の困難さ，人民が必ずしも現在居るところの人民のようには熱烈に歓迎してくれないだろうこと，一部の敵の頑強な抵抗とある時期には作戦が順調には行かないだろうこと等などを，必ず説明しなければならない．……現在，8月中旬までに1カ月足らずである．諸君の政治的動員と食料準備などの工作は，必ず一層緊迫の度を加えなければならない．そうでない

と，8月中に北寧，平承，平張などの鉄道沿線で戦闘を開始することができない．具体的な作戦計画については，諸君がより一層詳しく考慮して全般的な作戦方案を作成提起してほしい．」

見られるように，ここにおいて南下作戦を最優先させるという戦略方針では中央と現地との間で見解の一致が見られた．それは現地が中央の大きな方針に従う形をとって実現したものであることが分かる．

しかしなお一致していない点があることにも注目しておかなければならない．それは現地の22日電が「長春，瀋陽の敵をも必然的に撤退させ東北の解放も達せられる」としている部分である．東北の政府軍主力を封じ込め，関内に撤退させないでその地において殲滅してしまうという毛沢東の考え方と大きく隔たっている．この点はなお具体的な作戦計画が練り上げられる過程で一致していくことになる．

具体的な作戦方案についても意見の不一致が見られる．その立案が実戦部隊である現地に委ねられていたことは当然としても，華北（大同方面でとあった）において先に戦闘を開始し，華北の敵主力，傅作義の部隊を西に引き付け，その動きに呼応して東北の主力が動くとしている現地提案の作戦計画は，非常に難しい協同作戦を意味していた．数百キロ離れた別個の兵団単位の同時（あるいは時間差）攻撃を要請しているからである．まかり間違うと各個撃破される危険性があった．読み方によっては華北の兵団の犠牲によって東北の作戦を成功させようとしているとも言えるのである．この点に関して，中央は必死の意見調整，センターによる指揮命令系統の明確化を図っていた様子がうかがえる．

7月30日，中央の作戦計画が提示される．それは東北の作戦計画に対して，「まず最初に錦州－唐山への作戦を考慮すべき」だとするものであった．中央によれば，この2つの拠点とその中間ラインを先に攻略してこそ，錦州を中心とした范漢傑集団を殲滅することができるのであって，傅作義軍はその後でよいとするものであった．もし傅作義軍を先に攻撃したら，瀋陽の衛立煌軍が上記ラインに大軍を集中し，范と衛の両軍が協力して西進して傅作義を助けに出

動するだろ，そうなると味方は大苦戦を強いられるというのが中央の見解であった．しかしこの時点では，中央はこの案を東北に強制するのではなく，案を提示して「諸君の意見を電報で述べよ」と要請しているにすぎなかった．

　これに対して東北の現地からは8月6日付けの回答が寄せられた．それはいぜんとして華北の軍が先に行動を起こし，傅作義軍をそちらに引き寄せてから東北の軍が上記ラインを攻撃するというものであった．その理由として，先に東北が行動を起こしたら傅作義軍は重要拠点に入りこんでしっかりとそこを固めてしまい，天津・北平を奪取するという所期の目的を達せられなくなるということと，水害のために大量の戦略物資の輸送が困難で大軍の移動も遅れてしまう可能性があるというのであった．7月22日付けの作戦方案が固執されていることが分かる．

　最初，やんわりと要請していた中央も，だんだんと苛立ってきた．7日付けの東北への電報は，華北が先に動くのは兵力と食料調達の面からして困難であると指摘したうえで，それでも「9月10日」にはその一部が承徳攻撃作戦を開始するから，「諸君の主力も上記の2つの兵団の行動時間にあわせて出動し，錦州－山海関ラインに攻撃を開始する時間を決めよ」と強く命じた．9日付け電報では一層強く「錦州－山海関ラインへの攻撃をすみやかに開始せよ」と言い，華北の兵団の行動によって東北の行動を決めるというのは「正しくない」とまで断定するに至った．

　ここで初めて中央によって「9月10日」という特定の作戦開始時間が設定されたのであるが，他方，東北の現地指導部が時間を遅らせて作戦を発動しようとしたのには，当然理由があった．8月11日の電報がそれをよく示している．第1の理由としては，政府軍側の動静を分析して新たな作戦行動に出ようとしていると判断，その具体的な目標が把握できない以上，軽々には動けないということ．第2に，南下作戦の大軍の食料調達が不十分であることと，「30年振り」の大雨によって輸送道路の事情が非常に悪く，いつ道路を修復できるか分からないうえに，全軍に雨具が行き渡っていないことなどである．

　この電報の理由付けに対して，中央は12日付けの返電で手厳しい批判を加え

た．

まず戦略的観点から，東北の敵主力が華中へ撤退する可能性について「すでに冬季作戦が終わる前に諸君に告げ，これらの敵を必ず捕まえておくよう希望しておいた」と述べ，長春・瀋陽の敵軍を撤退させて東北を解放するといった現地の考え方を批判した．また「食料を確保しておくこと」については，すでに「2カ月前に指示」しておいたのに，「諸君はこの2カ月間，まったく何も推し進めていない」という強い不信感をあらわにしている．さらに東北の軍の出動期日をはっきりと決定できない理由も，「敵情」のことばかりであり，その他のさまざまな理由付けにしても「自分自身については，敵情，食料，雨具等などと周到に配慮しているのに，(華北の)楊成武の部隊についてはまるでまったく問題がないかのようである」として問題外だという態度を示した．

中央の結論として，楊の部隊の動向いかんで東北の動きも決めようなどというのは「まったく正しくなく」，「北寧線上の敵情の判断について，最近の諸君の何度かの電報を見ると明らかに軽率もはなはだしい」と散々にこき下ろし，最後に言い訳があるなら言ってみろと言わんばかりに「反駁を望む」と締めくくっている．もはやどのような言い訳も聞く耳もたぬといわんばかりであった．

これだけこき下ろされれば，普通なら更迭か左遷ものであろう．これらの電文は『毛沢東軍事文集』(第4巻)に掲載されているものが多いところを見ると，毛沢東(中央軍事委員会主席)の起草になるものと見てよいわけだが，行間から毛の怒りと焦りが滲み出ていてすこぶる興味深いものがある．しかし毛は，林彪を筆頭とする東北の首脳陣を更迭しなかった．彼自身が林彪を指名して派遣したからというだけでなく，戦局が緊迫していて敵前で人事異動をする余裕がなかったこと，また彼の構想する大戦略を断乎として遂行する指揮官は林彪以外に考えられなかったからであろう．

以上のような過程での中央と現地の見解の相違，作戦計画とその実施時期，方法の相違というものは，一言でいえば現地の党・軍首脳との大局観の違い，全国情勢の認識の度合いのありようと言えなくはないが，そう言ってしまえば

第 5 章　遼瀋戦役の戦略をめぐって　毛沢東と林彪　121

それまでのこと．現地軍の言い分があまりにも枝葉末節にこだわって大局観に欠けていると中央（毛沢東）は言いたいであろうが，現地としては作戦を発動した以上は絶対に勝たなくてはならぬのであるから，どれほど小さな問題でも小さすぎるということはなかったのである．現地側に言わせれば，中央と毛沢東はあまりにも実情を知らない，極左冒険主義的だという気分があったかもしれない．彼らは45年末の「満州独占支配」のための戦い，46年春の四平の悲惨な防衛戦を思い起こしたかもしれない．それらはいずれも毛沢東の強硬な姿勢と戦略方針から出たものだったのである．

　しかしこれだけ言われれば，現地としては従わざるをえない．慎重に検討し作戦計画を練ったのであろう．それからしばらくの間は，資料的には何のやりとりも現れてこない．一説によると《『東北大事記』》，8月29日に東北野戦軍の指導部が「遼瀋戦役の行動前の政治動員に関する指示」を発出，東北の最大の主力をもって南下作戦を行い「東北の敵軍を全滅させよう」というスローガンを提起したというが，これまで書いてきたような経過からして信じがたい．「遼瀋戦役」という言葉はまだ使われていないし，「主力をもって云々」というのはすぐ後に述べる9月5日の中央の指示に現れるからである（『譚政』によれば，この時の政治動員指示は「北寧線作戦の政治動員」であり，それを発出するまでの動員スローガンは「立派な兵を鍛練し長春を攻撃しよう」であったという．筆者の推測があながちデタラメでないことが分かる）．

　それはともかく，9月3日の中央宛電報になって，やっと東北野戦軍指導部の決意表明と具体的な作戦行動計画が提起される．彼らはついに踏み切ったのである．その電報は次のように書かれていた．少し長いが全文を紹介しておく．

　「われわれの判断は次の通り．敵がわが主力の南進と南線での作戦展開を発見したなら，義県，高橋，沙後所，綏中，前屯衛の5箇所の敵は，必ず別々に錦州，錦西，山海関の3箇所に逃れようとするであろう．長春の敵は機に乗じて包囲を突破する可能性があり，また瀋陽の敵はこれに先んじて長春の突破に呼応し，それから北寧線に増援を送るか，あるいは直接北寧線に増援を送るか

もしれない．傅作義の部隊は，もし北平以西で有力なわが軍の牽制を受けないときは，1，2個軍を廻して欒県－唐山地区の第12軍，92軍に合同させ山海関方面に増援し，北寧線の敵と呼応するかもしれない．」「わが軍は北寧線に近い各部隊をもって突然に北寧線上の各都市を包囲し，しかる後，北面の主力が次々と到着するのを待って，1つひとつこれらの敵を殲滅，北線の主力をもって瀋陽以西および西南地区を支配し，瀋陽の敵を監視，さらに瀋陽から錦州に向けて増援されてくる敵を殲滅する準備をするか，あるいは長春から突破して南下してくる敵を殲滅する．長春の敵に対しては，現有の包囲兵力をもって引き続き包囲し，機に乗じて突破しようとする敵を殲滅するよう準備する．」

これを受けて，9月5日付け中央の電報は，東北の決意を称賛し，かつその作戦配置計画に賛意を表しつつ，最終的なツメの指示を出すに至った．それは次のように述べている．「3日付けの部署に同意する．諸君の秋期作戦の重点は，まさに衛立煌・范漢傑の系列に置くべきであって，先に范の数個師団を攻撃し，それから傅作義の指揮する承徳の13軍を攻撃するといったことを考える必要はない．（3日付け）電報にある敵各部隊を攻撃し，これらの敵を殲滅せんとするときに，衛立煌が増援してくる可能性は極めて大きく，機動中にその増援部隊を殲滅することができる．かくして諸君は北寧線上で大規模な作戦を展開することができるのであるが，この線上での作戦は補給にも比較的に便利である．……諸君が主として立ち向かう敵は，当面はいぜんとして衛立煌である．したがって諸君が今，7個縦隊と6個独立師団を新民および瀋陽－長春線上に配置するというのは正しい．ただし諸君がまだ錦州を攻撃していないときに，長春・瀋陽の敵が諸君の強大な兵力の脅威の下にあえて行動してくるかどうかは，まだ断定できず，おそらくは諸君が錦州を攻撃するときになって初めて出動せざるをえなくなるであろう．」

この9月5日付けの電報こそ，有名な「9月7日」付け電報の元になるものである．それは以上のような中央と現地との激しいやり取りがあって初めて下された最終的な断なのであった．ここにおいて東北野戦軍の全軍が，「決意」を固めて1つの戦略方向に突き進み始める．この戦略こそは，同電報に言う

「(46年7月から数えて) 5年前後で国民党を根本的に打倒するつもりであるが，これは可能性がある」とした，その可能性を現実のものとする具体的な道筋なのであった．そしてそれは中央と現地との見解の一致をみて実行に移された時に，より確信的なものとなる．9月22日付け「各野戦軍への指示」がそれであった《『中共中央文件選集』第17巻》．軍事情勢と東北野戦軍にかかわる部分で，「指示」はこう述べている．

「(9月19日以前に) 中央政治局会議はすでに終了した．……この度の中央の会議は，戦争の第1年・第2年度より2年で敵正規軍の189個旅団を殲滅し，敵正規軍・非正規軍および特殊部隊270余万人を殲滅した経験に基づき，5年で敵正規軍500個旅団前後，敵正規軍・非正規軍・特殊部隊の700万人前後を殲滅し，だいたい5年前後の時間内に根本的に国民党を打倒することは十分に可能性があると考える．わが軍はすでに2年前の120余万人から現在は280万人に発展している．もしも今後3年の作戦において，あるいはもう少し長い期間の作戦において220万人を増やすことができるならば，500万人の建軍の目的を達成することができ，こうして根本的に国民党を打倒することができるだけでなく，さらに全面的に完全に国民党を打倒し，われわれが全中国を支配することも可能なのである．この目標を達成するためのカギは，毎年，敵正規軍の100個旅団ほどを殲滅することである．戦争の第3年度（今年の7月から来年の6月まで）は全軍が敵正規軍の116個旅団ほどを殲滅することを要求している．（以下に各野戦軍の任務を述べる）……東北のわが軍は，2回にわたって長春攻略の準備をしたが，最後にはやはり長春城の守りが堅固なことを恐れて長春攻略計画を放棄した．それゆえ上半年はわずかに1回の戦役をやっただけであるが，全軍は5カ月にわたる大々的な休息と再編成をなしえて，野戦軍は61万人にまで充実し，士気も旺盛で，現在は北寧戦役を進めており，北寧線上の錦州，義県，錦西，興城，楡関，欒県，唐山，葫蘆島，秦皇島などで敵軍19個旅団と作戦中であり，この敵軍の全滅とともに瀋陽，長春への援軍を攻撃し北寧線全体を制圧せんと準備しているところである．」

この「指示」は政治局会議の決定をとりあえず前線の野戦軍に電報で送った

もので，それをさらにより詳細に説明し一般化して各地方の党部に送ったのが，有名な10月10日づけの「9月会議についての中共中央の通達」であった《『毛沢東選集第4巻』『毛沢東軍事文集第5巻』》.

この「通達」は非常に重要だし興味深い内容であるが，当面の軍事戦略戦術についての論述とは直接かかわらないので省略する．ただここで注目しておきたいのは，全国的な権力の奪取が実現性ありと見られるようになったこの段階では，党と軍の集中化（集権化）の必要性と大都市攻略とその統治の困難さが強調されていることである．具体的には次のように述べている．

「(4) わが党，わが軍はこれまで長い期間にわたって，敵に分断された，遊撃戦争の，しかも農村という環境のもとにおかれていたため，われわれは各地方の党と軍の指導機関に大きな自主権をもつことを許した．……当面の情勢は，わが党が最大の努力をはらってこれらの無規律状態と無政府状態を克服し，地方主義と遊撃主義を克服し，集中でき，また集中しなければならないいっさいの権力を中央と中央の代表機関の手に集中し，戦争を遊撃戦の形態から正規戦の形態へ移行させることを要求している．……そのためには，あらゆる努力をはらって……党活動の重心をしだいに農村から都市へ移していかなければならない．」

なおここで言う政治局会議についての解説では，この会議は河北省平山県の西柏坡村で開かれ，日本の降伏後，出席者の最も多い政治局会議であったという．それ以前，つまり延安が陥落してからは党中央自体が2つに分離して活動していたし，「通達」にもあるように各解放区，軍が分散して活動していたのである．

この会議に東北局に属する中央政治局委員（陳雲，高崗）が参加したかどうかは分からない．先の「指示」には，この会議に参加した東北以外の中央委員が現地に帰ったことが記されているが，東北局のメンバーの名前はない．少なくとも林彪にはそのような暇はなかったはずである．

このような「遊撃戦から正規戦へ」「農村から都市へ」という中国共産党の歴史上で極めて重要な転換は，翌49年3月の第7期第2回中央委員会で正式な

方針として確立されるが，それはもう少し後の話．いずれにしても東北と華北の大戦役の勝利が決定的役割をはたすのであるが，その勝利は同時に内戦全体の終結の見通しにも大きな影響を与えた．すなわち遼瀋戦役の完全勝利が瀋陽陥落を除いてほぼ見通せるようになった10月31日の「指示」において（『中共中央文選17』），それまで「5年」とされていた展望が「1年早めて完成する可能性」すなわち1950年，とされるに至ったのである．

それはともかくとして，東北野戦軍の「決意」を元にした「9月7日」電報から動き始めた大戦略は，9月22日と10月10日の「指示」に見られる全国的な革命勝利への確信に励まされながら，はっきりとした形をとって行く．大量の物資，人員が満州の大地を揺るがせて動き，無数の血が流される．

4．戦略作戦開始後の若干のやりとり
——最終的決断は10月4日である

中央との間で練り上げられた戦略，現地で鍛練された大軍をひっさげ，そして細部までつめられた戦術を胸に林彪は9月30日午後，双城を出発し3日後阜新に到着した（『日記』）．その行程の苦労はすでに述べた．彼，および東北野戦軍首脳は自信をもって出陣してはきたが，それは確信というほどにまでは高まってはいなかった．多少の戦術上の見解の相違があってもやむを得ないところ．その最も具体的な事例として指摘されているのが，10月2日のことである．

10月1日，義県は既に陥落し錦州包囲網，および瀋陽からと葫蘆島（錦西）から出撃してくるはずの敵増援部隊を阻止するための配置も完成しつつあった．この間，錦州を先に撃つか錦西を先に撃つかで多少の議論があったが，とにもかくにも錦州攻略が最も重要で，それも両方面からの（および長春の敵も出撃してくる可能性を勘案して）敵増援部隊の到着する前まで，ほぼ10日間でこの任務を完了すべきことが中央から命じられていた．林彪らもそれを了承したうえで上記の配置を行ったのである．

ところが10月2日，最新の情報として，敵新5軍および第95師団が葫蘆島に配備されてきて西からの増援部隊が著しく増強される見通しとなった．この情報に接して林彪は，急遽，作戦変更の必要を認め，それを中央への請訓として打電した．

ここで「林彪は」としたのは，この作戦変更の意見具申が彼個人のものとしている文献が多いからである《羅栄桓など》．しかし実際は先にも書いたように野戦軍首脳部の協議結果だと思われる．その1つの証拠に，このことは『日記』に明確に記されているからである．

『日記』10月2日の項に，「情報によれば，新5軍と第95師団はすでに船によって葫蘆島に運ばれた」としている．そして甚だ唐突に「決心」として「次の一歩の行動問題を正に考慮す．1は錦州攻撃，もう1つは長春攻撃である．もともとは錦州攻撃と決めていたが，新5軍が葫蘆島に増強されてきたので，一気に攻略するのは難しいだろう．長春は3カ月間も包囲してきたので攻略しやすいが，部隊が引き返すのは容易でなく時間をくってしまう．次の一歩について中央の意見を請う．」と記されている．『日記』にはほとんど毎日，各軍の配置と行動，情勢判断，そして「決心」（決意表明のようなものとして）が書かれているが，このような「中央への請訓」は珍しい．この日，野戦軍首脳部はすでに彰武に達していた《羅栄桓》．

実はこの部分は，10月2日午後22時，中央宛の請訓電文を要約して野戦軍司令部の記録として記されたものである．この電文は極めて率直に当面の情勢判断とそれに基づく「行動問題」で，現地最高首脳が迷い苦悩していることを示している．それには次のように述べられていた．

「錦州攻略は敵は8個師団でそれほど強くないので可能だが，それでも時間がかかる．その間に葫蘆島からの増援部隊が錦州に向け進攻してくればそれを中間で阻止することができず，錦州の敵防衛部隊と合流するだろう．もし錦州を速やかに攻略できるなら，それの方が良く，我が方の部隊の（長春との）往復による時間のロスを省くことができる．他方，長春の防衛部隊は約8万人で士気も甚だ低いが6月の攻略準備の時よりも可能性は大いに高まっている．し

かしそれでも長春攻略には半月か20日はかかる．以上の２つの行動案について現地司令部は考慮中であるが，中央軍事委員会においても考慮し指示されたい．」

　この請訓は毛沢東ならずともすでに戦略決定過程を見てきたわれわれでさえ，奇妙に思うであろう．この優柔不断さというか狐疑逡巡というものは，極めて限られた時間内で完璧な勝利を至上の使命とされている現地最高首脳としては当然といえば当然かもしれない．慎重であればあるほどいかなる条件，情勢変化も命取りとなると考え込むのは当然であった．しかしはるかかなたの中央はそうではなかった．総合的に判断したうえでの戦略，戦闘配置が東西でほぼ完成したと考えていた，その瞬間に，あろうことかその戦略の主役が突然降りると言ってきたのに等しい．

　現地からの真夜中の電報で（多分たたき起こされた）毛沢東は俄然怒った．一夜明けて他の軍事委員たちとも相談したであろう10月３日，17時の返電（この電報は「万々大至急」とされていたが，それが現地に到着したのは翌４日の「天いまだ明けない」ころだったという－『羅栄桓』）では「新５軍と第95師団が葫蘆島にやってきたことは，決して極めて大きな敵情の変化とは言えず，また敢えて錦州を攻撃せずに引き返して長春を攻撃するというのは，極めて不適当だとわれわれは考える」と一蹴し，原計画の厳格な執行を催促している．この返電では，「５カ月前」と「２カ月前」の二度の長春攻略のチャンスを逸した現地司令部の責任まで蒸し返して言及している．毛沢東のイライラと怒りが目に見えるようである．

　この返電１本では不十分と考えたのであろう，それから２時間後（19時）に再度現地に電報を打ち，「諸君の攻撃方向についての問題を再考したが，既定方針を動揺させてはならない」との結論を強い言葉で確認した．この電文では既定方針を強行すべき理由を縷々述べ，「先に長春を攻略するというのは，主導権をとる助けにならない」と断定している．

　この２本の電報を受け取る前に，現地司令部の内部で面倒な問題が起こっていた．尹健が記しているところによれば《羅栄桓》，上記10月２日22時の中央へ

の電報は，葫蘆島に敵援軍来るの情報を知った林彪が「誰にも相談せずに林彪・羅栄桓・劉亜楼」の名義で「特急電報」として打ったものであった．これを知った劉亜楼は翌朝，起きぬけの羅栄桓のところに行き事情を話した．驚いた羅は劉をともなって林彪のところに駆けつけ錦州攻撃計画の変更に反対した．林彪は2つの案を中央に提起しその判断を仰いだだけだから，中央からの返電を待つつもりだと答えた．しかし羅と劉との強硬な反対意見で，先の電報の撤回を図ったが時すでに遅く打たれた後だった．そこで羅は，中央からの返電を待たずに，あらためて「われわれは錦州攻撃を計画している．十分な準備をしたうえで総攻撃をかける」としてその配備状況を報告する電報を打った．これが10月3日9時のことである．つまり林彪の電報－中央からの叱責の電報のやり取りの間に，この羅栄桓起草の電報が入っているということで，中央と現地との間に行き違いがあったのである．尹健の記述は資料的に見てこの3－4日の両日の電報の時間的ずれがあることを説明していて極めて興味深い．しかしこの電報ではまだ長春攻撃についての中央の考え方を十分に理解していない節が見られるし，新5軍などの増援に危惧の念を表明している．羅が林彪の苦慮，狐疑逡巡に配慮してわざわざこの点を強調したものと解釈できる．

　これに対して中央は10月4日6時の電報で，長春を先に攻撃しない理由は現地の言うようなことではないと批判しながらも，錦州総攻撃を決意したことを評価し「われわれと諸君との間に存在していたこれまでのすべての意見の相違は，今やすべてなくなった」と率直に（毛沢東らの）安堵と喜びの言葉を伝えた．

　以上のような経緯を踏まえて10月3日の『日記』は「決心と部署」の項に「先に錦州を攻略することに決定し，迅速に戦闘に勝利するために以下のように配備することを決定した」として，部隊の配置を概略記している．そして翌4日の『日記』も「決心」の項に「断固として錦州を攻略するという既定方針を貫徹する」とし，前日以上に詳細に部隊の配置を記している．後述する塔山への第4縦隊の配置も，この両日の検討によって最終的に決定され，派遣されたのである．こうしていわゆる遼瀋戦役のメインの1つである錦州攻略戦は最終的

には毛沢東（中国共産党中央軍事委員会）と林彪（東北野戦軍総司令部）との間の意見対立を調整して10月3日から4日にかけて決定され実行に移された．

差し迫った緊急の関頭において，野戦軍内部に生じたこの意見対立を林彪個人の独断専行とか優柔不断と見るのかどうか．林彪事件以降は当然彼の独断専行を非難し，他方で羅栄桓を称賛する1つの資料として用いられているわけだが，羅栄桓や劉亜楼らの幕僚にまったく責任がなかったかどうか．林彪がこの期に及んで計画変更を考えたのには，敵軍の情勢変化ということもさることながら，長春攻撃に未練を残しながら中央（毛沢東）の見解に強引に押し切られて錦州攻略戦に踏み切ったこれまでの戦略決定の過程が尾をひいていたと見るべきであろう（中国側の文献にしばしば「戦錦問題」という形で表現されている）．それは羅栄桓の起草になる訂正電文のなかにもうかがわれる．

それともう1つ注目すべき点は，もし仮に幕僚たちに相談もせずに電報を打ったのが林彪の独断専行だったとすれば，そこには毛沢東に最終判断を仰ぐという個人的な林彪の毛への甘えが垣間見られるということである．夜中の10時に電文を書いてこっそりと打つといった行為は，一般的には70万の総司令官としては考えられない愚行である．受け取った毛沢東の側としては，これを林彪個人のものとは当然理解しないわけで，やはり中央軍事委員会での検討事項とした．こんなことも理解できないほど林彪は愚かだったのかどうか，後世の歴史研究の評価が分かれるところである．

・**読者の参考のために(3)　葫蘆島・錦州・義県というところ**
　天津から華北の最も重要な海港，塘沽まではわずか50キロほど．そこから汽車はずっと海べりを東北方に進んで6時間も走ると，北京の避暑別荘地で海水浴場でもある北戴河を経て有名な山海関に至る．その途中の最大の町は唐山であり，海岸線からかなり内陸に入っている．そこからまっすぐ北上すると，遵化を経て万里の長城にぶつかる．
　山海関から北は関外，南は関内と言われ，中国本土と満州の境目である．山海関は万里の長城の東端として知られるが，西はすぐに山に入ってウネウネと

尾根を這い，喜峰口や古北口へと至る．長城そのものは燕山山脈とともにさらに東に伸びて老龍頭というところで渤海に沈みこむ．ここはまさに万里の長城という竜が海から這い出たごとく，あるいは海に没するがごとき姿を見せる城郭で，明代の名将，戚継光が心血を注いで作り上げた守るに易く攻めるに難い名城である．

山海関の秋9月．さしもの避暑地も夏の喧噪がすぎて人影もまばらである．海岸沿いの丘陵の松林に蕭条たる秋風が吹きぬける．老龍頭の城壁に立つと渤海を航行する船が望見できる．

今から50年前の1948年秋，この沖合を蒋介石や何万もの軍隊を乗せた艦船が激しく行き来していたのである．その蒋は1年後に毛沢東－林彪によって大陸から追い出される．そして，さらにその23年後，今度は林彪が毛沢東に追われて，この山海関飛行場から鳥が飛びたつように祖国を逃げ出し，モンゴル平原で墜死する．ここは林彪が踏んだ最後の土であった．

うたた歴史を回顧する間にも沖合に船が過ぎ行く．それらは塘沽か，あるいは山海関のすぐ南の秦皇島を出て，陸行すれば関外150キロほど北上したところにある軍港，葫蘆島に着く．船で行けば，塘沽から葫蘆島までは220カイリ，秦皇島から葫蘆島までは90カイリ，そして葫蘆島から南満州の営口までは66カイリ，まさに遼東湾をまたいで指呼の間である．

この秋，国民党と共産党との戦いで葫蘆島ほど重要な役割を担った港は無かったかもしれない．

この港に上陸して汽車一駅分の距離に比較的大きな地方都市，錦西がある．もちろんこの引き込み線は軍用列車の専用で，周囲は厳重な警戒網と強固なコンクリートのトーチカが張り巡らされている．葫蘆島で陸揚げされた軍隊と武器弾薬，装備，食料などは錦西を通って錦州に送りこまれる．その距離，わずか50数キロ．

現在は錦西という駅名はない．葫蘆島市と変わっている．プラットフォーム越しに目を皿のようにして駅周辺を見渡したが，往時をしのぶ雰囲気はまったくない．無機質な剥き出しのコンクリートのアパート群が立ち並んでいるだけ

だ．繁華な街と見受けた．当時はむろんこの辺り一帯は軍事施設として一般民は立ち入り禁止区域であったろう．現在もこの引き込み線の終点の葫蘆島港には外国人は入れない．

これも余談になるが，今回，中国に来る前に日本で「大遣返」というドキュメンタリー・フィルムを見た．1945年秋以降，10万に及ぶ日本人が敗戦の地，満州からこの港にたどりつき，そして故国に送り返されてきた．この人々の中の1人が往時をしのび中国人への感謝の気持ちをこめて，このフィルムを製作したという．軍の機密ということで港の内部は写させてもらえなかったらしいが，岸壁や日本人墓地がある港の背後の丘が撮影されていた．そのフィルムと古い地図によって見ると，日本軍が築いたこの軍港は決して大きなものではなく，せいぜい1万トン級前後の巡洋艦やアメリカ軍の大型上陸用舟艇が横付けされた程度らしい．それでもこの地は混雑と喧噪を極めていたのだ．何しろ送り返される日本人がゴロゴロしているは，政府軍は上陸してくるは，アメリカ軍が走り回るはで，おそらく後にも先にもこの港にこんなに人々が密集したことはなかったであろう．

さて葫蘆島駅を出た列車は，わずか15分ほどで後に述べる塔山を通過し，さらにそれから20分ほどで錦州に着く．南から市内に入る直前に小凌河の鉄橋を渡るが，その折りに右手前方に大きな古めかしい塔が見えてくる．広済寺の3重の塔である．それが錦州の目印になり，旅馴れた中国人たちはそれを見てから，ゆっくりと荷造りをし始める．

この錦州は関内から関外の満州に入る喉仏にあたる．ここを押さえれば広大な満州の地から中国本土に出ることも入ることもできない．まさに兵家必争の地である．山海関から錦州に至る，東に渤海（遼東湾）西に小高い丘陵地帯が続く細長い200キロほどの鉄道沿線は，当時，平寧線と呼ばれていたが，いわば喉を通る食道みたいなものである．当然，国民党側は華北と満州との連絡線を確保するために，この沿線を必死になって防衛しようとするし，共産党側は国民党軍を袋のネズミにするために，いかなる代価を払ってでもここを制圧しようとする．共産軍が錦州にねらいを定めた時点で，錦州攻防戦のカギを握る

場所として葫蘆島-錦西-錦州をつなぐ平寧線が，両軍の死活を制する戦略要地として浮かび上がって来たのである．

錦州市内とその近郊をつぶさに見て回った．南の北京・天津方面からの入り口は小凌河を天然の防衛線にすることができる．河を渡る手前に飛行場がある．そのはるか北西方向に小高い山並みが見える．そこを制圧すれば飛行場と市内は一望のもとにある．錦州攻略に先立って共産軍はここを占領，砲兵陣地と高射砲陣地を構えて飛行場に猛砲撃を加えると同時に対空砲火網を張ったのである．何しろ錦州防衛の政府軍は，最後には空輸のみに頼って武器弾薬と食料を補給していたのである．

しかしそれにしても奇妙であった．錦州の南，西，そして東は小凌河，大凌河によってできた沃野である．南と西は塔山の項で述べるように多少は起伏のある丘陵地帯であるが，おおむね遮蔽物のない地形で，特に東側は一望千里の平野である．大軍の集結には便であっても，機動力にすぐれ砲爆撃で優位に立っていたとされる政府軍が，なぜ共産軍によってかくも簡単に包囲されてしまったのか．その謎を解く１つのカギは，北側の山岳地帯が先に共産軍によって制圧され，ここを通して，はるか北のかなたのハルビンあたりから搬送されてきた兵員，武器弾薬，食料と衣服などが続々と前線に運び込まれたこと，第１章で述べた通りである．

錦州から北には２本の道路が走っている．１本はほぼ真北に向かい，50キロあまりのところに義県という地方都市がある．錦州から車を走らせて北行すると丘陵地帯に入る．山岳とか丘陵といっても上の方は広々とした台地状になっていてほとんど平坦地と変わらない感じがする．１時間ほどすると道路は下って大凌河にぶつかる．そこに河を北にして城壁を築き街としたのが義県である．

素人でも一見してすぐに，北からの敵に備えて錦州を防衛する要害の地であり，ここを失えば錦州までは一瀉千里，妨げる地勢，地形もない状況にあることが分かる．逆にいえば，この両地を結ぶ道路を遮断するゲリラの出没は容易でないから，政府軍が機動力を生かしてこれを確保するのもそれほど難しいこ

とではなかったように思われるのである．ましてこの年は大凌河の増水によって水害と大軍の渡河の可否が心配されていたのである．政府軍の火力をもってすれば，共産軍の渡河は容易ではなかったはずである．

　だが義県は簡単に陥落してしまった．戦略眼の多少あるものなら誰しも，義県が落ちたことの重要性が理解できる．このニュースは瀋陽の政府軍総司令部に大きなショックを与え，瀋陽駐在のウォード・アメリカ総領事でさえも，なぜこんなにも簡単に落ちてしまったのかと不審がっている．

　もう1本の道はこれよりやや西寄り，朝陽から熱河に向かって走っている．この道をわずか10キロほど行くと，道路端に帽児山という山がある．小高いがその名のごとく帽子型をした面白い山で，周囲どの方向からでもすぐにそれと分かる．林彪をはじめとする東北野戦軍総司令部の首脳たちが，この山に陣取って錦州攻略の指揮をとったことは，その写真とともによく知られている．この山からは先の義県方面への道の様子も見えるし，もちろん錦州方面，その市街地の一部も望見できる．こんなところに指揮所が設けられたこと自体，すでに勝負あったというべきであろう．

　私がこれらの地を訪れたのは9月下旬で，林彪が指揮所を帽児山に置いたのより数日早い．この山の後ろ，やや朝陽よりのところに翠岩山という名所がある．切り立った岩の孤峰で，この山頂から眺めた下界の風景たるや，まさに絶景，秋のトウモロコシの黄金色した畑が延々と広がり，ところどころに採り入れに励むお百姓さんたちの姿が黒く点々としている．そこに尼寺があって，尼さんが1人石段に腰掛けていた．聞くと，もっと上に登れば帽児山が見えるという．午後3時を過ぎた孤峰に人影は無く，上というのは一枚岩のことで，とても怖くて登れなかった．

　それにしても，林彪が眺めた景色もこれに近かったに違いなく，頭の中は戦略と作戦計画で一杯だった彼も，その目を和ませたであろう．ひょっとすると，もっと現実的に大軍の食料の心配をしていたかもしれないのであるが．

　この平寧線から西側の山岳地帯，見方をかえると万里の長城から北側の燕山山脈とその北・東の広い地域がいわゆる熱河で，旧日本支配時代は華北に隣接

する満州の西南防衛線とされていた．その中心地が承徳である．熱河は現在では河北省に包摂されている．

　共産軍が平寧線を攻略するには，まず山海関を抑えて華北からの増援部隊を阻止したうえで，さらにこの熱河からの増援をも阻止しなければならない．またこの地域は，国民党側からいえば華北と東北の共産軍の連携を阻止する上でも重要な意味をもっていた．この熱河の国民党部隊が，石覚将軍率いる第13軍であった．

　石覚将軍は台湾に逃れてから，このころのことを自分の口で語っている．中国共産党に投降しなかった敗戦の将がその敗戦を語った数少ない例であるが，彼自身は承徳，古北口などで孤独な戦いを演じ，しかも優勢な共産軍を向こうに回して決して退かなかったことを誇りとしている．そしてその誇りと自信に裏打ちされて，共産軍の戦略戦術を高く評価しているのである《『石覚先生訪問記録』》．

第6章　蔣介石と衛立煌

1．衛立煌の登場

　1948年の初頭までに国民政府軍は敗退を重ね，満州において確保されている重要拠点は北から長春・四平・瀋陽・錦州の4都市と満州－華北を結ぶ北寧線の中間にあたる重要な補給基地の葫蘆島のみとなっていた．

　しかし蔣介石は48年年頭の「全国の軍民に与える書」においても依然として「必ず完全に領土主権を回復する」と述べ，満州の最高責任者である東北行轅主任の陳誠も「元旦にあたり東北の軍民に告げる書」の中で，「目下国軍の武器弾薬，食料の蓄積，防御陣地の構築および軍の動員配置などの作戦準備はすべて予定通りに完成し，危機の時期はすでに過ぎ去った」と豪語した《いずれも『史事紀要』》．しかしその当の陳誠は満州決戦を前にして中央に呼び戻され，替わって派遣されたのが衛立煌であった．華やかな林彪の軍歴において一貫して好敵手であったとも言える衛立煌が，ついにここ満州における国民党最後の決戦を前にして登場してくるのである．そこでここに衛立煌の簡単な略歴を記しておく《『要員録』『趙栄声』『将領列伝』》．

　衛立煌は1887年2月16日，安徽省合肥県の片田舎の下っ端役人の家に生まれた．一説には貧農の生まれと言われるのも家がひどく貧しかったせいかもしれない（字は俊如，輝珊）．蔣介石と同年で，毛沢東の6歳上，林彪の20歳も年長である．

　15歳で辛亥革命に際会し兵士となるが記すほどの活躍はしていない．その後広東軍閥系の軍に入り孫文の身辺で当番兵を務めて可愛がられたというが，

ずっと広東軍の下級将校として孫文の戦いに従った．26年7月に始まる北伐戦争では第1軍に参加，連隊長，師団長クラスのポストにまで昇格している．27年冬，鎮江のキリスト教系の崇実女学校の校長，朱韵桁と結婚．衛立煌が勇名を馳せたのは，その後の中国共産党＝中国労農紅軍の鎮圧に功績があってからである．

1932年5月，彼はすでに第14軍軍長になっていた．第三次囲剿戦で鄂豫皖革命根拠地（湖北・河南・安徽）の中心，金家寨に進撃，9月，これを落とした．中国共産党側の最高指導者は後に毛沢東と対立して中国共産党から脱走する張国燾である．蒋介石はその功績を称賛してこの地を立煌県と命名した．33年11月，福建で19路軍が反乱，福建事変である．この時，第5路軍を素早く福建に動かしてその鎮圧に貢献した．こうした功績によって35年11月の国民党第5回全国代表大会で中央委員に抜擢（百人中，生粋の軍人は8－9人のみ）．

1936年9月，陸軍上将．（ちなみに日中全面戦争が始まる37年7月当時，軍の位階で最高位は特級上将で蒋介石ただ1人，次が1級上将で9人－何応欽以外はほとんど旧軍閥，2級上将は22人，上将は衛立煌を含めて21人である．また彼と同時に上将の位階を与えられたのは，張治中，陳誠らである《『人物誌』》）．

西安事変当時，衛立煌は陝甘綏寧辺区剿共総指揮（『要員録』，『列伝』では徐海綏靖分区司令とある），蒋介石らとともに張学良に捕われる．中国共産党の周恩来は彼を統一戦線工作の対象としたという．

盧溝橋事変（日中全面戦争の勃発）に際して，彼は第14集団軍を率いて華北・山西で日本軍と戦う．太原で山西軍閥の閻錫山，中国共産党の周恩来・朱徳らと会見，対日作戦を検討．10月，第2戦区副司令長官兼前敵総指揮．この間，抗日将軍として勇名を馳せるが，中国共産党・八路軍（第18集団軍）との協同作戦をも考えて38年4月，延安を訪問．当時，負傷療養中だった林彪を病床に見舞い，八路軍への武器弾薬，食料の援助を約束．翌38年12月（39年1月とも言われる），第一戦区司令長官に昇任，さらに後に河南省政府主席，冀察戦区総司令をも兼務するという大きな実権を握ることになるが，中国共産党・八路軍との関係が密接すぎるとの疑いから蒋介石に叱責され，42年1月，すべての軍

の指導権を剥奪されて軍事委員会西北行営主任という閑職に追いやられてしまった．

　1944年冬，失意の衛立煌は蔣介石に呼び戻されビルマ遠征中国軍総司令官となった（前任者は陳誠だったが，わずか半年で辞任）．これより先，アジア太平洋戦争の勃発とともに日本軍はビルマにも進攻，滇緬（雲南－ビルマ）間の連絡補給線を遮断した．これを回復するために中国側の言うところの滇緬路作戦がビルマ北部において敢行されたが中国軍は大敗北を喫した．このような状況を打開するためにアメリカの中国・インド・ビルマ戦区最高指揮官兼連合軍中国戦区参謀長（最高司令官は蔣介石）のスチルウェルは中国軍を徹底的に再教育再訓練しイギリス軍と協力してインド・ビルマでの反攻を準備していた．このころ中国駐印軍（総司令官スチルウェル，副総司令官鄭洞国）として成立した中国軍の精鋭部隊が後の東北内戦で共産軍と戦うことになる新一軍（司令官は鄭洞国・孫立人），新六軍（司令官は廖耀湘）である．スチルウェルは44年10月，蔣介石との対立のためにローズベルト大統領に呼び戻されて中国を去るが，彼が育成した中国軍は衛立煌の指揮下のビルマ遠征軍とともにインドとビルマで善戦し，45年1月には中国－ビルマ・ルートと中国－インド・ルートを完成し，この方面の日本軍を駆逐するに至る．

　ここに再び彼の名が抗日戦争史の上に登場する．この戦線において輝かしい戦績を残したので，青天白日勲章を授与された．そしてビルマ遠征軍の解散と同時に昆明に設置された陸軍総司令部の総司令に就任するはずであったが，蔣介石は何応欽を任命，彼は再び失意の人となる．しかしビルマでの戦いは彼の名声をむしろアメリカで高め中国の英雄とされていた．45年6月，アメリカ帰りの韓権華女史と再婚．そしていよいよ内戦期に至る．蔣介石は1947年末までの東北における敗勢の責任をとらせて，東北の最高責任者である東北行轅主任の陳誠を南京に呼び戻し，参謀総長の職に専念させた（それまでは兼任していた）．衛立煌は48年1月17日付けで東北剿匪総司令部総司令兼東北行轅副主任に任命され1月22日，南京を出発した．その後，2月12日東北行轅の縮編改組にともない「代理主任」のポストについた．ここで「代理主任」としたのは蔣

介石が大切にしていた陳誠のメンツを保つための方便で，彼は5月13日に至って正式に参謀総長の職務とともに解任された．衛が正式の主任となるが，実際には東北行轅も実質的な存在ではなくなっていたので，東北剿匪総司令部が軍事・行政面の最高の責任を負う機関となった．行政面では形式的に行轅政務委員会が置かれていたが，重視されておらず，瀋陽の最終局面でも軍事情勢すら知らされなかったという《48年11月29日付け東北政務委員会から行政・監察両院に送られた報告書『紀要』》．

　以上のように，内戦期の東北の政治軍事当局の最高位者は，東北行轅主任で東北剿匪総司令の衛立煌であった．衛は1920年代から蔣介石の下で戦ってきた生粋の軍人であるが，しかし蔣介石が校長をしていた黄埔士官学校の生徒出身者のような直系の部下ではなかった．だから中国では「嫡系中の雑牌」と陰口をたたかれていたのであるが，そのことが最後まで両者のギクシャクとした関係を持続させ，それが東北の敗戦の1つの重要な要因となるのである．

　抗日戦争当時，林彪と並ぶ民族の英雄として勇名を馳せた彼は，雲南とビルマの国境地帯に派遣され，そこで日本軍と戦いさらにその名を高め，いわば弱い中国軍の中にあって最強の実戦部隊を代表する軍人という評判をかちとったのである．しかし不幸なことに，この時彼の直接の上官だったのは，この戦区の最高司令官，アメリカ軍のスチルウエル将軍だった．この人は後に蔣介石と仲違いし，時の大統領ルーズベルトによって本国に召喚されることになる．「スチルウエル事件」である．このアメリカ人によって指導され訓練された中国軍が，戦後内戦の再精鋭部隊になるわけであるが，その中国軍と衛立煌とは切っても切れない関係にあると世人はみなした．そのことは蔣介石には極めて不愉快なことであった．彼に対抗するほどの強力な軍事力を背後にもつ軍人の台頭を許せなかったのである．

　衛立煌が蔣介石から遠ざけられたもう1つの理由は，衛が中共・八路軍に同情的だと見られたからである．有名な話だが，第1戦区司令官だったころ，彼は戦線で負傷した（当時味方だった閻錫山軍の誤射による）八路軍115師団長の林彪を見舞った．その時戦地にあった彼は，中国流のお見舞いを用意していな

かった．そこで彼は幕僚たちから金を集め，それを見舞金にしようとしたが，林彪はそれを謝絶し，かわりに八路軍への武器弾薬の供給を頼みこんだ．衛はそれに感激し，国民党官僚の妨害を排してその約束を実現した《趙栄声》．これはちょっと出来過ぎた話であるが，中国共産党側の彼に対する評価が良く現れている．

いずれにせよ，衛立煌はその評価が内外に高かったがゆえに，抗日戦争後は枢要なポストを与えられず不遇な地位にあった．蔣介石は彼を体よく海外に追い出した．この間彼は日本，アメリカ，イギリス，フランス，西ドイツなどを遊歴する．しかしそのことは逆に彼とアメリカとの繋がりを強めた．彼はアメリカにおいて抗日戦争の英雄，中国軍の中の最も有能な指揮官として手厚いもてなしを受けたのである．ひょっとしたら，衛立煌をなぜ登用しないのかというアメリカの強い不満が，蔣介石に伝えられたのかもしれない．そして47年10月，帰国した彼を待っていたのは緊迫した満州の情勢であった．

気に入らない将軍ではあったが，この退勢を挽回できる者は衛立煌しかいないというのが蔣介石と軍事最高スタッフの意志であった．上海に帰国した彼を蔣介石はすぐに南京に呼びつけ，東北情勢を説明して現地に赴くことを要請した．衛立煌は陳誠がすでに在職中であるとして東北に赴くことを拒絶したが（上記の略歴でも明らかなように，陳誠は衛とほぼ同じように出世街道を歩んできたライバルではあったが，蔣介石の信任は断然陳誠にあった），ついに拒み切れずに剿匪総司令に就任することになるのである．有能で優秀な軍人と見られたがゆえに遠ざけられた彼を，土壇場になって蔣介石は登用したのである．最後の切り札であった．だがあまりにも遅すぎた切り札であった．かくして1948年1月，まさに危機迫る東北での最後の決戦前夜に，火中の栗を拾わせられることになる．

気が乗らない衛立煌を出馬させるに当たっては，陳誠の妻までもが衛を訪れて就任を要請したといわれる《『列伝』ほか》．夫は病気療養のためというのが口実であった．蔣介石も随分と気を使ったことがいろいろな文献によって知られる．ただ1点だけ記憶に止めて置きたいことは，蔣介石（陳誠もまた）が衛

立煌に承諾させるために満州の軍の増強と武器弾薬の補充に関しては最優先させると約束したらしいことである《趙朝》.

またこれまで政治指導は東北行轅（正式には国民政府主席東北行轅で，陳誠が主任，衛立煌はその副主任に任命），その下に軍事指導機関である東北剿匪総司令部（国防部直轄だが行轅主任の下での軍事指導機関でもあった）を置くという二重の指導体制を取っていたのを廃して剿匪総司令部1本に統一したことも，困難に赴く衛立煌へのはなむけとも受け取れる．彼の副主任への任命は1月10日で（発令は17日），それから間もなく剿匪総司令部に軍政の統一的指導が委ねられる．

剿匪総司令部が正式に発足したのは2月1日で，2月12日には東北行轅の代理主任になった．この時行轅は廃止されたのではなく縮小されたのである．総司令部は「軍事を司る執行機関」であり，行轅は政治・経済両委員会を設置し「政治経済を司る設計監督機関」と明確に分業体制をとることが謳われているが（『中央日報』2月1日付け），実質は総司令部が握ることになる．

2．アンガス・ウオードの報告書

林彪たちが特別軍用列車に乗って極秘裡に夜の山野を疾走していたころ，打倒対象の大都市，瀋陽ではアメリカの駐奉天（現在の瀋陽）総領事，アンガス・ウォードなる人物がデスクに向かって本国国務省への報告文を書いていた．それは本書のもう1つの重要な原資料である『Foreign Relations ; The Far East Asia, 1948. United States military assistance to China』である．

後にスパイ容疑で半年以上も拘禁されアメリカ本国人の目から消え去ることになる彼，ウォードは几帳面にほとんど毎日のように東北・満州とムクデン（奉天＝瀋陽）の情勢にかかわる資料を収集し，彼なりに分析して本国ないし南京のスチュアート大使に知らせていたのである．彼が中国共産党からスパイだと認定されたのには他の理由があったようであるが，戦火が目前に迫っている物情騒然とした街のど真ん中で，悠揚迫らずこのような情報収集，分析，報告といった活動を日常的にやっていたことも，疑われる理由の1つであったに違

いない．

　彼はいわば瀋陽におけるアメリカ合衆国の代表であるから，国民党要人や軍事当局と直接会って話しあう機会も多かった．アメリカこそ，国民党の最大の支援者であり軍事援助者だったのであるから，中国人の誰もが彼に擦りよってきたであろう．情報はそこから仕入れたものであろうし，その中には公式に発表されない含みのある話や，国民党にまつわりついて放れない個人的な中傷悪口やスキャンダラスなものもあったであろう．アメリカとの繋がりを大切にしていた衛立煌は，ウォードともよく話あったらしい．ウォードの報告書には衛立煌の考え方とか立場とかについて，好意的な解釈とも思える書き方がなされている．ウォードは彼，衛を優秀な，しかしタイミングの最悪の時に登場させられた将軍として理解していたようである．

　衛立煌が就任する直前の，まだ陳誠の下にあった東北の指導体制内部の様子についてウォードは，1947年12月31日付けで国務長官へ送った報告書の中で次のように述べている．

　「奉天（瀋陽）の現状は重大だが危機的ではない．……奉天は過去数カ月のいかなる時期よりも強力となった」「食料と武器弾薬は補給なしでも3カ月は持ちこたえられるだろう」が，しかし「奉天の上級官僚たちは最近の諸事件からますます1つの結論を引き出しつつある．すなわちもしも東北を掌握している政府を強化するために，南京によって英雄的で適当な手段がとられないならば，数カ月の間に起こるというのでないにしても，この地域は中共の手に落ちるのは確実だ」と．東北現地の「英雄的で適当な手段」を取ってくれという強い要請が，衛立煌の出馬の背景にあったことが分かる．

　衛立煌出征時の全国と東北の情勢は蒋介石や陳誠の「確言」にもかかわらず国民党と政府にとって誠に厳しく，一言でいえば挽回不可能という情況にあることは客観的に明らかであった．

　さらにより大きな問題が衛立煌の就任早々にもちあがっていた．蒋と東北防衛の戦略において意見の相違が見られたことである．衛は東北に着任するや，直ちに「部隊を整理し兵力を集中し，拠点を固守し，局面を安定させることに

着手し，併せて部隊の補充と再訓練に意を注いだ．彼は解放軍が引き続き進めている冬季攻勢に対しては隠忍自重の態度をとっていた．」《『列伝』》

　他方，各地に分散している部隊からは緊急の支援要請が頻々と入っていたので，それを知った蔣介石は「再三にわたり衛立煌に，兵を派遣して各地の守備軍に対する包囲を解くようにと電報で命令した．しかし衛は瀋陽周辺に主力を集中して軍を動かさなかった．彼が言うには，解放軍の目的と戦術は，拠点を包囲し支援に来る軍を攻撃することであるから，その戦術にうまうまとはまってはならないとしたのである．」《『列伝』》

　実際，衛立煌の戦術は共産党側の戦略戦略をよく研究したうえで提起されていたように思われる．彼は共産軍の最も得意とする戦術が「攻堅打援」であることを知っていたので，その動きに振り回されて各個撃破されるのを恐れ，じっと情勢が変化するのを待っていたのである．彼はウォードに自分の確信を次のように語っていた．

　「状況は危機的だが，希望がないわけではない．しかし外からの援助がなければ，東北は2，3カ月で失われるだろう」と．その場合，2つの可能性があって，1つは中共による全地域の完全支配であり，2つは奉天（瀋陽）を支配することである．さらに彼は語った．「もし即時の援助がなければ，中共は第1の可能性を1カ月以内に完遂するだろう．第2の局面もおそらく2カ月，最大限3カ月で完遂される．もし政府が東北の確保を望むなら，今すぐに補充を始めるべきだ」．彼は「強力な政府軍3カ軍が送られるなら，現状を維持できるだけでなく，南満州とジョホール（熱河）の中共支配地区を元に戻せると確信している．」（1948年2月20日，ウォード総領事より国務長官へ）．

　同じ日付けの報告書のなかでウォードはまた次のように報告している．「衛立煌は率直かつ正直に述べた．現状の軍と装備で東北を確保するには，彼が来るのが遅すぎた．陳誠時代の不適当な予備蓄積，武器弾薬，食料，それに軍事管理のまずさなどのために，これまでの数カ月で12個師団もを中共側に追いやってしまい，現在では（兵力比が）1対2になってしまった．」このように述べたうえで，彼はウォードに「アメリカの援助が必要であり，大使を通して，

南京に補充の必要性を明確にするよう助言してほしい」と要請した（2月20日，ウォード総領事より国務長官へ）。この要請に応えるようにウォード自身も，こう助言している。「衛立煌と接触し，また一般市民からの情報からしても，もし衛立煌の要求する支援が供給されるなら，3カ月で中共が東北を支配するのを阻止することができるだろう。アメリカの貿易と太平洋におけるわれわれの地位の確保のために，遅滞なく武器弾薬と飛行機とを送ってやってほしい。」（同上，ちなみに陳誠が在任中にウォードに語った中共軍の兵力は，13個縦隊プラス15個独立師団の合計40万，それに東モンゴル軍団5万7,000，3個朝鮮軍区15万，総計633,500だと。さらにジョホールに2個縦隊52,000で，政府軍よりもはるかに多いとしていた－1月14日，ウォードより国務長官への報告書。中共側の実態をかなり正確に把握していたことが分かる）。

　どれほど武器弾薬が不足していたかについても，衛立煌はウォードに率直に語っている。多分その談話の結果であろう，上記2月20日付けの報告書で，ウォードはこうも記している。「ロシアは目下中共に旧日本軍の50万丁のライフル，10万の機関銃プラス大量の大砲を供給しつつある。政府軍のものに比べて寒冷地では作戦に適していないが，しかし今やアメリカの供給した武器は有効性を失いつつある。新しいのと取り替えが必要である。この度の攻勢では中共軍はより多くの大砲を採用，政府軍はこの面でも急速に優位性を失いつつある。トラックは3台のうち1台しか作戦に使えず，タイヤの欠乏は危機的だ。飛行機も最大限2, 3回の出撃でオーバホールしないといけない。」そしてどれほどの武器弾薬が必要かについては，30口径ライフル14万ラウンド，30口径機関銃230万発，303口径軽機関銃672万5,000発，7.92口径軽機関銃462万5,000発，60ミリモーター（臼砲）15万5,000発を空輸されたい。この武器弾薬で奉天は確保できる」としている。またこうも記している「中共は衛立煌の武器弾薬の欠乏を知らない。3個軍のそれぞれ4万の完全武装した軍を営口と葫蘆島から奉天に送られるべきである。これらは彼の後方を守り，彼は奉天から北へと反撃する。この反攻のために3つのゾーン，すなわち北は長春－吉林，南は奉天－撫順－鞍山－営口，西南は錦州－北平－葫蘆島－阜新が設定されてい

る.」「衛立煌は東北人によって20個師団が2カ月以内に組織訓練され得ると考えており,この計画の実現のために武器弾薬を直ちに空輸されたい.過去このような組織化の試みは効率的な計画と装備の不足,情熱の欠乏のために失敗したのである.」このように衛立煌を高く評価したうえで,アメリカが200機の輸送機を沿岸地域と台湾から飛ばすようにと助言している.

　すぐ後に書くように,衛は着任直後から武器弾薬の不足,装備と訓練の不十分さに気づき必死で中央に実情を訴え続けていたのである.彼は彼を信頼し何かと話に乗ってくれるウォードを動かしてまで,その意志を伝えようとしたのであったが,しかしこの要請がアメリカを通して蔣介石に届く前に,四平は陥落してしまった.早くも意見が対立していた蔣介石が,衛の言うことに真剣に耳を傾けなかったということもあろうが,彼を取り巻く軍のスタッフたち（蔣介石直系の将軍たちは直接蔣に話をもっていくことができた）が,衛の立場や戦略戦術に信頼感をもっていなかったということもあった.

　ウォードの下で働いていた奉天副領事マッケルヴィも,このような状況を早くに本国に打電していた.「衛立煌の着任によって軍のモラルの改善が期待されていたが,最大の問題は陳誠やある指揮官たちがその軍の行動にコミットするのを喜ばないという事態に直面していたことである.結果として衛立煌の着任によって軍の効率とモラルは非常に低くなった.……際立ちつつある摩擦が今や表立たないで報じられている.」（1月26日付け,国務長官への報告書）

　だが事態は四平陥落後にやや落ち着いていた.ウォードは4月13日付けの報告書で「東北の軍事情勢は安定している.中共は春の雪解けで動員不能に陥っている.軍の再編,再補給,強化などに時間を使っている.総司令部は2週間か1カ月は作戦がないと信じている.長春は包囲されているが,現時点ではこれ以上の攻撃はない.衛立煌は新しい補充兵のための武器調達をできるならアメリカの武器でと望んでいる.また武器と食料も空輸でと望んでいる.……中共は後方地域での供給システムに弱点があることを自覚している」と書き送った.まさに衛立煌が待ち望んでいた比較的安定した局面,つまりは軍の再編強化の時期が到来していたのである.

3．衛立煌の苦悩——総司令官就任時の軍事的諸条件

　毀誉褒貶は世の習いとはいえ，衛立煌の抗日戦争での評価と内戦時での評価とは雲泥の相違があるが，不思議に彼を悪し様に言う人は少ない．だからといって敗戦の最高の軍事的責任が彼にあったことを逃れるすべはない．その軍事戦略戦術の拙劣さ，決断力と行動の遅さなど，いずれをとっても致命的なことばかりである．しかし意外に無視されているのは，当時の東北の政府軍の装備，武器弾薬などの極めて単純な物理的条件の問題である．後世，勝利した中共側はその有利さを覆して勝利したことを強調するが，本当にそうだったのかどうか，若干の資料に基づいて検討しておきたい．

　なお以下に使用する原資料について若干説明しておく．東北決戦の軍事情勢・軍備情況にかかわる国民政府側の資料は，大陸と台湾の双方に存在することが分かっている．大陸では第二檔案館の目録に「東北剿匪総司令部」関係資料がファイルされていることになっているが，筆者が調査した1999年8月現在，非公開である．ところが面白いことに，この出先の剿匪総司令部と中央の軍備・武器弾薬の生産，調達を司る連合後方勤務総司令部との詳細な電報のやり取りが，後者の後方勤務総司令部（以下連勤総部と略す）側の資料ファイルに保存されていて公開されており，東北の情況がそちらからある程度明らかにできるのである．他方台湾では国防部史政局の資料室にマイクロフィルムで一部が保存されているが，公開されているのは個々の部隊の動きと戦闘情況が知れるものだけであり，それも極めて不鮮明であった．以下，第2檔案館の資料に依拠しつつ，東北剿匪総司令部の悪戦苦闘ぶりを見ていきたい．（特段の注釈が無い限りは，この第2檔案館のものなので，一々注釈をつけない）．

　資料の示すところによれば，武器弾薬の欠乏はすでに衛立煌の前任者，「作戦準備は予定通りに完成した」と豪語していた陳誠の時から生じていたらしいが，衛立煌はその武器弾薬の不足をも引き継いでいたことが分かる．これは単に陳誠の責任であるだけでなく，国民政府全体としてこのころすでに深刻な問

題になりつつあったのである．2月21日の「兵工署の1948年度東北華北兵工製造計画について中央に送った電報」によれば，「生産不可能か不足の武器弾薬は以下のように便法を講じたい．イ）武器－全体として欠乏している状況下，後方でできるだけ製造貯蔵するか，作戦の損耗分は随時できるだけあらかじめ控除して貯蔵しておくこと．ロ）弾薬－華北の軽機関銃3，重機関銃6の補給基数に照らして，東北は軽機関銃4基数，重機関銃6の基数は経常的に保持すること．およそ後方の在庫の潤沢なるもので余分なものは屯積貯蔵するものとする」とあって，武器弾薬が全体として不足しつつあり，東北のような最前線での通常装備を不断に満たしておくために，比較的余裕のある各地の補給基地の節約と備蓄が奨励されているのである．このように新任の東北剿匪総司令の衛立煌は，いきなり満州の逼迫した軍事情勢に直面することになったのである．

　彼が就任してからの最初の（そしてこれまでに無かったほどの）大戦闘は四平の攻防戦であった．（国民政府が四平における「国軍の移転」を認めたのは15日であった《『中央日報』3月16日付け，また『史事紀要』》）．しかし少なくともこの段階では，上述のように武器弾薬は不足しているとは言われながらも「経常的に保持」すべきとされていた基本数は確保していたのであり，そのうえにその敗退は衛立煌の着任以前の軍の訓練，装備，戦闘力などに責任転嫁しえたはずであるから，衛立煌の不平不満はまだ抑制されていたもののように見られる．また四平の陥落後，共産軍も大きな被害を受けてその補充と新兵訓練にしばらくは集中せざるをえなかったため，攻勢は比較的に少なく軍事情勢は安定していた．この間共産軍と同様に政府軍もまた軍の整備と武器弾薬の補充に勢力を注いでいた．3月21日付け東北剿総の衛立煌より連勤総部総司令の郭忏への電報とこれに対しての3月26日付け電報でのやり取りなどを見ると，中央と地方とは連携して相当に大規模な作戦行動を予定していたように思われるが，その中心は瀋陽防衛であったことが窺われる．実際このような「新作戦行動」は衛立煌のものであり，彼は一貫してこのような発想に立って作戦計画を練り戦略戦術を立てていたことが，これからも明らかになる．またすでにこの段階で「空

第6章　蒋介石と衛立煌　147

輸」の重要性が指摘されていることにも注目しておきたい．

　6月，夏に入って共産軍の活動が活発になり始めた．後述するようにこの時期は中央の蒋介石は瀋陽の主力軍を無傷で撤退させることを考え，他方，衛立煌は瀋陽防衛を主とする戦略をもってはいたが，それにしても瀋陽中心の総力戦を前にしていかにも戦力が弱いと感じていた．6月2日，衛立煌より連勤総部宛の電報は次のような情勢判断を示している．

　「東北の共産匪はすでに全面的に蠢動しており大戦がまさに始まろうとしている．これからの戦局が好転するかどうかは弾薬の補充の程度にかかっている．」

　この電報を打った後しばらくして，東北剿匪総司令部では東北国軍整備作戦臨時参集会議が開かれ，そこでの決定に基づき6月16日付けで上記の内容を盛り込んだ具体的な要請書を連勤総部宛に提出した．それは総参謀長の顧祝同のもとに送られ，参謀総長の命令によってその要請の実際の執行情況が調査された．それによって東北剿匪総司令部が当面どのような要求を提出したか，そしてそれがどのように執行されたかが分かる．

　（1）糧食輸送問題－5，6，7の3カ月間に瀋陽に1万5,000トン（うち軍用機3,000トン，民間機1万2,000トン）を空輸されたい→→実績は5月9日から6月6日までに軍用機・民間機あわせて2,400トン強のみ．引き続き軍用機で2,166トンを運送準備中．（2）長春の国軍の夏用軍服，6万5,000着分を要求→→実績は1976着分のみ．目下1万着分が発送待機中．（3）略．（4）東北15個団の武器補充－関内の10個団分を錦州に，残りの5個団分は6月中旬までに送れと要求→→実績，重火器以外の軽火器は9月上旬に補給を開始する．また東北が要求している3万挺の銃とは，何を基準にしているのか双方で検討しよう．（5）軍馬2,000頭の購入に東北剿匪総司令部が独自に流通券を発行して当てることにしたいとの要望－実績は述べられず．5個師団分2,400頭の不足を満たすには，24億4,000万元が必要．その資金の充当方法としては，連勤総部の考えでは東北剿総より要請して行政院に特別支出として発給してもらうか，参謀総長に次年度の追加予算に組み込んでもらうかという2つの案があるとの対策

案を提示しただけであった．

　東北の要請と中央によってなされた実績との間には大きな開きがあり，しかもそれは近日中に満たされるという保証はどこにもないという情況であった．蒋介石の戦略が主力軍の撤退という点にある限り，これは当然のことであった．しかし衛立煌にすれば戦略決戦を前にしてこのような情況であったから，立腹し焦ったのは当然である．かくして矢のような催促が中央に送られる．

　7月22日付け，衛立煌より郭総司令への「急電」，同日付けの再度の催促電報などがそれであり，さらに7月26日には「特急電報」という形で発せられる．「東北の屯積不足の弾薬は至急補充を必要としている．とりわけ79銃弾，30重機関銃銃弾，60迫撃砲弾は在庫が非常に欠乏している．現在，各地の共産匪は既に蠢動し始めており，主力決戦の爆発はもうすぐである．各部隊は大量の補充をを待っており，もし積極的に発給の方法を講じないならば，軍事情勢の前途は考えるのも恐ろしいほどである．とりあえずまず79あるいは792銃弾1,300万発，30銃弾340万発，60迫撃砲弾16万発を至急瀋陽に空輸されたい」

　7月22日付けのものと26日付けのものとは数字がやや異なっている．いずれも東北剿匪総司令部の衛立煌から連勤総部の郭阡へのものであるから，内容が異なっているのは奇異の感があるが，前の電報を打ってすぐに修正して打ち直した事例もあるから違ったものが複数の資料として残されているのは理解できる．むしろこの事実は東北側がいかに憂慮し焦っていたかを示していて興味深い．

　こうした緊急の要請に対して，7月29日付けで連勤総部より衛立煌へ宛てられた返電では，「東北が必要としている弾薬はすでに在庫分より，60迫撃砲弾2万発を首都から，米式銃榴弾1万発，89擲弾筒弾5,000発を上海から発して葫蘆島に運送した．その他の屯積不足弾薬は製品ができ次第発給し運送するよう尽力する」という甚だ頼りないものであった．衛立煌は中央が東北の実情を理解していないと考えたのであろう．8月2日付けで連勤総部へ「補充を待つ欠乏弾薬の一覧表」(7月15日作成→7月24日訂正のもの)を送りつけ，「大至急，

その半数を瀋陽に空輸されたし．返電を待つ」と打電した．さらに8月13日，郭総司令宛の電報には「調査するに，遼南会戦，長春防衛戦で消耗した弾薬は膨大なものにのぼる．各部隊の携行していたもの，および各拠点の屯積していた弾薬はいずれも欠乏しており，とりわけ瀋陽・錦州の両基地の屯積弾薬はなおさらに空っぽである．長春防衛戦が正に進行しており遼西の共産匪の主力と決戦するに際して，もし速やかに運送補充しなければ，この度の剿匪作戦は必ずや持続できなくなるだろう．速やかに屯積不足分の数目を調査し運送して下さることを願う．また不足している弾薬については，まず瀋陽に79銃弾1,400万発，30銃弾500万発（うち重機関銃銃弾300万発），303軽機銃銃弾250万発，74軽機銃銃弾100万発，60迫撃砲弾16万発を，至急発給されたい」とある．

これに対する8月19日付け連勤総部より東北剿匪総司令部への返電は，「5月5日の作戦会議決議は7月末以前に東北に79銃弾1,000万発を発給せよとあったが，すでにまず首都の在庫より400万発，瀋陽の第90工場の5,6月分の生産品から100万発ずつ，合計600万発を発給した．また第90工場は7,8月にそれぞれ200万発，合計400万発を東北の79銃弾として発給できる．後方の在庫が欠乏しているので，第90工場の7,8月分の生産品で補充したことにしてもらいたい」とあり，同日付けの追加の返電でも「東北が必要とする弾薬のうち，すでに首都と上海の在庫から，30銃弾100万発，303銃弾50万発，60迫撃砲弾4万発，米式銃榴弾2万発，89擲榴弾5,000発を発給した」という，これまた甚だ頼りないものであった．

こうした情況は東北の危機感を募らせた．8月25日付け，東北剿総より郭総司令への電報では「79, 792機銃弾は昨年冬以来，5月の作戦会議の報告をするまで後方での製造を停止し弾薬を補充して来なかった．戦闘用の弾薬や各軍への銃弾の配給はすべて屯積してきたものによって維持されてきたので，各部隊の携行弾薬と各拠点の兵站の屯積銃弾は極度に不足を来している．5月作戦会議の報告以来，首都から発給されたもの，および第90工場の生産によるものはバラバラの小さな戦闘の消耗を補充してきたが，今後は維持しがたいところまで来ている．東北の国軍は整理補充されてよりこの方，士気は極めて旺盛で

ある．この好機に臨み，かの戦えば敗れるという退廃した考えを殲滅すべきであるのに，補給が続かないとなると敢えて行動することができなくなってしまう．速やかに屯積不足分の数目を送るので，速やかに発給されたい．とりあえずまず79銃弾1,400万発を瀋陽に空輸して急場をしのぎたい．返電を待つ」とあり，さらにその翌日にも「東北の剿匪のための弾薬は至急必要である」という内容の緊急要請電報が打たれている．8月28日にも同上内容の急電が打たれている．

8月29日，東北剿総より連勤総部への電報は東北の危機的様相をはっきりと示していた．「東北の弾薬屯積不足および各部隊の携行弾薬の不足は著しいものがある．電報で弾薬の発給を要請したのは歴代の発給数目を基準としているに過ぎないのに，運輸はすでに遅れている．その上に剿匪作戦によって毎日消耗しており運びこまれたものだけではバラバラの戦闘消耗を補給するのにも足らず，屯積している弾薬はますます空っぽになっていく．一旦大戦が長期にわたり進行すれば，当面の交通輸送能力の状況からして弾薬は必ず絶望的な事態に陥るだろう．補給を強化し行動を起こすのに有利なように，欠乏している数目の弾薬を発給されることを請う．とりあえずは欠乏している主要弾薬のうち半分だけでも発給し，できるだけ速やかに瀋陽に空輸して急場をしのげるようにしてほしい．返電を待つ」とあり，次いで9月1日付け電報でも同内容の「東北剿匪のための必要な弾薬は急を要する．請う，速やかに屯積不足分を発給されんことを．また不足している各銃砲弾はまず半数を発給し瀋陽に空輸されたい．返電を待つ」と催促している．

以上のような執拗なまでの催促電報に対して，連勤総司令部からの回答はやっと9月3日付けで送られて来たが，東北側の要請をまったく満足させるものではなかった．しびれをきらした東北側は，より具体的で実現可能と見られるごく部分的な追加要請を9月7日付けで打った．それは「東北の共産匪の行動は多くは暗夜を利用し我が空隙を縫って入り込み，その奇襲の目的を達成せんとするものである．照明弾が必需であり，とりわけ長春の防衛作戦では同弾を必要とすること切なるものがある．速やかに63, 82迫撃砲照明弾および各種

山野砲の照明弾をそれぞれ5,000発,瀋陽に空輸されたい」というもので,これくらいなら直ぐにでもできるだろうという切ない気分が現れているものであった.

東北側は中央がやはり現地の実情を理解していないと考えたのであろう,再び同日付けで「東北で必要な武器弾薬を迅速に調査し一覧表にして"運送を待つものの数目"を提出する」として一覧表を送っている.

以上のような度重なる緊急要請に対して連勤総部は苦慮のあとも生々しい回答を1週間遅れで送って来た.9月8日付け,連勤総部より東北剿総への回答は以下の通りである.「(東北が要請してきた弾薬は)首都・上海から30銃弾100万発,303銃弾50万発,60迫撃砲弾6万発,米式銃榴弾2万発,89擲弾筒弾5,000発を発給した.また60迫撃砲弾は瀋陽の工場ですでに毎月1万発を増産している.その他の蓄積欠乏の弾薬は製品ができるのを待て」といい,9月10日付け追加回答では「重機関銃は長春・瀋陽部隊の不足数は極めて少なく,第90工場で修理製造した物ですでに補給してある.信号銃,ピストル等は別に後方から運送して補充する.東北が必要としている弾薬で,すでに首都と上海からの在庫分から発給したものは,30銃弾100万発,303銃弾50万発,60迫撃砲弾6万発,米式銃榴弾2万発,84擲榴筒弾5,000発,60迫撃砲弾は瀋陽工場で毎月4万発を増産している.その他の不足している弾薬は製品ができ次第,できるだけ運送して補充する」とされている.そしてささやかな部分要請である9月7日付けのものには,9月11日付け追加回答として,「東北の必要としている照明弾はすでに首都の在庫から36式照明弾1,000発を発給した.また60・82迫撃砲照明弾は在庫がないのでしばらく発給できない」としている.

以上,9月11日までの東北剿匪総司令部と中央の連合後方勤務総司令部とのやり取りを詳細に紹介してきた.この経緯の過程で注目したいのは,最高指導者であり,かつ衛立煌に軍と武器弾薬の補充・補給を保証して最前線に送り出した蔣介石が,こうした情況をどのように見ていたかということである.ここに1つの極めて興味深い資料がある.8月5日,蔣介石が「武器の消耗,損失」について郭忭に送った問い合わせ電報である《連勤総部資料ファイル—『檔

案資料』第4巻).先述したところであるが再度記しておく.

　この中で蔣介石は,国防部が7月28日に開いた作戦会議において報告した「歴年剿匪作戦武器損耗種数表」(8月10日付け)における武器の損失消耗数字は「前年以来の損失数か,それとも本年のみの数か?」とわざわざ問い合わせ早急に報告せよと要求している(8月5日.上記「損耗種目数表」は10日付けだが,蔣介石の手元にはこれより早く届けられ,蔣はそれを読んで直ちに疑問を発したものと思われる).

　これに対して郭忏は8月16日付けの報告書(「郭忏就幾年来武器損耗復蔣介石呈文稿」)において,「つつしんで調査するにこの数字は本年1月から6月の損耗数であります.ここに歴年の剿匪武器損耗種数一覧表を添えてご検討に供します」と回答した.

　このやり取りによって何が明らかになったかといえば,東北での戦闘においてどれほど大量の武器弾薬が消耗し損失を蒙っているかを蔣介石が十分に認識していなかったということである.衛立煌から頻々と打電されてくる要求を蔣介石が知らされていなかったか,あるいはこうした要求を東北の大袈裟な誇張したものと受け止めていたかであろう.

　実際,蔣介石が疑念をもったのも当然であった.彼は東北における武器弾薬の消耗・損失が実戦(多くは四平陥落のような敗北の報告であったにせよ)においてこんなにも大量に発生するわけがないと考えたのであろう.しかし実情は,共産軍側の文献にしばしば現れる戦わずして投降した部隊,あるいは武器弾薬の密売などが多く,上記「一覧表」の数値はそうした分までもが含まれていたのである.もしそうだとすれば,東北の衛立煌は東北の実情を十分に蔣介石に知らせていなかったということになる.

　ところですぐ後に述べるように,9月決戦が始まる前に蔣介石の戦略構想は,錦州が保持される限りアメリカから大量の軍事援助を得ることができるというアメリカ軍事顧問団の示唆により,大きく変わって東北の保持,なかんずく錦州防衛に全力を挙げるという方向に転換された.それによって東北支援の体制をとるために蔣介石自身が大いに奔走するのであるが,ではそれによって

上述してきた武器弾薬の補給が大いに前進したかというと，必ずしもそうとは言えない状況が資料から読み取れる．蒋介石は衛立煌の東北剿匪総司令部への援助よりも，別途大量の増援軍を派遣することによって自分の戦略の実現を目指したのである．

4．決戦における東北剿匪総司令部

さて満州の最後の決戦，いわゆる「遼瀋戦役」の開始は共産党側からは9月12日だとされている．その発動の前後の事情については，共産党の戦略戦術と実戦情況については無数の著述ががあって相当具体的に明らかにしうる．本書でも前章で詳細に述べたのでここでは割愛する．他方，この9月決戦については衛立煌の東北剿匪総司令部もほぼ敵情を把握し，覚悟していたようである．東北から中央への武器弾薬補給の要請は相変わらず続いているが，その中に次のように述べられているのが注目される．

「東北の共産匪はすでに遼西・遼北の両地区において蠢動を開始しており大戦は焦眉の間に迫っており，弾薬の補給を待つこと切なるものがある．請う，速やかに蓄積不足分に照らして，特に不足していて急ぎ補充の必要のある79小銃弾，60迫撃砲弾，30小銃弾および303小銃弾など各銃砲弾のうち先に要請した半数を直ちに瀋陽に運送されたし．」（9月15日付け，東北剿匪総司令衛立煌より連勤総部への電報）

しかしこのような情勢判断と緊急要請に対する連勤総部の回答は相変わらずヌラリクラリとしたものであり，中央と東北との危機感と認識のずれは明白であった．先に紹介した8月25日と29日の要請電報に対する回答は，やっと9月16日付けで発出されているが，その内容は「（2つの電報を受け取ったが）東北の蓄積不足の弾薬はこちらでも欠乏している．製品のでき次第直ちに補給したい」としただけである．

また9月15日付けの電報への回答は9月22日付けで送られ，「要請のあった弾薬のうち，30歩兵銃銃弾100万発，12センチ迫撃砲弾800発を送った，しかし

79銃弾は各工場の生産量が全国の消耗量の3分の1にしか満たない，また60迫撃砲弾も生産量と消耗量とがはなはだしく掛け離れていて極めて欠乏している」という言い訳ばかりで，中身は我慢してくれと言わんばかりである．

この回答電報と入れ違いに東北剿匪総司令部衛立煌から郭総司令へ打たれた電報は，「東北の剿匪作戦はますます激しさを増し弾薬の補充を待つこと万急なるものあり」「即刻届くように」送られたしとしていた．しかしこれに応えて中央から発送したとされたものは，「9月21日付けで請求のあったもののうち，照明弾1,000発を運送中，60・82ミリ迫撃砲弾は在庫を調査中」（9月27日付け連勤総部より東北剿総への回答電報）という素っ気ないものであった．

東北剿匪総司令部から火の付いたような催促とそれへののんびりとした素っ気ない回答とのやり取りを見ていると，東北情勢に対する中央の情勢認識不足を痛感させられるが，しかしそれは決して連合後方勤務総司令部の怠慢とか衛立煌に対する中央の軽視といったレベルの問題ではなく，実際に武器弾薬の生産とストックの絶対的不足という深刻な事態が浮かび上がってくるのである．

また実際に衛立煌の火の付いたように催促していた武器弾薬の不足という問題も，当時瀋陽市長だった董文琦の回想では必ずしもそうではなかった．董はこう書いている．蔣介石が瀋陽に来て軍事会議を開いた後の10月3日のこと（後述），杜聿明は軍糧は2カ月は大丈夫，銃弾は瀋陽兵工廠だけでも毎月一個師団分を製造できる，兵員も必要なときに50万は動員できると答えたというのである《董文琦》．

5．蔣介石，奔走す

話を中華民国総統の蔣介石に戻そう．四平が陥落してから，彼は彼なりに苦悩の選択を迫られていたのである．

第1の選択肢は，今や3つの孤立した拠点（長春・瀋陽・錦州）に分散させられている東北の主力軍に，それぞれを死守させて好機到来を待つというものである．それはあくまでも東北を放棄しないことを意味していたが，この戦略を

取る限り大量の援軍の派遣，および3つの軍の密接な相互協力・支援態勢が不可欠であった．それは同時に共産党軍の「拠点を包囲して支援軍を攻撃する（「攻堅打援」）」という戦術にはまって各個撃破される危険性を内包していた．衛立煌が最も危惧していた戦術である．第2の選択肢は，主力軍をできるだけ完全な戦力保持のまま東北から撤退させ，北平以南（いわゆる関内）の決戦に備えさせるというものである．だがこの戦略は少なくとも四平陥落以前には現地の衛立煌に反対されていた．衛は先述のようにこの時期までは瀋陽に（3つの分散した拠点ではなく）主力軍を集中してその保持強化を主張していたのである．彼は自分のメンツにかけても瀋陽を確保すべきであると考え，またその自信もあったのである．

四平が陥落した後の5月初め，共産軍の攻勢が止まり政府軍の補強と再編が可能となっていた段階が，どの選択肢を取るかを決めるラスト・チャンスであった．先述のようにウォード総領事も1948年4月13日付けの報告書で「東北の軍事情勢は安定している云々」と書き送っていた．まさに衛立煌が待ち望んでいた比較的安定した局面，つまりは軍の再編強化の時期が到来していたのである．

しかし蔣介石は衛立煌と異なり，まさにこのチャンスに瀋陽周辺の主力軍を撤退させることを考えた．5月始め，彼は衛を秘密裏に南京に呼び付け説得しようとしたが，衛は南京に行くことを拒否し，かわりに蔣介石の直系の将軍，廖耀湘を派遣して自分の意見を述べさせた．蔣介石と正面衝突するのを恐れたか説得されるのを嫌ったわけである．

衛の見解とは，もし蔣介石が主張するように瀋陽の主力軍を単独で撤退させようとしたら，雪解けの幾筋かの河に行動を阻まれて連携がとれずに各個に包囲され撃破される危険性が高い．したがってまず数個軍を葫蘆島から錦州に送りこみ，そこからこれらの軍を東進させ，他方瀋陽の軍を西進させて二方面の軍団を合流させる．さらにこの強力な軍団を北上させて包囲されている長春の部隊を脱出させ，それから全軍ともに撤退するというのである．

蔣介石は廖耀湘からこの戦略を聞き，これに基本的に同意して「瀋陽の主力

軍の行動をもう少し遅らせても良いが，しかし必ずその準備を整え，（錦州に送りこむ）派遣部隊が到着し次第，直ちに行動を開始せよ」と厳命した．

以上の蔣介石－衛立煌のやり取りは，後に共産軍の捕虜になった廖耀湘の証言に基づく共産党側の文献によるものである《『列伝』》．もしこれが本当だったとすれば，極めて興味深い，そして極めて重大な戦略問題を明らかにしていることになる．というのは，すでに述べたようにこの「5月初め」の段階では，中国共産党＝東北野戦軍側はまだ長春攻略に重点を置いていて，錦州を落として政府軍主力を東北に閉じ込め殲滅するという戦略は確立しておらず，またもし強力な軍団が錦州－瀋陽－長春で同時に行動を起こしていたら，これを阻止するだけの力量をまだ備えていなかったのであるから，東北から政府の主力軍を撤退させるには時期的に絶好のチャンスだったのである．しかしこのような連係プレーはついにとられなかった．

いったいその責任は誰にあったのだろうか．衛立煌は瀋陽の防衛に執着し，またその自信もあったけれども（ただし大量の武器弾薬と兵力の補充を強く要請していたが），しかしその後，どうするのかという確たる戦略がなかった．蔣介石は主力軍を撤退させてその温存を図るという戦略を提示したけれども，東北全体が失われることには未練があって衛立煌の意見に同意してしまった．

蔣介石は衛立煌の主張に引きづられて，6月にはむしろ東北の現状を維持し，一城一兵たりとも失わないことは関内（山海関以南）の作戦に有利だと認識するようになっていたという《『朱徳与衛立煌』》．この時までに彼が衛の首を飛ばしてでも主力軍撤退を主張していたなら，事態はどうなっていたか．あるいは衛の意見に同意した以上，この時点で錦州に強力な軍団を派遣していたなら，事態は大きく変わっていたに違いない．それができなかったというのではない．事実，衛の提起した戦略は，それから4カ月後に実施されたのである．追い詰められて追い詰められて，やっと実現した戦略であった．だがあまりにも遅すぎた．事態は，陽動作戦をとったり牽制球を投げたりする余裕などまったくなくなっていたのである．

そしてとうとう大詰めに立ち至った．衛立煌がどのように事態を認識し，そ

れに対してどのような要請を中央＝蔣介石にしていたかについてはすでに上述したので，今度は蔣介石が最終段階においてどのように動いたのかを追っておこう．

　1948年9月12日，共産軍による錦州包囲戦が始まった．東北の決戦の前哨戦である．蔣介石は衛立煌に直接電話し，「東北情勢の好悪は錦州の一戦にあり」とハッパをかけ，廖耀湘兵団を単独で西進させ錦州北方の義県の防衛に差し向けるようにと命じた．錦州防衛軍の范漢傑も危機に陥っている義県の救援を要請してきた《『朱德与衛立煌』》．しかしこうした命令や悲鳴に衛立煌はついに何の動きも示さなかった．軍の単独作戦行動が共産軍によって各個撃破されることを恐れたのである．

　9月24日，衛立煌は蔣介石の命令を受けて南京に向け飛び立った．途中，北平空港に立ち寄った際，華北防衛の最高責任者の傅作義が出迎えており，東北の危険的な状況は分かっているが華北の兵を動かすわけにはいかない，瀋陽は放棄して兵を華北に集中しないと，華北自体も危うくなる，このことをよくよく総統に伝えてほしいと語った．これに対して衛は，総統は全軍覆滅に立ち至ろうとも自分の意見を簡単に変えはしないだろうと応えたという《同上》．はたせるかな蔣と衛の2人の会談は，蔣介石は錦州救援を強調し衛立煌は単独での救援の危険性を強調するという平行線をたどるだけだった．そこで衛は蔣介石が信用する参謀総長の顧祝同を現地視察に赴かせ，直接彼の口から錦州の状況を報告させるよう提案，26日，衛は顧に同行して錦州上空まで飛来したが，顧は錦州が共産軍に包囲されていて極めて危険だと判断し着陸することを拒んだ．2人はそのまま瀋陽に飛び，その夜，緊急の軍首脳会議を開いた《同上》．

　瀋陽の将軍たちはみな軍を西進させて錦州救援に赴く案には反対だった．廖耀湘は対案として，共産軍が錦州に集中していて遼南地方の警戒が疎かになっている間に瀋陽の主力を南下させ，営口から脱出させるという意見を提示した．彼としては蔣介石の命令に反対するだけでは蔣の怒りをかうだけであるから，積極的な対案を提示せざるをえなかったのである．衛立煌はこの案が蔣介石の西進案よりも安全で確実だとして賛成した．しかし参謀総長の顧は，その

晩の衛,廖と3人だけの晩餐会でこれに反対,自分は総統の命令を諸君に実行させるために来たのだと言い張った.彼は蔣介石から直接,何度も督促の電話を受けていたのである《廖耀湘『親歴記』》.

9月29日,共産軍による錦州包囲網は刻々と締め付けられつつあった.防衛軍は幾度も電話で悲鳴を上げてきていた.衛立煌は顧祝同に,瀋陽の軍を西進させるかわりに錦州の范漢傑軍を葫蘆島に撤退させるよう提案した.顧は総統からそんな命令を受けていないと突っ張り,衛は現地首脳の意見を聴取して決断するのは参謀総長の権限だろうと迫った.両者の主張はここでも平行線をたどった.

30日,東北の首脳たちが参謀総長の督促にも従わない様子に業を煮やした蔣介石は,ほぼ1年ぶりで北平に飛んだ.華北と東北とで政府軍がどのように連携すべきかを最終的に検討し煮詰めるためである.同行者は陸海空軍,それに兵站部などの責任者たちであり,参謀総長の顧祝同も瀋陽から別途飛来して合流した.当時の国民政府の軍の最高指導部をほぼ網羅しており,この時の蔣介石の意気込みの凄まじさが感じられる.最も早く東北に進攻した石覚将軍も熱河の最前線から来て参加した《『史事紀要』10月1日の項および『石覚将軍』》.

顧祝同は北平に来る直前にも,衛立煌と激しく論争してきたのだった.衛は,今に至るもなお軍を西進させるという総統の命令を,顧の電話からだけでは信用できないから,総統親筆の命令書をもってこいと言い,これに激怒した顧は自分は参謀総長として総統自ら命令執行を監督せよと命じられてきたのだ,いまさら親筆命令書云々の議論なんてできるわけがないと反論した《『朱徳と』》.もちろん顧は北平に到着するとすぐに,このような議論を総統に伝え衛立煌をなじった.

翌10月1日,華北剿匪総司令の傅作義らとともに軍事会議が開かれ,華北の軍事情勢全般を検討するとともに,包囲されている錦州の救援策が講じられた.

さらにその翌日,蔣介石自身,瀋陽に飛んだが,その途中で自筆の書簡を錦州の范漢傑に空中投下した《『史事紀要』》.東北剿匪総司令部で開かれた軍事会

議は翌3日まで続き，その日の昼前，蔣は北平に帰った．

　この軍事会議の結果であろう，ついに10月4日，瀋陽にある七個軍を廖耀湘率いる西進兵団と周福成率いる留守兵団の2つに分け，西進兵団の即刻の進発を決定した．この日衛立煌は瀋陽市政府・市民各団体に「政策はすでに決定された．各界が心を合わせて作戦に協力し会戦の勝利を勝ち取ろう」と電報で書き送ったという．それより前に華北兵団の一部が葫蘆島に上陸していた《以上は史事紀要10月4日の項ーしかし後述するように実際にはこの増援部隊は大したものではなかった》．政府軍側の戦略意図はここに明白になったというべきであろう．

　ところが当時瀋陽市長だった董文琦の回想によれば，この決定には衛立煌が反対であったという．彼はいぜんとして瀋陽の防衛の堅さに信を置き，たとえ錦州が陥落しても瀋陽がある限り中共軍の南下を阻止することができると主張した．彼が蔣介石の北平からの再度の催促によってやっと廖耀湘に7日に進発するよう命令を下したのは5日であり，さらに実際に軍が動いたのは9日だったという．《なお『史事紀要』10月4日の項に紹介されている孫立人の回想では10月3日に南の錦西からの錦州増援部隊が出発したとあるが，これは実証できない．ただ孫がこの大決戦の敗因を一言で「遅疑不決」にあったとしていることは正しい》．

　先に述べた10月4日に至る林彪の逡巡とは，このような政府側の動きに対応するものであったと見られる．林彪はすでに軍事会議の開催とその内容の一部を入手していたものと思われる．林彪＝中共東北軍区の情報網の優秀さを知ることができるが，しかし同時に衛立煌の狐疑逡巡と行動の弛緩までも知ることはできなかった．毛沢東に至ってはこうした政府軍側の動きに顧慮することなく自己の戦略の貫徹を命じていたわけで，結果としては毛沢東が正しかったにしても，それは政府軍側の動きの遅さに救われたという僥倖もあったというべきであろう．

　10月5日，蔣介石は北平から天津に飛び，そこから車で塘沽に行って港を視察，さらに巡洋艦「重慶」号に座乗して葫蘆島まで足を伸ばした．増援部隊の海上輸送と港湾の防備状況を自らの目で確かめるとともに，指揮命令系統を確認するためであった．

10月7日，蔣介石は北平に帰り，翌日上海に飛んで市内の状況を視察した（蔣介石の子息，蔣経国が上海区経済監督指導の責任者として辣腕をふるっていた）．この日，北平では傅作義が錦州増援部隊の責任者に指名された侯鏡如と会談した．同日，アメリカ総領事館の副総領事は錦州の攻防戦について「有能な指導者の欠如が軍の再編成を駄目にしている」という不吉な報告を南京のアメリカ大使館に送っている．

　10月9日，蔣介石はやっと南京に帰着した．東北では塔山の攻防戦の前哨戦が始まった．長春の鄭洞国からは，包囲網を突破して南下することができないという電報が入った．10月15日，いたたまれなくなった蔣介石は杜聿明を伴って再度，瀋陽に飛んだ．杜はこの時，徐州剿匪総司令部の副総司令であった．石覚将軍は無能呼ばわりしたが《石覚，戦後の満州に真っ先に進撃した将軍であり，満州における過去の実績を買われて衛立煌を助けるべく（あるいは蔣介石にかわって監督すべく）再び満州の地に現れたものである．この日，錦州の范漢傑と長春の鄭洞国に親筆書簡を空中投下させたが，その甲斐もなく錦州は陥落した《『杜聿明伝』『史事紀要』同日の項》．

　翌日，瀋陽で軍事会議を開き，その足で再び葫芦島を視察し，錦州増援部隊（今や再奪還のための）にハッパをかけてから北平に帰る．北平から衛立煌に電報を打ち，西進兵団の迅速なる錦州への進撃を命じる．これを受けて衛立煌は，杜聿明・廖耀湘らと合議，やっと廖耀湘兵団の突撃を決定した．

　10月18日，蔣介石はやはり安心できずに瀋陽に引き返してくる．しかし市内に入る時間的な余裕がなかったので，飛行場で衛立煌・杜聿明と会談，当然，錦州攻撃の加速化を催促し，北平にとって返した．『朱徳と』によれば，瀋陽で蔣はほとんどの時間を空港の専用機の中にいて，空軍が特別に接続した電話線を使ってあちこちと連絡し，専用機に入れたのは衛と杜の2人だけだったという．この本ではこの時蔣介石が瀋陽に来たのは3度目で，瀋陽の主力軍を関内に撤退させることが目的だったと書いているが，これまで本書で述べてきたようにこの説はおかしいので取らない．この著者によれば，廖耀湘兵団が錦州を目指したのは，錦州を経て関内にこの主力軍を撤退させることだったとして

いるが，それはあまりにも危険で，衛立煌が主張したように営口に引き返させた方がはるかに安全で早かったはずである．しかしずっと空港にいたわけではなく，短時間だけ剿匪総司令部に立ち寄り将軍連中に会い，彼らがすべて廖耀湘の西進兵団を直ちに瀋陽に引き返させるべきだという意見をもっていることを知った．しかし蒋介石は，とりあえずはこの兵団を現在の進攻地点に止め，北平に帰って全局を分析したうえで判断を下すことにしただけだった．

翌19日，蒋介石は衛立煌と杜聿明の2人を北平に呼び付け，華北剿匪総司令の傅作義らを加えて午後2時に緊急軍事会議を開いた．満州の政府軍の今後について検討するためであるが，ここで蒋介石は意外なことを言い出した《『朱徳と』》．空軍の機上からの偵察では錦州の共産軍が引き上げて北上しつつあるとの報告を受けた，したがって廖耀湘兵団は引き続き錦州に向けて進撃し，錦州を取るのは容易くなったというのである．そのさなかに長春は陥落してしまった．衛立煌は廖耀湘兵団を早急に営口に撤退させる案を提示した．

北平の会議は翌日にも続けられた．杜聿明は一部の部隊を営口に発して脱出口を確保させるが主力の廖耀湘兵団の継続前進を主張，衛立煌と対立．蒋介石は杜聿明を支持して彼を正式に東北剿匪総司令部の副総司令兼冀熱遼辺区司令に任命，これを受けて杜聿明は葫蘆島に飛んでここに辺区司令部を設置するとともに，ここの部隊の錦州継続攻撃を命じた．

10月20日，鄧洞国の最後の通信が発せられた後，長春は陥落した《『史事紀要』同日の項目》．

10月25日，蒋介石は4度瀋陽に飛来し，廖耀湘兵団の錦州への継続前進を厳命した．しかしこの時点では，すでに同兵団は進撃を阻止されていた．

翌26日，新3軍が壊滅，衛立煌は残った廖耀湘兵団に瀋陽への撤退を命じ，兵団の撤退を支援するために一部隊を迎えに派遣するが，それも阻止された．

27日，蒋介石は葫蘆島に飛び，杜聿明と会談，ここにおいて同地からの錦州攻撃は中断された．

この日，共産軍側の野戦軍の塔山阻止部隊は役目を果たしたので撤退，その後に政府軍が入るも時すでに遅く，錦州には進撃できなかった．杜は瀋陽に飛

び，衛立煌らと瀋陽防衛につき会談した．

28日，廖耀湘兵団，全軍覆滅（彼自身は11月12日に捕まる）．杜聿明は葫蘆島に引き返し，同地の部隊の撤退を図る．

30日，蒋介石は葫蘆島に飛び，杜聿明と会談，彼に瀋陽に行くよう命じたが，すでに瀋陽の飛行場には着陸できないことが分かり空しく葫蘆島に帰ってきた．蒋は葫蘆島から北平に帰り，そのまま南京に帰った．

この日，衛立煌は瀋陽から脱出して葫蘆島に飛来，すぐに蒋の後を追って北平に飛び短時間会う．衛立煌が早めに瀋陽から離れたのは，彼が共産軍の捕虜になるのを恐れた蒋介石の命令によるものだったという．彼の幕僚たちや文官たちも一緒に葫蘆島に脱出してきたが，これに対して蒋介石は将軍連中は直ちに瀋陽に引き返し，その防衛に任じよと命じたが，衛は自分が責任を取るから引き返す必要はないとして蒋介石の命令を無視させたという《朱徳と》．

31日，瀋陽残留の指揮官，周福成は蒋介石に，「衛立煌，職を捨てて逃走」と電報を打っている．

11月1日，南京において蒋介石は中央政治会議を主催，東北の敗戦について説明した．11月2日，瀋陽はついに陥落した．

11月3日，杜聿明は葫蘆島より蒋介石に全軍撤退の許可を要請，5日より撤退を開始した．

かくして政府軍は全軍，東北から姿を消し，中国共産党の東北支配が完成したのであった．

なお衛立煌はその後，北平から広州に赴き香港脱出のチャンスもあったが敢えて脱出せず，南京に敗戦の将軍として連れ戻される．蒋介石は東北敗戦の全責任を衛立煌に負わせ「撤職査弁」処分とし軟禁される．49年に至り李宗仁が代理総統となって南京に来て彼によってやっと軟禁から解放された．しかしまだ特務の監視は続いていたので，この年の春節を利用して香港に脱出した．1955年3月15日，祖国に帰る．1960年1月17日，北京にて死去．

・**読者の参考のために(4)** アメリカ合衆国奉天総領事アンガス・ウォードら

の報告書

　奉天（瀋陽）総領事館からの報告は当時のアメリカが内戦の帰趨にどれほど関心をもっていたかを示す極めて重要な資料であると思われるので，本文と重複するところがあるが，関連するところをほぼすべて紹介しておきたい（筆者訳）．

FOREIGN RELATIONS OF U.S.A., 1948, VOL. 12, THE FAR EAST ASIA. UNITED STATES MILITARY ASSISTANCE TO CHINA.

・1947／12／31　ウォードより国務長官へ

　「奉天の現状は重大だが危機的ではない．中共の戦略は明らかになりつつある．奉天－新民－彰武の線に集中，わずかな部隊が長春－吉林地域に．また一個縦隊が鞍山－営口地域に．明白な中共の計画は奉天地域が重大な脅威にさらされいるという印象を作り出し，政府の精鋭部隊を直ちに奉天地域に移動させるよう」仕向けること．12月30日，四平から71軍を奉天へ．「かくして奉天は過去数カ月のいかなる時期よりも強力となった」「食料と武器弾薬は補給なしでも3カ月は持ちこたえられる」その分，長春と吉林は孤立，しかし「奉天の上級官僚たちは最近の諸事件からますます1つの結論を引き出しつつある．すなわちもしも東北を掌握している政府を強化するために南京によって英雄的で適当な手段がとられないならば，数カ月の間に起こるというのでないにしても，この地域は中共の手に落ちるのは確実だと」

・1948／1／9　長春副領事シーベンスより国務長官へ

　現地の軍事アタッシェの分析によれば，共産党軍の兵力は35万，そのうちの22万5,000がよく訓練されている．また政府軍は25万で，そのうちの4万がビルマ戦線のベテラン，12万が相対的に良い軍だと．中共の主要なターゲットは今や遼東半島の港湾，北平－奉天間の鉄道の連絡線に．長春は空軍の支援があれば，まだ抵抗拠点たりうると．

・1948／1／14　ウォードより国務長官へ

　陳誠が語ったところによると，中共軍は13個縦隊プラス15個独立師団の合計40万．それに東モンゴル軍団5万7,000，3個朝鮮軍区15万，総計633,500だ

と．さらにジョホール［熱河］に2個縦隊52,000で，政府軍よりもはるかに多いと．

ロシアは目下中共に旧日本軍の50万丁のライフル，10万の機関銃プラス大量の大砲を供給しつつある．政府軍のものに比べて寒冷地では作戦に適していないが，しかし今やアメリカの供給した武器は有効性を失いつつある．新しいのと取り替えが必要．

この度の攻勢では中共軍はより多くの大砲を採用，政府軍は此の面でも急速に優位性を失いつつある．トラックは3台のうち1台しか作戦に使えず，タイヤの欠乏は危機的だ．飛行機も最大限2，3回の出撃でオーバホールしないといけない．

・1948／1／26　奉天副領事マッケルヴィより国務長官へ

衛立煌の着任によって軍のモラルの改善が期待されていたが，最大の問題は陳誠やある指揮官たちがその軍の行動にコミットするのを喜ばないという事態に直面したこと．結果として衛立煌の着任によって軍の効率とモラルは非常に低くなった．……際立ちつつある摩擦が今や表立たないで報じられている．

・1948／2／20　ウォード総領事より国務長官へ

衛立煌の確信「状況は危機的だが，希望がないわけではない．しかし外からの援助がなければ，東北は2，3カ月で失われるだろう」と．2つの可能性がある．1つは中共による全地域の完全支配．2つは奉天の確保．即時の援助がなければ，中共は第1の可能性を1カ月以内に完遂するだろう．第2の局面もおそらく2カ月，最大限3カ月で完遂されると衛立煌は感じている．もし政府が東北の確保を望むなら，今すぐに補充を始めるべきだと．彼は「強力な政府軍3カ軍が送られるなら，現状を維持できるだけでなく，南満州とジョホールの中共支配地区をもとり戻せると確信している．」

30口径ライフル14万ラウンド，30口径機関銃230万発，303口径軽機関銃672万5,000発，7.92口径軽機関銃462万5,000発，60ミリモーター（臼砲）15万5,000発を空輸で．この武器弾薬で奉天は確保できると．中共は衛立煌の武器弾薬の欠乏を知らない．三個軍のそれぞれ4万の完全武装した軍を営口と葫蘆

島から奉天に送られるべし．これらは彼の後方を守り，彼は奉天から北へと反撃する．この反攻のために3つのゾーン．北は長春－吉林，南は奉天－撫順－鞍山－営口，西南は錦州－北平－葫蘆島－阜新．衛立煌は東北人によって20個師団が2カ月以内に組織訓練され得ると．この計画の実現のために武器弾薬を直ちに空輸されたいと．過去このような組織化の試みは「効率的な計画と装備の不足，情熱の欠乏のために失敗したのだ」アメリカが200機の輸送機を沿岸地域と台湾から飛ばせと．

　衛立煌は率直かつ正直に述べた．現状の軍と装備で東北を確保するには，彼が来るのが遅すぎた．陳誠時代に不適当な予備蓄積，武器弾薬，食料，それに軍事管理のまずさ－そのためにこれまでの数カ月で12個師団もを中共側に追いやってしまい，現在では1対2になってしまった．アメリカの援助が必要であり，大使を通して「南京に補充の必要性を明確にするよう助言してほしいと」

　衛立煌と接触し，また一般市民からの情報からしても，もし衛立煌の要求する支援が供給されるなら，3カ月で中共が東北を支配するのを阻止することができるだろう．アメリカの貿易と太平洋におけるわれわれの地位の確保のために，遅滞なく武器弾薬と飛行機とを送ってやってほしい．

・1948／3／3　ウォードより国務長官へ．
　衛立煌は2週間ほど前ほど悲観的ではない．

・1948／3／15　ウォードより国務長官へ　四平の陥落を政府軍事消息筋が認めた

・1948／4／13　ウォードより国務長官へ

　東北の軍事情勢は安定している．中共は春の雪解けで動員不能に陥っている．軍の再編，再補給，強化などに時間を使っている．総司令部は2週間か1カ月は作戦がないと信じている．長春は包囲されているが，現時点ではこれ以上の攻撃はないと．衛立煌は新しい補充兵のための武器調達をできるならアメリカの武器でと，また武器と食料も空輸でと望んでいる．……中共は後方地域での供給システムに弱点があることを自覚している．

　多くの軍事観察家は中共の主要攻撃努力が，彰武，義県から新立屯，阜新か

ら西と南への鉄道修理を通して華北へと南に向けられると見ている．

・1948／5／24ウォードより国務長官へ

　情報によると，衛立煌は時機を見計らって東北での反攻計画を完成した．現在の大部分の部隊を奉天北方からジェホール地方へと西下させ，また中共の主要補給基地の遼源を長春地域の政府軍と協同して攻撃する．それは中共の補給システムに脅威を与え，その南下作戦計画を覆すであろう．衛立煌は1月の就任以来，モラルの低下したスタッフと軍，重大な食糧不足と弾薬の欠乏といった危機的な問題に直面してきた．軍は数的にあまりにも少なく，その上に中共軍の攻撃に際して補強も補給もできない数多くの小単位に分散配置されて浪費されてきた．衛立煌は今や食糧不足と軍の欠乏に直面して葫蘆島－奉天間の展開された供給ライン上で，空輸とアメリカで訓練されたスタッフを得て錦州地域を解決しようとしている．

　衛立煌は吉林を放棄し長春に軍を移して20日間から45日間分の弾薬を補給した（中共軍は連続して30日間も攻撃できない）．

　衛立煌は奉天を強化し続けている．アメリカで訓練された士官たちをデスクワークから野戦へ，直接戦闘の場へと配置している．大多数の中国人と外国人の軍事観察家は，過去1年間のどの時期よりも奉天の軍事情勢は安全だと感じている．夏季の数カ月に情勢を変える要因としては，1；軍への食糧供給の途絶，2；南京政府の完全な崩壊，3；中共の外部からの補強であろう．

・1948／6／4　ウォードより国務長官へ

　政府の軍事リーダーたちにとって，中共の計画は不明瞭だ．5月初旬，幾つかの軍単位が西方やその他の地域に移動したときに明らかになった中共の戦略は，錦州とジェホール東部への西下を準備していた．明確な理由なしに中共は西方への移動を中止し，軍単位を北，西，東からぴったりと長春を包囲するよう北方へ移動させた．長春攻撃のために10万が配置されている．［各縦隊の配置と移動――東北野戦軍の陽動作戦が図に当たったことを示す？］現時点では，一個縦隊だけが奉天北方から四平にあり，奉天から南の営口の間には二個縦隊程度．中国人は全中共軍が総力を挙げて長春攻撃に集中されることを望ん

でいる．それは疑いもなく長春を陥落させるだろうが，東北の残存部隊を脅かすだけの戦闘力を再組織するのに「時間稼ぎのコスト」を中共に払わせることになるからだ．

幾つかの情報によると，中共軍は重大な補給問題に出くわしている．ハルビンから四平までの春の植え付けは計画水準よりも低い．富裕な農民の粛清は農場資産と農機具の効果的な使用をロスさせ，また集団所有インテリジェンスの生産性と大農業経営に直接必要なイニシアティブをロスさせている．……中共の軍への補充は極めて効果的だったので，若い農民の人力が枯渇しており，中共は今や植え付けられた穀物，または次年度の冬に必要な余剰穀物をもっていないことを見いだした．もしも満州での作戦が成功したなら，将来の華北・華中での作戦は北から供給しなくてはならない．

富裕な農民の粛清と軍事目的のために彼らの家畜を調発したことは，完遂すべき任務にとっての重荷になっている．

・1948／6／15　ウォードより国務長官へ

長春への砲撃は，6月始めの1日100発から，2日前には80発，今は500発だ．この3週間で米とコウリャンの値段は5,000パーセントも上がった．奉天の50パーセント高である．ナショナリスト［国民党］の南方への引き上げは中共の完全な封鎖で不可能になっている．

・1948／6／21　ウォードより国務長官へ

長春市内への砲撃は軽微．中共は30マイル以内の農村で農耕に従事していると言われる．これが事実なら，長春包囲は伝統的な消耗戦であって即時の完全占領を目的とするものではない．

・1948／7／6 ウォードより国務長官へ．1948年前半の満州の情勢概観

中共は有利な情勢を利用するのに失敗，5月中旬まで休息してしまった．その軍事努力は再編成，再組織，補充に当てられた．これに対して政府の活動は陳誠の軍事的無能力によって浪費された軍事力の強化，防衛体制のために再編，統合―これは食料の確保，貯蔵の努力と一対のものである．

中共の軍事的可能性としては1；全東北を占領し早期に支配することを目的

とした長春，奉天，錦州の全力攻撃，2；長期的に降伏させるために政府の孤立した防衛拠点を厳密に封鎖して餓死させる，3；東北に占領地を確保する軍を残したまま，大部隊を長城の南に介入させる，4；これらの組み合わせ．現状は全力を挙げての攻撃は高くつき過ぎるし包囲の継続によって最終目標は達成され得ると信じているようだ．

他方，中共の軍事的制約は1；スンガリー［松花江］以北の主要供給地はすでに過重徴税でこれ以上輸送を増加すると過重負担となる，2；中共の食料の余剰はロシアの衣料品軍事品と交換されている．これをなくすると近い将来の武器弾薬が欠乏する，3；来るべき冬季には中共は重大な食料不足に直面する．中共の家畜要求と地主たちの貧困化が大規模農耕と効率のよい植え付けを妨げるから，4；党内でのリーダーシップ争い．

政府の可能性としては，1；奉天，長春，錦州の確保と強化－水運，鉄道，空輸による軍需物資の補給，および地方軍の訓練によって，2；目下確保されている主要都市周辺の広範な地域での反攻，3；孤立化している各軍を結合しての反攻．しかしいずれの攻撃も成功は期待できない．衛立煌は1つの攻撃作戦をとるだけの力があると信じられているが，しかしそれは完全に成功裏になされなければならない．なぜなら何らかのエラーが全東北の喪失につながるからだ．健康状態や他の理由から，まだその時期に至っていないと考えられている．衛立煌は一方では東北は今や不幸な子供といった地位にあり，東北での軍事行動に対する政府の態度は生ぬるく，また全中国を見渡しても援助のプライオリティは最も低いと指摘している．……彼は彼が望む援助を得られないなら，反攻は不成功だと信じている．

経済では食料の不足が大きくなり，中共軍よりもより大きな脅威．

政治では，地方民は日本の傀儡政権の時よりももっと高圧的だと公然と言っている．東北人は他の地域の中国人よりも愛国的であったとしても，ほとんど何らの役割も演じていない．

政治情勢の要約．市民への食料供給を増大させないなら，冬季の数カ月は極めて困難だ．餓死，病気，そしておそらく流行病が発生しよう．政府は主たる

希望をアメリカの援助にかけていて，華中・華北での軍事的成功にはかけていない．

・1948／7／21　ウォードより国務長官へ

　7月15日から政府軍の攻勢開始，中共は撤退し困難なしに都市を再占領．攻撃計画は奉天から3日の行軍距離以内で，主目的は中共軍の攻撃を政府の強力な拠点である奉天地域におびき寄せ，政府軍の反攻によって重大な損害を与えることと，第2に収穫された小麦の徴集である．

・1948／7／26　ウォードより国務長官へ

　政府見解では最近の全線での進攻は成功したと．衛立煌は今や空軍と砲兵の援助を伴うさまざまな野戦軍の相互の協同を完遂できることが期待し得る．しかしこの進攻は長春への圧力を軽減していない．

・7／27，29，31，8／1，5，は北平での東北籍学生射殺事件関係——［東北の人々に大きな衝撃を与えたことが分かる］

・1948／8／11　ウォードより国務長官へ

　長春包囲により市民の食料不足は危機的，現在の規模での空輸では守備隊を支えるには不十分．近い将来，政府による牽制の努力がなされないなら，長春陥落は不可避だ．

・1948／9／1　奉天副領事リンデンより国務長官へ

　中共軍の動きについて——東北の軍事情勢は静止している．

・1948／9／7　リンデンより駐華大使スチュアートへ

　錦州の軍事情勢－范漢傑が来てから六個師団のモラルはよくなったと．

・1948／9／11　リンデンから国務長官へ

　錦州と山海関の間で「小規模な攻勢」

　また同日，義県にも攻撃あり，スケールは大きくないが大きなダメージを与えた．

・1948／9／17リンデンより国務長官へ

　義県周辺に攻撃が集中している．錦西－葫蘆島間が分断されたが，政府軍の反撃で中共軍は撤退，鉄道は修復した．

・1948／9／22　スチュアート大使より国務長官へ

この1週間，満州，華北，山東で大規模な軍事行動が復活……范漢傑と衛立煌との何らかの協同攻勢を阻止するのには成功しているが，この地域の政府軍の大規模な集中を低減させようとしているようには見えない．衛立煌は秋収が終わるまでは攻勢をとる状況にはないと国務省に報告している．

・同日　リンデンより国務長官へ

中共軍の配置について，義県への攻撃続行，孤立した政府軍が甚大な被害．政府軍の攻撃は本質的にマイナーで攻勢行動は目下とられていない．当面のところ，錦州，錦西，葫蘆島地域は平静

・1948／9／26　ウオードより国務長官へ

錦州西南5マイルの飛行場を中共軍前衛部隊が攻撃．空輸の飛行が続けられず．

・1948／10／7　ウオードより国務長官へ

営口への南進計画あり．

また長春の防衛軍が南進するのに呼応して北進軍の準備をしている．その目的は長春防衛軍の救出と中共の通信連絡線に脅威を与えることで錦州への圧力を軽減すること．北進はまだ実施されていない．長春の雲南軍で構成されている第60軍が投降したという噂が流れている．蔣介石総統が最近葫蘆島を訪れたこと，錦州への奉天からの空輸による補強は失敗した．

・1948／10／14　ウオードより国務長官へ

錦州は危機的．政府軍の四個軍が奉天北方で攻勢をかけ中共軍の注意を錦州からそらすよう命じられている．

中共軍の現時点での戦略が錦州－天津回廊に向けられていることは明らか．それゆえ中共が錦州奪取の試みを放棄するとは考えられない．

・ウオードより国務長官へ［日付は1948／12／29だが，これまでの報告書のような「収テレグラム」とはなっていない．また奉天陥落までの2カ月間の日記があると書いている］

10月末の大虎山地域での軍事的敗退は，最後の瞬間まで蔣介石総統の直接の

指揮干渉により完遂された．……さまざまな理由のなかでも最も決定的なのは，全軍における戦闘モラルの卑しむべき目も当てられない低下であった．25万のアメリカによって訓練され装備されたベテランの軍が，真剣に戦わずして降伏……，高級官僚は信念もなく逃亡のことばかり考え，まだ使える軍需用品を破壊することさえ考えなかった．

　大虎山での「決定的な攻勢」は，錦州の包囲されている政府軍の防衛軍を"カナトコ"に，"ハンマー"の一撃を加えるべく計画された．しかし范漢傑将軍指揮下で（防衛軍は）中共軍の主力の圧力を受ける前に崩れ落ちてしまった．軍事観察家たちは，錦州の突然にして決定的な喪失は，東北総司令部によって準備された攻撃プランを実行するには早すぎた范漢傑の敗北によるものと考えている．彼は総司令官の衛立煌の代理人であったけれども，衛立煌の命令にグスグスとすることができた．蔣介石総統は范漢傑の個人主義を勇気づけた．衛立煌の限られた軍事経験と分断された委員会——衛立煌と総司令部との間の政治的緩衝装置としての——という弱点にもかかわらず，衛立煌は軍事とは別に部分的に成功した努力もあったが，この2カ月間は政治的経済的悪化を加速化させた．9月中旬，衛立煌体制は南京からの最後に残された支援の諸手段が急速に圧縮されたことによって，不能に陥った．通貨の供給は切り詰められ，軍需品・食料の空輸は60パーセントまでカットされた．……市民と軍の双方のモラルはすでに堕する所まで堕していた．工業の破産，通貨供給は減らされたのに食料価格は騰貴した．税徴集の激減，コウリャンなど徴集の不能など．

　なおまた奉天陥落前後の混乱期のアメリカの対応については，Zhan Jian ; The Ward Case and the Emergence of Sino-American confrontation,1948-1950. The Australian Journal of Chinese Affairs, July, 1993. があるので参考までに紹介しておきたい．

　それによれば，戦局の悪化にともないアメリカ（国務省）は瀋陽の出先機関を撤退させるかどうかの選択に迫られていたが，陥落後の米中（中国共産党政権）関係のことを考えて，瀋陽陥落の日の48年11月2日，残留せよとの命令を

発した．この時，英仏の在外公館も残った．そのような決定をした１つの理由は，その前日の11月１日，中共中央から中共東北局への電話で，西欧外交官への態度としては，１；東北の特殊な状況に鑑み外国銀行は閉鎖されない，２；米英とソ連の領事たちは戒厳令の下で保護され，在外公館は捜索されない，３；中共はソ連の意見に十分配慮しながらも西側にも配慮するとの通達を受け取ったという情報を得ていたので，ウォードは中共がアメリカとの公式接触を求めているとの感触を本国に打電していた．しかしその中共の態度は11月15日に突然変わってしまった．（ウォードの逮捕事件などがある）

第7章　塔山の戦い　錦州攻防戦の死命を決する局地戦

1．錦州救援の阻止

　塔山の攻防戦は錦州の攻防戦の一環として，国共両軍の勝敗の行方を左右する重要な局地戦なのであった．この戦闘を描く前に，錦州に対する共産軍の攻撃の様子をちょっと見ておこう．

　錦州に対する共産軍の砲列がどのようなものであったかは『日記』に詳しい．それによると錦州攻撃に先立つ外郭陣地としての義県攻撃に動員された大砲は，攻城部隊（3個縦隊）だけで山砲48，野砲14，10センチ榴弾砲3，化学器砲（どのような大砲か分からない）5，合計70門，それに砲兵縦隊傘下の野砲18，榴弾砲9，重砲3の30門，総計で100門であった．これと同時に，北上増援部隊を阻止するために塔山手前の高橋に配された砲は野戦部隊（1個縦隊）だけで山砲25，野砲5，50ミリ野防砲（どのようなものか分からないが，鉄骨コンクリートの陣地を破砕できるとされている）6，それに砲兵縦隊傘下の野砲24，榴弾砲3の総計63門であった．

　義県は10月1日に陥落，それ以降は全力を挙げて錦州包囲へと向かった．義県攻略軍の倍以上の6個縦隊と砲兵縦隊が動員されているから，砲数も単純に倍以上として200門以上，さらにおそらく共産軍史上では初めて組織的な戦車部隊が参加している．戦車は，15トン級中型7輌，6トン級軽型7輌，2.5トン級小型2輌，それに装甲車13輌の合計29輌である．それらはソ連製のものがほとんどで，一部に旧日本軍のものも含まれている（ソ連が満州に遺留したもの

でなく新たに搬送されてきたものもあったことは，ウォードの報告書に記されていることからも分かる）．さらに注目されるのは数量は不明であるが，兵種としての高射砲部隊が参加していることである．いかに共産軍の砲列が充実していたかが理解できよう．これによって従来の共産軍のイメージは根本的に変わってしまったのである．これらの武器は北京の革命軍事博物館と錦州の遼瀋戦役記念博物館において実物にお目にかかることができる．

　北平軍事会議の翌日，蒋介石が瀋陽に飛んだ時，途中で錦州上空を経由し錦州防衛司令官の范漢傑に親筆書簡を空投したのだが，上空からは地上の共産軍の包囲網がはっきりと見てとれ，対空砲火もかなり激しく，共産軍がかつて無かった高射砲などを備えつつあることが理解できたのである．

　すでに述べたように，蒋介石は10月2日と3日の両日，瀋陽で軍事会議を開き，錦州救援策を検討した．彼は衛立煌の反対を押し切って，ついに瀋陽の主力部隊を廖耀湘が率いる西進攻撃兵団と周福成の率いる瀋陽守備兵団との二手に分ける案を決定した．まさにそれは衛立煌が反対してきたように，中国共産党・共産軍が待望していた「攻堅」（防衛の堅い都市要塞への包囲攻撃）と「打援」（援軍を待ち伏せて攻撃する）という2つの主力決戦を一気に実現する絶好のチャンスを作り出すものであった．

　衛立煌だけでなく，蒋介石にもそんなことは十分わかっていたはずである．それが分からないほど蒋の頭に血が上っていたとか軽率だったとは思われない．しかしそれ以外にどのような方策があっただろうか．この期に及んでは，みすみす重要拠点の錦州が陥落するのを拱手傍観することはできない．いな，むしろ共産軍側と同様に，この危機をチャンスに転化すべく主力決戦を挑むべきだ，錦州を軸に東西から優勢な主力攻撃部隊をもって敵主力を壊滅させることができる．これが蒋介石の考えであり，考えれば考えるほど，それは実現可能なように思えてくるのであった．なぜなら自分の軍隊はアメリカ式装備と訓練を施された最精鋭部隊であり，重砲，戦車，飛行機，軍艦など近代兵器で優位に立って制空権と制海権を完全に掌握しており，しかも錦州に敵主力を引き付けて釘付けにしたうえで2方面からの攻撃で敵兵力を分散させ得意の集中攻

撃をかけられない状態に置くことができる……．

　このような蒋介石の戦略構想がいかに甘いものであったかは，衛立煌ならずともすぐに分かるはずであった．第1にこの構想の実現のためには，錦州が1週間ないし10日間，もちこたえなければならない．第2に西進兵団と北上兵団とは連携をとって同時に攻撃でき，2方面で敵主力を分散展開させねばならない．そのためには第3に味方兵団が統一指揮の下で統率のとれた進退をとらなければならない．

　もしこれらのことができるならば，勝利をほぼ確実にすることができるだろう．もしできなければ……．各個撃破されるだけである．そのことを最も恐れたのが衛立煌だったのだ．彼はこれらの条件を有機的に統一的に機能させることができないと判断していた．もしそうでなかったら，とっくの昔にこの戦略を採用していたであろう．

　興味深いことに，林彪もまた同じ懸念をもっていたことである．上記の3つを逆に見たらどうなるか．第1に錦州がかなりの期間もちこたえる（毛沢東は1週間という限定をつけた．敵が1週間以上もちこたえたらどうなるか）．第2に西進兵団と北上兵団との2正面同時作戦にひきづりこまれたら，どうなるか．かりに，きっかり同時でなくても，数百キロ離れた東西の地域に限られた兵力を急速展開，移動させることができるかどうか．第3に敵主力が一心同体のように展開し進退したら，逆にこちらが翻弄されることにならないか等など．だからこそ2日の段階になって，彼は新たな危惧に襲われたのであろう．

　しかし，サイは投げられた．戦機は刻々と熟しつつあった．共産軍側からすれば，まさに主導的に計画的に設定した状況が今や現出しかかっているのである．毛沢東の叱責を受けて，林彪は気分を変え決意を新たにして行動に移った．カギは，錦州を可及的速やかに陥落させること，東西両面の増援軍を同時に錦州近辺に接近させないこと，つまりその援軍をどこかで必ず阻止すること，そして錦州攻略軍を直ちに敵増援軍への攻撃に回すこと．この3点を躊躇なく断固としてやり抜くことである．

　蒋介石からすれば，これらを実現させないことが勝利のカギとなる．

2. 第四縦隊

　血と泥と硝煙と鉄屑．塔山の戦いは，勝者と敗者とを問わず両軍ともに，この4つの言葉でしか表現できないような惨憺たるものであった．

　塔山（正確には塔山堡）は東に海，西側に丘陵地帯で囲まれた人口わずか110戸の小さな村鎮で，鎮の東，海寄り10キロのところを走る鉄道（平寧線）とそれに平行して走る道路の部分だけが平地であった．

　北進する政府軍は必ずここを通らねば錦州に達することができない．それを阻止せんとする共産軍は，海から丘陵地帯にかけての東西12キロの正面に阻止線を張り，その背後，南北数キロにわたる縦深陣地を構築した．これが塔山の戦場なのであった．ここに国民党軍10万，共産軍がやはり10万近く，芋の子を洗うようにひしめきあい，そこに最大155ミリの榴弾，156ミリの艦砲と大小あわせて400門もの大砲の砲弾が何万発となく打ち込まれ，その上に200キロ爆弾が敵味方を区別する間もなく投下される．そして鼻をつつきあわせるような近距離に両軍のアリの巣のような塹壕が迫っていて，砲撃の合間をぬって白兵戦が繰り広げられる，それが塔山の戦いの概況であった．

　多分，両軍にとって，これまでの戦争ではまったく経験したことのない空前の戦闘であっただろう．これに比べれば20年代と30年の軍閥戦争や内戦，そして抗日戦争のいかなる場面も児戯に類する．後年，朝鮮戦争やベトナム進攻作戦でも，このような状況が現出したかどうか．

　葫蘆島から出撃してくる政府軍を塔山で阻止する任務は第4縦隊と第11縦隊に与えられた．もともとこの任務は4縦ではなく9縦に与えられていたものだが，政府軍側の葫蘆島への増強ぶりとその錦州救援を阻止することの重要性に鑑み，火力，戦闘力，政治訓練ともに11縦隊より優れていると認定され，急遽，4縦に変更されたものである．すでに述べたようにその決定は10月4日に行われた．第11縦隊は平寧線攻撃の主力部隊だったから，すでに9月上旬にはこの地域で活動していたが，比較的新しく編成された部隊で戦力はそれほど強

第7章　塔山の戦い　錦州攻防戦の死命を決する局地戦

くはなかった．

　第4縦隊はこの年の春以降，遼南に配置され，そこで再編成，訓練された後，瀋陽西南の台安－北鎮一線に配置されていて，瀋陽から出撃してくる敵を迎撃するものとされていた．その兵力は約4万．錦州包囲と義県攻略が主たる戦略目標となると，その方面から移動して9月14日には義県南方に達して錦州との連絡線を断ち，塔山への出動を命じられるや義県包囲陣に加わると見せかけながら，錦州の北側を迂回して10月6，7日，高橋－塔山地区に達している（10月4日到着としているものもあるが，実際にはそれは不可能である－『譚政』）．そして休息する間もなく，直ちに阻止線のための陣地構築作業に入った．

　戦闘以上に陣地構築には苦労したはずである．その左脇腹（東側）は海に面し，艦砲射撃の格好の標的になりかねなかったし，北平方面からの空爆も距離的には比較的に容易であった．政府軍はまだ第4縦隊がこの地に到着していることを察知していなかったので，海軍と空軍の協同作戦の支援の下，塔山－高橋の共産軍防衛陣地を突破することは容易だと見ていた．だからここに強力な部隊が配備されていることを察知されないためにも，夜間にしか陣地構築に励めなかった．

　ここには掩蓋用の鉄骨もコンクリートも，木材さえも不足していた．工事用のトラック，ショベルカー，削岩機もなく，仮にあったとしても騒音をたてることはできなかった．付近住民の献身的な協力を仰いで，鉄道のレールを切り取り枕木をひっぺがし，数キロも離れた山から切り出した木材を運びこみ，大量の土を掘り起こし……みな人力によるほかなかったのである．

　こうして，戦闘開始の後，政府軍をして驚嘆せしめた強固で縦深的な陣地が，わずか2日間で完成した．もちろんこれには第4縦隊だけでなく，それまでに9縦や11縦が，そして地方民兵たちが孜々営々として築いてきたものの延長線上にあった．それにしてもである．152ミリ艦砲，200キロ爆弾，155ミリ榴弾などなどの砲爆撃に，5日間も制圧されなかったというのは驚異的というほかない．

　これに対して高橋，塔山方面に配備された共産軍の砲は上記の63門（1個縦

隊分プラス砲兵縦隊の2個連隊分)のほか,新たに加わった第4縦隊と第11縦隊の縦隊砲兵のものがあり,合計約180門,第4縦隊は特に最強部隊であったと言われるから,もっと配備されていたかもしれない.とりあえず200門程度としておきたい.これをいったい,どのようにして隠し通したのか.

近接戦兵器にも大きな優劣の差があった.アメリカ製の自動・半自動小銃を主とした攻撃軍に対して,共産軍側は旧日本軍のもの,ソ連製,そして捕獲したアメリカ製のものなど,かなり雑多な武器であり白兵戦用の銃剣さえままならなかったという.豊富なのは手榴弾だけであった.砲爆撃の間中,じっと土の中に潜み,突撃部隊の近接を見て一気に小火器を浴びせかけ反突撃に移るのである.それ以外に何の戦術も手立てもなかったわけである.

当然,第4縦隊の損害は甚大であった(第11縦隊は戦略予備軍的に使用されたので被害は比較的に少なかった).錦州,塔山の攻防戦だけで1万5,000人の戦死傷者を数えたと言われるが,その半数が塔山だったとしても,4縦の2割以上,錦州攻略戦よりも塔山防衛戦の方がはるかに苦戦だったから,ひょっとするとこの数字の大半は塔山だったかもしれない.

余談ながら「4」という編成番号は共産軍においては伝統的に最強部隊に与えられていたように思われる.もともとは20年代の北伐戦争の時の「鉄軍」と言われた部隊が,そうであったし,井崗山以来の毛沢東の最も信頼する指揮官,林彪が指揮したのも第4軍であった.抗日戦争でも八路軍とペアーをなす華中の共産軍にはわざわざ「新4軍」の名称がつけられた.また東北の内戦が勝利に終わった直後の全軍の統一編成表では,林彪の東北野戦軍は人民解放軍第4野戦軍とされた.偶然にそうなったのかもしれないが,林彪が「4」にこだわったせいかもしれない.

さて以下にこの縦隊の編成を見ておこう.

第4縦隊司令員呉克華　政治委員莫文華　副司令員胡奇才　政治部主任欧陽文　参謀長李福沢

第10師団	蔡正国	李丙令	張捷勛	何英	韓復沢
第11師団	田維揚	呉保山	劉善海	李毅	郭家洛

第12師団　江燮元　　　張秀川　　　蘆燕秋　　　　　李洪茂

　新中国の建国後，中将の位階を授けられ人民解放軍砲兵部隊の司令官にまでなった呉克華と，同じく中将となった胡奇才とが塔山の戦いについての回想録を残している．(『東北戦場風雲録』では呉の回想録のみ) また何英も『雪白血赤』という本の中に証言者としてしばしば登場してくる．共産党側の文献と回想録は無数といってよいほどたくさんある．他方，塔山の戦いについては，国民党軍の側の将官の方もいくつかの回想録を書き残している《『遼陽戦役親歴記』》．これらによって戦いの模様を再現してみよう．

3．塔山の攻防

　錦州の外郭陣地への攻撃が開始された10月10日，政府軍の塔山陣地への攻撃も開始された．

　その前々日，葫蘆島のもともとの司令官である第54軍軍長の闕漢騫は，明9日に単独で攻撃すると主張した．闕は錦州の司令官，范漢傑が山東にいたころの部下で，范が東北剿総副司令官兼錦州指揮所主任として派遣されてきたおりに，その信任を得て同軍の2個師団（フル編成は3個師団であるが1個師団は青島に残してきた）をもって葫蘆島を守るよう命じられていたものである．だから闕としては直系の上官を救出するという緊急課題もあって，逸っていたわけである．

　ここにはその他に暫編62師団がいて，54軍の2個師団とあわせて4万程度の兵力であった．明らかに闕は共産軍を過小に，そして自己の兵力を過大に評価していたのである．この時，葫蘆島には増援部隊として第62軍の林偉儔軍長とその司令部スタッフが到着していたが，実戦兵員はまだ来ていなかった．林は自分の部隊がまだ来ていないこと，蒋介石によって前線総指揮官に任命されている侯鏡如が未着であること，その上に敵軍の状況が必ずしも明確でないことなどを理由として，早期攻撃開始に反対した．闕はしぶしぶそれに同意したが，翌9日，62軍の第67師団が着くやいなや速攻で10日には攻撃を開始するこ

とを強く主張した．彼の言い分は，錦州から救援要請が矢のように来ていること，もしも葫蘆島の部隊が一発も撃たないうちに錦州が陥落したら，蔣介石に顔向けができないというものだった．

そこまで言われると林もそれ以上は反対できず，62軍にも攻撃部署につくよう命じた．しかしこの軍は塘沽から乗船し，途中で大きな風波を受けてほとんどの兵士が船酔いに苦しんでいた．戦闘どころではなかったわけであるが，とにもかくにも10日の攻撃は開始された．

10月10日払暁，ほぼ30分間の砲撃の後，第62軍を鉄路と道路の左翼攻撃部隊，第54軍の第8師団を主攻部隊として鉄路沿いに正面攻撃をかけさせた．暫編62師団は予備隊として第8師団に追随した．この初回の攻撃は共産軍を軽く見ていたこともあって，海軍の支援を待たずに行われた．

共産軍側の記録によれば，塔山への攻撃は午前3時30分，空軍機6機の支援を受け，また鉄道線路を側面から攻撃できる打漁山に漁船で2個大隊を上陸させ，正面からの攻撃に呼応させたとある．

この打漁山というのは，塔山の一番高い丘から眺めると葫蘆島方面の眼下はるかに見下ろせる，渤海湾に突き出したような小さな丘陵である．塔山とこの打漁山を南北に結ぶ一線が共産軍（第4縦隊）の生命線であったから，共産軍はここに守備隊を置いていたのだが，それが戦闘の最初に奪われたのである．この島（丘陵）をめぐる攻防は，この日だけで5回も行われ，一進一退の後に夕刻までに共産軍によって再確保された．

政府軍の正面への攻撃は午前11時に終わった．両軍は，わずか数10メートルを隔てて塹壕と塹壕とで対峙することになった．錦州城を砲撃する共産軍の砲声がはるかに殷々として聞こえてきていた．

この日の午後，蔣介石の命を受けた総統府戦地督察組長の羅奇（もと第37軍軍長，中将に昇任したばかり）が督戦官として，直系の精鋭部隊，独立第95師団を率いて葫蘆島に到着した．彼は単なる督戦官に過ぎないのに，自ら敵情視察した後，翌日の部隊の配置まで決めてしまった．居並ぶ部将たちも内心に不平不満をもちながらも，面と向かって何も言えなかった．羅が直接，蔣に報告で

第7章 塔山の戦い 錦州攻防戦の死命を決する局地戦

きる立場にあったからである.

　10月11日,夜明け前,名誉挽回しようと堅い決意をもって闕漢騫と林偉儔とは高地にある最前線の指揮所に入り,攻撃方法を検討した.林の62軍は昨日と同方向に進み,闕の54軍は正面ではなく鉄路の側面を攻撃することとした.62軍の一部は共産軍東側面の207高地を奪取したが,半時間しかもたずに奪い返された.それどころか反撃をくらって指揮所のある高地の麓まで攻めこまれたほどであった.

　後年,林は「闕とわたしは山頂で督戦し,退却しなかったが,もしもこの時,解放軍が前進を停止しないで引き続き進攻してきていたら,我が軍は必ず大混乱に陥り惨敗を喫していたであろう」と述懐している《『親歴記』》.こうして政府軍の攻撃は,午前10時には停頓してしまった.

　この日の午後,やっと総指揮官の侯鏡如が帰ってきた.彼は直属の第92軍を率いて来たが,ただし全軍ではなく第21師団だけだったので,多くのものを失望させた.

　この夜,侯は錦西の中学校に各軍の軍長,師団長,参謀長を集め,作戦会議を開いた.この段階で葫蘆島に集結していた政府軍は以下のようである.

　闕漢騫が指揮する第54軍の2個師団(第8,198師団),林偉儔が指揮する第62軍の3個師団(第67,151,157師団),侯鏡如直系の第92軍の1個師団(第21師団),羅奇直系の独立第95師団,それにもとから居た暫編第62師団.合計8個師団で(『戦例』では7個師団とあるが,暫編62師団が勘定されていない),通常の編成からいえば兵員数はほぼ10万である.さらに羅沢剴が指揮する第39軍が増援されるはずであったが,まだ到着していなかった(記録によっては「4個軍」としているのは,このためである).

　しかし2日間の攻撃で早くも54,62軍の両軍の損害は予想を上回り,戦闘力は相当に低下していたのである.しかも政府軍内部には不協和音が高かった.上記の将官の名前のほか,衛立煌が総指揮官として派遣していた東北剿総副司令官の陳鉄が来ていたのである.彼は抗日戦争時期から衛の部下で,国民参政会の参議員でもあり,中将の位階は侯や羅奇よりも古かった.しかし衛は彼に

実戦部隊をもたせなかったから，発言権は弱く，侯の下風に立たざるをえなかったのである．

このように最高指導部がすでに不統一だったうえに，すでにしばしば「直系の」と記したように，各軍は直属の軍長の指揮命令にしか忠実でなく，しかも同じ軍でも師団によっては軍長の命令にさえ従わない場合もあった．たとえば54軍の第8師団長，施有仁は次のように強い不満を述べている．

「塔山攻撃の任務は，部隊の慣例に従い疲労を平均化するために，順番としては198師団になるべきであったが，第1回目の攻撃では198師団は少しも敵と接触しなかった．わが8師団は一昼夜も苦戦し，しかも相当に被害を被っていたから，急ぎ休息と整頓が必要だった．しかし198師団は闕漢騫の直系の基本部隊であり，わが8師団はもともと胡宗南の部隊から編成された"よそ者"なのだった．（塔山攻撃の任務を受け取ってから）闕は私たちを軍司令部に呼び，格別に気を使いながら言った……この度の塔山攻撃の任務は，順番としては198師団が担任すべきだが，君たち8師団は54軍の中の兄貴分であり，范漢傑主任が君たちのもともとの上官である．この度の塔山進攻は包囲されている錦州の范主任を救援するためであって，公私ともに第8師団が身を挺して重任を担うべきだろう云々」《『親歴記』》．

第54軍だけでも胡宗南－范漢傑－第8師団（施有仁）の系統と，そうではない系統とがギクシャクした関係にあったことが分かるが，いずれもアメリカ式の装備と訓練を施された蒋介石の精鋭部隊であるにもかかわらず，このように不平不満が充満していたのである．結局，各軍長が信用できるのは，直轄師団だけであったと言えよう．その意味では，少数であったとはいえ，羅奇の独立第95師団，侯鏡如の第21師団などは単独で戦わせれば強かったのである．厄介なことに闕・侯・羅奇の3人は48年9月に同時に中将に昇任したばかりで，名誉心は強烈だったが，それが必ずしも先陣争いには結びつかなかったのである．

しかしともかく11日夕刻にはほぼ全軍が出揃い（後にはもっと増援軍が来るが），侯鏡如の主催のもと，作戦会議が開かれた．侯は直系の部下の林から予

め2日間の敗戦の模様を聞いたうえで，参会者たちの意見を聴取した．

督戦官の羅奇は勢いこんで言った．「葫蘆島には4個軍，瀋陽から西進する兵団は5個軍，錦州には2個軍，合計11個軍の兵力があるうえに，海軍と空軍は優勢である．数の上からも火力からも，我が軍は共産軍に比べ絶対的優勢にある．この上は将兵みな命に従い"身を殺して仁を成す"の決心さえもてば，必ずこの度の任務を達成することができる．」

これに対して，一度ならず二度までも失敗していた闕漢騫は慎重であった．「わが軍は，口先では海軍と空軍の優勢とか兵力が共産軍よりも多いとか言うが，実際に戦闘すると，空軍は飛行機を派遣せず，海軍の艦砲射撃の協力にも限界がある．陸軍についていえば，わが軍に11個軍があるといっても，瀋陽の西進兵団5個軍は数百キロも先におり，錦州の2個軍は解放軍に包囲されてわが軍と共同作戦はとれず，煙台の39軍は未着，葫蘆島の部隊は錦西，葫蘆島の防衛と港湾交通も担当しなければならず，実際に攻撃部隊として使えるのは2個軍にも満たない．かてて加えて欠員とか死傷も多く……」

こんな調子でダラダラとしゃべったと，会議の主催者，侯鏡如はうんざりしたように書いている．要するに，やっと全軍の部将たちが共産軍の防衛陣地の堅固さ，武器弾薬の充足，戦闘意欲の高さなどを認識するとともに，自軍の欠点や弱点についても一定の共通認識をもつに至ったことを示している．したがって一気呵成に突破するのはいかに勇ましい羅奇といえども主張できなかったが，行き掛かり上，先陣をきると大見栄をきらざるをえなくなった．

こうして会議は夜半に至って，次の塔山への主たる攻撃部隊は独立第95師団，62軍はこれまでと同じ方向，第8師団は鉄道の橋頭堡，第21師団と暫編62師団は総予備隊，第198師団と暫編57師団とは錦西・葫蘆島の防衛に任ずる，攻撃部隊の責任者は第62軍の林偉儔とするということに決まって散会した．

共産軍側の記録によれば，午前7時に敵の攻撃が開始され，この日1日で9回の突撃があり，一度は塔山正面の陣地が突破されたが奪回したと簡潔に記している．

12日は羅奇の提案で1日休止し，戦闘部隊の配置換え，休息，武器弾薬の補

充などにあてられた．羅は95師団の中隊長以上の将校をひきつれて，自ら最前線に出て戦場を視察するとともに，部下に対して訓示を垂れた．彼はまだ共産軍と直接戦っていなかったから，状況をごく楽観的に考えて塔山はすぐに落ちる，落ちないのは先攻部隊の質が悪かったからだ，くらいしか思っていなかったのである．

　ちょうどこの日，瀋陽から衛立煌が羅沢鎧をともなって葫蘆島に乗りこんできた．羅は羅奇の後に37軍軍長となり少将に昇任したばかりであったが，軍歴とは別に国民党中央監察委員という身分をもっており，衛の監視役として蒋介石が瀋陽に送りこんでいたものである．

　衛立煌はすでに西進兵団を送り出しているこの段階で，まだこの兵団を瀋陽にとって帰らせ瀋陽の防衛強化を考えていた．だから彼は侯鏡如をつかまえて，小声で言ったものである．「君のこの葫蘆島の兵団が錦州の囲みを解き，廖耀湘の西進兵団と合流するというのは大変難しい．だから，まぁ，慎重にやってくれたまえ．」

　この話は侯自身が書いているところだが，東北の最高責任者がこんなことを言うとは信じられないことである．もちろん，そばで聞き耳をたてていた羅沢鎧が承知するわけがない．憤然として衛に食ってかかった．「これは総統の命令である．徹底的に実行するほかないのだ」と．衛は不得要領のまま，瀋陽に帰って行った．

　共産軍側の記録によれば，「敵はいまだに攻撃してこない．この2日間攻撃してきたが攻略できなかったので，部署を調整している可能性がある」と記している．

　10月13日払暁，4時30分．政府軍の猛烈な砲撃が開始された．共産軍も撃ち返した．塔山近辺は砲煙と巻き上げられる砂塵で覆われた．前線の歩兵部隊は砲兵に信号を送って延伸射撃に移らせると，前進を開始した．重軽機関銃が一斉に援護射撃を始めた．独立95師団は共産軍陣地の前縁で，地雷，鉄条網や障害物に遮られ無数の銃火を浴びて，進むことも退くこともできない張り付け状態に陥ってしまった．羅奇は電話にかじりついて師団長に怒鳴りまくった．絶

第7章 塔山の戦い　錦州攻防戦の死命を決する局地戦

対に退くな，塔山を落とせなかったら，軍法会議にかけるぞと．午前9時まえ，やっと空軍機が飛来，爆弾を投下したが，高度が高すぎて敵陣地を破砕する目的を達しなかった《『親歴記』侯鏡如の証言》．

　前線指揮官の62軍軍長の林偉濤は，侯のところにこれ以上の攻撃続行は不可能だ，大隊長以下の死傷者が多すぎる，戦傷者を後退させることもできないと言ってきた．侯は羅奇といっしょに林の指揮所に出向き，戦況を検討した結果，いったん攻撃を中止，部隊を後退させて再び組織的な砲撃を行ったあと，あらためて攻撃を再開させたが，これも阻止されてしまった．

　黄昏前，全戦線にわたって攻撃は中止された．侯鏡如は各軍幹部を招集して会議を開いた．まず何よりも第一線の第95師団師団長の朱致一の状況説明を聞く必要があった．彼は疲労と苦悩に満ちた表情で報告した．彼は率直に，敵を軽く見ていたこと，敵陣地の状況を見極めていなかったことなどを報告した．

　共産軍側の記録でも，この日の激戦が記されている．それによれば，午前9時に塔山の正面陣地に攻撃が開始されたが，みな撃退し，午後も2回攻撃があったが撃退した．しかし塔山東南の橋頭堡は一度占領され，反撃によって奪回，目下対峙中とある．正面以上に激しかったのは鉄道線路東側への攻撃で，ここだけで第四縦隊の千人が戦死したとある．

　この日，廖耀湘の西進兵団は要衝，彰武を占領した．

　10月14日午前5時30分，海上の「重慶」号の152ミリ砲が火を吹くと同時に，各軍各師団の砲も一斉にほえ出した．突撃が始まった．一昨日と同様に，名誉挽回を図る独立95師団が中央突破を図り，62軍の1個師団が左翼の高地を迂回して側面攻撃を加え，第8師団が右翼から鉄路の橋頭堡を攻撃した．白兵戦が演じられ，敵味方が入り乱れて戦線は混乱していた．第8師団は橋頭堡を確保したと伝えて来た．独立95師団も1個大隊が敵陣を突破，その突破口を拡大するために予備軍の投入を要請してきた．侯は予備軍の第21師団に戦闘参加準備を命じた．しかししばらくして，それらは誤報であることが分かり，予備軍は投入されなかった．

　突撃が始まって間もなく，空爆がこれに加わった．しかし時間的にずれがあ

り，敵味方の陸兵が接近していたこと，高度がやはり高すぎたことから，目標を誤って95師団に投下してしまい，1人の中隊長と20数人の兵士を吹き飛ばしてしまった．

　黄昏が迫り戦闘は止んだ．共産軍の陣地の前には政府軍兵士の死体が累々として重なり合っていた．鹿砦や鉄条網に引っ掛かっているもの，塹壕の手前の土手の上や中にまで，さまざまな格好で兵士たちは横たわっていた．その数は3千余．共産軍は，これまでも夜になると遺体を片付けた．敵味方を問わずである．それは死者を悼んでのことではなかった．それらが敵突撃部隊の遮蔽物の代わりとなって射撃を邪魔したからである《侯鏡如の証言》．

　当然のことながら，最も損害の大きかったのは独立第95師団だった．それは各連隊を大隊レベルに編成し直さなければならないほどだった．さすがの羅奇も，その惨状を見ては何も言えず，部隊の再編と休息のために明日1日，攻撃休止を提案しただけだった．

　この日，錦州総攻撃が始まっていた．遠くの殷々たる砲声が何を意味しているかは，錦西の首脳陣にはよく分かっていた．だが，どうすることもできなかった．

　共産軍側の記録も，この日の早朝5時から開始された「戦闘は空前の激しさ」だったとしている．昨日と同じルートで攻撃が開始された．「敵は分隊，小隊，中隊，大隊，連隊，いずれも隊長が先頭に立って突撃してきたが，いずれも撃退した．」また「情報によれば，范漢傑は前進のみを認め後退は許さないと命令した（この人名は誤りであるが内容は正確だ）．それゆえ，ある大隊がわが陣地正面の鹿砦近くまで迫ったが，わが砲火に制圧されて進退窮まった際に，わが方は政治工作をもって武器を放棄するように説得」捕虜百余人を得たとある．敵味方の肉声が聞こえる範囲での戦闘だったわけである．幾つかの橋頭堡が占領されたが，この日の攻撃は午後4時までにほぼ全線で撃退したとある．

　10月15日，損害があまりにも大きすぎるので，侯鏡如はこの日1日を休息と部隊の再編成にあてるよう命じた．

この日，廖耀湘の西進兵団が新立屯を占領したが，錦州は陥落してしまった．

10月16日，蔣介石は葫蘆島に立ち寄り，闕漢騫のだらしなさををを叱り付け，「銃殺してやる」とまで息巻いた．

この日，蔣は瀋陽で西進兵団の錦州への攻撃続行を厳命してから北平に帰る途中にここに寄ったものである．瀋陽での彼と衛立煌との会話についてはすでに述べた．要するに蔣としてはムシャクシャした気分でここに立ち寄り，もって行き場のない怒りを葫蘆島の司令官たちに八つ当たりしたのである．この場の雰囲気を瀋陽の衛立煌に伝えたのは陳鉄だったという（『朱徳と』および侯鏡如の証言）．錦州の陥落は空軍機の偵察と錦州から脱出してきた一将校の証言によって確認された．

共産軍側の記録によれば，若干の砲撃があったほかは塔山への攻撃はなかった．

長春では防衛軍のうちの第60軍（軍長は曾沢生）が降伏した．

10月17日，共産軍側の記録によれば，この日は小競り合いがあったほかは政府軍側の攻撃はなかった．

10月18日，陳鉄を中心に師団長以上の部隊長が集まって作戦会議を開いたが，現地待命を結論づけただけで終わった．この日，錦州の最高指揮官の范漢傑の妻が一般民に変装して逃げこんできた．彼女は，共産軍は武器も装備も堂々としていて昔のゲリラとはまったく違っていると話したので，その場に居合わせた将官たちはあらためてショックを受けたという．また空軍機の偵察では錦州の共産軍は大量に東に向かっているらしいというので，葫蘆島の将官連中は内心ほっとしたらしい（林の証言）．

共産軍側の記録によれば，この日も攻撃はなかった．しかし「観察によって知り得たところでは，今朝，葫蘆島に軍艦が10数隻入港し，また葫蘆島と錦西の間の列車の往復が頻繁」なことを察知，警戒を強めているが「その意図は分からない」としている．

10月19日，共産軍側の記録によれば，政府軍側が錦西に東北剿匪総司令部指

揮所を設け，陳鉄が主任に任じられたことが記されている．政府軍側の情報が筒抜けになっていたことが，ここでも知られる．

10月20日，杜聿明が東北剿匪総司令部副総司令兼冀熱遼辺区司令に任じられ，司令部所在地の葫蘆島に21日到着．杜聿明自身の証言だと，攻撃部隊の各部隊長を招集して戦術会議を開いたが，誰も解放軍の弱点や攻撃方法について意見を述べる者はいなかったという．しかし別の人の証言によると，この日，杜は衛立煌が派遣していた陳鉄の住まいを司令部にするとして，その部下を先に送りこみ，さっさと陳鉄の身の回り品などを運び出してしまったという．杜聿明自身が言っているほど彼と衛立煌の関係はよくはなかったのである．こんな様子を見て他の部将たちも口を出せなかったのであろう．

共産軍側の記録によれば，この日，情勢判断として廖耀湘の西進兵団の錦州への前進，葫蘆島からの東進兵団の同じく錦州への進撃の可能性と同時に，西進兵団主力が瀋陽に撤退する可能性もあるとして，これら3つの動きを同時に阻止するための配置を最終的に固めた．この戦略的配置は，この日，毛沢東の中央軍事委員会が政府軍を関内に撤退させないために，まず廖耀湘兵団を先に殲滅すべしとする命令を受けて決定されたものとしている．塔山の第四縦隊は第11縦隊とともに重砲隊の増強を受けて，引き続き塔山陣地を固めるように命じられた．

10月21日，杜聿明が葫蘆島（錦西飛行場）に到着，上記のように会議を開いたが，第54軍の一副師団長は，杜の態度が優柔不断で「作戦の信念は決してしっかりしていなかった……（部将たちは）その場では杜聿明の命令を聴いたが，作戦執行に際しては無気力であった」と証言している．この段階では錦州が陥落しており，そこへの進撃自体が部将たちの疑念の的になっていたのだから，意気が上がらないのも無理からぬところであった．杜聿明は散々に言われているが，彼自身も内心は疑念を抱いており，意気が上がらない部将たちにどのような作戦を与えてよいかも分からなかったのである．しかしとにもかくにも蒋介石の命令に従うべく，23日攻撃を命じた．

共産軍側の記録によれば，廖耀湘兵団の包囲殲滅の部署配置は前日に中央の

第7章 塔山の戦い　錦州攻防戦の死命を決する局地戦　189

承認を得たので最終的に決定されたとある．塔山方面では，この戦略的配置が察知されないようにわざとこの方面の警戒を厳重にし（打漁山周辺の沿岸を10日間封鎖する），捕虜も放逐しないことにした．

10月22日，遼西の黒山，大虎山方面では激戦が続いていたが，その勝敗の帰趨は見えていた．共産軍側の記録によれば，廖耀湘兵団が瀋陽に退却し始めたことを察知，錦州攻略部隊および長春攻略部隊をそれぞれ急速に遼西地区に集結させるよう決定した．この戦略的配置を敵に察知されないために，葫蘆島方面を管轄する第2兵団（第4縦隊を含む）の若干の部隊をわざわざ南下させ，陽動作戦をとらせた．この日，塔山方面についての政府軍側の動きは記録されていない．

10月23日，杜聿明の指揮の下，塔山への攻撃が再開された．杜はその日の作戦計画を記してはいるが，それが実際にどれほど実行されたかについては書いていない．杜が来たことによってすでに最高指揮官の地位を降ろされていた侯鏡如は，「戦闘の進展は非常に緩慢で，（拠点の）争奪戦が繰り返されたが，54軍の戦傷が極めて多く，また62軍157師団の一大隊では大隊長以下百余人が戦死した．戦闘は午後1時ころ終わった」と簡単に記している．その62軍軍長の林偉儔は侯鏡如とほぼ同じ内容のことを記し，「わが軍の被害は甚大で，もはやこれ以上は前進できず，主力は現有の陣地に引き返した」と結んでいる．

政府軍側は相当に激しい戦闘があったとしているが，共産軍側の記録では，廖耀湘兵団殲滅のための各部隊の遼西地区への集結は着々と進められつつあり，塔山・錦西地区では敵2個大隊が攻撃を仕掛けてきたと記されているだけである．

いずれにせよ，塔山の攻防戦のピークはこの日で終わった．

10月24日，共産軍側の記録によれば，廖耀湘兵団が営口方面に退却する企図を察知，その退路を絶つべく主力軍の急速移動を命じている．塔山・錦西地区の第2兵団は引き続き偽装南下の陽動作戦をとり，葫蘆島の敵が軽々に動けないように牽制したとある．政府軍側の記録はない．

10月25日，侯鏡如はこの日1日，各軍の休息にあてられたと記している．共

産軍側の記録によれば、遼西地区での戦闘は激化しつつあった．錦西地区では小部隊が攻撃を仕掛けてきただけだと記している．

10月26日、林偉儔は次のように記している．

「早朝、塔山－白台山一線の解放軍の行方が知れず、また陣地前線の各山々に人の動きが見当たらない．解放軍の行動意図が調べても分からなかった．当時、私はこれが計画的行動であり、わが軍を既設陣地から引き離して誘い出し各個撃破するのではないかと考えた．あるいはわが軍が錦州へ前進した時に、後方の葫蘆島港湾を奪取し、それからわが全軍を殲滅するのではないかとも考えた．そこで私は部隊がみだりに前進するのを制止し、（司令部に）状況を報告、それから威力捜索隊を派遣して白台山、塔山方面を偵察させた．しかし陣地前方の村々には人っ子1人も見当たらず、状況も皆目分からず、伏兵を恐れてそれ以上は前進しなかった．私は各部隊の班長以上の将校を招集し塔山の解放軍の現有陣地を偵察し、そのトーチカ陣地を地図に照らして研究させただけだった．私もまた自分で一捜索小隊をひきつれて塔山の前縁陣地を捜索、政府軍の遺体が累々と重なっているのを見た．これらの将兵の死体の大部分には、竹にくっつけたスローガンが指されており、それらには"四大家族のために殉死した君に"とか"君はなぜこんなふうに死んだのか"とか"君の家では妻子が君を思っている"とか書かれていた．私は当時、こうしたスローガンが国民党軍の軍人の心を瓦解させ士気に影響すると考え、随行員たちに引き抜かせた．しかし遺体は野にあまねく散らばっており抜くに抜けず、衛生隊を呼んで迅速に埋葬させた．私は引き続き陣地を視察したが、昼間ではあっても解放軍が設置している縦深の鹿砦、木杭、鉄条網を通り抜けることができず、また地雷に触れたり爆破筒の引き金を引いたりするのが怖く、急いで工兵隊を呼んで各種の障害物を除去させた．私が塔山村に入ったとき、村内には1人も居らず、解放軍の死体1つも見出さず、計画的な行動であることが分かった．私は村内で待ち伏せされるのを恐れ、あえてあちこちと動き回るようなことはしなかった．私は塔山から白台山に行き207高地一帯を回ったが、道々トーチカがびっしりと築かれており、障害物は縦深に、交通壕はつながり、さながら銅牆

鉄壁ともいうべき堅固さであった．多くのトーチカ内には"沈着に照準を合わせ敵を殺せ" "陣地と存亡をともにしよう"とか"人民のために大功をたてよう"といったスローガンが書かれてあった．解放軍の陣地はこんなにも完璧だったのである．私は塔山の周囲をぐるりと回ったが，数十里以内に樹木は極めて少なく，解放軍が十数日の間にどうしてこんなにも多くの木材を捜し求めることができたのか，どうしてこのような奇跡を作り出せたのか，われわれにはまったく想像を絶することであった．」

鬼哭繍々として戦争の空しさを肌に感じさせる．まるで映画の一シーンを見るようではないか．長々と引用したのは，「一将功成って万骨枯る」という言葉を，国民党側から見た情景として紹介したかったからである．

侯鏡如も上記と同じような内容のことを書いているが，27日のこととしている．林偉儔の報告を27日に聞いたからであろう．彼が実際に現地に入って見たかどうかは疑問である．

この日の共産軍側の記録によれば，解放軍の主力が遼西の戦場に到着，敵主力を包囲しつつあり「黒山，大虎山以東の敵はすでに混乱状況にある」としている．錦西地区では午後1時に第4縦隊陣地に攻撃が仕掛けられたが撃退したとだけ記している．主力軍の撤退は極秘であったから，『日記』にも記されていない．

10月27日，廖耀湘兵団の大部分が退却を阻止され各個撃破されつつあった．共産軍側の記録によれば，錦西地区では政府軍2個連隊が進撃，部分的に地域を挽回したが大勢に影響はなかった．

この日の戦闘のことは政府軍側に記述はない．

10月28日，廖耀湘兵団は黒山・大虎山地域で完全に殲滅されてしまった．大勢は決した．共産軍側の記録によれば，この日，錦西地区では早くも第2兵団麾下の第4，第11縦隊の店じまいが始められた．遼西地区で政府軍が完敗してしまったため，錦州が挟み撃ちされる危険性が完全になくなったからである．葫蘆島・錦西から出撃してくる東進（北上）兵団を塔山で阻止する必要はなくなったわけである．ここに至ってやっと『日記』にも塔山地区からの撤退のこ

とが書かれるようになった．

　この日のことは政府軍側に何の記述もない．

　10月30日．共産軍側の記録によれば，第2兵団は東北から華北に攻め込む東北野戦軍の先遣部隊として，早くもこの日から冀東方面に進攻し始めた．したがって葫蘆島は政府軍側にとってまったくの安全地帯となった．

　杜聿明はこの日，蔣介石から瀋陽の様子を見てくるようにとの書簡命令を受け葫蘆島から飛び立ったが，瀋陽空港に着陸できずに引き返した．夕刻，彼の後を追うように衛立煌が瀋陽から脱出してきた．瀋陽には周福成の部隊だけが残留していた．周は蔣介石に「衛立煌が瀋陽を捨てて逃亡した」と報告しており，その報告の内容は葫蘆島にも伝えられた．しかし杜の証言によれば，衛立煌を葫蘆島に来させたのは蔣介石だったという．蔣介石は瀋陽の周を救援させるつもりで杜聿明に知らせてきたのだが，彼としても手の打ちようがなかった．かくして瀋陽は見捨てられたのである．

　瀋陽と遼西の兵団のうち無事に葫蘆島にたどり着いたのは，先に営口を占領して主力の脱出口を確保していた52軍だけであった．11月1日，解放軍の先遣部隊が近接してきたので，この軍はもはや主力軍敗残部隊を収容する余裕もなくなり，翌2日午前5時，満潮を待って残存部隊を乗せた船を出航させた．「重慶」号が護衛にあたった．午後4時，船舶は葫蘆島に到着した．

　一方，葫蘆島では11月1日から撤退準備が始められ，52軍を収容して4日から撤退が開始された．先頭は侯鏡如の部隊，次いで52軍，最も惨憺たるありさまの54軍が最後で，しかも全兵団の援護を担当した．その中でも第8師団が最後の最後まで残されたので，師団長の施有仁はおおいに軍長の闕漢騫を恨んだようである．杜聿明はこの施師団長に見送られて錦西飛行場から飛び立った．彼はのんびりと飛行場の道端に立っていて，施を見ると「慌てることはない，沈着に」と言った．

　おそらくこれが，最高指揮官が葫蘆島と塔山の戦いを締めくくる最後の言葉なのであった．

第7章 塔山の戦い 錦州攻防戦の死命を決する局地戦

・読者の参考のために(5) 塔山というところ

　北京から天津経由で錦州に向う列車が葫蘆島駅（その昔は錦西といった）を通過して20分もたたないうちに，置き忘れられたような塔山の小さな駅を通りすぎた．線路の右側，つまり東側は海まで続く松林のようであった．書物で読んだ通りの平坦な土地だと思っていたら，線路の左側はなだらかな丘陵地帯になっていて，線路はそれが切れて平地になるところを走っていたわけである．線路脇に植樹されている木々の切れ間から，進行方向左側にゆるやかに起伏を繰り返す丘陵群が望見でき，その中の他よりはやや高めの丘の上に，白い塔がくっきりと見えた．

　「あっ，あれが塔山の激戦地に立てられた記念碑に違いない．」わたしは感動のあまり，写真をとるのさえ忘れてしまっていた．塔が無ければ誰も振り返りもしない，何の変哲もない田園風景の一コマが眼界から消えていった．

　翌日，錦州から車に乗って葫蘆島方面に引き返していった．途中，前に書いた飛行場のゲートの前まで行き，じっくりと飛行場周辺の地勢を眺めまわした．錦州から高橋(村)を過ぎて塔山(村)までは，素晴らしく良く舗装された急勾配のない道路であった．かつて孤立した村々が，今はそれぞれ葫蘆島市（錦西もこの中に含まれる）と錦州市に属する町並みに変わっていて，古い地図で思いめぐらす面影はない．

　途中，道路端の孤立した丘の上に望楼が見えた．タクシーのドライバーは「観潮台」だといったが，それは明らかに国民政府時代か日本支配時代のトーチカなのであった．日本支配時代のとわざわざ言うのは，北京から瀋陽，さらにはハルビンに至るまでの旧満鉄と平寧線の沿線には，日本軍が築いたと言われる堡塁がまだあちこちに残されているからである．人々の記憶と言い伝えの中では，日本軍と政府軍とがゴッチャになっている場合もあるようだが，すべてではないにしても，かなりの数の日本軍支配の遺跡が残されていることは確かである．

　ところで列車から望見したように，この地域一帯は確かに丘陵地帯なのであって，平坦と思えたのは丘の1つひとつが低く連なり台地状になっていたか

らだった．そのことは例の記念碑が建つ丘の上に立って周囲を眺めると，はっきりと理解できた．それは塔山がなぜ重要な戦略要地であったかをも分からせてくれた．

塔が建つ高台はこのあたりでは一番高く，そこからは眼下に昨日通ってきた線路が見通せた．まさに文字通りの管制高地である．そしてそのはるかかなたに打魚山が眺められ，さらにその向こうに鈍色の海が光っていた．ここからは葫蘆島の軍港は見えないが，その海の沖合から艦砲射撃がなされたと，ものの本には書いてある．この丘まで届いたかどうか分からないが，しかし多分，双眼鏡を覗けば沖合の艦船群は視野のうちであったろうし，それらが放つ艦砲の火煙と弾道も見えたはずである．丘を守る人々は大地に炸裂する硝煙の臭いさえも，それら砲艦から直接運んでこられたような錯覚に陥ったに違いない．打魚山は山といっても丘よりも低い．しかしそこを占拠し，この丘を占拠すれば，双方が相い呼応しあって錦州に向かう線路と道路とを制圧できるのであって，それゆえこの両地の争奪戦はまさしく血戦の様相を呈したのであった．政府軍の一部は丘の北側を迂回して道路に出ようとし，別の部隊は打魚山を占領して線路沿いに進撃しようとした．主力部隊は錦西から道路沿いに正面攻撃をかけてきたのである．いずれもこの管制高地を制圧することなしには，さらなる進撃は不可能だったのである．

先に，この辺りは平坦な台地状だと書いた．しかしもちろん平野ではない丘陵地帯であるから，遠目に見たほど単純な地勢ではない．写真では共産軍防衛部隊は平坦地に塹壕を掘り障害物を設置したように見える．しかし実際には緩やかな起伏をもったたくさんの丘があり，その間々には小さな川が流れていたり谷があったりする．それらをフルに活用して政府軍の打ち出す重砲，空爆と艦砲射撃に耐え，戦車を先頭にしたアメリカ式の完全装備の歩兵部隊を阻止しうるだけの防御陣地を築いていたのであろう．

現地に立ってみると，その驚くべき頑強さ，巧妙さと防衛軍将兵の犠牲を恐れぬ敢闘精神，それに彼らに献身的に協力した付近住民たちの姿が彷彿させられる．何しろ塔山の戦闘は共産党と解放軍の歴史上，初めての正規軍による野

戦正面の防衛戦なのであった．経験も無いうえに，それを補う人員や資材や武器弾薬も十分とは言えなかった．防御陣地の木材は，この辺りには大きな樹木がないから，はるかに霞んで見える北の方の山から切り出し運んで来たのであろう．それもわずか10日足らずの間に，そして砲爆撃を避けて夜間しか動けないという状況のもとでである．鉄骨や支柱は鉄道線路のレールや枕木を使ったらしい．土嚢もみな即席で自分たちの手で作ったものであった．コンクリートなどはほとんど無い．錦州攻略戦が開始される直前だけに，人員も武器弾薬も無制限に補給されるというわけには行かなかった．

　錦州攻略がもう数日遅れていたら，塔山の防衛線は突破されていたかもしれない．当時の状況を勘案し現地の実勢をよく観察すればするほど，この戦いがまさに累卵の危うきにあったことが理解される．当然，蔣介石もそれを胆が煮えるほどに期待し，他方毛沢東や林彪は胆が凍えるほどに，それを恐れていたのである．勝敗は兵家の常とはいえ，塔山の数日の戦いほどその無常を感じさせるものは無かったのではないか．後世のわれわれでさえ，そのように思う．まして当事者たちはなおさらのことであろう．

　丘の上の記念碑には戦死した解放軍将兵の名前が刻まれている．その前には数人の将軍たちの「墓」が建てられている．彼らはここで戦死したのではない．功なり名をなし遂げて解放を迎えた彼らは，遺言か何かでこの地に分骨されることを望んだのであろう．それは彼らの出世の糸口でありアイデンティティーでもあるこの戦闘への誇りと郷愁の証しである．しかし同時に後世のわれわれには「一将功なって万骨枯る」の言葉を想起せざるをえない光景ではあった．

終　章　歴史における遼瀋戦役：衛立煌と林彪

　葫蘆島からの錦州救援軍が塔山で阻止され，他方，瀋陽から出撃した西進部隊もいわゆる遼西戦役によって撃破されて，政府軍の錦州救援は失敗し錦州は陥落した．満州の政府軍は完全に袋のネズミとなり，頑強に抵抗を続けてきた長春も降伏，衛立煌が瀋陽を脱出したことをもって遼瀋戦役は共産軍の完勝に終わった．かくして東北・満州は日本の統治から3年余り後に中国共産党の統治下に入ったのであった．このことは中国共産党のごくごく近い将来の全国支配にとって決定的に有利な物質的軍事的条件を築き上げたことを意味した．

　満洲制覇の主役であった林彪指揮下の東北野戦軍は，その後南下して天津と北京の攻略戦に参加し，さらに第四野戦軍に編成替えされて南下を続け海南島まで達し，南方の地で全国解放を迎える．林彪個人は中南軍区の党政軍の三権を掌握し，その後中央に呼び戻されることになるが，戦史上に燦然と輝く彼の業績はここまででひとまず完結する．林彪事件以降は彼の栄光の戦歴は貶められているが，歴史から彼の名を抹殺することはできない．

　ところでこの満洲・東北の決戦について，後世のわれわれは中国共産党＝人民解放軍の勝利の歴史として学び教えられてきたために，あたかも共産党側の勝利が必然的であったかのように思い込んでしまうのであるが，実は当時，まさに第一線で活動していた政府軍当事者からも東北の政府軍の敗北の必然性と敗因についての分析があったことは，あまり知られていない．ここには後世の勝利者の虚栄と自己の功績の過大評価，敗北者の言い訳や責任のなすり付けあいを拭い去った，案外正確で正鵠を射た分析，論評がすでに見られる．その1つが，憲兵第六団東北戦役戦闘詳報「憲兵司令張鎮より連勤総部へ（1949年1

月14日付け）である．

　憲兵隊はその「任務」に「軍紀の維持，奸匪の襲撃および隙に乗じて市区の治安を乱すのを防止すること」とあるように，本来第一線の戦闘部隊とは性格が異なる．しかし市街戦のような乱戦になったり，味方が総崩れになったりした時には否応無しに戦闘に巻き込まれるし，またそうした戦闘部隊の混乱の督戦，収拾もやらざるをえない羽目に陥ることになる．それだけに比較的に客観的に戦闘情況を冷静に見ておれる（実戦部隊の不甲斐なさに怒りつつ）立場にあること，また実戦部隊の指揮官のように敗戦の責任を直接問責される立場にはないことから，率直に戦闘全般について言及できたようである．

　この憲兵隊は1948年10月上旬より11月1日まで，錦県，長春，瀋陽など東北決戦の主戦場のほとんどを転戦している．戦闘経過報告に「匪部林彪，東北国軍への前後7回にわたる攻撃の後，国軍の東北における軍事は以前と完全に変わり，面から線へ，線から点となり，多数の点からさらに少数の点に変わってしまった．さらに高級指揮官の入れ替えは人事に疎隔を生じ軍心バラバラ，地域は日に日に縮小，士気の消沈は免れず，且つ交通の途絶，数百万の軍民が各点に蝟集し，わずかに限りある空輸に頼って補充救済するのみで困難は日に日に増し，さらに地区は狭く徴集すべき糧食も壮丁もなく……」と書かれているように，現状を正確に把握し率直に書き記している．

　さらに戦略の検討として以下のように述べている．

　＜我が方の欠点＞　イ）高級指揮官の指揮部署，戦局の考慮に欠け，部下の思想に対する防犯［防範］が厳密でなく，右顧左眄して悲惨な局面を作り出した．ロ）錦州の戦闘が緊張していた時，瀋陽からの増援部隊の行動は緩慢で適時の戦機に適応できなかった．ハ）戦前，東北の物価は高騰し，兵士らの生活は特に苦しく，一般の官兵の戦闘意欲は消沈し精神は堕落し規律は弛緩していた．高級将校たちは眷属をかかえて住まいし，こうして官兵上下協調しなくなった．ニ）我が軍の政治工作人員の工作水準は低く，兵士らへの政治訓練が足らず，兵士らの剿匪認識が欠乏していた．ホ）我が方の軍・政治が呼応できず，政府機関人員は不健全で匪賊の間諜が混入してきて情報を漏らしたり機に

乗じて扇動したりして，軍民の精神への脅威が著しいものがあった．ヘ）我が軍は至るところで守勢に立ち受動的立場にあったので，士気の消沈と官兵の堕落を招いた．

　＜匪方の優点＞　イ）匪の情報霊通，消息確実，我が方のすべての軍事施設，動員配置情況が迅速に明らかにされた．それゆえ少をもって多に打ち勝ち，弱をもって強に打ち勝ちことができた．ロ）匪軍の装備は劣っていたが，上下みな刻苦の精神があり，栄養は極めて欠乏していたが，官兵ともに抗戦時期の我が後方の壮丁のようであった．ハ）匪の行動は迅速で秘密で国軍の及ばざるところであった……我が方は常に判断を誤らされた．ニ）匪軍は階級を分かたず，ただ職務の違いがあるだけで，官兵一律，兵士らの上級に対する呼称は"連級""営級""団級"などと称し，いささかも礼節無く上下一体となり，精神上の疎隔がなかった．ホ）匪の補給の方法は"現地補給制"で，各軍ともに軍糧票をもってきて現地で給養を購買し，事後人民に額面通りに糧票を発給して公糧を徴集した．このような軍隊は行動の迅速に便利で，人民もまた運搬の苦労を免れた．もっぱら後方兵站の補給に頼っていた我が軍の及ばざるところである．ヘ）匪軍部隊には多くの場合軽山砲を配備し，かつみな分解してラバに乗せて運んだので，挙止迅速，道路の良くない地形の制限を受けず，密接に歩兵の行動に呼応することができた．ト）大輜重がなかった．日用の荷物はみな各隊が分散携帯し，本隊，政治工作隊，救護隊，最後に人民の組織する担架隊など，みな随軍食宿，随軍周転，……死傷者が出れば直ちに戦場から運び出すことができ，作戦中の官兵が目撃して士気に影響を与えるようなことがなかった．チ）組織と宣伝，人民は男女老幼の別なく組織化され"鼓吹労働英雄"などの宣伝……．リ）匪軍の"寛大方式"すなわち"懐柔政策"は我が方の捕虜となったものや占領された匪区の軍民に対して，道々各区公所にみな"招待所"を設け，釈放した老弱，障害者などの軍民に食住を提供して帰郷に便利なようにしてやった．我が方の後方で「口々に語り合ってそれが定着していった（原文は「有口皆碑」）」ので宣伝効果は甚大，我が方の調査封鎖工作は効果を上げることができなかった．

以上長々しく引用したが，戦闘の全般的様相と敗戦理由について生々しく，かつ率直に述べられていることが分かる．後世の中国共産党の戦史類や東北野戦軍・第四野戦軍の将兵たちの回想録——そのほとんどが英雄譚であるが——必ずしも誇張ではないことが分かる．また国民政府軍将軍たちの回想録類——実戦部隊の指揮官としての本人たちの誤りよりも最高指導者の戦略の誤りや人間関係の誤りに言及しているものが多い——の正しさをも証明している．

この資料が述べていることすべてが東北剿匪総司令部の苦悩と内部矛盾そのものであるが，しかしすでに第6章で述べたような実際の資料は，ここに「匪方の優点」として述べられているが，「我が方の欠点」としては述べられていない問題がある．それは武器弾薬，食料，衣料などの補給の問題である．国民政府軍側＝東北剿匪総司令部は補給の有無を死活問題だと考えていた節が見られるが，この資料はその点に触れていない．他方，共産軍には補給の欠乏が無かったかのように書かれている．これまで中国共産党側の資料や回想録類の多くが，国民政府軍は共産軍の「補給部隊」だったと皮肉まじりに書いている．上記憲兵隊資料がこの点を書いていないということ自体，この説明が正しいことを物語っているように思われるが，しかしはたして本当に国民政府軍には十分な補給があって，それが共産軍側に流れていたというのは正しいかどうか．資料によれば補給は十分でなく，そしておそらくその十分でない補給物資の多くが共産軍側に流れていったというのが，より正確な説明であることを示している．

ここに紹介した憲兵隊戦闘詳報に言う自軍内部の不統一・亀裂，将兵の士気の低さ，情報の筒抜け，大衆の支持の無さなど，さすがに蔣介石批判にわたるようなことは書けなかったが，それ以外は非常に率直で正確な観察がなされていることが分かるのである．

以上，本稿で明らかにできたことは，上記のようにごく限定された事実関係だけである．しかしこの小さな事実は，当時の内戦の実態とその後の内戦研究史に大きな意味をもっているように思われる．第1に，国民政府軍は武器弾

薬，装備などの純軍事的側面においてすでに共産軍に対抗しうる力量に欠けていたということである．これは後世の評価と大いに異なる．われわれが学んできた（教えられてきた）歴史からいえば，国民政府軍はほとんど湯水のように武器弾薬を使用し，そのかなりの部分が戦わないで放棄されたもの，投降したもの，密売されたものなどを含めて大量に共産軍側に流れ，共産党・共産軍から「武器弾薬の輸送部隊」と揶揄されるほどであったというのである．「輸送部隊」云々は正しいが，無尽蔵に武器弾薬があったわけではなかったのである．したがって共産軍側の一方的な英雄視，あるいは善玉論にはいささか疑念を生じざるをえないであろう．共産軍側が国民政府軍を過大評価していたか，あるいは自分の功績を後世に過大に評価させるために政府軍の力量を大袈裟に言ったのか，いずれにせよ政府軍の実力は共産軍が言うほどのものでなかったことは確かである．例えばしばしば言われる「アメリカ式に完全装備された蔣介石の五大虎の子部隊」と言われるものを実際に検討してみると，そのほかの部隊と比べて軽火器は確かに優れているが，重火器においてそれほど大きな相違がないことに気づくのである．双方を比較すると，軽火器—特に30歩兵銃においては大きな相違が見られるが重火器ではほとんど相違が無く，一般に言われているほど米式装備が行き渡っているわけではないことは，先に紹介したウォードの報告からも明らかである．

　第2に，衛立煌と東北の大拠点を死守しようとした蔣介石との対立が云々されてきたが，資料による限り衛立煌は「瀋陽」の死守に固執していたことが明らかである．蔣介石の戦略の誤りよりも衛立煌の戦術の誤り（錦州増援の遅れ，遼西戦闘での大部隊の進退の遅れなど）は，衛立煌の瀋陽死守の方針から生じているように思われる．衛立煌は最初から東北防衛を不可能と見て，せめて瀋陽だけでも確保しておき，捲土重来をねらっていたということだろうか．杜聿明や鄭洞国（長春防衛の司令官）らは東北を放棄し無傷の主力軍を葫蘆島経由で関内に引き上げさせるべきだという見解をもっていたと言われるが，これも蔣介石によって反対され実現しなかった．

　第3に，より広い全国的視野から見た場合，衛立煌のような名将の名をほし

いままにした将軍でさえ，武器弾薬のストックと製造に対する認識が甚だ欠けていて，相当の無理難題を中央にもちこんでいたこと，他方蔣介石も現状に対する認識が不足していて東北の防衛力に対する過大評価があったように思われることである．

　最後に筆者の個人的な感懐を一くさり．

　東北・満州の内戦は国民党と共産党の軍事対決の歴史に最終的に終止符をうったものと言っても過言ではなかろう．そしてそれは一般的には毛沢東と蔣介石の対決という2人の人格に集中的に表現されていたと見なされてきたように思われる．しかしそれを，こと満州という限定された地域の，軍事対決という側面から見た場合は，むしろ林彪と衛立煌という2人の軍人好敵手の対決に，最も集中的に特徴的に表現されていると見た方が分かりやすい．

　衛は蔣の嫌いな人物ではあったが最後の切り札として，林は毛の愛すべき部下で最も信頼する切り札として，ここ満洲の地であいまみえたわけだが，両者が登場してくる時期の決定的な条件の違いは別としても，最高指導者の愛情と信頼度の違いが別の要素として決戦の帰趨に影響したように思われてならない．

　どう考えても分からないのが，衛立煌の優柔不断さと指揮・行動の鈍さである．満州での政府軍壊滅を演出したのは，ほかならぬ現地政府軍の最高指揮官であった衛立煌にこそ，その最大の責任があるのは火を見るより明らかである．

　なぜ彼は，精鋭部隊をできるだけ無傷で満州から撤退させよという蔣介石の命令に楯突いたのか．本当に瀋陽の単独防衛が可能だと考えていたのであろうか．

　なぜ彼は，あらゆる情報が共産軍主力の錦州攻略を示しているときに，西側からの攻勢に呼応して東側から時宜適切に精鋭部隊を錦州救援に派遣しなかったのか．それにもかかわらず，実に遅まきながら錦州救援部隊を派遣したのか．そして派遣したにもかかわらず，なぜ彼はその部隊を即時に戦闘に投入しなかったのか．錦州陥落に間に合わせることができなかったのか．敗勢が明か

になってからも，なぜ即刻，部隊を後退させ瀋陽防衛か，あるいは営口への撤退を指示しなかったのか．

そして最後に，あれほど彼が固執した瀋陽防衛を，なぜほとんど抵抗らしい抵抗戦も組織せずに放棄し，責任追及は免れないところであるにもかかわらず瀋陽から脱出したのか．これらに答える最も単純な理由は，衛立煌が中国共産党に心を寄せ戦わずして満州を差し出したのだというものであろう．だがこれは，満州のより以上の惨禍を回避し解放後の中国統一に大きな貢献をなしたという結果だけから見た中国共産党側からの人物評価であって，むしろ武人としての衛立煌の栄光と人間としての信用を傷つけるだけのことである．その1つの証拠に，彼は一切「敗戦の将，多くを語らず」を守り通して武将としての最低限の矜持は保ったのである．多くの敗戦の将軍たちがペラペラとしゃべっているにもかかわらず，衛立煌はほとんど語らなかった．説得される暇もしゃべる暇もなかったという方が，正確かも知れないが．

要するに衛立煌は蔣介石の「功臣」ではあったが「忠臣」ではなかったということになろうか．蔣は衛の功を認めたくないにもかかわらず最大限に無理なことが分かっている功を求め，また忠でないことを知りながら最後の土壇場で忠なることを求めた．衛にとっては誠に迷惑至極なことであった．

他方，林彪はどうであったか．彼は間違いなく毛沢東の「功臣」であり「忠臣」でもあった．彼は誠心誠意，毛沢東に忠と功とを捧げた．それは両者の間で長年にわたって培われてきた粒粒辛苦の末に，林の心に定着した毛への文字通りの「敬愛心」の結果であったように思われる．しかし両者の晩年に至り，林の功が忠を上回ったと毛が感じたとき，林の悲劇が始まる．

衛と林とは2人ともにその指導者・上司の運命に順じたわけではあるが，その終末は決定的に違ったものになってしまった．どちらが幸せであったか不幸であったか，見る人によって大きく異なるであろう．その結論は第二部を読了されてから下されたい．

(付記) 本稿は「中華民国軍事史研究序説」(中央大学人文科学研究所編『民国前期中

国と東アジアの変動』所収．1999年，中央大学出版部刊）において予告したケーススタディーの一貫として書かれたものである．その後，中央大学共同研究「未来志向の日中関係学」歴史班の作業過程において，同研究のご協力の下に資料・文献補充に当たることができたことを付記する．

（付）　林彪・東北内戦関係資料・文献

資料または資料集

◆中国共産党関係
・『東北日報』（当時の原資料）
・中国第2歴史檔案館『軍事工業檔案資料』
・華南報社『1949年手冊』（1949年）
・『毛沢東選集』第4巻（1961年，人民出版社）
・『中共武装部隊史料彙編』第1，2輯（1971年，香港歴史資料出版社）林彪事件直後の林彪と第四野戦軍に関する資料としては最も早く出版されたもの
・『周恩来選集』上巻（1980年，人民出版社）
・『劉少奇選集』上巻（1981年，人民出版社）
・『朱徳選集』（1983年，人民出版社）
・中共中央党史資料徴集委員会・中国人民解放軍檔案館編『陣中日記』上下巻（1987年，中共党史資料出版社）
・彭徳懐伝記編写組編『彭徳懐軍事文選』（1988年，中央文献出版社）
・中共中央党史資料徴集委員会・中国人民解放軍遼瀋戦役紀念館建館委員会編，『遼瀋戦役』編審小組執筆『遼瀋戦役』上下巻（1988年，人民出版社）——資料と回想録
・中央檔案館編刊『中共中央文件選集』第15，16，17，18巻（中共中央党校出版社，1991，92年）
・『毛沢東軍事文集』第3，4，5巻（軍事科学出版社・中央文献出版社編刊，1993年）
・中共雑誌社編『中共原始資料選編輯　第一集　中共審判"林彪江青集団"案　上下巻』（1981年台北）
・歴史的審判編集組編『歴史的審判　正続』（1986年，北京群衆出版社内部発行）
・『党的文献』1988年第一号
・毛里和子・国分良政『原典中国現代史　第一巻』（1994年5月，岩波書店）

◆国民党・国民政府関係
・中国第二歴史檔案館所蔵資料（当時の原資料）
・中国第二歴史檔案館編『軍事工業檔案資料』
・中国国民党党史委員会所蔵資料（当時の原資料）
・中華民国(台湾)国防部史政局所蔵資料（当時の原資料）
・『中央日報』（当時．上海書店出版社・江蘇古籍出版社編刊）

- 『中央週刊』(当時. 中国第二歴史檔案館編, 南京出版社出版)
- The China White Paper ; August, 1949
- Foreign Relations of U.S.A., 1948, VOL. 12. The Far East Asia, POLITICAL AND MILITARY SITUATION.
- 姚松齢編著『張公権先生年譜初稿』(1982年, 台湾伝記文学出版社)
- 『中華民国史事紀要』1948年1月－6月分, 7月－12月分（潘振珠主編, 国史館刊. 1995年, 台湾)

◆年表・年譜・辞典・人物誌類
- 『第三次国内革命戦争大事月表』(1961年, 人民出版社)
- 黄震假『中共軍人誌』(1968年, 当代歴史研究所, 香港)
- 青年自学叢書『軍事基本知識』(1974年, 上海人民出版社)
- 劉紹唐主編『民国大事日誌』第2冊 (1978年, 伝記文学出版社, 台湾)
- 中共党史人物研究会編『中共党史人物伝』(1981年より継続, 陝西人民出版社)
- 郭廷以編著『中華民国史事日誌』第4冊 (1984年, 台湾中央研究院近代史研究所)
- 中共中央文献研究室編『朱徳年譜』(1986年, 人民出版社)
- 丁暁春ら編著『東北解放戦争大事記』(1987年, 中共党史資料出版社)
- 張鴻文・張本政『東北大事記』下巻 (1987年, 吉林文史出版社)
- 軍事科学院軍事図書館編著『中国人民解放軍組織沿革和各級領導成員名録』(1987年, 軍事科学出版社)
- 韋顕文ら編著『国民革命軍発展序列』(1987年, 解放軍出版社)
- 劉登栄ら『兵器辞典』(1988年, 農村読物出版社)
- 汪新・劉紅『南京国民政府軍政要員録』(1988年, 春秋出版社)
- 王成斌ら編『民国高級将領列伝』第一集 (1988年, 解放軍出版社)
- 劉国銘主編『中華民国国民政府軍政職官人物誌』(1989年, 北京春秋出版社)
- 姜思毅主編『中国人民解放軍大事典』上下 (1992年, 天津人民出版社)
- 温光春主編『中国軍事著作大辞典』(1996年, 解放軍出版社)

回想録・伝記

◆林彪関係（林彪事件にかかわる文献は第二部に）
- 中国問題研究中心(香港)『林彪専輯』(1970年, 香港自連出版社)
- 李天民『林彪評伝』(1978年, 明報月刊社, 香港)
- 南枝『葉群野史』(1987年5月台北版. 瀋陽出版社版は1988年10月)
- 林青山『林彪伝』上下 (1988年, 知識出版社)
- 何力『林彪家族紀事』(1989年1月, 光明出版社)
- 少華・游湖『林彪的這一生』(1994年, 湖北人民出版社)

- 汪幸福『林氏三兄弟－林育英，林育南，林彪』(1995年，新華出版社)
- 韋力編著『1965年前的林彪』(1996年，チベット人民出版社)
- 馮治軍『林彪与毛沢東』(1996年，皇福図書，香港)
- 王振華『林彪王朝興衰実録』(1996年，台湾韜略出版社)
- 李時新『林彪的軍旅生涯』全3巻(1997年，内蒙古人民出版社)
- 胡哲峰・于化民『毛沢東与林彪』(1998年，広西人民出版社)

◆中共関係，その他
- 中国政治協商会議全国委員会文史資料研究委員会編『文史資料選輯』(継続，中国文史出版社)
- 中共中央党史資料徴集委員会編『中共党史資料』(継続，中共中央党校出版社)
- 『紅旗飄々』(継続のもの－例示第18集に莫文華回想録あり)
- 羅栄桓伝編写組編『回憶羅栄桓』(1987年，解放軍出版社)
- 劉漢ら編著『羅栄桓元帥』(1987年，解放軍出版社)
- 『程子華回憶』(1987年，解放軍出版社)
- 戈福禄ら編『東北戦場風雲録』(1988年，中共党史資料出版社)
- 師哲『毛沢東側近回想録』(日本語版1991年，新潮社，劉俊南・横沢泰夫訳)
- 当代中国人物伝記叢書編輯部編『羅栄桓伝』(1993年，当代中国出版社)
- 暁亮・文軍『十大元帥的謎(下)』(1993年9月，河南人民出版社)
- 『黄克誠自述』(1994年，人民出版社)
- 当代中国叢書編輯部編『王稼祥伝』(1996年，当代中国出版社)
- 張喜徳『譚政－世紀風雲中的共和国大将』(1997年，作家出版社)
- 『梁必業将軍自述』(1997年，遼寧人民出版社)
- 『呂正操将軍自述』(1997年，遼寧人民出版社)
- 『莫文華将軍自述』(1997年，遼寧人民出版社)
- 『曾克林将軍自述』(1997年，遼寧人民出版社)
- 余建亭『陳雲与東北的解放』(1998年，中央文献出版社)
- 魏白『四野十大虎将伝奇』(1998年，黄河出版社)

◆国民党・国民政府関係
- J.K.フェアバンク『中国回想録』(原文は1982年．日本語版蒲池典子・平野健一郎訳，1994年，みすず書房)
- 中国人民政治協商会議全国委員会・文史資料研究委員会『遼瀋戦役親歴記』編審組編『遼瀋戦役親歴記－原国民党将領的回憶』(1985年，文史資料出版社)－『国共内戦秘録』として1991年台湾で刊行されている．
- 趙栄声『回憶衛立煌』(1985年，文史資料出版社)
- 中央研究院近代史研究所口述歴史叢書7『王鉄漢先生訪問紀録』(1985年，近代史研究所)

- 中央研究院近代史研究所口述歴史叢書10『石覚先生訪問紀録』（1986年，近代史研究所）
- 中央研究院近代史研究所口述歴史叢書11『張式綸先生訪問紀録』（1986年，近代史研究所）
- 中央研究院近代史研究所口述歴史叢書12『董文嵜先生訪問紀録』（1986年，近代史研究所）
- 『李宗仁回憶録』（1986年，南粤出版社，香港）
- 長舜ら編著『百万国民党軍起義投誠紀実』上下（1991年，中国文史出版社）
- 熊宗仁『何応欽伝』上下（1993年，山西人民出版社）
- 中央研究院近代史研究所口述歴史叢書25『齊世英先生訪問紀録』（1990年，近代史研究所）
- 中央研究院近代史研究所口述歴史叢書57『陳眉泉先生訪問紀録』（1996年，近代史研究所）
- 黄亦兵『孫立人』（1996年，蘭州大学出版社）
- 赫景泉『党史風雲実録』上下（1996年，紅旗出版社）陳明仁と四平戦のこと
- 柳萌『歴史再審判』（1996年，四川人民出版社）一部に衛立煌について
- 汪中華・唐堅『杜聿明伝』（1997年，ハルビン出版社）
- 趙朝『朱徳与衛立煌』（1999年，華文出版社）

◆日本人の回想録
- 古山秀男『一日本人の八路軍従軍物語』（1974年，日中出版）
- 元木和男『歩き続けた中国の道』（1982年，教育出版センター）
- 香川孝志・前田光繁『八路軍の日本兵たち』（1984年，サイマル出版会）
- 古川万太郎『中国残留日本兵の記録』（1984年，三省堂．岩波書店より同時代ライブラリーとして1994年再刊）
- 武田英克『満州脱出－満州中央銀行幹部の体験』（1985年，中央公論新書）
- 遠藤誉『チャーズ』
- 山口盈文『僕は八路軍の少年兵だった』（1994年，草思社）
- 丸田信三『中国人民解放軍に志願入隊した男の青春』（1996年未発表原稿本）
- 福西豊『落日と彷徨－敗戦回想記，1945年－47年』（1999年1月未発表原稿本）

参考文献

- 廖蓋隆『新中国はどのようにして誕生したか』（1952年，海燕書店．後1984年，上海人民出版社より『全国解放戦争簡史』として再版）
- 張駿英編著『革命与反革命的決戦』（1961年，中国青年出版社）
- 陳少校『関内遼東一局棋－金陵残照記之二』（1972年，香港）

- 軍事科学院軍事歴史研究部編著『中国人民解放軍戦史』第3巻（1987年，軍事科学出版社）
- 政治学院第一軍事教研究室編『中国人民解放軍戦役戦例選編3』（1985年，中国人民解放軍政治学院出版社）
- 常城・李鴻文・朱建中『現代東北史』（1986年，黒竜江教育出版社）
- 袁偉『中国人民解放軍五大野戦部隊発展史略』（1987年，解放軍出版社）
- 王清魁編『中国人民解放軍戦役集成』（1987年，解放軍出版社）
- 唐人『三大戦役－金陵春夢之七』（1987年，香港）
- 張正隆『雪白血紅』（1988年，但し中国国内では発行停止のため，使用したのは1991年香港大地出版社版－諸葛東之という人の批判文あり）
- 瀋陽軍区"囲困長春"編集委員会編『囲困長春』（1988年，吉林文史出版社）
- 冀熱遼烽火編集委員会編著（写真集）『東北解放戦争－冀熱遼烽火』（1991年，遼寧美術出版社）
- 晋察冀文芸研究会編著（写真集）『東北解放戦争』（1992年，遼寧美術出版社）
- 葉永烈『毛沢東和蔣介石』（1993年→『毛蔣争覇戦』として1993年香港利文出版社より）
- 胡支援編著『東北5縦征戦紀実』（1996年，国防大学出版社）
- 郭木編著『東北10縦征戦紀実』（1996年，国防大学出版社）
- 田玄『遼瀋戦役実録』（1997年，河北人民出版社）
- 劉統『東北解放戦争紀実』（1997年，東方出版社）
- 政治協商会議吉林市委員会文史資料研究委員会弁公室選編『長春起義紀実』（1997年，吉林文史出版社）
- 趙勤軒『瀋陽，1948－解放瀋陽紀実』（1997年，軍事科学出版社）
- 董殿穏『中国人民解放軍第四野戦軍征戦紀実－第1，2部』（1998年，遼寧人民出版社）－全5巻のうち
- 何虎生編著『紅流紀事』下巻（1997年，蘭州大学出版社）
- 林桶法『従接収到淪陥－戦後平津地区接収工作之検討』（1997年，台湾東大図書公司）
- 張玉法『中華民国史稿』（1998年，台湾連経出版事業公司）
- 平津戦役紀念館『天津戦役紀実』（1999年，天津人民出版社）

◆英文文献
- WILLIAM W. WHITSON ; THE CHINESE HIGH COMMAND. Praeger Press 1973.
- WONG, PAUL ; CHINA'S HIGHER LEADERSHIP IN SOCIALIST TRANSITION. A DIVISION OF MACMILAN PUBLISHING, 1976.
- Harvey W. Nelsen ; The Chinese Military System. Westview PRESS, 1977.
- SUZANNE PEPPER; CIVIL WAR IN CHINA. THE POLITICAL STRUGGLE 1945–1949.

210　第一部　栄光の巻：中国満州・1948年秋

UNIVERSITY OF CALIFORNIA PRESS. 1978（1997年，中国青年出版社より翻訳出版）
・ZHan Jian ; The Ward Case and the Emergence of Sino-American Confrontation, 1948-1950. The Australian Journal of Chinese Affairs, July, 1993.

内戦勝利直後の林彪一家

出典　汪幸福『林氏三兄弟』（新華出版社1995年）ほか．

第二部　衰亡の巻：中国北京と北戴河・1971年秋

文化大革命の最盛期，紅衛兵を接見する毛沢東（中央），林彪（右），周恩来（左）

出典　『林彪的軍旅生涯』上巻（内蒙古人民出版社）

212　第二部　衰亡の巻：中国北京と北戴河・1971年秋

〈1971年秋，林彪事件関係要図〉

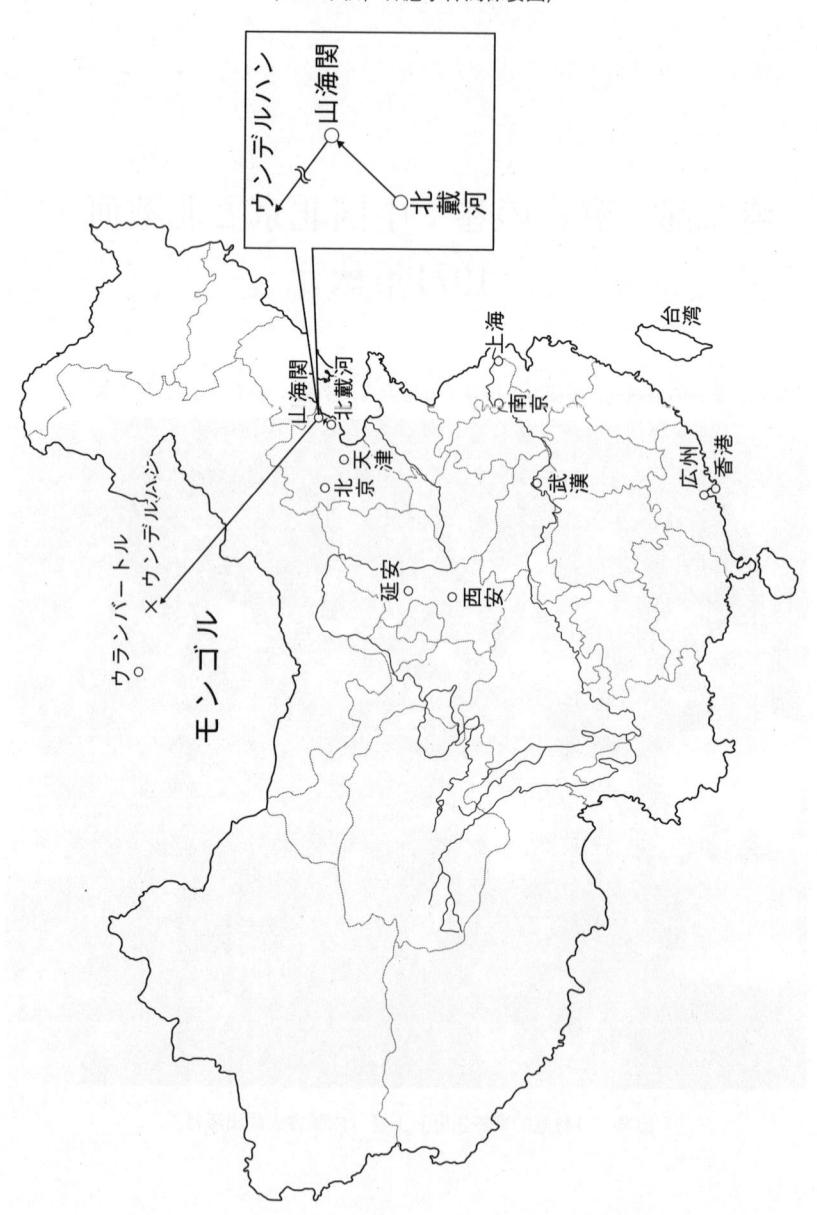

はじめに　今，なぜ「林彪事件」なのか

　1971年の林彪事件からほぼ30年たったある年の9月13日，わたしは北京空港を飛びたち，モンゴルに向かった．飛行機は万里の長城を越え懐深い燕山山脈を眼下にしたかと思うまもなく，砂漠地帯の上空に入っていた．その真ん中を走る一本の真っすぐな黒い筋は，おそらく中国からモンゴルに入りウランバートルを経由してモスクワへと連なる国際列車の線路であろう．広大な砂漠に感嘆する暇もなく，やがて薄い緑の絨毯が敷きつめられたような，なだらかな草原の起伏が眺められ，そのなかでも一番大きな丘陵は頂上が広々とした平面状になっていた．それはモンゴル平原というイメージとはかなり違ったものであったが，これこそモンゴル人の聖なる山，ボグド山であって，飛行機はこの山をグルリと旋回するような形でウランバートル空港に着陸する．
　この時期，草原にはすでに真冬の厳寒を思わせる冷たい風が吹き始めている．町中でさえ猛烈な雷光とともに雹が降った．馬乳酒に酔いしれて包の外に身を横たえれば，たちどころに凍死すること請け合いである．もちろんここから草原は眺められないが，1時間も車を飛ばすと広大な牧野に出る．その真ん中を突っ切ってさらに300キロほど南東に走ると，かの30年前の事件の犠牲者たちが眠る墳墓の地にたどり着くはずである．その平原の小高い丘の上には，情け深いモンゴルの牧民が小石を積んで死者を悼んだオボがあり，ひょっとするとまだ当時の墓標が残っているかもしれない．多分，そのオボを背にして，灰色の空の下に小さな起伏で果てしなく広がる茶色っぽいモンゴル平原を眺めわたしていると，想像を絶するような凄惨なあの日の光景が目に浮かぶに違いない．

私は写真でしか見たことがないその光景を，ウランバートルの対日戦争記念碑のある丘の上で想像していた．そう，私がわざわざこの日を特定してこの地に飛んできたのは，いうまでもなく林彪事件の後を追い，彼の逃亡の経路をたどり彼の終焉の地を確かめたかったからである．想像ははてしなく広がる．

　高い鼻梁をもち，濃く太い眉毛の下に大きな目がギロギロ光っている男らしい顔付きだが，肩も体も小柄でほっそりとしており，金柑頭で（それを隠すためにいつも人民帽を被っている）風采の上がらない男．しかし革命戦争と抗日戦争の英雄，中華人民共和国建国の元勲で10人の元帥の一人，国防相，文化大革命の功労者，そして中国共産党の唯一の副主席，毛沢東主席の後継者と公式に認定されていた人物．このように輝かしい経歴をもつ類いまれな革命家，軍人政治家として一世を風靡した林彪が，こともあろうに己の権力欲を満足させるために，毛沢東主席の暗殺を試み，それに失敗して飛行機で国外（それもほかならぬ当時中国の「主要な敵」とされていたソ連に）脱出を図り，その途中でモンゴル平原に墜落，死亡したというのである．公式発表ではそうだったし，今もそうである．

　林彪事件はいわゆる「プロレタリア文化大革命」の後遺症そのものであり，中国政治をひっくりかえすほどの大事件であった．しかし文革期のあの日本のマスコミと論壇をあげての過熱ぎみの報道と論評は，今回はほとんどなかった．それは文革の報道と論評の在り方を反省したからだと言えなくもないが，逆に一斉にそうなっていたということは，まるで誰かに箝口令を敷かれているかのようでもあった．わずか事件の2年前の林彪最盛期に，熱狂的に林彪その人を最大限にもちあげた人々さえも，そうであった．

　それには当然理由があった．中国当局がまったく事件については外部に漏らさず，私が本を書くにあたって使った資料など（香港や台湾で出された）をガサネタだと断言していたからである．中国としては闇から闇に葬り去りたかった出来事だったのだと憶測せざるをえないのだが，日本のマスコミや論壇もこれに追随したわけである．それは今日にまで続いており，林彪事件30周年にあたる9月（2001年）に，この事件のことを報じたのは9月25日付け『産経新聞』

だけだった．

　その後30年以上もの間に，巻末文献一覧に記したように数多くの資料や文献が発表されてきた．それに事件の裁判（主犯と目される林彪ら当事者はすでに死亡していたから欠席裁判である）が開かれ幾つかの貴重な証言も得られている．一般の文献類に至っては，面白おかしく書かれた読み物風のものも含めて実に数多く書かれてきた．中国人がいかにこの事件に対する関心を持ち続けているかの証左であろう．それはおそらく中国人にとって恐怖，怨恨，愛憎といった感情に深く根差した関心であるとともに，歴史の教訓としても忘れてはならない良識や理知からの関心でもあるに違いない．

　確かにあの事件は凄い出来事だったのである．今こうして再び事件について書いていても，思い起こせば背筋が寒くなる感じさえする．なにしろあの巨大な国のナンバーワンとナンバーツーとが激突し，文字通り命をかけて戦った（と言われる）のだから．そしてその結果，中国の広い意味での政治は大きく変わるのだから．

　もしこの事件がすぐさま日本や世界中に知られていたなら，誰もがその凄さを実感したに違いない．しかし実際にはこの事件は上記のように厳重な秘密のヴェールに包まれていて，それからほぼ半年以上もたってからやっと世界中に知れ渡ることになったものである．特ダネや速報性を重んじるマスコミが，この事件の報道に冷淡だったのもしごく当然だった．そのマスコミを通して事件を知った人々においては尚更である．30年前の人々にとってさえ，そうだった．まして今日では，学生が毛沢東を「ケザワヒガシ」と読み，周恩来や鄧小平って誰なのと聞くような時代である．「林彪」の読み方さえ分からず，その人が中国のナンバーツーだったということもまったく知らないし知ろうともしない．事件の「凄さ」を凄さとして理解せよと言ってもピンとこないのは無理からぬところであろう．

　この事件の「凄さ」を理解するためには次のようなことが明らかにされている必要があるだろう．すなわちなぜあの時点で，中国をめぐるあのような内外情勢の中で，あのような事件が起こったのかということである．しかしそれを

考える前に，もっと素朴な疑念が抜け切らない．そもそもナンバーワンとかナンバーツーというランクづけの意味は何か，なぜトップの座をめぐって激烈で悲惨な争いが生じるのか，政治戦略（中国ではしばしば「政治路線」とか「路線」と表現される）や政策がなぜ権力闘争や派閥闘争の結果として決定され実行されるのか，権力闘争なしには路線や政策は決定されないのか等などである．しかしこうしたことを系統的に全面的に考え書き始めれば，本題とまったく異なった方向に突っ走って，別に中国政治に関する本でも書かなければならなくなる．本書はそのような目的も余裕もないので，さしあたり次のようなことだけ指摘しておくに止める．

　林彪は当時の毛沢東個人崇拝の体制の下での最大派閥の長であった．彼は毛への個人崇拝の増大の最大の貢献者であったが，それによって自らも権力を強化し毛の後継者となって次なる個人崇拝の対象になっていた．しかしその地位と勢力は現存の個人崇拝（毛沢東への）と矛盾し競合することになる．その毛沢東においては文化大革命の継続，すなわち半永久的な継続革命（社会主義社会，プロレタリア独裁の下でも階級と階級闘争は存続し，したがって革命は継続しなければならないという理論）こそ理論的にも実践的にも最も重要な課題であった．彼が想定する後継者はこの課題の継承者でなくてはならない．

　毛沢東は一度は林彪を後継者に指定したが，林彪がこの最大課題の継承発展者として最もふさわしいと確信していたかどうか．実は毛沢東はその妻の江青を中核とした「四人組」こそ最も適格だと考えていたのではないか．しかしこの一派はまだ林彪派に匹敵する勢力を確立していなかったので，毛は「四人組」に肩入れするとともに林彪追い落としを画策したのではないか．

　このように問題を設定して初めてあの不可解なナゾに満ちた事件が，筋道立って説明できるように思えるのである．もしこの想定が正しいとすれば，事件の背景には毛沢東個人崇拝を軸にした最高指導部内の人間関係－人脈とか派閥間の情実が中国政治を大きく動かしていたことになる．毛沢東の革命への理念と権力構造における情実，この二つの結合を私は毛沢東の「情念政治」だという．

はじめに　今，なぜ「林彪事件」なのか　217

　私が林彪事件を執拗に追い続ける理由は，もちろん私個人の「情念」もあるのだが，当時の中国の政治の特質を最も端的に表しているのがこの事件であり，かつその特質が今日に至るも完全に解消しているとは思えないからである．例えば個人崇拝が形成される政治的社会的背景とか，派閥の存在とその拡大再生産とか情実政治とか，一言で表現すれば「人治主義」政治と言われているものがそれである．今日の限りなく資本主義に近い市場経済を目指す「改革と開放」政策の時代の背後に，数千年の歴史的伝統を根強くもつ政治と社会の特質が存在し続けているとすれば，林彪事件のような出来事が今後もなお発生する可能性があるだろう．もしそうだとすれば，この事件を今日の時点で研究することには大きな意味があるに違いない．これが私の林彪事件研究の出発点であり結論でもある．本書を公刊する理由はまさにここにある．

　想像ははばたいて林彪その人の姿形，事件の現場の様相から中国政治の構造的な特質にまで進む．本書は今日中国で公表されている資料，公刊されている文献に基づきながらも，私の乏しいイマジネーションを働かせ資料文献に欠落しているところを補いつつ書き上げたものである．ここでどうしてもイマジネーションの力を借りなければならない理由は簡単である．公刊されている資料や文献が事件の全貌を必ずしも余すところなく示しているとは思えないこと，またそれらが「事実」に基づいているとはされていても，「真実」かどうかは多分に疑ってかかる必要があるように思えることである．

　現代中国の場合，「事実」とされるものは常に権力闘争の勝利者の側にあるといっても過言ではない．しかしそれが「真実」かと問われれば，首をかしげたくなることも多々ある．もちろん敗北者の側に本当の本真物の真実があると断定する材料を発見することは容易でない．勝利者によって事実関係の資料は隠されてしまうからである．その上に中国でもわが国でも勝利者に迎合する人々は圧倒的に多く，敗北者に味方したりその言い分を聞こうとする少数の人々は毛嫌いされたり酷いときには弾圧されてしまう．見たまえ，建国後の歴史をちょっと振り返っただけでも，高崗，彭徳懐，劉少奇，鄧小平，「四人

組」，そして林彪といった歴史上燦然と輝く建国の功労者たち，あるいは一世を風靡した著名な指導者たちが，権力闘争に敗れた後，どれだけ悪し様に言われてきたかを．このうち名誉を回復された人々はまだしも，そうでない人々は歴史の上からは抹殺されるか歪曲されたままになってしまうのである．中国ではそれも仕方がなかったと言える面がある．勝利者は自己の正当性を強調することなしに新たな指導者としての権威，指導力を発揮できないからである．私の悪い癖(?)で，どうしても少数派の1人として敗北者の側の論理とか言説とかを掘っくり返し，歴史において無視されたり抹殺されたりすることどもを復元してみたいという欲求にかられてしまうのである．林彪事件を日本人としてどうしてそんなに執拗に追求するのかと問われれば，ひょっとしたらこのように答えるしかないかもしれない．情け深くて「判官贔屓」のわが同胞なら分かってくれよう．

そんなわけで，本書は私なりに事実と認定したものを基にして私なりのイマジネーション（主観）を言説で表現した形になっている．敗北者側の資料がほとんど公開されない状況下にあっては，そうするしかないと思うからである．しかしだからといって「いい加減なこと」を書いたつもりは毛頭ない．イマジネーションは「真実」を追求する一つの方法であり，「事実」に忠実に基づいているものの「事実」が語ってくれない，あるいは明らかに事実が隠されている「真実」を補うために，使わざるをえない方法だと考える．もちろんイマジネーションが主となると，それは創作小説になってしまう．それゆえいわゆる実証主義歴史学は，このようなイマジネーションの発揮を極力排除しようとし，そのような方法を卑しむべきことだと考える．それも至極もっともなことであるが，しかしそうだからといって，イマジネーションをまったく排除できるかといえば，それは100％そうではないのである．古い資料に基づいて歴史叙述を行った途端に，本人がどれほど厳密に資料に基づいて実証主義に徹した研究をしたと思っていても，言説として表現すればその本人のイマジネーションが働かざるをえないからである．それがどうしても嫌だというなら，歴史叙述などしないことである．もっと極端に言うなら，資料だけを並べて，ハイこ

れが歴史ですと提示したとしても，その資料の取捨選択，配列にすでに主観が入っているのである．いやそれ以前に，そもそも資料を書いたり作ったりした昔の人々の主観が，そこには含まれているのである．

　そこで私は，事件の発端を「プロローグ」という形で大胆に私なりのイメージで描くことから本書を書き始めたい．それは事件後の現場検証や裁判の証言などから再構成したものであるから，自信をもってイメージしたものだが，はたして読者に事件の凄まじさとその性格を適確に伝えられたかどうかは心もとないところである．

　ともあれ30年間ずっと抱き続けてきた疑念をこういう形で表現できたことは，私としては不十分ながらも懸案を一つ解決したような気分である．最初の方でちょっと書いたが，日本ではこの事件についての専門書が意外に少ない．この拙い本が触媒となって研究が一層進むことを心から望む．それは必ず中国政治研究の発展のためにも有益だと信じるからである．

　2001年9月　林彪事件の30周年にあたって

プロローグ　将軍，暁のモンゴル草原に死す
　　　　　——「林彪事件」のイメージ

　1971年9月13日，午前2時過ぎ．イギリス製トライデント型（三叉機）の「中国民航」256号機の中．
　林彪は，飛行機が今どこをどのように飛んでいるのか，知らなかった．それどころか，自分が何故，ここにこうしているのかさえ理解できなかった．今となっては，飛行機がどこを飛んでいようと大した問題ではなかったのだ．焦りとか絶望感さえもが湧いてこなかった．ましてや何の希望や期待もなかったし，もちたいとも思わなかった．
　彼の記憶の中には，北戴河の別荘から車に押し込まれてフルスピードで走ったこと，息子がピストルを何発か撃ったこと，妻がひっきりなしに金切り声をあげていたこと，そしてこの飛行機の中にほうり込まれるようにして乗せられたこと，などなどが断片的に点滅しているだけだった．数時間前から呆然自失の状態が始まっていて，今やっと，窓外の暗黒を眺めやるゆとりも出てきたのである．
　ジェット・エンジンの轟音だけが，軍用機を改造した粗末なキャビン内を満たしている．咳き一つする者もいない．男5人，女1人の乗客は，何かが起こるのを待つように，誰もが息をひそめてジッとシートに身を沈めている．コックピットの中では，パイロットと2人の補助要員が懸命に計器類に目をこらしたり，まるでそうすれば見ることができるとでもいうように，真っ暗な外界を注視している．
　彼はこの飛行機が西へ西へと飛んでいると思いこんでいたが，実際にはずっ

と北へ向かっていたのである．

　彼のその錯覚の中の風景では，眼下にゆるやかな起伏を見せながら気の遠くなるような黄土高原が広がっているのだった．そしてその丘陵の一つ一つが，耕して天に至るといわれるように渦巻き状の段々畑になっており，天秤棒に吊るしたり頭の上にのっけたりして水瓶を運ぶ女たちが急な斜面を這うように登っている．丘陵の麓は横穴式の窰洞が無数に掘られていて，まるで蟻の巣の断面のようだった．彼もその昔，隣の座席で珍しくひっそりと息をひそめている妻と結婚したてのころ，そんな横穴の1つに，土の壁，紙の窓，透き間風いっぱいの木枠の扉といった道具立ての新居を構え，日本軍と戦い国民党軍と戦っていた．

　今，彼の脳裏には自分の原点ともいうべき黄土高原や，青年時代に戦った湖南・江西両省の赤い土の大地，そしてつい先だって終結したばかりのように思える満州の黒い大地，それらが鮮やかに思い浮かべられるだけだった．戦塵がたちこめる大地を疾駆する己の雄姿，激論を交わす仲間たちの目だけがギラギラしている痩せて髭だらけの顔が，浮かんでは消えていく．64年間の生涯の一齣々々が走馬灯のようにクルクルと回る．

　多くの人々，英雄たちと言ってもよい人々の顔が浮かんでは消えていった．そしてそのほとんどが，毛沢東の革命と権力闘争への戦いの重要な節目々々に結びついていたのである．

　あの人たちは，なぜ，あんなに早く死んでしまったのだろうか．彼らが生きていてくれたら，自分の人生も大きく変わっていただろうし，毛沢東主席との関係ももっと違ったものになっていただろう．ひょっとすると毛主席自身の運命も変わっていたかもしれない．彼の想念の中の懐かしい人々は，みな若々しかった．だが暗い窓に映る己の顔は，病み上がりのような小さくしぼんで禿げあがった額の老人のそれだった．その老人は頼りなげに目を細め，じっとこちらを見つめかえしながら，ぶつぶつとつぶやいている．毛沢東に心酔し忠誠を誓ってきたからこそ，お前の今日の地位はあったのだ．それなのにその地位と権力を過信してしまって，あの男が猜疑心の強い，己の権力に立ちはだかる者

を絶対に認めない人間だということを忘れていたのではないか．お前がバカだったのだ，お前自身が悪いのだと．

　そうだその通りだ，オレは毛沢東のあの素晴らしい分析力，緻密な理論，そして人を魅了せずにはおかない笑顔と演説に魅せられた．それだけではない，毛主席が凄いのは，こいつが敵だと見ると，その周りの人間を全部自分の味方にして相手を孤立化させ，丸裸にしたうえで徹底的にそれを打倒してしまうことだ．それも二度と立ちあがれないほどの「殲滅戦」をやるのだ．それを見て，オレは怖くなってしまったものだ．この人物なら間違いはない，彼にくっついて行けばどんな敵にも勝つことができると確信するようになった反面，この人を敵に回すと，とんでもないことになるという恐怖感が，それ以後，オレを彼に追随させたのだ．

　彼の脳裏を，天安門楼上から毛沢東主席とともに見下ろしていた広場の，あの熱気と騒音に満ち赤い旗の波が揺れる豪儀な情景がよぎっていった．そこで彼は熱狂的に叫んでいる．「毛主席はマルクス・レーニン主義を天才的，創造的，全面的に継承し，守り，発展させ，マルクス・レーニン主義を斬新な段階に高めた」「すべての人々は毛主席の書を読み，毛主席の話を聞き，毛主席の指示に従って事を行い，毛主席の立派な戦士になろう．」

　彼の絶叫に応えて，眼下の若者たちがいっせいに赤いビニール表紙の小冊子『毛主席語録』を打ち振り，「毛主席万歳，万歳，万々歳」と叫び，さらに付け加えて「林彪副主席万歳，万歳，万々歳」と叫ぶのだった．得意絶頂の彼はチラリと横目で毛沢東の顔をうかがう．そしてそこに満足げな温容に満ちたほほ笑みを見て安心し，毛沢東を見習って群衆に向かって拍手し右手を振ってやる……．

　腹の底から，もう一度あの光景を見たいと思った．そしてそれがもはや戻ってくるわけもない過去の輝かしい一頁だと思い至ったとき，生まれて初めて後悔の念が臍をかんだ．今からでもあの男の前に跪いて哀訴したい，いやそうじゃない，それこそ妻や息子や彼らの取り巻き連中が言っていたように，あの男をなぜ断固として抹殺しておかなかったのか．弱気と強気，無念さと諦めが

交互に心の中で渦巻いた．結局，妻や息子のわがままと強欲さを制御できなかったオレが，一番のアホウだったということか．そう考えると，隣に座っている妻の息づかいや前部座席にいる息子の長頭型の毛髪までもが，厭わしく感じられてくるのだった．

　死刑執行を待っている囚人のようなものだな．そう，あの男は容赦しないし，絶対に逃れさせてはくれない．そのことは，みんなもよく知っている．たとえ逃れることができたとしても，もはやどうにもならない，もう，元の地位や権力や名声は取り戻せない……．

　彼の想念をたちきるように，コックピットのドアーが突然開かれてパイロットの潘景寅が顔をのぞかせ，大声で怒鳴った．

「モンゴルとの国境線を飛び越えました．レーダー網にかからないよう，超低空飛行しています．燃料も残り少ないです．緊急着陸するかもしれません」

　一気にそう言うと，バタンとドアーを閉めて引っ込んでしまった．機体がググッと下がっていくのが感じられた．

「この暗闇で，どんな所かも分からず，機器も壊れている．しかも役に立つ副操縦手もいない．いくらモンゴル平原だって，ムリじゃないのか．どこか近くに飛行場はないのか」「あいつの腕と副主席の運を信じるほかに道はありません」

　前の座席の息子が，ブツブツと隣の劉沛豊に言っている．流石におべんちゃら使いの劉だ，この期に及んでもまだ気休めを言っている．彼は他人事のように二人の会話を聞いた．無事に着陸できるかどうか，無事に逃げ果たせるかどうか，彼にはどうでもいいことだった．彼はすでに諦めきっていた．

「あなた，ベルトをしっかりと締めて，早く腕時計をはずして．靴も脱いで．足の間に顔を沈めるのよ．あんたも，早く早く」

　隣の座席で，妻がわめきながら，早くも不時着に備えて身をこごませている．息子もそうしているようだ．時計を外しながら，ふと文字盤を見る．2時30分を少し過ぎたところである．

　さすがに女は強いな．彼は変なところで感心し，決して良い妻とは言えな

プロローグ　将軍, 暁のモンゴル草原に死す—「林彪事件」のイメージ

かったこの女性に今までにはなかった愛しさを感じながら, ゆっくりと機内を見回す. 多分, これがこの世の最後の見納めだろう. 恐怖感もなければ現世への執着心もない. しかし不思議に, この飛行機に乗る前後の混濁した, 呆然自失の状態はない. 意識も神経も過敏なほどはっきりしている. 何もかもが, 明瞭に思い出せる. どうして, こんな所でこんなふうになってしまったかも.

こんなにすっきりした気分は, あの最後の内戦以来だな. あのまま「林総司令」とか「首長」と呼ばれて, 政治の世界に首を突っこまずに一将軍のままでいたなら, こんなことにはならなかっただろうに. 彼は最後の瞬間に, そんなふうに思った. その脳裡に娘の「豆々」の声がとどいてきた.

「パパ, 行かないで!」

もはやそれに応える術もなく, 彼は自嘲しながら力なく呟いた.「将軍, モンゴル平原に消ゆか」

中華人民共和国建国の元勲の1人にして中国共産党の副主席, ナンバー・ツーの男, 林彪はこうしてモンゴルの朝露と化した.「林彪事件」なるものは, このように始まり, このように終わったのである.

林彪の座乗機が誰も名も知らないモンゴル平原に墜落炎上し自滅した直後の午前3時15分, 1機のヘリコプターが北京郊外の沙河飛行場から飛び立った. それには林立果の側近で「連合艦隊」の主要幹部である周宇馳 (空軍司令部弁公室副主任), 于新野 (同じく空軍司令部弁公室副処長), 李偉信 (空軍第四軍7341部隊政治部副処長) の3人が乗っていた. 彼らは林彪の後を追って北京から脱出しようとしたのであるが, 周恩来の命令で追撃してきた戦闘機によって強制着陸させられた. そこは同機が離陸した地点からそれほど離れていない北京郊外の田園地帯だった. 何も知らされずに操縦していたパイロットが周宇馳らの指示する航路を変に思い, 機転をきかせて同じところを旋回していたからだという. 地上に降り付近の民兵らに追い詰められた3人はこのパイロットをピストルで射殺し, 自分たちも自殺しようとした. 周と于の2人は成功したが, 李だけは死にきれず, 後々この事件の重要な証言者となる.

第1章　林彪の輝かしい戦歴における毛沢東の影響

　林彪の輝かしい戦歴については第一部で書いたので省略するが，ここで再度確認しておきたいことがある．それは林彪が確固とした戦略（strategy）家であったとは思えないということである．彼の最大の特徴が政治戦略ではなく軍事戦術（tactics）にあったことは明らかである．この点は是非記憶に止めておきたいことである．政治戦略においては林彪はまさに毛沢東の忠実なエピゴーネンであった．実際，林彪は建国以前に自分の戦術を自分流にほぼ完成しているが，それはよく読めば毛沢東の戦略を実戦的に焼き直したにすぎないことが分かるのである．

　毛沢東の軍事戦略戦術は30年代から抗日戦争を経て40年代の最後の内戦時期にほぼ定式化されるまでになっていた．それは1946年9月「優勢な兵力を集中して敵を各個に撃破せよ」において一般的に述べられ，翌47年9月の「解放戦争第二年目の戦略方針」では「我が軍の作戦方針は，やはり，これまでに確立したとおりである」として一貫性を強調しているが，これを十箇条にまとめたのは47年12月「当面の情勢とわれわれの任務」においてである．後に「十大軍事原則」と呼ばれるようになるものである．それは毛沢東の戦略論というに止まらず，政治的手法，いわば権謀術数の基本的な原則でもあるように思われるので，いささか長い引用になるが紹介しておこう《毛沢東選集第四巻》．

　「1. 先に分散し孤立した敵を攻撃し，あとで集中した強大な敵を攻撃する．2. 先に小都市，中都市および広大な農村を手に入れ，あとで大都市を手に入れる．3. 敵の兵員の殲滅を主要目標とし，都市や地域の保持または奪取を主要目標としない……．4. どの戦闘でも，圧倒的に優勢な兵力……を集中

して，四方から敵を包囲し，一兵も逃がさないよう，極力完全殲滅を図る．……そうすれば，われわれは全体的には劣勢（数のうえからいって）であっても，1つひとつの局部においては，また1つひとつの具体的な戦役においては，絶対優勢となるので，戦役の勝利が保障されることになる．時がたつにつれて，われわれは全体的にも優勢に転じ，ついには，いっさいの敵を殲滅するに至るであろう．5．準備のない戦いはせず，自信のない戦いはしない．……6．勇敢に戦い，犠牲をおそれず，疲労をおそれず，連続的に戦う……という作風を発揮する．7．できる限り，運動戦の中で敵を殲滅するようにする．同時に，陣地攻撃の戦術を重視し，敵の拠点や都市を奪取する．8．都市の攻撃の問題では，敵の守備の手薄な拠点や都市を，すべて断乎としてこれを奪取する．……9．敵から鹵獲した兵器と，捕虜にした大部分の兵員で自己を補充する．わが軍の人力・物力の供給源は主として前線にある．10．2つの戦役のあいまをたくみに利用して，部隊の休息と整備訓練を行う．休息と整備訓練の時間は，できるだけ敵に息抜きを与えないために，一般に長すぎてはならない．」

では林彪の戦術論とはどのようなものであったか．この点についてもすでに第一部で書いていることだから，それと上記の毛沢東の戦略論とを比較検討してみれば明らかなように，林彪は実戦における経験と教訓を基礎にして整理し定式化して自分流の戦術論を完成させたのである．少なくとも東北野戦軍－第四野戦軍の将兵はこれによって教育され訓練されて実戦に臨んだわけである．そして完全な勝利を得た．彼らが林彪総司令官（「林総」とか「首長」と敬称した）を尊敬し信頼したのはしごく当然であったし，誰もが毛沢東－林彪の信頼関係と親密さを疑わなかったのである．林彪は政治戦略においても軍事戦略においても間違いなく毛沢東のエピゴーネンであった．

ところで毛沢東においてはこの政治と軍事の両戦略は分かち難く結びついている．それは革命戦争そのものが政治と軍事を不可分の関係として成り立っているからである．それを総体として表現したのが「人民戦争」論であろう．建国初期の中国の指導部を構成していた人々は一応文官と武官とに区分されるが，いずれも革命戦争の中では革命政治家であると同時に軍人そのものであっ

て，新しい国造りにあたって便宜上区分したにすぎない．したがって人民戦争論はもちろん林彪一人が支持者であり信奉者であったわけではない．したがってまた林彪一人が上記のような人民戦争論を具体化した戦術論を提起したり編み出したりしたわけでもない．それぞれの地域・軍の指導部の人々（軍の元老と言われた将軍たち）もまた独自の提起の仕方で戦術論をもっていたと言える．だから一人林彪のみを人民戦争論の信奉者でありそれに基づいて戦術論を編み出したと主張すれば，必ず他の人々の反感や嫉視を買ったであろうことも容易に想像されるのである．このことは後々大きな問題になるので記憶にとどめておきたい．

　人民戦争というのは，簡単にいえば敵を人民の広々とした「海」の中にひきづりこみ，人民によって包囲し殲滅してしまうことである．中国共産党と解放軍はその「海」の中で自由にのびのびと，そして常に主導的に活動する「魚」である．海なしに魚は泳げないし生きていけないが，同時に魚なしには海も海としての意味をもたないという相互に有機的な関係にある．このことから分かるように，人民戦争においては人民を味方につけること，人民に支持されることが必須条件である．すなわち政治戦略と軍事戦略とが不可分の関係にあるというのは，このことからも導き出せる理論である．

　しかし人民戦争を農民と農村根拠地を背景とした遊撃戦（ゲリラ戦）のように限定して考えることはできない．それでは近代的な戦争に後れをとるし，国民政府・国民党軍に完全勝利することはできなかったはずである．事実，林彪は人民戦争論の尊崇者であり普及者として知られているが，現代化された軍事と軍隊を理解しなかったわけではないし，実践したことがないわけでもない．むしろ逆に彼こそ最も早くに東北の内戦で現代化された戦争を戦った将軍だったのである．すなわちそこでは，砲爆撃に耐え得る陣地構築による防衛戦，砲撃・戦車・歩兵などを多面的に密接に結合した陣地攻略戦，大規模で複雑な運動戦などを組み合わせた戦略戦術を考案し実践せざるをえなかったのである．ここでは遊撃（ゲリラ）戦を主体とした人民戦争は補助的役割をはたしていたにすぎないとさえ言える．しかしその方法論と精神だけは生かし続けられた．す

なわち戦争においては武器ではなく,「人民」こそが戦争の最も重要な主体であり最も依拠すべき存在であるという主張である.

　林彪が後に国防相として苦慮したのも,まさに人民戦争の精神と現代化された戦争・軍隊との統一的把握と実践であったというべきであろう.このことは林彪という将軍が軍隊の建設と戦術について腐心したということを意味してはいるが,必ずしも明確な戦略論をもっていたことの証明にはならない.その軍を党と国の必要性の中にどのように位置付けるのか,またどのように使うのかというリーダーシップは毛沢東のものであったのである.

林彪の絶頂期(文化大革命),天安門楼上で毛沢東と共に大衆を閲見しつつ談笑する.

出典　前掲書

第2章　政治の表舞台への登場
　　　　——毛沢東個人崇拝の旗振り役として

　東北の内戦で武名を轟かせた林彪は，次いで北京（当時は北平）天津攻略戦を指揮した後，強大な第四野戦軍を率いて南下，河南，湖北，湖南，江西，広西，広東の六省制圧のための長い軍旅についた．それは1950年5月1日に海南島が落ちるまで続いたが，この間，古い戦傷と新しい病気に悩まされながらも武漢にあって前線を指揮していて，北京の天安門広場での中華人民共和国の成立式典にも参加しなかった．そのまま武漢に残って中共中央中南局第一書記兼中南軍区司令官の要職にあり，55年には中央政治局委員に補選された．

　戦争に明け暮れた日々が終わって，林彪は療養のために再びモスクワに行った．そこではスターリンから直接ねぎらいの言葉をかけられ，帰国した時には毛沢東がわざわざ帰国歓迎宴を開いてくれた．50年秋のことで，この時彼はまだ43歳だった．帰国の前後に朝鮮戦争への参戦をめぐって中国共産党内部で激しい議論があった．派遣軍（抗美援朝志願軍）の総司令官のリストにも林彪の名はあったらしいが，結局彭徳懐が任命された．林彪が断ったのは病気療養が主たる理由のようだが，アメリカ軍の実情も分からず勝利の確信がもてないというのも（毛沢東は確信のもてない戦いはするなと言ったではないか！）理由であったらしい《少華・遊湖》．

　そんなわけで林彪の名は建国後しばらくは表に出てこなかった．彼の名が大きく報じられたのは，55年9月の軍の階級叙勲において10人の元帥の1人，それも最も若いにもかかわらず序列3番目の元帥に叙せられたときである．この時の元帥たちの平均年齢は57歳，林彪は48歳，ただし中共入党歴は4番目である．このころも林彪は身体虚弱，病気がちというので政治の表舞台にはあまり

現れていない．ちなみにこのおりの10人の元帥とはどのような人々であったのか．参考までに記しておこう．

　第1位は朱徳である．朱徳は1986年，四川生まれで叙勲当時は最長老の69歳．入党は1922年の最古参ともいうべき人で（本当の最古参は1921年の党創立以来の者であるが，当時まだ生存して党にとどまっていた者としては毛沢東・周恩来・董必武・李立三らごく少数である），「八一南昌蜂起」の指導者として井岡山入りし「朱毛紅軍」を創設，以後一貫して紅軍，抗日戦争時期の八路軍，内戦時期の人民解放軍の総司令官だった．他の軍人はみな彼の部下といってよいから，この人が第一位の元帥に推されたのは当然である．したがってすべての人々の敬愛を受けてはいたが，第一線の前線指揮官となったことはないので，野戦部隊の直接の部下はいなかった．派閥形成からは超然としていたと言えるかもしれない．

　第2番目は彭徳懐である．1898年，湖南生まれ．もと軍閥軍隊の士官だったから入党は比較的遅くて1928年である．しかし指揮官としての力量と人格は優れていたので党の信頼も厚く，軍中では一貫して朱徳に次ぐ副総司令官の地位にあった．内戦期には第一野戦軍の司令官兼政治委員，朝鮮戦争では志願軍の司令官兼政治委員となり，戦後国防相，国防委員会副主席となった．朝鮮戦争の経験から軍の近代化に意を注いだが，硬骨漢としても知られ，廬山会議で毛沢東に盾ついて失脚させられることになる．「一野」系の大ボスである．

　3番目が林彪である．

　4番目は劉伯承である．1892年，四川生まれ．やはり軍閥軍の士官だったが26年に入党して革命に参加，一時モスクワに留学して軍事学を学び，帰国後は紅軍，八路軍の指揮官となった．内戦期には第二野戦軍の司令官となったので，「二野」系の大ボスと見られている．この時の政治委員が鄧小平だったから，二野系の将官は彼らの浮沈とともに浮沈した．紅軍時代に毛沢東と対立して党を出ていった張国燾と行動を共にしていたことから反毛派と見られた時期もあったが，軍の統率と指揮には抜群の力量があり，毛としても簡単に切り捨てることはできなかったのであろう．

5番目は賀竜である．1896年，湖南生まれ．やはり軍閥軍の士官として活躍していたが，1927年入党，「八一南昌蜂起」に際して後に紅軍の中核となる「葉賀軍（葉挺と賀竜の軍）」と呼ばれた革命軍を率いて南下した．以降，紅軍，八路軍の指揮官として活躍，内戦期には第一野戦軍副司令官となった．特異な風貌と独特の言動のために時には軍閥臭が強いと非難されたりしたが，将兵のあいだの人気は高かった．「一野」系の大ボスというよりもむしろ一匹狼的な性格が強かったように思える．

6番目は陳毅である．1901年，四川生まれ．フランス留学帰りで22年に中国社会主義青年団に加盟，翌年入党．井崗山以来の紅軍の政治委員，抗日戦争期には新四軍の代理軍長，内戦期には華東野戦軍（後に第三野戦軍）司令官兼政治委員を歴任，初代の上海市長ともなった．剛毅な人物として部下の信頼も厚く「三野」系の大ボスである．58年以降外相として周恩来の片腕となって活躍した．

7番目は羅栄桓である．1902年，湖南生まれ．27年入党．紅軍時代から政治委員，政治部畑を歩み，八路軍115師団，内戦期には東北野戦軍（第四野戦軍）とずっと林彪と組んで政治委員だった．党の政治局委員にまでなったが61歳で死去，「四野」系の大ボスとなっていれば林彪の力を掣肘することができたはずの唯一の人物であった．

8番目は徐向前である．1901年，山西生まれ．林彪と同じく黄埔軍官学校の出身である．27年入党．紅軍時代に劉伯承と同じく張国燾の第四方面軍に総指揮として参加，ために一時は反毛沢東派と見られていた．抗日戦争期は八路軍第129師団副師団長などを歴任，内戦期は華北軍区副司令官．「華北」系の大ボスというよりも，劉伯承とともにむしろ不遇をかこってきた「四方」のボスと見る向きが多い．

9番目は聶栄臻である．1899年，四川生まれ．フランス留学帰りで22年社会主義青年団に加盟，入党歴は陳毅らと同じ23年．一時モスクワに留学して軍事学を学び，紅軍時代には政治委員，抗日戦争時には林彪の八路軍115師団の副師団長，内戦期には華北軍区の司令官，代理総参謀長．華北軍区は5番目の野

戦軍なので「華北」系の大ボスとされる．

最後が葉剣英である．1897年，広東生まれ．客家出身とされる．軍閥軍の士官であったが，27年入党，南昌蜂起に呼応．一時モスクワで軍事学を学び帰国後はずっと紅軍，八路軍の参謀畑を歩んだ．抗日戦争勝利後の国共両党の一時的な平和の時期には両軍の停戦に努めたが，勃発後は朱徳のもとで副総参謀長として全軍を統括する立場にあり，49年には人民解放軍の初代総参謀長となった．野戦軍を指揮していないので派閥系統はない．

以上10人が第一代目の軍長老，建国の武の元勲と言える．すでに書いたように，朱徳，葉剣英だけは野戦軍指揮官ではなかったから派閥の大ボスとは言えないが，もちろん軍部に影響力がなかったというわけではなく，76年の「四人組」事件のおりには葉剣英が軍長老と軍部をとりまとめたのである．なお陳毅はその後文官に転じて外相になっている．いずれにしても林彪の序列第三位というのは，解放戦争における功績がいかに毛沢東によって高く評価されていたかを示している．

さて建国後は静かだった林彪もついに立ち上がらざるをえない時が来た．1959年の廬山会議（中共中央政治局拡大会議，第8期第8回中央委員会）においてである．その前年に彼は政治局常務委員，副主席の1人に選出されていたとはいえ，党内序列はまだ7番目であった．この会議は，56年の中共第八回大会で定められた穏歩前進的な社会主義建設の路線を毛沢東が「大躍進・人民公社」など急進的な政策へとねじ曲げたことによって国内に生じていた経済社会での混乱，とりわけ一般人民の貧窮化が進み不満が高まっている状況に対して，時の国防相彭徳懐が異議申し立てを提起し，これに毛沢東が猛烈に反発したという事実によって知られている．彭徳懐とその支持者と見られた人々は毛沢東路線に反対する右翼日和見主義者として厳しく糾弾され，彭は失脚した．この時，劉少奇・周恩来・鄧小平ら党指導部の人々は敢然として毛に反対せず彭を見殺しにしてしまったため，党の組織原則は崩され毛沢東の個人崇拝・個人独裁の傾向は顕著になる《蘇暁康，丁抒ら》．文化大革命の伏線がここにあったとすら言えよう．

この時，林彪がどのような役割を演じたかは必ずしも定かではないが，彭が失脚し林彪がかわって国防相に就任するとともに中央軍事委員会を切り回すようになって，軍の実権は彼に掌握されることになった．1959年9月のことである．先輩格の軍元老たちを差し置いてのことであるから，彼らの反感反発も強かったであろうが，なにしろ毛沢東の信頼と抜擢があってのこと，誰も彭徳懐の二の舞いになることを望むはずがなかった．彼はその立場と権威を最大限に利用して毛沢東思想・路線なるものを全軍に徹底させるように努めたのである．

国防相に就任してから一年後，林彪は全軍に政治思想工作を強化するよう命じた．いうまでもなくその中心は毛沢東思想の徹底であった．彼は「現在のマルクス・レーニン主義とはわれわれの毛主席の思想のことだ．それは今日世界の最高峰に立ち，時代の思想の最高峰に立っている」と演説した《中国共産党歴史大事記》．この発想をより徹底化するための早道として，軍の総政治部に命じて『毛主席語録』を編集出版させた（64年5月）．林彪がその再版序文に書いた「毛沢東同志は天才的に，創造的に，全面的に，マルクス・レーニン主義を継承し擁護し発展させた」という言葉はあまりにも有名である．掌に入ってしまうくらいの大きさで赤いビニール表紙の『語録』は，毛沢東の片言隻句を集めた毛沢東思想の簡易普及版で，日本でいえばいわば「この印籠が目に入らぬか」といった具合にあらゆる集会に打ち振られ読み上げられたものである．

ちなみに『語録』は日本にも広くもちこまれ普及した．私の手元には北京外文出版社の66年版のものがあるが，その見開きには林彪の「毛主席の著作を読み，毛主席の話を聞き，毛主席の指示どおりに事を運ぼう」とある．この言葉と上記の「天才的に云々」とは，『語録』とともに文化大革命の最も集中的で象徴的な言説であり事物であった．毛沢東に対する林彪の心酔ぶりがよく理解できよう．

林彪はさらに文化大革命の前夜ともいうべき66年1月，軍の総政治部に指示して軍の工作において「政治を突出させる」方針を固めたが，それと前後して毛主席「最高指示」なるものを『解放軍報』の一面トップにデカデカと書かせ

るようになった．さらにこの年の4月には，毛沢東夫人の江青に解放軍の「文芸工作座談会」を開かせ，その記録（『紀要』）を中央軍事委員会の名義で党中央に提出，これをオーソライズして全国全軍に配布した《江青同志論文芸》．この『紀要』は名は文芸工作関連だが実質は毛沢東－江青の文化界に対する批判，ひいてはそれを擁護している党内の「修正主義者」への批判を露にしたものであり，まさにすぐ後に来る文化大革命の序曲を奏でる不吉な旋律であった．

　このように林彪は毛沢東個人崇拝を解放軍の中に定着させ，そこからさらに全国全人民に敷延化していったのである．

第3章　得意絶頂の陰で——「プロレタリア文化大革命」と中国共産党第九回大会

　今日では毛沢東への個人崇拝には毛自身は反対だったと言われているが，そんなわけはありえない．少なくとも軍内で推進され展開されている「造神」運動を黙認していたはずである．それはその後にくる文化大革命の激発に有利な条件を作り，土台を築いたという意味において，見過ごすことのできない林彪の「貢献」なのであった．したがって林彪事件を説明するにあたって，多くの文献が文化大革命期に林彪とその一派が江青ら「四人組」と結託しつつ権力の最高峰へと登りつめてきたことから説き始めているのは当然である．

　文化大革命というとんでもない「十年の動乱・災厄」がなければ，林彪がいかに毛沢東個人崇拝を宣伝してまわったとはいえ，直系の軍（いわゆる四野系）を率いて活躍することもなく，したがって中国共産党の第九回大会で「毛沢東主席の最も親密な親友，後継者」になることもなかったはずである．同時に文化大革命は毛沢東の直接の呼びかけに応えてまったく無名の学生や若い労働者を決起させ，その一部が江青・張春橋らに引き連れられて文革左派（ちょっと後に「四人組」と言われるようになる）を形成することもなく，したがってまた林彪一派と結託して既存の党組織・高級幹部たちを打倒することもなかったはずである．したがってまた，林彪派と「四人組」の間の権力の座をめぐる対立，矛盾が激化して醜い権力争いにまで発展することもなかったのである．

　文化大革命については，その当時も事後も枚挙に暇がないほど多数の書物が出されている．一々列挙しないが，中国で出版され邦訳もある『文化大革命博物館』（巴金編）という本が豊富な写真と平易な解説によって当時の雰囲気をよ

く伝えている．私は文化大革命を学びたい学生に最初に紹介している．文革が「十年の災厄」と言われる意味や，今も持ち続けられている中国人の苦悩や痛みが切々と伝わってくる．また私もこれについてはさんざん書いたことがあるのでここでは詳述しないが，ごく簡単に私の理解を記せば次のようになる．

毛沢東はプロレタリア独裁政権下の社会主義社会が真の共産主義社会になるまでの長い過渡期において，古い階級は根絶されずにいぜんとして根強く存在し，放置しておくと修正主義に転化して政治社会を支配するようになり，資本主義社会に後戻りしてしまうので，たえず階級闘争をやらなければならないと考えていた．いわゆる「連続革命論」である．それだけなら理論闘争に終わってしまうところ，彼の現状認識としてはその修正主義が党内に発生し実権を握っているととらえてしまった．そこから修正主義の排除，実権派の打倒という具体的な行動目標が設定される．毛はこの目標達成のために，直接に学生や若い労働者に呼びかけた．これに応えて若者たちを主とする一般大衆の爆発的なエネルギーが放出され，全国を巻き込んだ過激で暴力的な運動となったものである．

その運動の矛先は毛沢東の誘導に従って，毛沢東の言うがままにならない既存の政治社会を支配している党・政府・軍の高級幹部，それに「学術権威」を含む文化界の著名人たちの追放に向けられた．奪権闘争である．これが「文化大革命」と命名されたのは，建国後も根強く残っている古い思想，精神，文化，慣習，事物など（「四旧」と言われた）を徹底的に捨て去り破壊し，毛沢東思想と精神に基づく新しい文化を創造する「魂に触れる」革命運動になることが目的とされたからである．しかし運動は実際には文化とはおよそ縁遠い暴力と破壊の運動になってしまった．なぜこのようなことが起こったのか，可能となったのか．それはまず何よりも毛沢東への個人崇拝が存在し，党中央の誰も彼の権威にたちはだかることができなかったからである．

しかし毛沢東は既述のように59年の廬山会議において彭徳懐の「反乱」に直面し，これを退けたとはいえ毛の権威はいくらか揺らぎ，その上に「大躍進」政策の失敗などで3年ごしの大災害があって，翌々年には国家主席を引責辞職

第3章　得意絶頂の陰で——「プロレタリア文化大革命」と中国共産党第九回大会　239

し劉少奇に譲らざるをえなかった．さらにその前後から中ソ論争が国家間の対立にまで発展していた．この2つの大事件は，彭徳懐を見殺しにしはしたものの，中国共産党の指導部内に毛沢東路線の修正を要求する幹部たちが無言の圧力を毛沢東にかけていたこと，そして毛沢東もそれを完全に軽視したり無視することはできなかったことを物語っている．

　60年代前半は「大躍進」政策の失敗を修正し調節する努力が，劉少奇・鄧小平を先頭に（そしておそらく64年の全国人民代表大会で初めて「四つの現代化」を唱えた周恩来も）進められた時期である．すなわち国内的には生産力の発展を重視し生産と分配の自由化を促進しようとする動きである．このような主張をする人々は，建国以来の社会主義的改造によってプロレタリア独裁の中国社会にはもはや階級矛盾は主要な矛盾ではなくなったという意識が強かった．それは1956年の中国共産党第八回大会の基本的な情勢認識であり精神であったが，それは必然的に等しく貧しい平等主義から貧富の格差を容認する競争原理を含む不平等社会への転換を容認することになる．毛沢東はこうした状況を階級の新たな形成と認識し，猛烈に反発することになるのだが，少なくともこの当時はこのような考え方が党の主流一多数派であったことは疑いえない．

　それにもかかわらず彼らが毛沢東に盾つけなかったのには三つの大きな理由があったと思われる．1つは彼ら自身が毛への個人崇拝に手を貸しこれを助長したということである．中国共産党が長い中華帝国の伝統のもとで育まれてきた古い体質と低い民度（中国ではこれを「農民を主とした圧倒的に多い小生産者」の社会と言っている）という社会的経済的背景をもつ中国で全国制覇し全国統治をするには，理屈や理論以上に個人崇拝が有効であったのだ．マルクス主義と革命の洗礼を受けてきた中共党員といえども，それを自覚せざるをえなかった．したがってその個人崇拝を打破することは（第八回大会でもすでにその方向が明示されていたにもかかわらず），中共それ自身の統治の正当性と正統性を否定することになりかねなかった．

　建国後，社会主義社会を即時に作るのではなく，ゆっくりと穏歩前進を目指していた中共は，土地改革のような激烈な闘争もあったけれども，革命のさな

かでの約束もあって過激な方針をとらずに比較的に自由な政策を打ち出していた．その成功を見て毛沢東らは中共の統治に自信をもち，思想，言論などの文化面において大胆な自由化政策を提起した．これが「百家争鳴，百花斉放」である．ところが文化界や言論界から一斉に中共批判が溢れ出し，中共の統治の正統性さえ危ういと思われるような状況が生み出された．そこで毛沢東はこうした自由化現象を引き締めようとして，政策を一気に「反右派闘争」に急転換させた《以上については丸山昇参照》．もともと革命時代から中共のさまざまな政策執行過程においては極左的偏向が生じる傾向が強かったが，ことここに至って右の偏向，誤りを犯すよりは左の偏向，誤りを犯す方が良いとする考え方を定着させてしまった．廬山会議における彭徳懐批判は，まさに「右翼日和見主義」の誤りを叩くという毛沢東の主張を容認したものであり，そのような偏向批判に耐えうるほどの理論と実践の蓄積がなかった（第八回大会の方針があるにもかかわらず）というのが実態だったように思われる．これが第2の理由である．

　もう一つはソ連でのスターリン批判に始まる中ソ論争・対立の影響である．よく知られているように中ソ対立は主として「平和共存」の是非と社会主義経済のあり方をめぐって争われてきた．「平和共存」は国際政治において共産主義国家（体制）が優位に立ち，これに対してアメリカ帝国主義を先頭とする資本主義国の側からの攻撃によって第三次世界大戦が不可避だとする毛沢東の国際情勢観と真っ向から対立することになる．しかもそれは国内の一定の自由化を前提とした生産力と生産発展を重視する考え方が，必然的に国際情勢の平和と安定を期待し，暗黙のうちに平和共存路線を支持する傾向と真っ向からぶつかることになる．こうして国内における富の追求と貧富の格差容認をブルジョア的な理論と実践と受け止め，国際的な平和共存路線を帝国主義に降参する修正主義だと断じる毛沢東にあっては，両者が結託して党の内外に修正主義を蔓延させているという認識にならざるをえない．毛においては，スターリン批判に端を発する自由化現象がプロレタリア独裁政権を危うくするものと考えられたのであるが，その認識そのものと当時の国際共産主義運動における毛の威信

第 3 章　得意絶頂の陰で——「プロレタリア文化大革命」と中国共産党第九回大会　241

(「東風が西風を圧倒する」というモスクワでの発言は多くの国々の共産主義者によって支持された) に反発したり批判する者はいなかった．これが第3の理由である．

　毛沢東はすでに1964年2月から4月にかけて，訪中している外国人に「修正主義をやる者」が党内にいるとか，「もし中国にフルシチョフが現れ，資本主義路線をやったら，諸君はどうするか．諸君は中国のマルクス主義者が中国の修正主義者に反対するのを助けてほしい」とさえ露骨に語ったという《党史研究室大事記》．

　このような考え方を支持し崇拝する人々が毛沢東の周囲に結集するようになる．しかし彼は北京では「針一本，水一滴も通せない」と感じ (この言葉は66年3月，杭州で江青や康生らに語ったものという《大事記》)，北京に対抗するグループを上海に見いだす．文化大革命の烽火は1965年秋，上海『文匯報』に掲載された姚文元 (後に「四人組」の主要な論客となる) の「海瑞の免官を論ず」という論文であった．さらに毛沢東は劉少奇らの「修正主義路線」が社会に歪みをもたらし，現状に対する日常的な不平不満が，特に若者たちを中心に渦巻き始めていることをも感知していた．貧富の格差を認めず，貧しい人々を主体とする階級，階級闘争の継続によってこそプロレタリア独裁－社会主義社会を作り発展させるという連続革命の主張者である毛沢東が，このような内外情勢と力関係の変化を見逃すはずがなかった．彼は一味を結集し若者たちを扇動して，北京の一派 (それこそ党の正規の指導部なのだったが) への敵意を煽り立てる．

　ここにおいて解放軍内でずっと毛沢東思想の宣伝と「活学活用」を実践してきた林彪の出番が回ってくる．毛は彼を信じ尊崇する林彪とその影響下にある軍，妻の江青とその取り巻きの張春橋・姚文元らが握っている上海グループとを結びつけ，それに北京の指導部から冷や飯を食わされている党・政府の官僚たち，そして最後に彼への個人崇拝によって無条件に言うがままになる若者たちの組織 (紅衛兵など) を最大限に利用して，文化大革命を開始する．

　毛沢東は現実を無視した頑固で融通のきかない理念に固執し，それを押し通すために正規の党組織・原則を軽視し妻とその取り巻きを寵愛して一味徒党を形成させ，それを操って熾烈な権力闘争を繰り広げたのであるが，妄執ともい

うべき理念と「敵」を徹底的に「殲滅」する権力闘争の方法論との結合は，まさに情念政治と呼ぶにふさわしい．

　今日では文化大革命についての評価は，1981年の「林彪・四人組裁判」と同年に中国共産党によって採択された「建国以来の党の若干の歴史的問題に関する決議」(『北京周報』1981年第27号に邦文が掲載されている)の2つによってオーソライズされている．そこでは「林彪・四人組」が十把一からげで無法無謀な暴力破壊集団のように言われているが，忘れてならないのは党・政府の要人(文化・芸術界におけるいわゆる「学術権威」を含む)をみな追放し殲滅してしまったというのではなくて，用心深く周恩来が統率し庇護する経済や科学技術，国防関係の実務官僚たちをも利用したことである．つまり一般に文革派と言われる人々には，林彪・江青・周恩来をリーダーとする三派の系列があったことになる．この人々を保護し守り抜いたのは周恩来の功績だとされているが，周恩来自身も文化大革命に「貢献」したことは紛れもない事実である．

　では一方の極悪人と極め付けられた林彪は文化大革命にどのような「貢献」をしたのか．裁判の「起訴状」によれば，「林彪・江青をかしらとする反革命集団の主犯である林彪，江青，康生，張春橋，姚文元，王洪文，陳伯達，謝富治，葉群，黄永勝，呉法憲，李作鵬，邱会作，林立果，周宇馳，江騰蛟は，"文化大革命"の中で，結託して悪事を働き，その地位と権力に頼って，権謀術数を弄し，合法，非合法を問わず，公然とあるいは秘密裏に，言論あるいは武力のさまざまな手段で，党と国家の指導者を計画的に中傷，迫害して，党と国家の権力を奪取し，プロレタリア独裁政権を転覆しようとした」とある．

　また先の「決議」では，「毛沢東同志の左寄りの誤った個人的指導が実質的に党中央の集団指導に取ってかわり，毛沢東同志に対する個人崇拝が熱狂的に鼓吹された．林彪，江青，康生，張春橋といった連中が主として"文革小組"の名のもとに，機に乗じて"すべてを打倒し，全国的な内戦を繰り広げる"よう煽り立てた」とあって，林彪の1つの罪状が毛沢東個人崇拝の扇動にあったとされている．

　すでに述べておいたように，これは事実である．林彪は軍隊内で毛沢東思想

第3章　得意絶頂の陰で——「プロレタリア文化大革命」と中国共産党第九回大会　243

の「活学活用」を徹底させただけでなく，全国全人民がその軍隊に学ぶように仕向けた．それゆえ文化大革命のさなかに全国が大混乱に陥ると，軍隊は林彪指揮下に「三支両軍」（3つの支持・支援と2つの軍事という意味で，左派の広範な大衆への支持，工業と農業の支援，軍事管制・軍事訓練を指している）というスローガンのもとにあらゆる公的場面に出動し，治安秩序と生産の回復に乗り出したのである．「決議」はこうした状況を「これは当時の混乱した状況から見れば必要なことであり，局面を安定させるうえで積極的な役割を果たしたが，またいくらかの消極的な結果をももたらした．第九回党大会は"文化大革命"の誤った理論と実践を合法化し，党中央における林彪，江青，康生らの地位を強めることになった」と書いている．これは実に微妙な表現である．林彪の指揮下に実行された「三支両軍」は当時の状況のもとでは必要なことであったし成果があったとしながら，それが明らかに林彪の貢献だったとは言えず，またその貢献があったからこそ林彪は第九回大会で副主席に選ばれたのだとも明言できないのである．

　いずれにしても1969年の中国共産党第九回大会は文化大革命の論功行賞大会であったと考えてよく，一番高く評価されたのが自派の軍を率いて活躍した林彪であったにしても，他の二派もそれぞれ公然隠然の勢力を確保し，それぞれが互いに牽制しあったり利用しあったりするという構図ができあがっていた．つまり林彪とその一派が得意絶頂にあったまさにその時に，その足を引っ張る勢力も拡張され活発に活躍していたということになる．「判決」はいみじくも次のように述べている．前述したことと重複するが紹介しておこう．

　「1969年，林彪は毛沢東主席の後継者に確定された．1970年，林彪は，江青，張春橋らの勢力の発展が自分を上回る勢いにあることを意識し，繰り上げて毛沢東主席の"後継者"となろうと図った．林彪は，江青の野心は決して達せられないが，自分が繰り上げて"後継者"になることを支持してもらうことは絶対に不可能であることをはっきりと知った．そこで，林彪反革命集団は，すべての仮面をかなぐり捨て，武装クーデターを起こし，毛沢東主席の殺害を企んだ，云々．」

ところでこの第九回大会における両派の対立は，実はわれわれから見ると瑣細に思われることから始まっている．大会の最も重要な議題である「政治報告」を誰が起草するのかということである．報告者は副主席の林彪に決まっていた．報告の起草者も当初は中央文革小組の組長，陳伯達であった．ところが彼はなかなか書けないし内容も毛沢東の気に入らなかった（陳の原稿は毛沢東のもとから開封もされずに陳に差し戻されたとする説もある《毛秘録》）．毛は陳とは別に張春橋・姚文元に書かせた．結局張春橋らの原案が採用され林彪によって読まれたのだが，この時に陳伯達は林彪（その妻の葉群を通して）に泣きつき，なんとかメンツの立つようにしてもらおうとしたというのである（このことについては『周恩来伝』や張聶爾『風雲"九・一三"』などどの本にも書かれているが，陳伯達から直接聞き取ったという葉永烈『陳伯達その人』が一番面白い）．

陳伯達はこの時すでに毛沢東の寵愛を失っていることを感じとり，林彪に擦り寄ったというわけだが，これが翌年70年の廬山会議の伏線になった．陳伯達のこのような態度の変わりようについて毛沢東は面白いことを言っている．「陳伯達は船上の老いぼれネズミだ．その船が沈没しそうになって船から逃げ出したのだ」と（『周恩来伝』）．この言葉は廬山会議の後に陳伯達と林彪一派との結託を皮肉って言ったのだが，毛沢東の信頼と寵愛だけで中央文化大革命小組の組長にまでなった彼の哀れな慌てふためき方を言い得て妙である．

この場合，毛沢東の立場と地位というものも実に微妙である．大まかに言って上記三派のバランスの上に，彼らを相互に牽制させながら自己の絶対的な権力と権威を確立した，つまり個人崇拝を極限まで高めたわけだが，文化大革命の一つの目的であった毛沢東の後釜の革命の後継者を誰にするかという問題を突き付けられていたのも事実である．一応第九回大会では林彪を名指しで後継者としたけれども，それで満足であったのかどうか．満足したというのであれば，その後の新しい権力構造の内部での新たな闘争は起こらなかったはずである．不満であり安心できなかったからこそ，新たな闘争の決意を下したのである．

では何が不満であり不安であったのか．言うまでもなくその最大のものは，

第3章　得意絶頂の陰で——「プロレタリア文化大革命」と中国共産党第九回大会　245

「文化大革命の継続」であろう．革命を継続していくために，はたして林彪でよいのかということである．そこから林彪に対する不信感が芽生える．もともと毛沢東は林彪の毛に対する個人的な忠誠を信頼していたのであって，林彪の思想や理念を信用していたわけではなかった．毛沢東から見れば，林彪は毛の意を体してしばしば「政変」を口にし「奪権」に精を出すが，革命の理念・理想を衷心から理解し実現を目指しているのかどうか不安だった．すでに林彪の輝かしい経歴の中で述べたように，毛沢東はしばしば林彪を叱りつけてきた．それは忠実な部下の軍人として，彼なら自分の言うことを軍事的には実現できるだろうとの信頼感があったからだが，全般的な政治戦略に対する林彪の信念を信頼してのことではなかった．ところが今や林彪は政治戦略，つまりは毛沢東流の革命路線の先頭に立つべき指導者となったのである．これまでとは違った見方で林彪を見なければならないと毛沢東は考えたであろう．

　毛沢東は1966年5月の中央政治局拡大会議で林彪が大いに「政変，奪権」を強調したのに対して，7月の江青宛書簡の中で「彼（林彪）のこんな言い方に私は総じて不安を感じます」と書いたことは，どの本にも書かれている有名な話である．そして林彪の権力の肥大化はこの不安を一層助長した．

　毛沢東のこの不安を最初に具体的に示したのが，いわゆる「林彪副主席の第一号命令」なるものであった．それは第九回大会の直後，69年10月17日，林彪が独断で全軍が緊急に戦備態勢に入り，武器の生産をしっかりと掌握し，指揮グループは戦時の指揮の位置につけという「戦備を強化し，敵の突然の襲撃を防止することについての緊急指示」を作り，それを18日に総参謀長の黄永勝が下達したというものである．この事件は，林彪の口述を筆記した張雲生の回想録に詳しく書かれているが，汪東興の回想録によれば，事後に書面報告でこのことを知った毛沢東は「不愉快げな表情で（その報告書を）"焼き捨てろ"といい，……主席自らマッチをすって焼いてしまった」という．またこの話を聞いた周恩来は「何も言わなかった」が，伝え聞いた林彪と命令を下達した総参謀長の黄永勝らは「大慌てにこの命令を撤回するという命令を下した」とある（汪回想録）．

こんな命令を下した理由は，中ソ対立の激化という事態を背景に（実際，69年秋までに武力紛争があり，中ソ戦争が始まるという噂が日本でもあった）「毛沢東の国際情勢の突然の悪化の可能性ありとの評価」に基づいて林彪が考え出したものだという《党史研究室『大事記』》．だから林彪がいかに毛沢東に忠実だったかという証拠にもなるわけだが，後世の評価では，副主席たる林彪が自分の命令がどれほど忠実に守られ実行されるかを見たかったのだとか，林彪と対立している軍長老たちを地方に飛ばしたかったからだとかという林彪非難の一つの口実にされている．ちなみにこの時，林彪自身は戦備態勢をとるとの口実で妻の葉群をつれて蘇州に疎開してしまったというのだから，いずれにしても誠にお粗末でマンガチックな話ではあった．

ここからいよいよ毛沢東と林彪との対立という図式が現れ始めるのであるが，それは次章に回すとして，話をやや先走らせて林彪派と「四人組」とが終始一貫して同じ穴のムジナのように扱われている「起訴状」の内容について，文化大革命との関連で若干検討しておきたいことがある．「起訴状」は先の引用文に続けて次のように述べている．

「1971年9月，林彪，葉群，林立果，周宇馳，江騰蛟らは，毛沢東主席の暗殺を企み，反革命クーデターを画策した．それに失敗したあと，林彪らは祖国を裏切って外国へ逃亡した．これによって，林彪をかしらとする反革命集団は暴露され，粉砕された．江青をかしらとする江青，張春橋，姚文元，王洪文からなる"四人組"の反革命集団はその後も引き続き反革命的陰謀活動を行っていたが，1976年10月に暴露され，粉砕された．」

この告発の最大の特徴は，「文化大革命の中で」林彪グループと江青「四人組」グループとがいっしょになって悪逆非道を行ったこと，そして林彪事件の後に「引き続き」四人組が「反革命的陰謀活動」を行ったとして，両者を一貫性のある共通の「反革命集団」であるかのように描いていることであろう．これ以降，「林彪・四人組反革命集団」なる用語が一般的に定着することになる．しかしそれではあまりにも乱暴で無原則的で事実に合致しない概括だということは誰にでもすぐに分かることである．もし同じ「反革命集団」だったとした

第3章　得意絶頂の陰で——「プロレタリア文化大革命」と中国共産党第九回大会　247

ら，なぜ別々に「反革命」をやったのか，といった単純な疑念一つをとっても，きちんとした説明がつかないであろう．

　この矛盾を説明するために「判決文」の方ではわざわざ「刑事犯罪に属さないその他の問題については審理しない」といって政治集団・派閥としての両派の区別はしないことを明記したのである．つまり「刑事犯罪」としては同一の集団であるとの認識に基づいて「刑法」を適用したということである．

　すると今度は二つ目の矛盾にぶつかる．刑法に即した「刑事」事件として裁くというのは分かるが，「反革命」は政治そのものではないのかということである．これまで刑法がなかった状況のもとでは，ほとんどすべての刑事事件が「反革命」罪として裁かれてきた．そこには無理やこじつけが必然的に存在した．今度はこの逆の事態—「反革命」罪を刑事事件として裁くことの無理，こじつけが必然的に発生することになるわけである．少なくともここで言う「刑事犯罪」とは政治闘争の結果であり，政治闘争なしには成立しえない性質のものではなかったのかという疑念は誰しもがもつであろう．また同じ政治闘争といっても，王年一がその著書の中で「大ざっぱに言って，第九回大会以前は，林彪集団と江青集団とは互いに結託することを主としたが，結託の中にも矛盾があり，第九回大会以後は，この二つの集団の権力と利益の争奪戦によって生じた矛盾が高まり，矛盾の中で結託するということになった」と概括しているように《王年一》，時期的には異質の闘争になっている．さらにまた仮に刑事事件であるとしても，林彪派の「毛沢東暗殺」計画・未遂事件は，毛沢東の権威と暗黙の了解のもとでなされた「四人組」の横暴な行為とはまったく異質のものではないかという疑念も生ずるであろう．

　異質といえばもう一つ注目しておきたい点がある．それは両派の糾弾の仕方としても林彪事件直後とこの裁判とでは異なるということである．拙著では，事件について中共中央が最も早くに出した文件は，1971年9月18日付けの「"九・一二"林彪の叛党事件についての公報」（いわゆる60号文件．その他にも61号と62号文件があった．この段階ではまだ9月12日の事件だとしていることに注目したい）であったとしている．実はこれは台湾側の資料に基づいていて当時は自信

がなかったのだが，今はこれが正しかったことが確認される．というのは『周恩来伝』に，「1971年9月18日，中共中央が発した林彪事件を通報する第一の文件の中で，云々」とあるからである．台湾・香港の資料がガサネタでなかったことがここからも知られるが，それはともかく，この文書は林彪らの罪状を「敵への投降，国への反逆」と明記している．もし本当にそうだとすれば，彼らと一体としての「四人組」を裁く場合にもまた「投降，反逆」ということにしなくてはならない．それはあまりにも事実にそぐわなさすぎる．そこで判決文には，この「敵への投降，国への反逆」という罪状ははどこかに行ってしまったのである．これは極めて興味深い事実である．

　いずれにせよ異質の政治集団が犯した異なった罪を，「反革命」という政治的行為そのものとしてではなく刑事事件として刑法という新しい法律で裁くというのには無理があるということである．その無理を承知で強引に「刑事犯罪」として裁くには，一つひとつの個別具体的な行為を検討し告発して判決の内容と量刑に幾分かの違いを加味するよりほかに方法はなかったようである．この点の当局者（勝利者たち）の苦労は判決によく現れているように思われる．

　判決は，両者の一番大きな共通項として「起訴状」で指摘している「党と国家の権力を奪取し，プロレタリア独裁政権を転覆しようとした」とあるのを踏襲しながら，個々人の罪名としては（すでに死去している林彪，葉群，林立果らは除いている），黄永勝，呉法憲，李作鵬，邱会作ら四人はいずれも「刑法98条の反革命集団組織・指導罪，92条の政府転覆陰謀罪，138条の誣告・誣陥罪」の三つの条項が適用され，主犯の一人とされる江騰蛟だけは「刑法98条の反革命集団に積極的に参加した罪，93条の武装反乱画策罪，101条の反革命殺人（未遂）罪」が適用されている．

　他方「四人組」の方はどうかと見ると，江青は上記の98，92，138条は同じで，さらに102条の「反革命宣伝・扇動罪」が付加されている．張春橋は同じ四つの罪名の他，93条が付加されている．姚文元は江青と同じく四つの条項が適用されたが，王洪文は98条，93条，101条，138条が適用されている．いずれを見ても明らかなように，同じ「林彪・四人組」と言っても後者の四人組の方

が厳しく裁断されており，なかんずく張春橋が最も厳しいことが分かる．81年当時の勝利した当局者（人的にも政策的にも現在につながる人々）の主たる関心が林彪よりも「四人組」に向けられているような気がするのである．

　十把一からげに「林彪・四人組」といっても異質の集団であることを意識していたからこそ，こういう違いが出てくるのであろう．異質のものを同次元で，しかも刑法で裁こうとする限り，最大公約数は刑法，刑事事件とは馴染まないはずの「反革命」罪で裁かざるをえないところに裁判の矛盾，苦慮の跡が窺われるようである．

第 4 章　廬山会議——誰が「突然の襲撃」を敢行したのか

　第九回大会や「第一号命令」をめぐってのゴタゴタが伏線となって，いよいよ毛沢東の林彪批判が直接開始されたのがいわゆる廬山会議（1970年8月23日から9月6日まで開かれた中国共産党第九期第二回中央委員会全体会議）である．

　そこで議論されるべく準備されていた議題は三つあった（二つだったとするのは『汪東興回想録』．『辞典』類や『周恩来伝』などは三つである）．第一に国家主席を設置するかどうかの憲法修正問題，第二は1970年度の国民経済計画と71年度の経済発展計画，第三に「戦備計画」である．いずれも近く開催を予定されている第四期全国人民代表会議の準備だった．

　ところが毛沢東が後の南方巡視旅行で主張するには，林彪らが国家主席問題で「突然の襲撃」を仕掛けてきたために，予定されていた他の二つの議題はまったく議論できなくなってしまった．毛は廬山が「爆撃された」とも言っている．9月6日に閉幕したこの会議は，「憲法改修草案」と「公報」を採択し，経済建設の問題（国務院の全国計画会議と国民経済計画に関する報告）と戦備強化問題（中央軍事委員会の戦備を強化する工作についての報告）を批准した（公報）ということになっている．しかしどの本でもこれらの問題をどのように議論したのかはほとんど書かれていない．つまり実際には毛沢東が指摘しているように議論もせずに，倉卒の間にあたふたと承認したのである．

　これら三つの議題のいずれも国務院総理（首相）の周恩来が計画の立案から執行に至るまでの責任を直接担わざるをえない重要課題であった．とりわけ経済計画はそうである．彼は一方で厄介な権力闘争をかかえながら，他方で国民

経済の発展に心を砕いたわけであるが、彼が事実上この問題に取り組んだのは70年度の終わりから翌年始めにかけて、71年度の計画（および第四期五カ年計画）に向けてであった。『周恩来伝』によれば、70年度のことは翌71年2月の会議で報告され、提起されていた「指標は大部分超過達成」したが、糧食と綿以外は「1957年にまだ達していない」と怒りをこめて指摘したことが書かれているだけである。

今日では、上記の国民経済発展計画(案)の内容は明らかになっている（『党的文献』所収）。それによると、文化大革命の精神と方法がまだ継承されていて、いわば極左的ともいうべき過大な計画と苛酷なノルマが各生産分野に課せられてはいたが、国民生活に密着した極めて重要な議題であったことが分かる。総理としては、これこそ文化大革命でガタガタになっている経済を立て直すために必須の、最も重要な議題だったはずである。しかし文革派は多分「生産力重視主義」だとして文句をつけてくることが考えられるし、林彪派は林彪派で軍事費関係が少なく「戦備」が不十分だとクレームをつけるに違いないと思われた。いろいろな派閥や利害関係が輻湊する問題であるだけに、周恩来としては気が気でなかったであろう。ところがあにはからんや、会議の焦点は「国家主席」問題にしぼられ、議論らしい議論もなされずに、あたふたと承認されてしまったのである。周恩来にとって悪かろうはずはない。

廬山会議でのいざこざについてはどの文献にも出てくるが、汪東興という人の回想録が最も詳細である。彼は毛沢東のボディーガードであり中央の要人警備隊隊長としてずっと毛のそばに居たから、会議の内幕を語るにはふさわしい人物である。これを読んで気づいたことは、廬山会議と事件の直前の毛沢東の南方巡視旅行（後述）についての毛沢東の言動を記しているほとんどの書物や文献は、この汪東興回想録が底本になっているということである。それによれば、毛沢東が言う「突然の襲撃」とは次のようなことであった。

毛沢東は廬山会議以前に幾度か国家主席にならない、国家主席は不要だと主張していた。だから会議での議論は国家主席を設けないということを憲法ではっきりさせればよい、というのが毛沢東の基本的なスタンスだった。毛が最

初にその意志を表明したのは会議の前,彼が武漢を視察中の70年3月のことで,それは汪東興を通して周恩来に伝えられた.周はそれを政治局会議に伝えた.この会議に林彪は出席していなかったらしいが,報告が副主席に行かなかったはずはない.ところがこの二中全会の冒頭で林彪は,毛沢東と打ち合わせもなしに「毛主席天才論」をぶち上げ,同時に毛沢東国家主席論をぶって,さっさと退場してしまったというのである.いかにも唐突で乱暴に見える言動であった.しかし陳伯達をはじめ林彪の取り巻き連中は,この林彪の演説をテキストにして会議参会者に配布,繰り返し学習させることによって天才論と毛沢東国家主席論を会議の主流にしたてあげようとした.多くの人々(中央委員たち)がこれに付和雷同する状況となっていた.こうした状況を毛は「突然の襲撃」「廬山が爆撃された」と表現したわけである.

ところが毛沢東はこれにまっこうから反対,「私の意見書」なるものを発表して国家主席不要論をぶちあげ,あわせて陳伯達らを強烈に批判したのである.びっくり仰天したのは参会者たちだった.なにしろ党副主席(林彪)が公式に表明し中央文化大革命小組組長が宣伝してまわっている意見を,党主席がじきじきに真正面から反対し否定したのである.会議はいっぺんに国家主席不要論になだれ込んでしまった.

ここで哀れをとどめたのは陳伯達である.彼は「天才」論をひっさげて会議に出てきた.毛沢東はマルクス・レーニンも及ばない天才であり,天才が中国を指導するのは当然であり,その一つとして元首としての国家主席があるのだから当然毛沢東が国家主席になるべきである,という三段論法である.ご丁寧にも彼は自分の「理論」を補強するために,マルクス・レーニンらの「経典」から「天才」に関する片言隻句を寄せ集めてパンフレットにして参会者たちに配布した.その意見に反対する者は誰もいなかった.

ところが毛沢東は文化大革命以前の劉少奇のように,自分に対抗しうる権力を握るようになったのは,彼が国家主席に就いたからだと考えている.したがって毛が国家主席を設けるべきではないと主張したのは,国家主席というポストが必要ではないと考えたからではなく,劉少奇的な実権者を再登場させな

いためである．では毛自身がなればよいではないかという陳伯達的な発想が出てくるが，これはまた一度国家主席を辞職せざるをえなかった苦い経験をもつ毛にとって，その威信と誇りにかけても受諾しがたい．毛にすれば，自分が受諾できないことが分かっていて（長いこと秘書役をつとめてきた陳伯達なら当然分かってくれてよさそうなものだ），無理やりそのポストを再現させようとするわけだから，自分以外の誰かをその地位に置こうとすることにほかならないと受け取った．それは当然，ナンバー・トゥーの林彪ということになる．

　毛沢東がそのように思案し疑心暗鬼でいるときに，林彪がこの「天才」を「国家主席」にするべきだという陳伯達の意見を一際おおげさに持ち上げ，それに彼の取り巻き連中が付和雷同した．林彪にしてみれば，毛沢東イコール天才論は今に始まった主張ではないし，国家主席が不必要だと考えていたわけでもなかったから，陳伯達に同意したのは別段何の不思議でもなかった．また毛沢東賛歌の合唱もこの二人がこれまでもやって来た通りのことであって，何ら奇とするに足りない．林彪の心の中に，自分が国家主席になるかもしれないという気持ちが無かったといえばウソになるだろうが，毛沢東を国家主席にすべきだという主張にもウソいつわりはなかったはずである．

　しかし毛沢東は激怒した．いや激怒して見せたといった方が正確であろう．毛沢東＝天才論はすなわち毛の後継者もまた天才だという，林彪をもちあげる論理が見え見えだったからである．

　ところでこの陳伯達という人物は，延安時代に毛沢東の政治秘書となり，その後ずっと宣伝・文化畑を歩んできた文人肌の男で，毛のゴーストライターと言われたこともあるが，それ以上の仕事と功績を残したことはない．だが彼はそのことを誇りに思い，そのうち思い上がって自分のことを毛のブレーンであり類い稀なイデオローグだと自認するようになってしまったらしい．彼の有名な言葉に「小小的老百姓」というのがある．自分はちっぽけな一般人に過ぎないと謙虚さをひけらかせたものであるが，虎の威を借りるキツネが虎に比べれば弱いとか小さいと言うのは，わざとらしいし厭味でもある．本当にそのように認識しているならば，政治の表舞台に出て来なければよいのだが，文化大革

第4章　廬山会議──誰が「突然の襲撃」を敢行したのか　255

命の折りには表舞台も表舞台，文化大革命の最高責任を担う中央文革小組の組長にまで上りつめた．毛沢東の寵愛を受け，その直接の命を即座に実行に移しえたという点では，中央政治局常務委員会以上の権限をもっていたというべきだろう．この時点では，彼自身は何の勢力をもバックにもっていなかったにもかかわらず，文革急進派の江青らと軍を握る林彪らを結びつけ，両派の力をバックに実務幹部・官僚派の首領，劉少奇を打倒し，鄧小平を失脚させ，周恩来らの勢力を抑制してきたのである．当時は江青も林彪夫人の葉群も，また彼女らの取り巻き連中も，陳伯達のことを「老夫子」と呼んでチヤホヤしたものである．

　ところが既に述べたように党の第九回大会前後から様子がおかしくなった．端的にいえば，イデオローグとしても秘書役としても文革派が台頭してきたので，彼の存在価値がなくなったのである．それだのにこの老人は権力のトップの座の周囲をウロチョロしていて，どこから見ても目障りだった．それだけなら毒にも薬にもならないが，毛沢東が妻の江青とその一派を何とか育て上げ，後継者に仕立てようとしていることに気がつかず，軍の力を過信し，毛沢東が林彪を後継者にするとしたことを額面通り受け取り，林彪を崇め奉った．

　当時の情勢としては，勢力をもたない陳伯達がどこかに拠り所を求めたのも，まったく当然の成り行きだったが，毛沢東らから見るとそうではなかった．あいつは林彪と結んで毛沢東と文革派に対抗し，権力を独占しようとしている，ということになる．ここに国家主席問題という珍妙な陥穽が設けられることになる．

　このように毛沢東が国家主席不要論を唱えたことはどの本にも書いてあるのに，なぜそれを主張したかは汪東興にも詳しく述べられていない．『周恩来伝』によると，「毛沢東の意図は，"文化大革命"はもはや収束に近く，各級の党組織もすでに陸続と復活あるいは樹立されつつあり，次の段階としては政府機構を再構築して，それを正常に運営させそれぞれの機能を発揮させ，社会の安定的発展を実現するべきである，というところにあった．これはまさにこの数年来，重い負担に耐えかねていた周恩来が待ち望んでいたことであった」と

している．

　しかしこれではやはりさっぱり分からない．周恩来がどれほど重い負担にあえいでいたかということは分かる．それは文化大革命以前の劉少奇が担っていた国家主席の任務まで背負っていたからでもある．だから国家主席を設ければ，むしろ彼の負担は少なくなるはずである．各級の政府組織が正常化したからこそ，その統轄者・代表者としての国家主席が必要なのだとも言えるわけである．毛沢東が国家を代表するのが誰かとか，総理・首相としての周恩来の負担を軽くしてやろうと考えたとかといった話しはどこにも出て来ない．彼の想念の中には，国家主席とは毛の権威権力に対抗する存在にまで大きくなった劉少奇の姿であり権威であり権力でしかなかった（文化大革命はまさにそれを打倒する＝奪権が１つの目的だった）．だから折角打倒した国家主席（劉少奇）をあらためて設けるというのは，とりもなおさず自分に対抗しうる大きな存在そのものの再現を認めるということになる．これは毛沢東にとって耐え難いことであり，何のために文化大革命をやったのかさえ分からなくなってしまう事態である．上記引用文に続いて『周恩来伝』が述べていることは，すでに書いてきた江青ら文革派の台頭に焦った林彪らが強引に国家主席就任を図ったという説を再確認しているが，両派の権力バランスに決定的影響を及ぼしかねない人事―ポストの問題を，毛は毛なりに，思い上がったこしゃくな成り上がり者の林彪め，この上国家主席まで狙うとは，と見て文革派を支援する立場を明確にしたのだと考えられる．

　毛沢東の考え方はそうだとして，周恩来は本当はどうだったのか．これまた奇妙なことにどの本も触れられていない．誰が考えても明らかなように，もし党の副主席としての林彪が国家主席に就任したら，屋上屋を重ねるごとくに政府首相としての周恩来の上位に林彪が乗っかる形になる．現行の憲法ではそうなってしまう．周にとって面白かろうはずがないし国家運営に面倒この上ないことになる．周恩来がとりあえず毛沢東の主張と情念に同調して林彪の国家主席就任を阻止する決意をしていたと考えるのも，あながち無理な想定ではない．

第4章 廬山会議――誰が「突然の襲撃」を敢行したのか

　他方，林彪が天真爛漫，無邪気に「天才毛沢東＝国家主席」説だけを主張し，あまつさえそれに固執したと考えるのは，それこそ無邪気というものであろう．これまた誰が考えても分かるように，毛沢東が国家主席を固辞する限り，そのポストは自然と林彪に落ち着くことになる．その毛沢東が固辞していることを承知で，無理やりこのポストを設置しようと主張すれば，それは林彪がそのポストに大急ぎで就任したいからだと邪推されるのも当然である．その火中の栗を拾おうとしたのが陳伯達だったわけである．

　いずれにしても，『周恩来伝』がこの廬山会議こそ林彪系と毛沢東・江青・四人組系との権力闘争が「ついに暗闘から明争に転換」した時であったと断言しているのは妥当である．ところが同書は，こう書くと同時に意味深長に「周恩来もまた会議において"激烈な論争"が生じるだろうと備えるところがあった」とわざわざ書いている．これによって見ると，周恩来はもちろん両派の対立を知っており，それを調停するつもりもなく大いにやらせようとしていたかのようである．先の私の想定が確認できそうな叙述である．

　ちなみにこの時に哀れをとどめた陳伯達は，毛沢東と「四人組」に利用されて林彪追放劇のピエロ役を演じた後は，党籍を剥奪され一切の役職を停止されて監禁状態にあり，不遇のうちに病死した．「四人組」が追放されてからは，さすがにその哀れさ滑稽さが人々の同情をかったのか，裁判では有期徒刑を宣告されはしたが，先に引用した判決文からも分かるように「林彪・江青・康生」らと並んでは非難攻撃されていない．今日から見ても，彼に対する毛沢東の「老いぼれネズミ云々」といった指弾は情理にかなったものとは思えない．

第5章　追い詰められる林彪一派
——「批陳整風運動」と幼稚な「五七一」計画

　廬山会議からほぼ一年間，党最高指導部内の闘争は陰に陽に見えかくれしていた．廬山会議から帰った毛沢東は全党的な「陳伯達批判運動」を展開したが，その中には林彪系の人々の自己批判が含まれていた．というよりも陳伯達本人はすでに監禁状態に置かれていたのだから，批判運動の主たる目標が林彪とその一派に自己批判を強制するところにあったことは自明の理である．

　当時の最高指導部というのは，毛沢東・林彪・周恩来・陳伯達・康生の五人の中国共産党中央政治局常務委員を指すが，このうち林と陳とは批判される側になっていたし，康生は病気がちで表面に出てくることも少なく，しかも林彪系に真っ向から対立する「江青四人組」の黒幕と見なされている．したがって毛沢東の命を受けて直接整風運動を組織し指導したのは周恩来しか居なかったことになる（このあたりは『周恩来伝』が最も詳しいところである）．毛沢東の陰に隠れてはいるが，ついに周恩来の出番が回ってきたという感じである．

　毛沢東は廬山会議以降，林彪派に対して三つのことを実践したと，後の「南方巡視」旅行で自ら語っている．一つは「石を投げた」ことである．つまり水に石を投げてその波紋の広がり方を注視したのである．具体的には幾つかの軍関係の会議での陳伯達批判のやり方と内容を見て，その報告書に自分の批判の言葉を書き，それをみんなに討論させたという．誰が，何を，どのようにしゃべったか，どのような態度をとったかなどによって，自分への忠誠度と林彪との親疎関係を測ったのであろう．

　第二に「砂を混ぜた」ことである．林彪派が掌握している中央軍事委員会弁

事組の中に，紀登奎と張才千を増派したのである（この人名は汪東興の回想録によっているが，彼は別のページで李先念と紀登奎とも書いている．こちらの方が誤りである）．弁事組というのは中央軍事委員会の日常業務を統括し実施する重要な組織であるが，林彪系以外の軍長老たちはスポイルされていて実権は林彪系の「五人の大将（総参謀長の黄永勝，副総参謀長兼空軍司令の呉法憲，副総参謀長兼海軍第一政治委員の李作鵬，副総参謀長兼総後勤部部長の邱会作，それに林彪の代理人みたいな形で林彪弁公室主任の葉群が加わっている）に握られていた．彼らの他にも李徳生や謝富治ら五人がいたが，力関係は断然「大将」たちが優勢だったわけである《『新編中共党史簡明辞典』》．ここに非林彪系のものを強引に増員したのは，林彪一派の動向を監視させると同時に牽制させるためだったことは言うまでもない．

　第三に「壁の角っこをぶち壊した」ことである．71年1月，毛沢東お膝下の北京軍区を改組し，林彪系と目される司令官の鄭維山と政治委員の李雪峰とをそれぞれ李徳生と謝富治（第一政治委員）・紀登奎（第二政治委員）に替えた（なおこの時に失脚した李雪峰は1982年4月に名誉を回復されている）．李徳生はこの時，解放軍総司令部（総参謀部，総政治部，総後勤部）のうちたった一人の非林彪系の総政治部主任であり，経歴を見ると二階級特進である．いかに毛沢東や周恩来が彼を重用したかが分かる．林彪系の北京衛戍区司令官，温玉成もこの時に更迭された．

　組織的に林彪派を骨抜きにして有形無形の圧力をかけつつ，毛沢東は林彪一派の自己批判が不十分だとして批陳整風運動をさらに推し進めた．71年4月に北京で開かれた各地の運動報告集会では「五人の大将」が一層厳しく糾弾されたが，この集会を毛沢東の命令で仕切った周恩来は，会議を総括し五人を名指しで批判したうえ，彼らが「政治上では方向路線の誤り，組織上ではセクト主義の誤り」を犯したと断定した．（寥蓋隆『辞典』．『周恩来伝』）ここではなお林彪個人の批判は厳しくなされていないが，批判の焦点が林彪にあることはもはや明々白々であった．毛沢東はこうした一連の整風運動の過程で林彪自身が自己批判したことはなかったと怒りを漏らしているが，それは後述する8月の

第5章　追い詰められる林彪一派——「批陳整風運動」と幼稚な「五七一」計画

「南方巡視」旅行で頂点に達する．

　それはともかく，この間の経緯を見ていると，林彪の動きをじっと凝視している毛沢東の冷たい目を感じざるをえないと同時に，その毛の目に応えて事を運ぶ周恩来の生き生きとした姿も感じられるのである．『周恩来伝』が周恩来自身の言葉として伝えているところによれば，林彪が国外逃亡を企てるとは予測できなかったが，彼が毛沢東に背いて陰謀を企むであろうことは，毛と周恩来との「予測の範囲内にあったこと」だったと書いている《『周恩来伝』》．すなわち林彪追い落としに関しては，毛沢東と周恩来の緻密な関係と綿密な計算があったことが推測されるのである．

　他方，林彪らにとっても，毛沢東の狙いが自分たちに定められていることは十二分に理解できた．陳伯達批判を名目に林彪の妻葉群と林彪の「四天王」，つまり「五人の大将」が毛の猛烈な非難攻撃にさらされていたからである．71年1月から3月，林彪は妻の葉群，息子の林立果らと蘇州の別荘に静養に行っていた．毛沢東が周恩来を先頭に立てて（批陳整風の名において）猛烈に林彪派，特にその牙城である軍事委員会弁事組の「四大金剛」を攻撃している，まさにその時期にである．毛沢東が「砂を混ぜた」のもこうした状況下の4月7日だった．

　誰が見ても林彪は戦うか少なくとも反論するつもりならば，どうしても御大将じきじきに先頭に立つべき状況であった．事態はそれほど緊迫していたのである．それなのに彼は戦う意欲と気力を喪失したかのようにひたすら批判の矛先を避けて蟄居閉門，謹慎の態度を示していたとしか見えない．しかし後々の裁判等の林彪攻撃者はそうは見ない．この時ここで林彪は「韜晦」し陰謀を巡らして時期の到来を待っていたというのである．

　ちなみにここでいう「韜晦」とは，林彪事件以後に展開された「批林批孔運動」のころの説明では，薄暗い穴のなかに姿を隠しつつ獲物が近づく，あるいは時節の到来をじっと待っている陰険で危険な猛獣の姿を意味するものとされていた．その言葉を使って林彪の陰謀家としての陰険さを表現しようとしたのであるが，実はこの時すでに林彪はなく，実質的には林彪批判に名を借りた周

恩来攻撃だったのである《拙著『争点』》.

　この蘇州滞在中の出来事として張聶爾が面白いことを書いている．蘇州の葉群が北京の黄永勝と長電話をしたのだが，その電話が息子の林立果に聞かれてしまったというのである．張は書いていないが，後にまた触れるように，この息子は母親の電話をこっそりと録音していたらしい．林彪家の複雑な内実を示す一つの証拠である．それはともかく彼女は泣きながらこう言ったとされている《張》.

　「わたしの心は今，千々に乱れています．蘇州では彼（林彪）はトランスアミナーゼが高くて二人とも泣いてしまいました．彼は政治上のことで泣き，私も主として政治上のことではあるけれど，責任上のこともあって泣いてしまったの．」

　葉群と黄永勝との関係は知る人ぞ知るといったところだったらしいが（あまりに俗っぽい話なのでこれ以上は書かないが，もちろんこの翻訳部分はもっと艶っぽく書かれなければ情況が理解できない），著者はこの話が本当のことだとしたうえで，次のように説明している．「その時林彪はすごく気持ちが落ちこんでいて，葉群に対してとても耐え難いほどだった．それゆえ葉群は黄永勝が林彪の面前で彼女のために"一言二言，うまいこと執り成し"をしてほしかったのだ．さらに注目すべきは，林彪が蘇州で泣いたのは"政治上のこと"であったということだ．……林彪は当時すでに相当に気が滅入っていたのである．」

　この状態はずっと続いていた．上の話は3月のことだが7月初め，林彪と葉群の側近，空軍司令の呉法憲は林彪と葉群が避暑のために北戴河に行くのを送って同行した際，「林彪はとても意気消沈していて一言もしゃべらず，これまでとまったく違って極めて異常だった」と証言している《『周恩来伝』》．これは重要な証言である．少なくとも証言が得られる範囲内では，この71年3月から7月の間，林彪は精神分裂症かヒポコンデリーにかかったように，じっと縮こまっていたのである．決して悪意をもって言われているような「韜晦」していたわけではなかった．この間に外界では何が行われていたのかは後述する.

　他方，張は上記引用に続けて，林彪がそんな具合だったからといって若い息

第5章　追い詰められる林彪一派——「批陳整風運動」と幼稚な「五七一」計画　263

子の林立果が黙って親父のように引っ込んではおれなかったので，そこから息子の活発な陰謀活動（暴走）が始まるものと見ている．

　こうして悪名高い「五七一（ウーチーイー．武装起義の中国語音を数字に置き換えて暗号名としたもの）」計画なるものの作成へと事態は進む．他方林彪はこの年のメーデーの記念行事にちょっと顔を出し，六月，外国の貴賓の歓迎にもほんのちょっと姿を見せただけで，以来，公式行事に顔を出さなくなる．はたしてそれは陰謀を企むための「韜晦」だったのか，それとも負け犬がしっぽを巻いて犬小屋の片隅に身をすくめていたのか．問題の「五七一」を検討すれば自ずと明らかになる．

　これについて前著で詳しく分析したが，当時はもちろん裁判が行われておらず曖昧なところが多かった．では今日何か新しい材料が出てきてより一層の解明がなされたかといえば，前著が疑問としたところはまったくと言ってよいほど何も明らかになっていない．

　まず「五七一」についての公式見解を見てみよう．「起訴状」は次のように述べている．「1971年2月，林彪，葉群と林立果は蘇州で密議をこらしたのち（上述した蘇州旅行のことである），林立果を上海に派遣した．林立果は"連合艦隊"の主要メンバー周宇馳，空軍司令部弁公室処長于新野および7341部隊政治部秘書処副処長の李偉信を集めて，3月21日から24日にかけて反革命クーデター計画"五七一工程紀要"を作成し，情勢を分析し，決行の際の要点，合言葉，戦術を決め，"軍事的に機先を制して""上層部の会議の機会"を利用するか，または"特別手段，たとえば爆撃，五四三（ミサイルの暗号名），交通事故，暗殺，拉致，都市ゲリラ小部隊"を使い，反革命クーデターを起こして，"全国の政権を奪取する"か，"割拠の局面"を作るかしようとし，また"ソ連の力を借りて内外のさまざまな勢力を牽制する"ことをひそかに企んだ．」

　さらに3月31日（このころ林彪はすでに北戴河に移っていた），この「五七一」の「指導部」設立のプランに基づいて，林立果は「上海で江騰蛟，王維国，7350部隊政治委員の陳勵耘，南京部隊空軍副司令員の周建平を集めて秘密会議を開き，南京は周建平，上海は王維国，杭州は陳勵耘を"責任者"とし，江騰蛟が

"相呼応して協同で作戦を進めるためにこの三カ所と連絡をとる"ように指示した.」

これがいわゆる「三国四方会議」で,裁判での江の証言によればもとの上海少年科学技術ステーションで開かれたという.「判決」もほぼ同様の文章だが,「反革命クーデター計画」ではなく「武装クーデター計画」となっていて一ランク格下げされているのが注目される.

しかし判決には奇妙なことに李偉信の名がない.彼は周宇馳,于新野の二人とともに9月13日早朝,林彪らの後を追ってヘリコプターで北京を脱出しようとして失敗,他の二人は自殺したのに彼だけは死にきれずに捕まって林立果らとの「陰謀」計画について自供した.その自供書は事件の直接関係者のものとしては最も早く国内で流され,林彪の「陰謀」を立証するほとんど唯一の重要証言となっていたのである.その功績でもあるまいが,「主犯裁判」とは別に空軍の軍事法廷で15年の有期徒刑の判決を受けたけれども,本裁判の判決では「起訴状」に記された彼の名が2カ所にわたってカットされている.

この李偉信の自供書によれば《『"林江集団"案』下巻》,「五七一」紀要なるものは起訴状にある林立果ら4人が林彪一派が当面置かれている情勢を話し合い,何とかしなければこのままではのたれ死ぬといった危機感をもって対策を練った,そのメモを于新野が整理し林立果が「五七一」と命名したらしい.しかしそれはあくまでも「メモ」程度のものであって,その話し合いに参加した李偉信自身,裁判での証言では成文化されたものを「私は見たことがない」と言っている.成文化されたものは,李ら三人がヘリコプターで脱出しようとしたその秘密拠点で,9月14日になって取り散らかされたゴミの山の中から発見されたという.そのたった一部だけの文書が「陰謀」計画の唯一の物証とされたのである.この点についても張聶爾は面白いことを言っている.

「李偉信を除いては,"九・一三"以前にこの"紀要"を見たことのある第二の生きた人はいない.たとえ林立果と極めて近いと公認されている人でもある."紀要"がまだ未定稿だったからか,それとも実際に厳秘されていて人には見せなかったからか,さらにそれとも別の理由があったからか.……(発見

第5章　追い詰められる林彪一派——「批陳整風運動」と幼稚な「五七一」計画　265

された文書よりも整ったものがないということから見て）これらの人々の準備はまだ十分ではなく，彼らは倉卒に出陣したのだということが証明できる」と．

　すでに紹介したように李偉信は「見たことがない」と言っているのだから，この張の記述は実際には間違っているのだが，張が間違えた理由は，李偉信が別の証言では「"紀要"は林彪が意を授け林立果らが上海で制定した」とも述べているところから来ているように思われる《『紀実』》．また「起訴状」にも蘇州の林彪が息子を上海に派遣したとあって二つは符合するが，これもまた同じ人の後の方の証言を採用したからにほかならない．この表現は林彪に明確な意志があったと認定していることを示しているわけだが，はたしてどちらの証言が正しいのか．どちらの証言を採用するかによって，林彪についての判断は大きく変わることになるであろう．

　蘇州の林彪はすでに意気消沈して立ち上がる気力も失せてしまったかのようだったことは先に述べた通りであって，だからこそ息子の林立果が張り切ったわけなのだし，その息子たちがメモした程度のことを父親が知っているはずはなかった．裁判でもその他のどこの証言にせよ文献にせよ，林彪自身がこれを読んだとか手を入れたとかいう記録はない．しかしひょっとすると息子の方は自分を権威づけるために，親父の命を受けて上海にやってきたのだ，くらいのことは言ったのかもしれない．それを聞いたなら誰しも林彪が考えたか書いたかしたものだと思ったはずである．いずれにしても李偉信の証言が林彪の意志の認定に大きな，決定的な意味をもっていたことは明らかだが，その証言自体が違っているのである．

　さすがに公式の見解としても李偉信の自供だけでは陰謀の立証に不十分だと考えたのであろう，起訴状では一年前の1970年5月にまでさかのぼって一味徒党の結党と計画的陰謀を跡づけようとしている．こうである．

　「(1970年) 5月3日，周宇馳，王飛 (空軍司令部副総参謀長) らは会議を開いて林彪に忠誠を誓うとともに，林立果を"かしら"に推した．1970年10月，林立果をかしらとする"調査・研究グループ"をもとに"連合艦隊"なるグループが結成された．葉群は周宇馳，王飛らの暗号名を決めた．"連合艦隊"は林

彪が毛沢東主席殺害を企み，反革命クーデターを起こす際の中枢グループであった.」この引用文に続いて「1970年から71年9月13日にかけて」林立果，周宇馳らの活動が活発化するとしている．

以上から見て，裁判（林彪・四人組に対する勝利者）はこのように林彪（実は林立果）の陰謀計画と活動は70年から71年9月の林彪事件発生まで一貫したものとしているが，これは明らかに無理がある．70年5月から9月までは先述した廬山会議の前後で，その時期までに林立果らによって談合された内容は，中共第九回大会で決定されている林彪の後継者問題が毛沢東主席周辺の雰囲気からしてどうも様子がおかしい，後継者としては江青か張春橋が考えられているのではないかといったことが中心であった．裁判でのいろいろな人々の証言を読んでも，張春橋に対する敵意が明瞭に読み取れるだけなのである．

問題は「五七一」が作成されたと言われる翌71年3月以降であるが，物証としては廃棄されていた「五七一工程紀要」しかなく，それだけを単独で強調するのはいかにも証拠能力が弱い．そこで傍証として前年にさかのぼって一味徒党の動きを導入し，これを連続的で一貫したものとの印象を（国民と内外に）与えようとしているとしか思えない．実際，「主犯」の一人として主法廷で裁かれた江謄蛟自身，上海での秘密会議以降に「非常に多くの陰謀活動をやった」としてその内容を証言しているのであるが，その彼でさえ「五七一紀要」を実際に見たとは確言していない．それどころか彼は繰り返し「わたしは知らなかった．71年の9月8日になって，初めて李偉信が"五七一工程紀要"なるものを説明してくれた」と証言しているのである《『紀実』》．主犯の一人が知らなかった（もちろん見るわけがなかった）ような，そして事件の出発点となるような重要資料をもとに，どうして事件を立証できるのかと疑問に思うのは裁判に素人の私のせいであろうか．

第6章　決定打——内外政策に苦慮する周恩来の打算

　毛沢東による林彪とその一派の追い落とし策は，もちろん彼の対抗馬である江青「四人組」の歓迎するところであったが，しかしそれは同時に文化大革命において結束していた両派の矛盾を激化させ対立を煽ることでもあった．そして両派が分裂することによって最大の利益を得るのが，総理の周恩来と彼によって陰に陽に庇護されてきた文化大革命生き残りの党・政府の実務官僚であることは間違いなかった．

　周恩来は毛沢東と林彪との間に立って巧みに立ち回った．すでに触れたように『周恩来伝』によれば周は毛沢東による林彪攻撃と両派の権力闘争の激化を予測していたらしいが，さらに毛沢東は林彪に自己批判させ，それによって彼を救おうと説得したとも書いている．しかし実際に両人が直接会って話し合ったのはごくわずかな機会と時間であって，両者の話を斡旋していたのはほかならぬ周恩来だったのである．そのことは『周恩来年譜』によって時系列的に見ていくだけでもよく分かることである．

　周が毛沢東に対してどのように執り成したのか，また毛の言葉を林彪にどのように伝えたのか，詳細はもちろん分からないが，少なくとも周が本気で毛沢東－林彪関係を修復しようとしたとは読み取れない．林彪が廬山会議以降どんどんと落ち込んで行ったについては，彼個人の思いや性格が基本的に作用しているとはいえ，毛沢東の意志や表情や言葉を伝えていた周恩来の話のニュアンスが重い役割をはたしていたように思えるのである．メッセンジャーボーイが両者の離間策を図るということは，歴史上珍しくないことである．繰り返しになるが周恩来の関心は内外政策の修復と国家の再建にあった．文化大革命に

よってズタズタにされボロボロになっている経済と社会の悪化現象を修復することは，一国の宰相として最も心を砕くべきことであったのだ．彼が誠心誠意，仕事に取り組んでいたことは確かだろうし，その限りでは彼の言動をとやかく言うことはできない．しかしその仕事を完遂するために，何が有害で何が有益かを計算したであろうことも推測に難くない．だから廬山会議で国家国民の経済再建計画が，ろくすっぽ議論されずに素通りされてしまったことは，総理にとって大変有利なことだったのである．この計画は用心深く文革流の誇大な数字を並べ立てて毛沢東や文革派の批判を避けてはいたが，周にとってはとにかくにも経済再建への方向性を確立することが何よりも大事だったから，多少の無理は承知の上でのことであったろう．

　周恩来にとっては文化大革命で破綻し，再建のメドもつかない国民経済の再建のためには，軍事・国防費の削減——そのためには確とした世界戦略の構築とそれに基づく対外的な「敵」の明確化が必要であろう——，文革で目茶苦茶にされた国家と地方の機構，特に経済関連諸機関の立て直しが必須であった．たとえば71年の夏には全国各地で党委員会が再建されたにもかかわらず，文革中にできて今なお存在している屋上屋を重ねるような「革命委員会」を廃止するとか，軍の直接管理下に置かれている軍事工業部門を国務院に移し替えて政府の統一的管理と統制下に置くとかである．

　しかしその構想には，林彪が支配する軍，特に黄永勝総参謀長を組長とする中央軍事委員会弁事組が猛反対するのは当然として，毛沢東夫人の江青がイニシアティーヴを握る文革派も真っ向から反対することが予測された．なぜなら文革派は，「軍，革命幹部，革命的大衆の三結合」によって作られた新しい権力機関である革命委員会に，主として自派の「大衆代表」を送りこんでいたからである．

　この二派は文化大革命で協力し合い文革後にともに勢力を拡張してきたが，両者の間には理論，政策，人事など，どうしても合体できない矛盾があることは誰にでも分かっていた．周恩来はそこに目をつけていた．彼の構想を実現するためには，両者の矛盾を最大限に利用し分裂させることが，どうしても必要

第6章　決定打——内外政策に苦慮する周恩来の打算

であった．

そこで彼は毛沢東のこれまでのやり方を学び，一方を味方に引きつけ他方を叩くという正に毛沢東的な権謀術数を応用したのであった．そして周恩来の賢明さは，そのようなやり方を自分で考え自分でやったと他人，ことに毛沢東に思わせないこと，毛沢東の発案であり毛沢東自身がやったのであって，周自身はそれを手助けしたに過ぎないと思いこませたことである．

ではまず，どちらを味方にするか．それを判断するには，なによりもまず毛沢東の精神・心理状態を的確に読まなければならない．

最大のポイントは，毛沢東が九全大会前後から林彪に対してひどく疑い深く被害妄想的な人間になってしまっているということである．それはもちろん林彪に限ったことではなく，歴史的に見れば三十年代からの度重なる権力闘争の結果，習い性となったものだった．とりわけ文化大革命で旧来からの盟友であり，毛の個人崇拝を確立するのに大いに功績のあったナンバー・トゥーの劉少奇国家主席を粛清したことが，直接の要因になっていた．毛は劉を利用しつくし，そして劉が少しでも毛に対抗できる権力の座につき党内の人気も高まると，古雑巾のように捨てさった．

劉少奇を切るに当たっては，林彪および彼が掌握している直系の第四野戦軍系軍人，つまりは軍事力と，妻の江青が握る文革派，つまりは上海のグループの宣伝力とを利用して世論操作した．毛沢東主席は常々，革命の成功のためには先行的に「世論を形成する」ことが大事だと言っていたではないか．この二人，もしくは二つの部門は，毛沢東の権力維持のための車の両輪だったのである．

しかし毛沢東は林彪がナンバー・トゥーの地位を確保すると，今度は彼が己の権力を奪いとってかわるのではないかという恐怖心にかられるようになった．それに林彪が最高権力の座につくと，妻の江青の立場が危うくなる．まして小生意気で，でしゃばりの林彪の妻葉群がますますつけあがり，江青を蔑ろにするだけでなく毛その人をさえ軽んじる気配が言動の節々に見られるようになった．毛沢東は死後のことまで考えると，林彪とその取り巻きを，このまま

のさばらせておくことはできないと考えるようになったと思われる．江青がこの毛の感情を毎日のように煽り立てた《ウイットケ》．彼女はいうまでもなくファースト・レディーを自認し，葉群が少しでも自分と並び立つような態度を取ることを許したくなかったのである．林彪が仮に国家主席になると，国家の代表者の夫人，ファースト・レディーは林彪夫人の葉群になってしまう．これは江青にとって甚だ面白くない．かつて劉少奇の夫人，王光美が派手な格好をしてシャナリシャナリと国内国外にその姿を見せびらかせていたころ，江青自身はまだ政治の表舞台に出させてもらえなかった．その屈辱感が1つのバネになって，文革までやって王を引きずり下ろし吊るし上げさせた．その意味がなくなってしまうではないか．そんなわけで江青は絶対に林彪を国家主席にさせたくないと決意している．

　長年，毛沢東の傍らで毛の権謀術数を見つくして来た周恩来は，毛の心理と彼を取り巻く人々の思惑の渦が手に取るように分かっていたであろう．したがって文化大革命でのしあがってきた文革派は大嫌いだが，とりあえずは毛に迎合するためにも江青や張春橋をおだて上げ，これを利用して両派の権力争いを激化させ，林彪一派を叩きつぶすことができると踏んだ．林彪一派を叩きつぶせば，軍に支持基盤をもっていない文革派も勢力を弱めざるをえないだろう．

　第二に毛沢東のソ連嫌いを利用するということである．毛は30年代からソ連が大嫌いで，その憎悪感と嫌悪感はもう肉体化されたものになっていた．だからアメリカ帝国主義打倒，ベトナム支援を声高に主張しながら，ベトナムを最も支援しているのがソ連だということが気に入らない．口ではベトナム支援と言いながら，その支援のための反米国際統一戦線の結成には賛成ではなかった《日本共産党》．1969年に中ソ両国が直接に武力紛争を起こした結果，毛のソ連嫌いはレベルアップし，ソ連修正主義を最大の敵だと見なし「社会帝国主義」とまで断じるようになった．

　ところが林彪はというと，一方ではアメリカ帝国主義と人民戦争でもって断固戦うと強調し，他方では，いまだに日中戦争期に大ケガをしてソ連で世話に

なったり，建国後もモスクワで療養させてもらったという恩義，そしてその折にチヤホヤされた思い出が忘れられずに，ソ連主敵論を徹底できないでいる．そのくせ，毛沢東に同調してソ連修正主義も敵だとしてそれへの備えをも主張している．つまり両面作戦論なのである．

　中国が両面の強大な敵と同時に戦うなんてことは絶対にできない，というのが周恩来の現実感覚である．彼から見ると，両面作戦を主張するのは国家財政の危機的状況という現状も認識できず，国際政治感覚にも欠けた林彪ら軍人の愚鈍さと思い上がりを示しており，彼らの権力拡大と権力操作のための宣伝に過ぎない．

　周の考えでは，林彪が唱えるような「敵を自国領に深く誘いこみ人民の海の中に没し去る」といった文化大革命時期（同時にベトナム戦争時期でもある）の人民戦争論は，もはや時代遅れも甚だしいものであった．あの朝鮮戦争での中国の人海戦術がどれほど大きな被害をもたらしたか．当時の反米援朝の人民志願軍総司令官で国防相であった彭徳懐がなぜ強烈に軍の近代化を推進しようとしたか．それに彭徳懐は失脚させられたが，軍の元老たちのほとんどが，なぜその軍の近代化に賛成したか．周は首相として十分に承知していたのである．前にも書いたように軍の近代化を含む「4つの現代化」を率先して主張したのは彼だったのだ．しかしそのことで正面切って林彪を批判するわけにはいかない．なぜなら人民戦争論こそ，毛沢東と林彪とを結びつけている彼らの共通のアイデンティティーそのものであったからだ．すでに経歴のところで述べたように，林彪自身も決して軍の近代化に反対していたわけではない．ただ毛沢東個人崇拝を高めるうえで人民戦争論は毛沢東思想・精神にとって不可欠の構成要素だと考えていたに過ぎない．

　人民戦争論以外については毛沢東も周恩来と同意見であった．そこで周は毛のソ連嫌いにつけこみ，また国際政治情勢に疎いという自覚につけこんで，折りに触れアメリカがソ連よりも敵対的で有害だとは言えないと囁き，それとなく和解の可能性を暗示してやる（その早い時期での動きは69年の中ソ武力紛争のころにあったと『毛沢東秘録』は書いている）．ワルシャワ，ルーマニア，パキスタ

ン，フランスなど様々なチャンネルを通して両国は接触を絶やさず，その結果は周恩来を通して都合のよいように毛に伝えられた．1970年に毛沢東の「旧友」のエドガー・スノーが訪中し，毛沢東と単独会見をはたしたのも，そのスノーを通してニクソン大統領に米中接近のシグナルを送らせたのも，みな彼，周恩来のお膳立てであった．

　この場合，党副主席の林彪は完全に蚊帳の外に置かれている．表立って議論すれば林彪らが反対することは目に見えていたからである．林彪一派には毛沢東以上に国際感覚が鋭いと言えるような者はいない．こうして周恩来はついにキッシンジャーの極秘訪中の実現に漕ぎつけるのである．

　さらに周恩来の離間策は思いがけない形で成功することになった．陳伯達が林彪とつるんでいるという毛沢東の疑心暗鬼が爆発して，陳伯達が失脚させられたのである．いわば林彪派の外堀を埋めた格好だが，少なくとも林彪派の連中が「批陳整風運動」に追われっぱなしで周の内外政策に口出しする余裕を奪ってしまった．

　ところで「五七一紀要」などという幼稚で訳の分からないものが林立果を中心に議論され，その前後の林彪が蘇州や北戴河にひきこもって世間の目から逃げていた時，それはちょうど周恩来が主導する対米接近外交が具体化されつつある時期と一致する．この点は前著でも述べたことだが，とても大事なことなのに中国で発表されている林彪事件関係の文献類にはほとんど触れられていないので，ここで繰り返し紹介するのも無駄ではあるまい．

　『周恩来伝』はいみじくもこう書いている．「林彪が（北戴河に行くので）北京を離れるのとほぼ同時に，7月9日正午，キッシンジャーが秘密裏に北京にやってきた」と．今日ではよく知られているように，キッシンジャーの訪米は前年の名古屋での「ピンポン外交」からニクソン訪中，米中国交樹立に至る中国・周恩来外交の勝利とも言うべき大事件である．

　このキッシンジャーの北京秘密訪問から二週間もたたぬ7月20日，「ニクソンの北京訪問に関する中共中央の通知」なるものが高級幹部だけに送られた．そこにはこう書かれている．

第6章　決定打——内外政策に苦慮する周恩来の打算

「総理の名でニクソンを招請したのは毛沢東主席が自ら決定したことである．中央の一部の同志は一度は異なった意見をもっていたが，繰り返し論じ合った結果，認識を統一し，最後には一致してこの決定に同意した」とあり，さらに「断固として毛主席を主とし，林彪副主席を副とする党の核心のまわりに団結」するようにと唱っている．毛沢東・林彪体制の安定団結を誇っているわけだが，それがいかにいい加減なものであるかは，読者にはすでに明白であろう《以上の引用は拙著より》．

この「通知」がいつ，どこで，どのように決定されたかは分からない．「毛沢東主席自ら決定した」ことを「総理の名で」出したとあるから，毛沢東と周恩来とが合意して出したことだけは確かである．米中関係修復の問題で一番苦労したのは周恩来だから，多分周恩来が書いて毛沢東の了承のもと，発出されたのである．「中央の一部の同志」が反対したというのは誰のことであろうか．普通に考えれば林彪一派の軍人連中ということになるが，この段階では彼らは「批陳整風運動」の標的になっていて手も足も出ない状況にあり，林彪自身も先に述べたようなだらしなさである．林彪が相談にあずかったとは考えられないし林彪派もあずかり知らないところで出されたと考えるのが自然である．むしろ悪く勘ぐれば，林彪派に容喙させないためにこそ，毛・周ラインは「批陳整風運動」を激化させたとさえ考えられる．

このように推測する一つの根拠は，この時の毛沢東の頭の中にはキッシンジャーどころではなくて，林彪一派との権力闘争で一杯だったということである．『周恩来伝』によればキッシンジャーが北京に来た9日の夜の毛の様子はこうだった．

毛沢東は総参謀部の熊向暉（この人の当時のポストは最新の『中国共産党組織史資料』などにも出ていない，軍の外交関係ポストにあったのだろう）を呼びつけ，キッシンジャー訪中に関する総参謀部内の状況報告を受けながら，それにはあまり強い関心を払わずに，もっぱら総参謀長の黄永勝らの「批陳整風運動」における自己批判の状況を聞きただした．毛は言った．「彼らの自己批判は本物ではない……彼らには後ろ盾があるのだ」と．「後ろ盾」とは言うまでもなく林彪

のことである．『周恩来年譜』のこの日の項目にも，実に素っ気なく上記の事実が書かれている．まるでキッシンジャーのことと党内闘争とはまったく関係がありませんと言わんばかりに並列的に記述されているだけである．

これが事実だとすれば，キッシンジャーの訪中，そしてすでにこの時点で予定されていたニクソン訪中と米中接近という歴史的大事件は周恩来に任せっぱなしで，それよりも当面する林彪との戦いの方がはるかに大事だと言わんばかりではないか．毛沢東の情勢認識と現実感覚がこのころどのようなものであったかが想像される．

しかしこれは周恩来にとってはめっけものと言うべきであったろう．周恩来は「中央の一部の同志」の反対意見を押し切って米中接近を図ろうとしたのである．それはただでさえ悪化している中ソ関係を決定的に悪化させるだけでなく，建国以来の社会主義諸国との友好と連携をも断ち切るものとなろう．アメリカと戦い続けているベトナムや朝鮮戦争以降まだアメリカと対立している北朝鮮との関係も当然悪化することが予測された．だが周恩来は決行したのである．

すでに触れたように総理・首相としての周恩来の最大の関心事は国民経済の再建にあった．それなしには中国は国際政治の表舞台で偉そうな顔ができない．彼は中ソ対立以来，毛沢東がソ連をまったく信用しなくなり，国際共産主義運動では中国自身がイニシアティブを取るべきだと考えるようになっていたこと，そして文化大革命を通してソ連主敵論に踏み切ったのも毛の選択だったことを熟知していた．ここから導き出される結論は，アメリカとの関係修復には毛沢東も反対しないだろうということである．またそれを実現しなければ，中国の大国としての再建と発展，それに国際共産主義運動でのイニシアティブは不可能だということである．大躍進政策の失敗に傷ついて経済問題にますます疎くなっている毛沢東に，中国の経済力は西側に決定的に遅れていることを認識させることはそれほど難しいことではなかったはずである．そしてその経済力－国力なしにソ連を凌駕することは不可能であり，それを阻害しているのが，林彪ら軍人連中の途方もなく金がかかる米ソ二正面戦略だと耳打ちすれ

ば，後継者をめぐって林彪一派が権力を増大しているのを苦々しく眺めていた毛沢東としては渡りに船である．周恩来はまさにこの毛沢東の心中を的確にとらえていたと言えよう．

　こうして見ると，目下展開中の「批陳整風運動」（4月中旬に大々的な陳伯達批判の会議が開かれ，同時に葉群を含む林彪派の将軍連中も鋭く非難された）とはまったく無縁のような米中接近という，とんでもない歴史的大事件が，なぜこの時期に急速に具体化されたのかという疑問は氷解する．絶妙のタイミングで周恩来は懸案事項を解決しようとしたのである．『年譜』によって見ると，周恩来はもっぱら「整風運動」について副主席である林彪に報告するために北戴河に行ったり（3月末のことで，林彪は蘇州から帰ってきていたらしい．周は林彪訪問のために二日間北京を留守にしたとある）北京の自宅に行ったりしている．この時点では林彪は既に周恩来が伝える毛沢東主席と中央政治局の決定に唯々諾々と従う姿勢を示していたという．外交関係で周恩来に文句をつけたり「異なった意見」を述べたりする余裕もなければ，そんな立場でさえなかったのである．

　ニクソン訪中の準備の成功は，国家主席を設けないとする憲法改正に次いで，対外政策でも林彪が敗れたことを物語っている．

　もともと国家主席についても，周恩来が毛沢東に同調して国家主席不要論を堅持したという証拠はどこにもない．それどころか彼が内心では国家に国家主席が必要だと信じていたであろうことは，毛沢東死後に復活した周の後継者ともいうべき鄧小平らがうやむやのうちに国家主席を復活させ，それを憲法上にも明記したことからしても明らかである．彼らは毛沢東と周恩来の死後，林彪が自分の権力を強大化するために国家主席のポストを狙って陰謀を企んだ，とは主張しても，国家主席が毛沢東の主張したように不要だったとは，誰ひとりいっていないのである．もし周恩来が本気で不要論をもっていたとしたら，いくら鄧小平が偉いといっても周のおかげで生き残ったのである．あれほど大騒ぎした国家主席を簡単には復活させることはできなかったはずである．だが周は，国家主席についての自己の見解をおくびにも表に出すことはなかった．

　なお上記の極めて重要な資料－「通知」は，奇妙なことに今日に至るも中国

側の公式資料とその他の文献,『周恩来伝』『周恩来年譜』にさえ出て来ないのである．この資料もまた香港産のガサネタにすぎないと見られているからか，それともこの決定が「中央」の名を冠しながらあまりにも少数の一部の人々によってのみ決定，実行されて公式にオーソライズされていないためか．どちらについても言及している文献は見当たらない．さすがに現代中国研究の大家，毛里和子氏は最近の翻訳書『ニクソン訪中機密会談録』の解説の中で，この通知の存在を認めたうえで「党内妥協の産物であろう．この対米政策の大転換が二カ月後の林彪事件の重大なきっかけになったことは十分考えられるが，現在それを証明する材料はない」と書いている．けだし卓見と言うべきだが，この文書がなぜ公式に認められていないのかという点は説明されていない．林彪一派がこのころはすでに政策決定からスポイルされていたという点も指摘すべきであろう．

　こうして林彪事件の1カ月前，毛沢東の南方巡視の旅が始められるまでに，毛と林彪との戦いはほぼ決着が着いていた．それは同時に明らかに周恩来の勝利でもあった．

第7章　毛沢東の「南巡」と林彪の奇妙なメモ

　毛沢東による林彪追い落としの仕上げは，1カ月近い「南方巡視」旅行によって成し遂げられた．この旅行は真夏の炎天下に29日間も続けられ，各地の党・政・軍の重要な責任者らと13回も会談したという．毛沢東の執念を示す言動であったと言えよう．この行脚こそ林彪事件の直接の導入部であったとする説もあるほどである．それ以前は林彪一派もじっと我慢していて毛沢東に反対するつもりはなかったのだというのである《王兆軍》．以下，汪東興の回想録を中心にその他の資料文献によって林彪系の動きを対比させながら，この旅行の足取りと，あちこちで毛沢東が語った意味深長な言葉を探ってみる．

　まずこの旅行の目的について汪東興は「二中全会（廬山会議）で暴露された問題はまだ完全には解決されておらず，党内でより一層林彪およびその一味の陰謀活動を明らかにし批判すること，党内の団結を強調し分裂を防ぎ，各地の責任ある同志たちを招き呼びかけることを通して，林彪支持者が真に誤りを認識し悔い改めるように援助すること」だったと書いている《汪東興》．

　もちろん本質はこんな奇麗事ではなかった．党内ですでに噂になっていた毛沢東と林彪の仲たがいを事実だと認定し，「批陳整風運動」の目的が陳伯達を表立ったターゲットとしながら実際には林彪一派にあることをも明確にすることであった．中国人，とりわけ権力の分布・異動状況に敏感な幹部クラスともなれば，それが新たな権力闘争であることは誰にでも分かることであった．しかしその闘争の帰趨は，必ずしもはっきりしていない．どちらを支持するか態度をはっきりさせない，いわば日和見主義者が圧倒的に多いのは，建国以来の権力闘争，あるいは反右派闘争の経験からして当然だった．そこに毛沢東の一

抹の不安があったわけだが、自分の権威に絶対的な自信をもつ彼は、林彪に先行して堂々とあからさまに林彪一派と戦うことを宣言し、それを自ら宣伝して回ったのである。もちろん毛沢東は、林彪が自分と同じように折伏行動を起こすなどとは考えてもいなかったのである。

廬山会議以来、毛沢東が一番懸念したのは言うまでもなく林彪に忠誠を誓い、彼によって引き立てられてきた軍人たち、すなわち第四野戦軍系を主力とし実戦部隊を握っている地方の有力将軍たちであった。そのことは彼がどこで誰と会って、どのような話をしたかを見れば一目瞭然である。今、当時の中央と地方の軍組織における林彪系の将軍連中を洗ってみると以下のようである。

中央トップの中央政治局常務委員の5人中、林彪と陳伯達の2人、政治局委員21人中、林・陳のほかに葉群と「四大金剛」の7人（33パーセント）、中央委員175人と候補中央委員109人、計284人中、なんと19パーセントが林彪系軍人だったと言われている《フゥィットソンとポール・ウォン》。

ここで林彪系云々というのは、すでにお馴染みの内戦終結直前に全軍が5つの野戦軍に再編成され、総司令部にいた朱徳、葉剣英らを除くすべての軍人がそのどれかに属していたことを意味する（というよりも、毛沢東や劉少奇、康生、陳伯達などの党務に専念してきた人々以外は、ほとんどの党・政・軍の活動家は紅軍、八路軍と新四軍、人民解放軍に参加して活動し成長・出世してきたのである）。先に10人の元帥について触れたが、今度はこれを野戦軍別に整理すると次のようである。

	司令官	政治委員
第一野戦軍	彭徳懐（うち西北軍区司令官・賀竜）	彭徳懐兼任
第二野戦軍	劉伯承	鄧小平
第三野戦軍	陳毅	陳毅兼任
第四野戦軍	林彪	羅栄桓
華北野戦軍	聶栄臻（第一副司令官・徐向前）	薄一波

革命第一世代に属する軍元老と言われるのは、上記の12人（朱徳、葉剣英を含む）であるが、このうち鄧小平と薄一波とは建国後すぐに軍務を離れたので、

残り10人だけが「元帥」の位階を授与された．しかし鄧小平がいかに軍に対する影響力が大きかったかは，文革後（1976年），二度目に復活してすぐに総参謀長に任ぜられたことからも知られる．

これら軍元老の旧部下たちたちは，ほぼ大ボスの盛衰につれて浮沈した．それは各期の中央委員の統計によっても理解できる．前記した林彪系19パーセントというのは，その極端な事例であるが，これほどでないにしても林彪失脚後の第十期，十一期の中央委員の統計では第二，三野戦軍系の数が顕著に増大している．

しかし実際上，中央委員といっても実権を握っているのは全国十の大軍区（当時）と各省軍区の司令官や政治委員である．どこの国でもそうだろうが，中国では少数の例外を除いては実戦部隊を握っていない者は実力がない．それゆえ大ボスたちは，いつの時期でも中央クラスの人事とともに，どれだけ自分の息のかかっている旧部下を，これら地方の有力ポストに押し込むことができるかに腐心したのである．今，大軍区のメンバーだけを列挙すると次のようである．（現在は七大軍区のみ）

	司 令 官	政 治 委 員
瀋陽軍区（部隊）	陳錫聯（二野）	曾紹山（二野のち華北）
北京軍区	李德生（二野）	謝富治（二野，病気のため実質上は紀登奎）
済南軍区	楊得志（華北）	袁昇平（四野）
蘭州軍区	皮定欽（三野）	洗恒漢（一野）
南京軍区	許世友（三野）	張春橋（文革派）
武漢軍区	曾思玉（華北）	劉豊（二野）
福州軍区	韓先楚（四野）	周赤萍（四野）
広州軍区	丁盛（四野）	劉興元（四野　韋国清が第一だが実質は劉）
昆明軍区	王必成（三野）	李成芳（二野）
成都軍区	梁興初（四野）	張国華（二野）

このほか大軍区なみのウルムチ軍区があった．司令官は龍書金（四野），政治委員は蕭思明（華北）である《以上は『中国共産党組織史資料』付巻2による》．

新興の文革派が無理やり軍人でもなく軍とも直接の関係がない張春橋を政治委員に押し込んだのを除いては，すべて5つの系統に属している．人事移動によって出身が重なっている者もいるが，主たる系統を示している．

　第四野戦軍系統が林彪系と言われるものである．出身野戦軍がそのまま林彪事件当時の林彪一派とは言えない（たとえば劉豊のように林彪一派に忠誠を誓っていたと思われる者もいる）．しかし毛沢東がわざわざ北方ではなく「南方」巡視の旅をやったことと，林彪の罪状に「別に南方で党中央を樹立しようとした」と言われた理由は，この一覧表からも明らかなように，南方（広州・福州・成都など）に四野系が多かったのも事実である．これらのうち林彪事件に連座して失脚したと思われる者，罪を追及はされなかったが移動させられた者などがいる．第一野戦軍系が少ないのは大ボスの彭徳懐が失脚し，それに連座してこの系統の有力軍人が失脚したり左遷させられたりしていたからである．

　周恩来は林彪を除く彼ら軍元老を味方につけて文革派と林彪派と戦ったのである．

　よく知られているように，周は紅軍の建設以前に始まる中国共産党の軍事部門の創設者の一人であり，革命後の生き残り指導者の中では最古参の軍幹部，特に政治指導面での中心的役割をはたしてきた人物である．その意味では林彪をも含むすべての職業軍人は彼の指導と教育とを受けてきたとさえいえ，毛沢東以上に軍内部で権威が高いといっても過言ではないが，彼は1935年の遵義会議以来，毛沢東に軍事指導面での主導権を譲り，自分は文官としての任務に専念してきた．建国後も中央軍事委員会の主要メンバーとして軍事面での発言権を留保していたとはいえ，こと軍事部門に関しては表面に出ないように細心の注意を払ってきた．毛沢東の疑心，敵対心や嫉妬を買わないためである．

　毛沢東もこの点はよく心得ていた．直接の軍事力（勢力）をもたない限り，自分に対抗しうる権力者になることはないと毛は信じていたのである．だからこそ毛沢東は政治における舵取りをかなり自由に周に委ねていたのであり，ナンバー・トゥーとして自由に対抗しうる力をもつようになる劉少奇や林彪を打倒しても，常に周の協力と支援を当てにできたのである．絶対にナンバー・

トゥーの地位に就くことを回避し軍の権力にタッチしないようにしてきたところに，周の賢明さと用心深さがあった．

　しかしその周は，競争相手にはならないように用心しつつも，毛沢東の信頼と依存とを熟知していて，毛の了解を得ながら注意深く自分の協力者と支持者とを保護してきた．鄧小平を徹底的に失脚させなかったのはその代表的な例である．そのほか林彪や文革派に追及され粛清されかかった軍元老たちも数多い．保護できなかったのは毛沢東の直接の怒りをかった彭徳懐だけだったかもしれない．したがって彼らはみな周に感謝し，内心では周を支持し，その気持ちを自分の直系の旧部下たちにも伝えていたのである．元老とその部下たちは，周とともに，林彪とその直系の部下たちの全盛期が過ぎ去るのをじっと待ち構えていた．林彪包囲網が，林立果らの小物の反抗だけで終わったのは，林彪自身の毛沢東依存性・恐怖症によるところが大きいが，周恩来を中核として，アンチ林彪系の軍元老とその部下たちの冷たい目と，周を支持する党・政官僚たちの反抗とが結束したからである．彼らはみな，当面，文革派が毛沢東によって信頼され支持されていることを承知していただけでなく，もし林彪系が粛清されたなら，その文革派もまた勢力を失うであろうことをも承知していた．勝負は，とりあえず林彪一派を蹴落とすことから始まるであろう．

　さて1971年8月15日，毛沢東は汪東興らを引き連れて列車で北京を出発，16日，武昌に着いた．そして早くもここの駅頭で武漢軍区の政治委員，劉豊らに会う．彼は本来「四野」系ではないが，林彪に可愛がられて抜擢されていたから，一番危ないと同時に崩し易いとも見られたのだろう．この軍人とは二回会っている．そこには一番信用し毛沢東自身が抜擢した華国鋒（党湖南省委員会書記のまま中央の要人にもなっていた．毛沢東死後の党主席）も同席し毛の一言一言に合点々々していたのは言うまでもない．

　この武昌でいきなり毛沢東が長々と語ったことは，彼がずっと考えぬいて準備してきたことであった．それはその後も繰り返し各地で語られたことでもあるので，まずその内容を簡単に吟味しておこう．

　毛沢東はのっけからいきなり「公明正大であって陰謀詭計を巡らしてはなら

ない」と切り出して参会者たちを驚かせた．続いて彼が系統的に語ったのは党内の権力闘争の歴史であった．彼は過去の党内の権力闘争は彼の正しさを貫徹するために不可避であったという自らの正当性を確認したうえで，それは今後も（というよりも今まさに）展開されるであろう新たな権力闘争を宣言した．さらに毛沢東は，軍隊が林彪によって統括されているとはいえ，自分に叛乱を企てるなどと信じることはできないと言った．毛はその後もこの話を繰り返し各地の軍人に語り，さらに付け加えて自分こそが軍隊（人民解放軍）を作ったのであり，作った者が指揮することができないなどという話があろうかとも言っている．その後話は一転して廬山会議のことに移り，そこで問題になったことはまだ解決されていない，自分は会議の後，三つの方法（例の石を投げて波紋の広がりを見る，砂を混ぜる，壁の角っこを崩すということ．ここで初めて語られたことである）を用いて様子を見たことを得意気に話した．

　ここまでの話で聞いている側が印象づけられるのは，党内闘争では常に毛沢東が正しくて「公明正大」の立場にあり，彼と戦った者がみな「陰謀詭計」を巡らしたということ，その戦いでは軍が重要な役割を担ったこと，その軍の建設者であり指揮者は自分をおいて居ないのだから軍人はみな自分に従うべきであることなどである．これはいわば踏み絵である．自分と林彪のどちらに従うのかと迫っているわけである．そのことは彼の話の中で，葉群を名指しで林彪弁公室を切り回しそれだけで中央軍事委員会弁事組にしゃしゃり出てきたと非難し，そんな女の横暴を許した林彪のだらし無さをそれとなく非難していることからも明白である．

　長々とした話によって踏み絵を強要したという他にもう1つの狙いがあった．それはこの武昌で語ったことは極秘扱いだと宣明したことである．限られた人々との談話であったとはいえ，党の主席が地方要人に語ったことを厳秘に付し，それが外に，とりわけ党の副主席クラスに漏れないだろうと考えること自体が常識的にはありえないことである．当然漏れることを計算しているわけで，問題は誰が誰に，どのように漏らすかなのである．計算された底意地の悪さが感じ取れる．

はたせるかな予測通りに予測通りの人によって，この談話内容は外に漏れることになった．9月6日の朝，劉豊はたまたま武漢に来ていた林彪一味の李作鵬に伝えたのである．李はその日の午後，帰京してそれを黄永勝に伝えた．林彪にかかわる重大事であると考え上官である黄に伝える必要があると思ったからである．その帰途，車に同乗してきた邱会作にも話した．しかし何故だが葉群と呉法憲には話さなかった（李の裁判での証言）．葉群に電話で伝えたのは黄永勝だった．「四人の大将」の一つの罪がこのように大袈裟に取り上げられたのだが（劉豊は裁判では「密告」の罪で「林彪・四人組」一味の60人の1人として名が挙げられていたが起訴はされていない），実はその一日前に，この談話内容は半ば公然と知られていたのである．それは広州軍区でのことであった．

　8月28日，武昌の次に毛沢東は長沙に行き，広東から広州軍区の司令員丁盛と政治委員の劉興元を呼びつけて談話した．この二人はともに林彪直系であったから，毛はわざわざ，君らは黄永勝との関係が深いとか，セクト主義をやってはいかんとか皮肉を言いつつ武昌でと同じような話をした．その他に華国鋒や広西省の韋国清らも同席させたが，話したかった対象が丁と劉にあったことは明らかである．2人には二回会って話している．その後彼らは広州に帰り9月5日，軍クラス以上の高級幹部（広州軍区に統括されている幾つかの軍の司令員と政治委員だが，軍の参謀長クラスも参加していたらしい）を集めて毛沢東の談話内容を伝達した．極秘事項であるはずのものが，将官クラスとはいえかなり多数の人々に伝えられたわけだが，このクラスの人々に伝達することを毛沢東が了承していなかったとは考えがたい．そこに林立果の息のかかった顧同舟（広州軍区空軍参謀長）という者がいて，その日の夜に北京の于新野に43分間も電話して内容を伝え，于はそれを整理して文書化し，翌日それを周宇馳がわざわざヘリコプターで北戴河に飛んで林立果と葉群に手渡した．また顧同舟も自分の聞いたことを文書化し，9日，妻にもたせて病気見舞いの口実で北京に派遣し周宇馳に手渡させた．その折ついでに広州軍区の指導部の人々の林彪に対する態度をも伝えたという《『審判続集』》．なお丁と劉の2人も裁判では林彪・四人組一味の60人のリストに入っているが失脚はしなかった．

9月5日と6日に，劉豊－李作鵬－黄永勝ラインの情報と顧同舟－于新野－周宇馳ラインの情報の2つが北京の林彪一味に伝えられたことが分かるが，いずれにせよどこにも北戴河の林彪本人が聞いたとかかわったと書いていないことに留意しておきたい．しかし林彪が毛沢東の談話の内容を知らなかったかどうか，あるいは上記2本のラインによってしか知り得なかったかどうかという点では疑問が残る．というのは『周恩来年譜』9月3日の項に，毛の談話記録が汪東興の手を通して北京に送られてきたことが記されているからである．その記録は翌日周恩来の手に渡り，彼は即日中央政治局会議を開いた．この会議で何をしたかは書かれていないが，慣例では毛沢東主席から送られてきた書類は政治局会議で披瀝されていたようだから，この会議もそうであったかもしれないと推測される．さらにまた毛沢東－政治局会議で検討された書類は副主席たる林彪にも伝えられるのが普通だったから，この会議に欠席したとはいえ，この談話記録も当然林彪に伝えられたと考えられるのである．

以上を要するに，毛沢東の談話の内容は別段上記の2本のラインから密告されなくても，早くて4日，遅くても6－7日くらいには林彪は知りうる立場にあったということである．私が「踏み絵」だと言ったのはそういう意味である．当然知るべき人が知っただけのことを，わざわざ誰が密告，密報したかと大袈裟に騒ぐことに意味があったのである．

話をもとに戻して，毛沢東は8月31日，南昌に許世友（南京軍区司令員），韓先楚（福州軍区司令員）らを呼びつけて談話した．韓は林彪の直系の将軍であり，林彪をもちあげる論文を書いたりしているが，ここでは毛沢東に忠誠を誓うと表明している．

9月3日，杭州に行き，本線ではなく支線に停車させた専用列車まで南萍（浙江省軍区政治委員），熊応堂（浙江省軍区司令員），陳励耘（空軍第五軍＝7350部隊政治委員）を呼びつけた．陳レベルの軍人を呼んだのは異例だが空軍関係の林彪一味だと睨まれていたらしい．空軍司令員の呉法憲との関係をしつこく問い詰められ，廬山会議での空軍関係者たちの動向も非難された．しかしここでは毛沢東は興味深い話をしている．廬山会議での林彪の講話（天才論と国家主席

の問題）は彼，毛沢東に相談なしで行われたが，実はその前に林彪は毛沢東に二回電話しようとし，また書簡も書いたのに，みな葉群と黄永勝に邪魔されてできなかったというのである．

毛の林彪弁公室主任としての葉群嫌いは徹底していて，林彪が悪いのではなくてその妻の葉群が悪いのだというわけである．林彪の罪を軽くしてやろうとする配慮が読み取れないわけではないが，2人は一蓮托生だから免罪してやると言っているわけではない．むしろ興味深いのは，わざわざ陳勵耘にそれを語っていることである．話が直ちに林彪一味に伝わることを承知で（というよりも，そのようにさせるべく）しゃべったのである．毛沢東が陳を一味だと認識していたことは，そのすぐ後の奇妙な行動をとるに際して「陳勵耘には知らせるな」とわざわざ断っていることからも分かる．

9月4日以降9日まで毛沢東は杭州に居た．しかし杭州にじっと居座っていたわけではなく，9日の早朝には彼の専用列車は杭州の南方の紹興に向かう線路の支線に入って停車していたらしい．そして翌10日，杭州に引き返してきて出発することを決定，午後2時半，再び南萍や陳勵耘らを呼んで「団結しなければいけない，分裂はいけない」とクギをさし，午後4時，上海に向け出発したとある．この杭州出発を決定するに際して，そのことを陳勵耘に知らせるなと言ったのだが，汪東興は陳は杭州の警備責任者なのだから，彼に知らせないで出発するわけにはいかないと反論したという．

何が毛沢東をかくも用心深くさせたのだろうか．汪東興の回想録は「林彪は林立果に指示して，"連合艦隊"に"一級戦備"の命令を下達させた」と書いているが，裁判の起訴状にも『周恩来年譜』などにも述べられているこのことについては証拠はない．むしろ翌8日の林彪じきじきに書いたとされる「手令」，「立果，宇馳同志の伝える命令の通りに実行せよ」というメモ書きの方が直接に暗殺命令を下した証拠品――「一級戦備命令」とされるようになる――として重要視されているが，もちろんこのメモ書きを当時の毛沢東が知るわけがない．それは事件の後の13日，周宇馳，于新野，李偉信の3人が林彪らを追って逃亡しようとした秘密拠点に，ひっちゃぶかれ捨てられてあった紙くずを捜

索者たちが苦心して復元したものであったからだ．無理して復元したせいかどうか分からないが，江騰蛟は後に，自分が見た「赤色の鉛筆」で走り書きされた「手令」と，証拠品とされているものとは内容も筆跡も違うようだと証言している《裁判紀実》．

9月7日という日は，外見では北戴河で静養中の林彪一家が実にのんびりと一日を過ごしていたように思われる．この日の朝，林彪の娘（もちろん葉群の娘で林立果の姉である）の林立衡（通称林豆々），その許婚の張清霖，林立果の許婚の張寧らが林彪の専用機でこの地に来ていた．姉は弟とその許婚と仲むつまじく語り合った．翌日，張寧は林彪と直接会い，珍しく林彪もマルクス・レーニン主義とか毛沢東思想について語った．林彪が「一級戦備命令」を出すような雰囲気と動きは感じられないのである．

しかし他方，この8日の午後，前日に同地にヘリコプターで飛来していた周宇馳（先述のように顧同舟の通報を知らせに来たものである）が北京に帰った．江騰蛟によれば，周はその足で江騰蛟の家に来て毛沢東暗殺を上海通過時にやるべきだと息巻いたという《『紀実』》．

江の証言は極めて興味深い．彼は裁判官に，周は何しに来たのかと問われ，一つは顧同舟がもたらした長沙での毛沢東談話記録を見せに，第2に毛沢東暗殺計画について，第三に毛を上海近辺で暗殺するとして誰がそれを実行するかという三つの問題を提起したという．周は毛沢東の談話記録を読んで，毛らが（「毛ら」というのは，裁判の証言では「彼らは」とあり，毛沢東個人ではなく張春橋らを指して言っている）本気で林彪一派の粛清に乗り出していることを知り，「先にやるのがよい」と判断したのである．江は上海の王維国にやらせたらどうかと提案したが，周は「あんな粗暴な男にやらせるわけにはいかない」と答えた．江はそれでは自分が督戦のために上海に行こうということになったと述べている．

9月8日付けメモの「一級戦備命令」とは，実はこのことではないかと思われる．しかし江の家での周とのやり取りの際には，二人ともまだこのメモを見ていなかった．林立果が同席していないからである．立果は周の後から北京に

帰ってきて北京西郊外の飛行場そばにある空軍学院内の一味の秘密拠点に入った．そこに李偉新も呼ばれて四人で密談をこらしたが，李の証言によれば，それは夜の11時過ぎのことだったという《『紀実』》．立果を除く三人がメモを見たのはこの時である．

　立果は，いよいよ時機が到来したとの情勢判断のもと，「五七一」を「やらねばならない，この件については首長（林彪）は私に処理するよう委託なさった」と言ってメモをみんなに見せたのである．そして立果は周と江との話し合いの結果を聞いて，江に「東南方面の総指揮をお願いする．この任務は極めて重い」と言い，不老長寿に効くと言われるヒジリダケを手渡した．自分よりははるかに若い男ではあるが，林彪じきじきのメモを見せられ，その上でおだて上げられた江は，「正義のため，革命のため，断固としてやりとげます」と応えた．しかし実際には彼は上海に飛ばなかった．かわりに于新野を派遣したらしい．

　この時の密談で，東南は江に委ねるとして北方は誰がよいかという話になり，空軍司令部副参謀長の王飛がよいということになった．この人物は翌9日午前，先の四人が居る西郊飛行場にやってきて密談に加わった．それはその日の夜まで続いた．この二晩，南方巡視中の毛沢東をいかにして殺害するかの方法論をさまざまに論じあったが，結局確かな方法は見つからなかった．北方（北京）に関しては，王飛が要人居住地域である中南海の釣魚台を戦車かミサイルで攻撃するという物騒な提案までした《『紀実』，『汪東興』》．

　以上によって明らかなことは，「一級戦備命令」なる林彪のメモはまったく具体性のないいい加減な走り書きであり，息子の立果が周宇馳の後を追って北戴河を急ぎ出ていくときに，息子にせがまれて面倒臭げにそこらに転がっていた赤鉛筆でちょろっと書いた程度のものであった，ということが分かる．メモ自体に「一級戦備命令」の直接証拠品としての価値はないと断言できる．

　南方にいた毛沢東が「一級戦備命令」なるものを知るはずはなかったのだが，この両日，北京と北戴河の両方で何か変な動きがあるということは探知していた．それらの情報は北京の周恩来から秘密電報で送られてきたものであ

る．汪東興の回想録に，毛沢東の南方巡視旅行の開始から杭州に来るまでに沿線各地の幹部たちから「葉群・林立果が進めている若干の陰謀活動を了解」し（汪東興は正直に「林彪」とは言っていないことに注意），さらに「9月8日の夜，毛主席は杭州でまた新たなニュースを得た．杭州に1人の良い同志がいて，人を主席のところに派遣し，杭州である者が飛行機を（毛沢東の襲撃のために）準備していると暗示的に話させた」とあり，こうした状況から杭州は危ないと判断した毛沢東が専用列車の不意の移動を決めたという．先に紹介した9日早朝，紹興方向への回避という事態はこうして起こったことであった．

ここに言う「ある者」というのは，後に陳の証言で于新野であったことが分かっている．彼は陳と連絡をとりあっていたが，于は杭州-上海-南京の間のどこかで毛沢東を謀殺する計画を告げたという．周宇馳と江騰蛟の打ち合わせの結果，于が派遣されたということだろう．こうした動きは毛沢東側に知られていたのであろう，杭州出発に際して，毛沢東はついに陳勵耘を車内に上がらせず，握手さえしなかった．警備責任者の陳は仕方なく汪東興に上海に連絡するかと問い，汪は「王洪文か王維国に電話してくれ」と答えた．王洪文は若いが上海革命委員会副主任という高い地位にあり毛沢東の信任も厚かった．他方，王維国は空軍第四軍（7341部隊）第一政治委員で同じく副主任だったが，とっくに林彪派だと疑われていたのである．その名をわざわざ上げさせたところに毛沢東-汪東興の底意がうかがわれる．われわれは，お前のことを知っているのだということを陳を通して王維国に伝えさせたわけであり，もちろんその内容が林彪らに伝わることを承知していたのである．

また「良い同志」というのは，王兆軍の著書によって見ると杭州出身の林雅妹という女性ではなかったかと思われる．この女性は汪東興のつながりで林彪一家の身近な仕事をもらっていたが，林立果が張寧と親しくなる以前に彼と親交があったという．立果の了解があったからこそできた話である．その彼女に「連合艦隊」の一員で空軍司令部弁公室秘書の程洪珍なる男が思いを寄せるようになった．彼は将来自分は林立果のひきできっと大物になると彼女に吹聴して気を引こうとしていた．だから程の得意気にしゃべることは，みな汪東興に

通じていたというわけである．もしこれが本当の話だとすれば，林立果も程も実に不用心でアホな陰謀家だったということになる．

こうして9月10日，毛沢東は杭州出発，同日夜10時（8時半とも書いている．汪東興の記憶に曖昧さあり）に上海着，通常の駅ではなく飛行場の専用支線に入った．翌11日の午前10時に，南京軍区司令の許世友と王洪文がやってきた．毛はこの許世友を林彪派だと疑っていた形跡があるが，今回の2回にわたる会見でやっとその疑いを解いたようである．

この10日，北京では妙なことがあった．事件後，例の「一級戦備命令」のメモと同じところで発見されたもう1枚のメモ——林彪の親筆で黄永勝に宛てた書簡——のことである．それには「永勝同志，君のことをとても心配している．どんな時でも楽観し，体を大事にしてほしい．もし何かあったら，王飛同志と談合されたい．敬礼　林彪」とあった．これには日付がないが，私の前著では9月10日付けとした．なぜそうなったかというと，黄永勝が実際にこのメモを読んだのが9月10日だったので，他の本などでいつの間にかこの日付けになってしまったのである．林彪が総参謀長の黄永勝を大切にしたいという気持ちが伝わってくるが，なぜ空軍の副参謀長にすぎない王飛に黄のことを託したのか分からない．息子の林立果が信頼している空軍の上司で林彪家とも密接な関係があったということだろうか．

このメモは立果から王飛に手渡され，王は10日の午前中に総参謀長の執務室まで行って黄に手渡した．黄はつぶさにそれを読んだが，憮然とした顔で「内容が何もないじゃないか」と言い，話は別の方にずれてしまった．勢い込んで乗り込んできた王は肩透かしを食ったような感じで，黄のあまりにも緊張感の無さにがっくりした．

この話は王兆軍の著書に出てくることだが，この著者の作り話ではないことは裁判での黄自身の証言にも出てくる．しかしその証言では，林彪の書簡だけでなく葉群と林立果の密封書簡もあったとされている．それは王飛の与り知らぬことだったのかもしれない．それよりも興味深いのは，この日黄永勝は葉群と6回，長いのだと135分も話こんでいたという事実である《『紀実』》．

一体この緊迫した時期に二人は何を話し合ったのか．検察側は当然，2人が陰謀関係を相談していたのだと主張するし，黄はそうではなくて別のことだったと主張して譲らない．この二人は知る人ぞ知る仲だったらしいが，とうとう法廷にまで二人の内密の関係を暴露されんばかりの電話記録が提出されてしまった．なんとそれは林立果がひそかに録音し編集までしていた代物だった．先にこの3月，二人の電話での密談が息子に聞かれていたと書いたが，どうもこれも彼が録音したものが事件後暴露されたらしい（だから先に書いた張聶爾の記述は事実だったという傍証になる）．二人の親密な関係からすると，この日の電話は黄の言うことの方が正しいようだ．「奇妙なこと」と言ったのは，息子やその取り巻きが極度に緊張しているときに，首謀者だとされるこの二人が妙にベタベタとしていて，その二日後の葉群の慌てふためき方からして理解できないような雰囲気だったということである．少なくとも黄永勝が毛沢東暗殺の陰謀に直接加担していなかったという傍証にはなるであろう．

話を再び毛沢東の巡視に戻す．11日の上海では王維国も列車のところまで来ていたが，中には入れてもらえず車両の外で待機していた．王洪文と許世友が帰るときに，王洪文が王維国に気づいて車両の上に上げ毛沢東に紹介してやった．しかし毛は彼とちょっと握手しただけで「極めて冷淡で話しかけさえしなかった」《『汪東興』》．裁判記録では毛沢東主席と談話したとなっているが，当時の毛の王に対する疑いからすれば汪東興の方が正確であろう．

王維国は周宇馳に「あんな粗暴な男」と言われた人物だが，8日の密談では最後の手段としてピストルで毛沢東を至近から狙撃する役割が与えられていたらしい．于新野からそれを伝えられた王は，本気で毛沢東を暗殺する気構えがあったのかどうかはともかくとして，ピストルに実弾をこめて近寄ったのである．しかし毛沢東の威光に恐れをなしたのか，警戒が厳しくて手が出せなかったのか，引き金がひかれることはなかった．この男を警戒した毛の危機感知能力の凄さがうかがわれる場面だが，どうも芝居がかった面白すぎる話で信用ができない．汪東興の回想録からもそこまで緊迫した雰囲気は感じられないし，裁判の判決でも毛沢東が無事に上海を出発し暗殺計画は失敗したとの密報を北

第7章　毛沢東の「南巡」と林彪の奇妙なメモ　291

京に送ったことだけが記されている《『審判』》.

　彼らが帰った後すぐに, 毛沢東は汪東興に言った. われわれはすぐに出発しようと. 何かを感じたに違いなかった. 用心深い毛沢東は予定を変更して王洪文や許世友にも知らせずに急遽出発を繰り上げただけでなく, 自分の専用列車に先行して前衛列車を先発させ, その後にやっと毛沢東の専用列車を出発させるほどの気配りだった. 時に9月11日12時半.

　同日午後6時35分, 南京着. 15分だけ停車, 上海から慌てて飛行機で帰っていた許世友が空港から駅まで来て会っただけで, 南京のその他の要人たちには会わなかった. その許にさえも北京への帰途の停車駅を知らせずに出発したのである. 列車はひた走りに北京に向かった.

　9月12日, 午前5時, 済南着, 50分間停車. 帰途の最長の停車時間である. ここから北京に電話して紀登奎, 李徳生, 呉徳, 呉忠の四人だけを名指しで北京郊外の豊台まで出迎えに来させることにした. 彼らは北京軍区, 北京衛戍区の責任者たちである.

　9月12日午後1時10分, 専用列車は豊台にすべりこんだ. 待ち受けていた前記の四人と毛沢東らがどのような話をしたかは明らかでないが, 汪東興はここで1時間半も話し合ったとしている. 毛沢東の警戒心に基づいて彼自身の警備はもちろんのこと, クーデターに備えて北京市内と中南海の警備などについて随分と綿密な打ち合わせがなされたものと思われる. 事前に事態を知らされていなかった四人は大いに驚いたに違いないが, もちろんこの時点では, 警戒しなければならない相手というのが, 外ならぬ副主席の林彪であるとは夢にも考えつかなかったことであろう.

　毛沢東は同日午後4時05分, 北京に着いた. 「毛主席はこれまで昼間に北京駅に下車したことはなかった」《『汪東興』》ほどの例外中の例外であり, いかに彼が何かに脅えて急いでいたかが想像できるのである. 彼はそのまま車で中南海に帰った. 護衛は厳重ではあったろうが極秘裏の帰宅であった. 毛沢東は中南海の居所に帰りついて初めて, 汪東興から周恩来総理に帰京を報告させた.

　周恩来は, なぜ早くに知らせなかったのか, なぜ予定を変更して早めに帰京

したのかと汪東興に問いただしたが，汪東興自身も毛沢東の内心まで知るはずもなく，詳細は直接お会いしてからと答えただけだった．

　周恩来は本当に知らなかったのだろうか，毛沢東はなぜ総理にさえ知らせなかったのだろうか．ひょっとしたら，周恩来さえ信じることができなかったということかもしれないが，今となっては藪の中である．ただしこの毛沢東の帰京と帰宅にあたっては一個師団もの軍が動員されて警戒に当たったと言われる．それほどの大騒動を首相たるものがまったく知らなかったというのも実に変な話ではある．

第8章　そして「事件」は起こった
――どこにもない林彪その人の姿

　以上が林彪事件発生までの公式資料と文献から推察できる事実経過である．9月12日の林彪（林立果）派の動きは次章で記す．
　すでに指摘したように，事件の後に党の公式文献やそれを継承した裁判記録によってトレースされた林彪の陰謀なるもの（「五七一」における毛沢東打倒・中央委員会の掌握計画，毛沢東謀殺，その失敗から「南方広州に行って別に党中央を樹立する」――このことについては後述する――というシナリオ，さらにそれも不可能と知ってソ連への脱出を試みたという経過）は，それ自体が甚だ実証性に乏しい幼稚な内容のものであるが，もっと不可思議なのは，この陰謀過程（それが実際にあったとして）において林彪その人の顔かたち，具体的な言動がさっぱり分からない，出てこないということである．
　林彪本人がこのプロセスで直接顔を出すのは，たったの二度だけである．一度は9月8日の「(林)立果，宇馳同志が伝達した命令に従い，事を行え」の指示を出したというものである．これが最初の「命令」，つまり後の裁判などで「一級戦備命令」とされるものであるが，すでに述べたように赤鉛筆で走り書きされたメモのことである．これが林彪の正気の時に書かれたものかどうかさえ明確ではないし，仮に正気だとして息子の林立果らが何をしようとしていたのか分かっていて書いたかどうかは分からない．林彪が生きていたら，いやぁ，あれはね，わしが眠いときに息子がうるさくせがむもので，そこらにあった紙切れに，ちびた赤鉛筆でちょろっと書いてやったのじゃよ，ハッハッハッと笑い飛ばしたかもしれない．ただし林立果がこれをフルに利用して一味

のものたちに見せびらかし，これこの通り「首長」(自分の親父のことをこのように呼んでいた) はオレに全権を委ねて，事を決行せよとおっしゃっていると胸を張ったかもしれない．

　もう一つは黄永勝宛の「書簡」である．しかしこの書簡に至っては，どうにでも言い訳できる，わけの分からないメモである．これだけのものを読んで林彪の陰謀の証拠だと断言できる人は，よほど頭がいいか偏見が強すぎるかであろう．普通に読めば，部下思いの林彪が，毛沢東らに追い詰められ糾弾され続けて気分がムシャクシャしているであろう古くからの部下，黄の安危を気遣って，彼に会うことになっている者に託して手紙を書いてやったと，それだけのことである．実際，受け取った黄永勝もそんなふうに読み取ったのであって，だからこそそれを手渡した王飛は，一緒になって断固たる決意表明でもしてくれるかと期待していたのに案に相違して，曖昧でピンとはずれなことしか言わない黄の言動に苛ついたのである．

　当時もし林彪が正気で，陰謀を企むほどの元気があったなら，自分のために「四大金剛」あるいは「五人の大将」たちがどんなに苦境に立たされているかはっきりと認識できたであろうし，もしそうならこんな紙切れのメモではなく毅然として彼らの擁護のために立ち上がったであろう．最悪の場合を想定しても，自分と黄たちとは違う，一緒にしてくれるな，くらいの言動をとったはずである．しかしどちらも，一切彼はしていない．公式記録から見てもそのように断言できる．次章で当日のことを記さなくてはならないが，そこでもほぼ完全に林彪が正気でいて戦った，あるいは意識的に逃げ回ったという証拠はない．

　いずれにせよこの二つの「証拠品」は林彪が直接書いたものであったにせよ，生身の林彪が陰謀の表に出てきた証拠というのではなく，事件の後に内容について無理やりねじ曲げた解釈が施され，陰謀命令の証拠品に仕立て上げられたという代物である．林彪はすでに事件発生の前には気力も毅力も欠落し，その上に薬漬けになったほとんどボケ老人の域に達していたのである．活発に動いていたのは息子と妻と二人の取り巻き連中だけである．そんな人物を「水

に落ちた犬はうて」の格言通りに徹底的に抹殺しようとしたのが毛沢東なのであった．そしてそれを承知で毛沢東を陰に陽に助けたのが周恩来なのであった．

　かくして毛沢東の林彪追い落とし劇は急速に終局を迎えようとしている．林彪が奈落の底へ真っ逆さまに転落するのも遠くはない．

第9章　「林彪事件」の長い1日
——北京と北戴河の間にて

1．その当日

　事件発生の約20時間前，1971年9月12日，早朝．北京西郊の空軍学院内の一室．林立果一派の秘密拠点の1つである．まだ20半ばの林立果が腹心の周宇馳と一緒に，寝不足と焦燥とでゲッソリとした顔つきで誰かを待っている．二人は昨晩からここに泊まっていたのである．

　周は20半ばの林よりもかなり年上で，太ってはいるが色の黒い精悍な感じの男である．二人とも同じ空軍弁公室副主任であり，周の方が先任だから林を指導する立場だが，林は空軍作戦部副部長をも兼務しており，地位は上ということになる．

　それよりも何よりも，林立果は次期最高指導者のポストを約束されている「副統帥」の一人息子，つまり「準皇太子」である．そうではあるが，まだ正式ではない．本当の「皇太子」といえば毛沢東の息子ということになるが，優秀な二人の息子たちは内戦と朝鮮戦争の犠牲になって亡くなっていた．したがって周および彼の一党はみな，林立果が「皇太子」であると考え，早く正式にそうなることを熱望してきた．だからこそ周らは犬馬の労を厭わず，この若者に奉仕してきたのである．それがここに来て，かなり危うくなっている．周宇馳にしてみれば予期せぬ事態が生じているのであり，土壇場に追いこまれたこの一両日が，忠誠心の見せ所であるとともに自分の一生の切所なのであった．

無言で腕組みをしている二人の前に，初秋の白い息をはずませながら一人の壮年の男が飛びこんできた．中国共産党中央委員会の候補中央委員で上海の革命委員会副主任，空軍第四軍（7341部隊）の第一政治委員である王維国の長男，王某であった．上海の一味の重要メンバーである父の命を受けて，上海から飛来したばかりである．

実は昨夜の11時過ぎ，王維国からこの秘密拠点に緊急の電話連絡があった．毛沢東がその日の昼過ぎに無事，上海を列車で出発したというのである．

その場には，林と周のほかに，南京部隊空軍政治委員の江騰蛟，林の直属の上司である空軍司令部作戦部部長の魯珉，空軍司令部弁公室処長の劉沛豊，同副処長の于新野の四人，計六人が鳩首して秘密会議を開いていた．彼らはみな林立果よりも年上だったが，彼のことを「指導者」と呼ぶ秘密暗号名「連合艦隊」の中核メンバーで，南方巡視の旅に出ている毛沢東の暗殺にすべてを賭けていた．

一体，だれがこんな児戯に類するテロを思いついたのか定かでないが，それほど彼らが追い詰められていたということである．

彼らはもともと林彪と直接つながりがあったわけではなく，彼の息子，林立果の取り巻きグループとして集まってきたものたちである．林彪は息子の行く末のために空軍に入れた．息子は清華大学の理工系の出身で，空軍士官学校で学んだとか空軍が中国の将来のために非常に重要だとの認識があってのことではなかった．陸軍には数え切れないほど先任者がおり，いかに「皇太子」といえども直ぐに重要なポストに就くということはできない．それに比べれば空軍は人民解放軍のなかでは歴史も浅く士官の数も少ない．それに何よりも親父の直系の部下で林彪家の取り巻きの一人である呉法憲が司令官をしている．彼が皇太子のご教育掛りとなり，何かとお膳立てしてやり，入隊して間もない林立果を地方ではなく中央の空軍司令部の作戦部副部長という要職に押し上げたのである．

党と国家のナンバー・トゥー，「副統帥」の一人息子で空軍司令官の露骨な支援を受けているとあれば，空軍内部の士官連中が放っておくわけがない．生

真面目に侍講申し上げるものから，遊び相手，おべんちゃらつかいに至るまで，いつの間にか取り巻きグループが形成されたのも故なしとしない．彼らはみな将来の「陞官発財（出世してお金持ちになる）」を期待していたのである．

　ところが昨年の夏ごろから，様子がどうもおかしくなってきた．毛沢東主席と林彪副主席との間が廬山会議以来ギクシャクとして怪しい雰囲気になっていた．「陳伯達批判の党内整頓運動」が開始されたが，その陳を支持したということで，林彪系の「四大金剛」と言われる黄永勝，呉法憲，李作鵬，邱会作ら四人の政治局委員，それどころか同じ政治局委員でも別格のはずの林彪夫人，葉群までもが批判の対象者にされてしまった．毛沢東は口をゆがめ露骨に軽蔑感を示しながら，彼らをひっくるめて「五人の大将」と呼んでいるという噂であった．これはどう見ても林彪自身と林彪一派の追い落としだと誰しもが思った．ナンバー・ワンとナンバー・トゥーとがケンカしているのである．穏やかな話ではなかった．そしてさらに今年に入って，この批判運動はより一層加速化され繰り返し批判集会が開かれた．それだけなら上辺だけの自己批判やごまかしがきいたのだが，毛沢東は軍の実務実働組織－軍事委員会弁事組や北京軍区にも手をつけたのである．

　文字通り林彪の牙が抜かれたのである．

　葉群を除く四人の将軍たちは，権力闘争をかい潜り世故に長けていたから，中国共産党で公式に批判されるということが，どのような意味をもっているか熟知していた．すなわち失脚の前触れだということである．

　ここでボスの林彪が，しっかりしていて毛沢東に執り成しをしてくれるとか，はたまた組織的に反撃に転じるとかしてくれれば，彼らは助かったか，乾坤一擲の大バクチに乗ったかもしれない．ところがボスは，毛沢東に叱られ，その信頼と寵愛を失ったと信じこんで，すっかりしょげかえり，恐れ萎縮してしまって，公式の席上にも出ずに奥の院に引きこもったままになってしまった．彼もまた権力闘争の何たるかを熟知していただけでなく，毛沢東がそのような態度をとったときには，もはや救われる術がないことを誰よりも理解していたのである．彼は5月のメーデー参加と6月に外国の貴賓を出迎えたのを最

後に，7月中旬に北戴河に引きこもったまま表舞台に出てこなくなった．

たまらないのは世故に長けていない葉群，息子の林立果とこの二人の取り巻き連中である．バラ色の将来は吹っ飛んでしまいそうになっていたのだ．彼らはみな，権力闘争の何たるかを知ってはいたが，そのやり方，権謀術数を自分でやったこともなく（文化大革命のころは常に攻撃側にたっていて守勢に立ったことがなかった），毛沢東の本当の恐ろしさも知らない．寄り集まってはブツブツ不平不満を語り合っているうちに，誰かが冗談半分にクーデター計画を作成してみた．

冗談が空想になり，空想が可能性への期待となり，さらに期待とか希望が現実的確信へとなってしまった．こうしてこの年の夏前に出来上がったのが，後に「五七一」と言われる例のクーデター計画で，林彪らの陰謀，反乱計画のほとんど唯一の証拠品とされるようになったものである．

しかしそれは，事件後，林立果一派の秘密拠点から発見されたノートのきれっぱしに書かれたもので，他の場所から発見されたということもなく，これ自体を深く研究したという形跡もない．これを書いたのは于新野だとされているが，そんなことはどうでもよろしい．それが具体的にどのように実施されようとしたか，さらにはどのように実行されたかという点が問題なのだが，押収者も告発者もこの点については何も述べていないし，それに基づいて動いたという証拠も示していない．まさに幼稚な連中のマンガチックなマスターベイション以外の何物でもなかったのである．

したがってこのようなものを実際に見せられたとしても，希代の戦術家，軍の最高位の元帥ともあろう林彪が一笑に付したことは想像に難くなく，子供の火遊びは止めておけ，くらいのことは言ったかもしれない．プロの四人の将軍たちもそうであった（前述のようにこの文書を直接見たものは誰もいない）．そうではあったが，彼らとしても心中，何らかの挽回策を講じないわけにはいかないから，どうせそんなものは出来っこないと諦め呆れつつも，あるいは見て見ぬふりをしたかもしれない．本気でそれに乗ったのは，息子を溺愛していた葉群くらなものであった．

こうして父，林彪とは無関係のところで，この「五七一」は検討され，それをより詳細に肉付けするために「調査研究小組」なるものが組織され，一味徒党が吟味されて極秘グループの「連合艦隊」が結成されたというわけである．上海ではさらに実戦グループとして「教導隊」なるものが組織され，格闘技や射撃を含めた厳しい実戦訓練が施されていたという．その責任者が王維国だった．

　父親の権威と権力にだけ依拠している林立果ごときが，その父親の全力を挙げての真剣な取り組みや支援協力を得ずに何ができるだろうか．結局，彼らにはクーデターなどという大規模な反乱ではなく，主要な敵である毛沢東さえ亡き者にすれば何とかなるだろうといった，安易で姑息なテロしか考えつかなかったのである．

　話を王維国の電話に戻そう．

　毛沢東は8月中旬から北京を出発して南方各地への巡視の旅に出た．この旅行の目的や行程についてはすでに述べたが，要するに昨年夏以来の中央での出来事について，地方の有力幹部に直接説明し，動揺や不穏な動きを起こさせないことであった．つまり毛沢東は自分と林彪とは立場や主張が違うことをはっきりさせ，自分への忠誠をその目で確かめたかったのである．

　この旅の途中で，毛沢東を亡き者にするというのが林立果ら「連合艦隊」の狙いであって，そのために空軍のミサイルとか戦闘爆撃機とか高射砲で砲爆撃することや，橋梁をお召し列車ごと爆破するとか火炎放射器で焼き払うといった物騒な相談が繰り返し行われたらしい．「らしい」というのは，彼らが本気でそんなことを考えたのかどうか分からないが，事件後に捕らわれた「連合艦隊」構成員たちの証言を主とした公式調査報告と裁判での告発によれば，そうなっているということである．

　しかし結局，一番てっとり早くて確実なのは，毛沢東を直接狙撃することだということになった．その狙撃手の一番手に選ばれたのが，上海の王維国なのであった．その王から夜になって緊急連絡が入ったということは，上海での暗殺が失敗したということを物語っていたのだ．

王の電話では，昼過ぎに列車は上海を出発したそうだから，電話があったころにはもうとっくに毛沢東は長江を渡り，北京に向かっているということであろう．51歳にもなる王は，電話を直接受けた年下の周宇馳に泣かんばかりの声で，詳しいことは明朝，息子をそちらにやって話させると言った．

　王の電話を受けた周から話の内容を聞いた林立果らは全員，暗澹とした気分に落ちこんでいた．暗殺が失敗したというだけでなく，毛沢東の側がこんなにも早く先手々々で極秘裏に動いているのは，一味の暗殺計画が漏れてしまっていて，彼らに対する対応策が万全であることを示しているのではないか．誰しもがそう思った．

　林立果は涙を流しながら叫んだ．

　「首長がわたしに与えた任務は失敗に終わった．首長は命さえわたしに預けてくれたのに，何の顔があって再び会えようか．」（この芝居がかった台詞は，もちろん勝利者側の後の記録によっている）

　みんなが呆然自失しているときに，終始最も積極的な周宇馳がみんなの気を引き立てるように怒鳴った．

　「なぁに，こうなったら最後の手段だ．毛沢東が帰ってきて，国慶節に出て来たら，オレがヘリコプターで天安門に突っ込んでやる．その時は，首長は仮病でもつかって，休んでいてもらいますよ，ハッハッハッ……」

　彼に応えるものは誰もいなかった．しばらく間をおいて，周はボソリとつぶやいた．

　「しかし，なんだな，ヘリコプターは1人じゃダメなんだ．誰か，オレと一緒に，突っ込もうってものは，おらんか．」

　しばらく沈黙が続いた．誰もが，そんなやり方は非現実的だと思ったからである．たぶん，周自身でさえもである．周はこの場の雰囲気を変えたかったのだろう．どうだ，どうだと林立果以外のものに返答を催促した．仕方なさそうに，于新野が言った．

　「オレも行くよ．」

　それにつられて劉沛豊も承知の印にうなずいた．最後に李偉新がうなずい

た．林立果は半分は嬉し泣きしながら，そんなことはできない，君たちにそんなことをやらせるわけにはいかないと叫んだ．

会合は，何の成果も対策もないまま，林と周とを残して散会した．

一夜明けて，林立果と周宇馳の二人は王維国ジュニアと向かいあっていた．王は上司に報告するように緊張しながら話した．

父は，11日の昼に確かに毛沢東に会った．しかしピストルをもって側に寄ることは許されなかった．周恩来が派遣したボディーガード責任者の楊徳中が，ぴったりと毛の側にいて，じっと王維国の顔を睨みつけていた．中央警備部隊の汪東興ももちろん居た．

その時，毛沢東はわざわざ文革派の上海革命委員会副主任の王洪文と，南京軍区司令官の許世友とを同席させていた．二人ともいわば王維国の上司筋にあたり，名誉なことだが，それだけで彼はもう萎縮していた．

三人を前にして，毛沢東は言った．お前たちは，誰について行くのだと．これはもちろん詰問であった．王洪文と許とは即座に「毛主席です」と応えた．一瞬遅れて，王維国もそう応えざるをえなかった．そんな彼の横顔を毛はじっと見つめながら，誰について行くのか，立場をはっきりさせ，一生を誤ってはならぬと言った．お前たちの陰謀は，すっかり分かっているのだぞと言わんばかりにである．

その後，上司の許世友が王を呼びつけ，毛主席に背いてはならないと教訓を垂れた．こうしたことから，王は一味の陰謀がすっかり筒抜けになっており，万全の対策が立てられているに違いないと判断せざるをえなかった．

毛沢東は王を目の前にして，勝ち誇ったような笑みを浮かべながら言った．わたしはすぐに北京に戻るよと．まるで，お前はすぐに一味に告げ口するだろうが，するならするで結構，やってみるがいいと言わんばかりの口ぶりであった．

王維国は毛沢東の御前を退出したが，彼自身，監視され電話も盗聴されていることは明らかだった．一度目に電話したときは，監視者が露骨に側に立っていたので，何も話せなかった．やっと夜の11時過ぎて，二度目の電話で上海の

状況を報告することができたというわけである.

以上は王維国の裁判記録によっ書いたことで，私の想像や創作ではない．念のため《『審判』》．

王維国ジュニアの話を聞き終わって彼にねぎらいの言葉をかけてやってからも，林立果と周宇馳の二人はしばらく身じろぎもしなかった．話を聞いたからといって，今さらどうすることも出来ず，状況が変わるわけもなかった．王ジュニアの方はそそくさと出ていった．残った二人は，事ここに至っては座して死を待つよりも，一か八か逃亡に賭けるしかないという結論に達した．

9月12日，午後3時半．北戴河蓮花石57号楼．林彪の別荘である．

渤海湾の黄濁した穏やかな海辺に面して，小高い松林の丘陵地帯がある．その一角に広いがひっそりとした佇まいの，一部だけが二階家になっている平屋建の別荘があった．そこからは松の梢ごしにチラチラと水平線が望め，眼下には毛沢東の別荘の平べったい大きな屋根が見えた．林彪家から毛家まではそれほど遠くはなく，庭園の小さな池に架けられた石橋を渡り松林の木立の間を縫って散策していると，ほどなくたどり着けるはずである．

林彪の別荘の特徴は，主人公が明るい太陽光線を極度に嫌ったために，秘書，護衛や使用人たちの共用食堂など一部を除いて，ほとんどの部屋の窓が小さくてブラインドが掛けられていたことである．そのうえ車に乗るのにも外気に当たらないようにと，直接母屋からガレージに出られるようになっており，ガレージの大きな屋根の上に母屋が乗っかっているという形に設計されている．したがってこの建物全体が薄暗くて窮屈そうにこり固まっていて，外見からしても何となく陰気な気配がただよっている．ひょっとするとすぐ間近な毛沢東のところへも車で行ったかもしれない．

そんなに明るいのが嫌いなら，こんなところに別荘なんか建てなければよいのにと思うのは，ケチな庶民根性というものであろう．偉い人々はこんなところで会議を開いていたのである．というのも毛はこの地が気に入っていて，しばしば重要な会議をこの別荘で開いたからだ．世に言う「北戴河会議」であ

る．ここには中央と地方の党・政府・軍の要人などの高級幹部用別荘が集まっていて，夏冬の休暇中に会議を開くには招集の手間が省けるというわけである．

　夏場になると，彼らだけでなく彼らの子弟も遊泳のために集まってきて，特権的なサマー・バケーションの場となる．ちょっとした社交場でもあり情報交換の場でもあるわけだ．ちょうど，一部の海浜がイギリス人専用の遊泳場になっていて一般民が立ち入り禁止になっていたかつての香港の海辺を想起させられる．今日でこそ，夏場にはここは一般庶民にも開放されて賑わうが，それでも要人たちが来ると厳重な警戒態勢がとられ，交通規制や一般民の出入りは厳しくチェックされる．そんなときは軍と警察の姿がやたらと目立つのである．

　88年の初夏，私は南開大学の兪辛焞教授の案内で，一橋大学の三谷孝教授らと一緒にこの別荘を参観した．その印象が上記のようなことである．

　さてこの日，珍しく林彪の別荘は華やいだ雰囲気に彩られていた．いつもは女っ気といえば林彪の妻，葉群と年とった使用人くらいなもので，しかもその葉群は口うるさいことで有名だった．しかし今日は若い女性が二人，ここに逗留していた．娘の林立衡，（愛称"豆々"）と林立果（愛称，"老虎"）の許婚の張寧である．豆々はこれも許婚の張清林を伴っていた．三人は連れ立って9月7日からこの地に来ていたのである．林立果だけが不在だったが，これも間もなく帰宅するはずで，帰って来れば二組の許婚の「訂婚」（日本流には結納式ということになろうか）が執り行われるはずであった．

　女主人，葉群のはしゃぎぶりは異常なほどであった．朝からウキウキとした調子でかん高い声で誰彼となく相手を見つけてはしゃべりまくったり，使用人たちに何かと用事を言い付けたり，じっとしている暇もなさそうだった．それは別荘地域の要人を警備している8341部隊の将兵たちが奇妙に感じるほどであったが，実はその指揮官はこの華やかな騒ぎに冷たい目を光らせていたのである．

　葉群は外面とは異なり，内心はビクビクとして落ち着かなかったのである．

既に毛沢東が無事に上海を出発し北京に向かっているとの情報は入っていた．彼女は息子たちのテロ計画を知らされていたから，毛の暗殺が失敗に終わったことでガックリしていたのだ．だがその後を，どうしていいのか皆目見当もつかなかった．息子は母親を慰め励まして，きっといい方法を見つけるから，それまで平静を装っていてほしいと電話で言ってきた．電話はすべて盗聴されていると見なさなければならなかったから，うかつなことはしゃべれない．

葉群は今年に入ってから，集中的に林彪の「四大金剛」とともに批判にさらされて，身動き取れない状態だった．しかし夫の林彪はまったく頼りにならず，最も頼りにしている総参謀長の黄永勝も（彼女の情夫だという噂がたっていた）監視されていて，細々とした連絡しかとれなかったのである．二人で長々としゃべりあった電話が記録されていたことはすでに述べた．泣き言もままならぬ地位と立場であった．そんな状況の下で彼女に出来ることといったら，息子に頼りきることだけだった．刻々と危機が迫っているとは感じていても，息子が何げなくしていろと言えば，そうするほかなかった．

一般にこの日の「訂婚」は林彪一味の陰謀計画のカモフラージュだったとされている．結果的には確かにそうなってしまったが，意識的に彼らがそうしたのかどうかは疑問である．なぜなら林彪事件を詳細に記述している後の勝利者の記録によっても，林立果らは，この時点ではまだ「脱走」計画を明確にしておらず，したがって当然，葉群もそんなことは知らなかったからである．本当のところは，彼女は内心の不安を隠しつつ，あるいは隠すためにも，珍しい来訪者たちを賑やかにもてなさざるをえなかったのである．

今「珍しい」といった．娘が来るのが珍しいというのも変だが，実際に珍しかったのである．というのは，この母娘はひどく仲が悪く，娘の豆豆は北京の毛家湾の実家にさえ，めったにに帰らなかったのである．許婚と張寧が一緒でなければ，もちろん今回も彼女はここ北戴河に来ていなかったであろう．

林豆豆は父親似の濃い眉毛と大きな目をもった小柄な女性だった．人々が林家には「父親派」と「母親派」とがいると噂したように，彼女は完全に父親派だった．なぜそうなってしまったのか．

彼女は抗日戦争の末期，厳しい臨戦態勢と栄養不足の延安に生まれた．父親の林彪はソ連で傷の療養をしていて，1942年2月に帰国してきた．当時の延安は，一方で毛沢東の発起になる整風運動という熾烈な思想の改造運動と権力闘争の最中にあったが，他方では高級幹部たちの間でレクリエーションとしてのダンスが大はやりという状態が生まれていた．このような状況の中で毛沢東は大騒動の末に江青と結婚したのであるが（この話は本題ではないし有名な話なので割愛する），林彪もまたダンスのパートナーとなった葉群を見初めて結婚したのである．二度目の結婚であった．

林豆々がおなかの中にいたとき，上の方からは，なるべく子供は生まないようにというお達しが出ていた．母親の葉群はこれを守るべく，山の上を走り回ったり崖から飛び降りたりして人口流産に努めたらしい．しかし幸か不幸か，無事，女の子を出産した．そんなわけで，豆々は母親からは望まれぬ子として1944年に生まれたのだが，そのせいでもあるまいが普通の子供よりもずっと小さかった．ために父親はこの子が丈夫に育つかどうかと心配し，その分，溺愛した．「豆々」という幼名，愛称は父林彪が日ごろから炒り豆が好きだったということから名付けられたらしいが，このころの延安の状況を反映しているようで面白い．ちなみに息子の林立果の呼び名は「老虎」である．

母親の葉群ももちろん心配しないわけがなかったが，その翌年には長男の林立果が生まれ，娘の方は近在の乳親に任せっきりだったようだ．ここからして既に「父親派」と「母親派」とが発生しているように見えるが，事態はそんな悠長なことは言っておれなかった．抗日戦争の終結直後，父は東北満州に出征すべく延安を出発し，それとともに二人の子供も母親に連れられて（立果はまだ腹の中だった）山中を強行軍しなければならなかった．彼女は父親のボディーガードだった男の懐に抱かれて行軍し，満州でも転々と所在をくらませる日々が続いた．

父親の林彪は東北野戦軍（後に第四野戦軍）の最高指揮官であり，内戦勝利の前後も海南島まで国民党軍を追いつめていったころの第一線の最高指揮官であった．だから豆々は幼いころから赫々たる父親の名声を聞き，その名誉のお

かげで周囲から大事に大事に見守られて育ってきた．父親は父親で，北京の中央に帰って生活が落ち着いてくると，幼時に愛の薄かった長女を掌中の珠のように慈しんだ．こうして豆々の父親への愛と尊敬の念とが大きくなっていった．

他方，母親も娘を愛さなかったというのではなかったが，何しろ長男への溺愛ぶりは大変なものだった．娘への愛情はその言動に対する口出しという形で表された．娘のプライベートにもうるさく干渉したのである．そのために彼女は初恋をすら邪魔され，最初の自殺を試みた．そのことは父親には知らされなかった．お偉くてお忙しいお父様を悩ませてはいけないというのが口実だった《何力『紀事』など》．

彼女の多感な時期は文化大革命の大混乱の最中にあった．尊敬する父親がその先頭に立っていた．政治思想闘争において，彼女は父親を疑うことを知らなかった．この間に母親は子育てを終わって政治権力のおいしさに興味をもち始めた．何の功績もなく碌な仕事もしていない葉群は，林彪の権威とその林彪の「弁公室主任」というだけで威張りちらしているうちに（すべての要人はこれをもっていた．秘書室のようなものだが，公私ともに電話，手紙類や文書，会見申し込みなどあらゆる事項についてここを通さなければならない），大きな権限をもつようになった．それは林彪の地位が上がるにつれて大きくなって行った．周囲から持ち上げられ敬意を払われるようになって，葉群はそれが自分の能力によるものだと錯覚するようになった．こうして彼女は夫にも頼みこみ，自分でもいろいろと画策して政治局委員という党のトップグループにまで上り詰めたのである．それも毛沢東夫人の江青がそうしたからという，たった一つの理由によって正当化されていたにすぎない．

豆々はこんな母親の姿が大嫌いだった．もちろん彼女にしても，父親の権威をバックに空軍の宣伝紙の編集委員になったわけで，傍からはチャホヤされていたに違いないのだが，できるだけ父親に頼らないで精一杯，自立自活する道を模索していたのだった．そんな娘の目から見ると，嫉妬心と虚栄心の固まりようになって江青と張り合っている母親は「みっともない」以外のなにもので

もなかった.

　林豆々はそんな母親の言動を憎んだだけでなく，それが愛する弟や敬愛する父親に悪い影響を与えるのではないかと常々心配していた．弟はどんどんと目に見えて生意気で傲慢になっていった．父親は母親のために陰口を叩かれるようになっていった．毛沢東主席でさえ自分のことは棚に上げて，林彪は何をしているのか，女房に鼻面を引き回されて困ったものだと言ったという噂が広まっていた．しかし母親の取り巻き，おべんちゃら使いが日ごとに増えていたし，その連中は弟に取り入っただけでなく，彼を押し立てて何事かを企んでいるような雰囲気が漂っていた．

　彼女は日ごとに家から遠ざかり，その分ますます父親からも遠ざからざるをえなかった．それをいいことに，母親の葉群は一事が万事，すべてのことを彼女を通してでないと処理できないようにしてしまった．父親に会うのでさえ，母親の許可を得なくてはならなくなった．それだけでなく世間との付き合いから，はては公的な政治向のことまで葉群は林彪の周囲にバリアーを張り巡らせた．重要会議の日程とか演説草稿まで，葉群と秘書室によって決定されていたのである《『林彪秘書の回想』》．驚くべきことに，党内ナンバー・ツーの副主席を政治からスポイルしてしまったということである．

　寡黙で気難しく人付き合いが好きでない林彪は，かえってそれを幸便に，一層奥の院に深く入りこんでしまった．周囲の事態がますます悪化し，彼を失脚と死の淵に追い込んで行くことも知らぬげにである．その間に娘はますます彼からも遠ざかっていった．

　9月12日，黄昏時．毛沢東のお召し列車は北京に帰着，毛は極秘裏に中南海に帰った．本来，ウソか本当か周恩来さえ知らされていなかったということについては，すでに触れた．ものものしい雰囲気の中で走り去る乗用車の一行を北京市民が見かけたとしても，いつものように外国の貴賓か何かが通るくらいにしか思わなかったであろう．

　9月12日，午後4時半．北京西郊飛行場の建物の一室．ここも林立果一派の

秘密拠点の1つである．周宇馳が空軍司令部副参謀長の胡萍と話し込んでいる．胡は既に9月8日以来，林立果らの用に立てるために二機の飛行機を手配していた．トライデント256号機とイリューシン18型703号機である．そのパイロットとして空軍第34師団副政治委員の潘景寅があたることまで決めていた．もちろん，まさかこの飛行機が後に歴史の記録に残ることになるとは，夢想だにしなかった．

周宇馳は胡に言った．計画が変わった．林彪副主席，葉群と林立果らは南の広州に飛び，そこで再起を賭けて割拠することになるだろう．ついては先に用意した2機のうち，256号機は今夜中に林立果を乗せて山海関に飛んでほしい．残りの1機は，明朝7時半，君とわたしとが乗って山海関に飛ぶ．そしてそこで副主席らと合流し，256号機で広州へ行く．また別に，北京の後発組のために6機の飛行機を用意してほしい．これらは明13日の午前中に，「四大金剛」や一味の者たちを乗せ一斉に広州に向けて発つ．別々に出発するが，心配することはない，必ずみんな広州で再び会えるから．

胡萍は周の指示に従って直ちに機種と乗組員の選定に入った．先に触れた2機のほかに，トライデント254号，イリューシン18型902号，安12型231号，安24型024号，および雲雀型ヘリコプター2機の計6機である．これらは「訓練」の名目で北京西郊飛行場に集結され，同飛行場管制塔には偽の運行表が提出されることになった．

以上は胡萍の裁判記録によって書いた《『審判』》．林立果と周宇馳の二人が密談した事柄が本当かどうかはともかく，後の公式記録でも，このような計画がはっきりと具体的になったのは，この日の午後4時半であったとされている．王維国ジュニアが帰った後，林立果と周宇馳の二人が打ち合わせたことであって，林彪と相談した結果ではなかったということが公式記録からだけでも明瞭である．つまり少なくともそれ以前には，林彪らが「南の広州に逃げ，別に党中央を建てようとした」といったことは無かったのである．この事実は極めて重要である．この二つのことは後々のために記憶に止めておいてよい．　なお広州に飛ぶという計画が実際にあったことは，一味の者五人が翌日別ルートで

本当に広州に潜入したということからも確認できる《『紀実』》.

9月12日,午後5時過ぎ.周宇馳はその足で空軍学院の方に回った.そこには林立果のほかに一派の「連合艦隊」の主要なメンバーが集まっていた.前夜もいた江騰蛟,劉沛豊,于新野のほかには,空軍司令部副参謀長の王飛,空軍第四軍(7341部隊)政治部秘書処副処長の李偉新らがいたが,なぜか魯珉は来ていなかった.林立果は報告かたがた北戴河に帰るべく準備に余念がなかった.彼にかわって周宇馳が「同志たち」に経過報告と新たな「計画」を語った.

われわれ「連合艦隊」の毛沢東暗殺計画は残念ながら失敗した.敵はわれわれの動きを完全に掌握しており,先手々々に対策を立てている.われわれの内部に裏切り者がいて密告したのかもしれぬし,暗号による電話や電報が盗聴,解読されているのかもしれない.その証拠に,敵方の暗号は変えられており,8341部隊による林彪首長の毛家湾の自宅と北戴河の別荘の監視,警護が厳重になっている.敵がわれわれを上回る恐るべき相手だったことを認めざるをえない.この上は,首長(林彪)と指導者(林立果)の身の安全と,われわれの体制の立て直しを可及的速やかに図らなかばならない.そこで指導者とも相談したことだが,この際,計画を変更し一時転進することにした.飛行機は胡萍同志がすでに準備している.まず首長,葉群同志と指導者は先に広州に飛び立ち,それを追って「四大金剛」とわれわれも広州に行く.そしてそこに北京の毛沢東に対抗する別の党中央を樹立して割拠体制を作り出し,北京と地方の有力な指導者たちに結集を呼びかけるとともに,全世界,特にソ連がわれわれと連携するよう呼びかける.敵がアメリカ帝国主義と結託しようとしている限り,この方針は人民の支持を得ることができる.こうして北京を南北両方から挟み撃ちにする体制を作り上げるのだ云々《『紀実』裁判記録などによる》.

周宇馳の演説は力強く自信に満ちていた.しかし他の者は,それを空しいものに感じていた.今にも自分の襟首をグイッと引っつかまれるような気がして身を震わせた.実際,足元から鳥が飛び立つような話で,危機がすぐそこまで迫っていることを示していた.昨年の夏以来の林彪包囲網が完成し,今や土壇場に来ているのだ.誰もが,そう感じていた.それだのに肝心要の総帥,林彪

副主席はまったく無気力で、総力を挙げて立ち向かおうとしていないどころか、「任せる」という書き付け1枚を息子に手渡したきり、奥に引き込んで隠遁してしまっている。これが9月8日付けである。それからたった数日間のうちに、事態はクルクル変わって今日に至っている。今さらその林彪が「広州で別に中央を樹立する」などと言うだろうか。周もそのような考えが副主席から出されたとは一言も言わなかったではないか。

そもそもあの「五七一」さえも、林彪が本気で検討したものであったかどうか疑わしいし、毛沢東暗殺計画に至っては、彼が知っていたのかどうかさえも分からなかった。ましてや息子と周の二人だけで、たった今作られたばかりらしいこの計画は、「五七一」計画よりももっと杜撰で、いい加減なものである。林彪が賛成したかどうか。誰もが心の中では不審に思っていたが、誰もこの肝心なことを問いただす者はいなかった。

しかし今となっては、この一味の者たちは一蓮托生だ。乗り掛かった船は最後まで航海しなければならない。暗殺計画に代わる起死回生の策を出すものがいるわけがなかった。座して死を待つよりも、何か一か八かの勝負に出ざるをえなかったのである。周の意見は受け入れられ、それに従って行動が起こされた。

9月12日、午後7時38分。林立果は劉沛豊と秘書1名だけを連れて、胡萍の用意したトライデント256号機に乗りこんだ。同機は約30分後に、海軍が管轄する山海関飛行場に着いた。林立果はそこから北京の人民大会堂にいる総参謀長の黄永勝に電話を入れ、明朝7時に林彪首長に電話するようにとだけ言った。もちろん黄は、この時点では北京脱出のことなど知るわけがなかったが、何も余計なことは聞かずに承知した。電話が盗聴されていることは自明だったからだ。

林立果は秘書を飛行場に残したまま、劉沛豊を伴ってジープに乗りこみ北戴河の別荘に猛スピードで向かった。そこには彼の許婚の張寧が、姉とその許婚の張清林とともに待っているはずであった。甘い再会への思いが胸によぎったが、苦渋に満ちた逃避行を思えば暗澹とした気分にならざるをえなかった。彼

女を，どうしよう．連れて行くのも残して行くのも，彼女には苛酷な運命が待っているように思えて，さすがに我が儘で強引な彼にも決心がつきかねていた．

　張寧は，もちろん林立果の計画を知らなかった．ましてやその苛酷な運命に思い及ぶわけがなかった．彼女は，いつの間にかこの男を慕い，愛するようになっている自分の心の中を多少いぶかりながら，9月7日以来，別荘の豪華なベッドに深くうずまって眠るようになっていた．

　張寧．この時，20を過ぎたばかり．身長160数センチ，踊りで鍛えたすらりとしたプロポーション，高い鼻梁と切れ長な目だが，目元口元は柔らかい．眉毛はくっきりと半月のように奇麗だが林立衡（豆々）に比べて濃くはない．出自は革命烈士の娘で文革当時の「紅五類」だから，誰にも後ろ指を指されない．こんな条件が林立果の花嫁捜しをやっていた取り巻き連中の目に留まった．

　彼女はもともと南京部隊の宣伝慰問隊である歌舞劇団の舞姫だった．すでに言い交わした仲のボーイフレンドがいたが，林立果の気に入られてその仲を引き裂かれた．取り巻きたちはなんとか林家，とりわけ葉群のお気に召そうと全国網で「皇太子」のお后を探したのだが，候補者リストに載せられた張寧は葉群よりも背が高かった．葉群はそれが気に入らなかったが，本人が気に入ったのだから仕方がない．そうなるとみんなは寄ってたかって，点数稼ぎのために張寧の世話をやく．空軍司令官の呉法憲や総後勤部部長の邱会作の妻らはその先頭である．なにしろ「皇太子妃」の後ろ盾だということになれば，貢献度が抜群というわけだ．張寧を北京に呼び寄せて宿舎を提供したり，就職の面倒をみてやったりと，母親はだしの活躍ぶりであった．

　当時，高級幹部の間では娘を病院の看護婦にして「人民に奉仕させる」ことが一種の流行りだったらしい．もちろん正規の看護婦の資格をもって仕事をしたわけではない．文化大革命の折に，素人でも一寸した教育と訓練を施されて地方の医者もどきのことをやる者たちが，「はだしの医者」ということで大いに持て囃された．知識人とか技術者とかを徹底的に軽視し排除した文化大革命

が，奇形的に作り出した「新生の事物」の一つである．そのような「はだしの医者」にもなれないが，病院で働いているといえば世間への聞こえもよく，格好もいいしキャリアも付く．どっちみち彼女らの職場は，それほど重病でもない高級幹部の患者ばかりで，ある種の保養所みたいなものだったから，こんな彼女らでも勤まったのであり，あわよくば良縁にありつけるかもしれなかった．正規の専門医や看護婦さんには甚だ迷惑だったが，上からの命令だから仕方なく受け入れていた．なんのことはない，患者さんよりもむしろ彼女らの方に気を使っていたのである．

　そうした病院の一つに，昨日まで歌や踊りしかできなかった張寧が入れられた．最初，彼女は南京から呼ばれた時には，何のために職場替えさせられるのか理解できず，南京に帰してほしいと上級に願い出ていたが，そのうちに林立果の花嫁候補に挙げられているということを知った．彼がしばしばデイトに誘いに来たこともあるが，周囲の人々の態度や彼女の扱い方が南京とは格段に違っていたからである．

　やがて二人は親密な交際，いわゆる結婚を前提にしたお付き合いを始めた．葉群にもそのころ会わされた．母親は例によって何だかんだと難癖をつけていたが，何しろ張の性格がいい．そのうち段々と折れていった．父親の林彪にも会った．林彪は息子が気に入っているのなら，それでいいじゃないかと言っただけだった．

　それから1年近くが経った．はた目には仲睦ましい恋人同士だった．その上に姉の林立衡がひどく張寧のことを気に入っていた．豆々は弟のことを心配していただけでなく，好きな男から引き裂かれ強引に連れて来られたことに同情していたのである．彼女の許婚の張清林も医者であったことや，その彼が葉群のお気に入りではないということもあったかもしれない．「皇太子妃」と手を結べば，疳の強い強引な母親に十分対抗できると踏んだのであろう．9月7日に，この三人はうちそろって北戴河にやって来ていた《張寧ほか》．彼らの運命の日は，それから5日後にやってくる．

2．周恩来総理，動く

　9月12日の夕刻．北京，人民大会堂の福建の間．
　中国共産党中央委員会の日常的な指導機関である中央政治局会議が開催されている．ちなみにこの第九期政治局委員は21人，候補委員は4人であるが，その中でも政治局常務委員というのが最高の政策決定機関とされていて，党主席の毛沢東，副主席の林彪のほか，周恩来，陳伯達，康生の5人で構成されている．このうち，今宵の会議には毛沢東，林彪と陳伯達の3人が欠席していた．毛は巡視旅行から帰ってきたばかりで静養，林も北戴河で静養中だし，陳はいうまでもなくいわば閉門蟄居の身である．康生は病気がちだが，今日ばかりは何かを感じとって出席している．しかし林彪系に真っ向から対立する「江青・四人組」の黒幕と見なされているので，できるだけ表面に立つのを憚っている．その他の政治局委員では，林彪の妻の葉群，謝富治らもいない．後に康生とともに文革派の有力者として非難されることになる謝は病臥中だった．
　もともと毛沢東と林彪が不在の場合は，政治局常務委員の周恩来総理が会議を主催することになっていて，昨年来の批陳整風運動を直接組織し指導してきたのは彼であった．この夜の会議を主催するのはもちろん周恩来しか居なかった．毛沢東の陰に隠れてはいるが，ついに周恩来の出番が回ってきたという感じである．
　今，その周の司会で，次年度の国民経済計画案を中心とした政府工作報告が討議されていた．廬山会議でろくすっぽ議論もされずに素通りしてしまったものが基本である．しかし周総理の思惑は討議内容にはない．彼は山海関と北戴河の様子に全神経を傾注している．
　周恩来は廬山会議以降，ずっと毛沢東を助けて林彪追い落としに力を注いできた．毛は内部の権力闘争は自分に任せ，外交関係は周に任せると言った．この9月という時期は，米中関係修復のためにだけでなく，その根回しとしての国連での中国代表権獲得という重要な戦いが間近に迫っていた．アメリカがど

ういう態度をとってくるかは予測できないけれども，キッシンジャー訪中以来の感触では少なくとも絶対に反対するということでもなさそうだった．したがってどうしても，中国の内部が結束して事にあたるという姿勢を対外的に見せなければ，大魚を逸してしまう恐れがあった．建国以来の懸案解決ができるどうかの瀬戸際であったのだ．

　そうはいっても，中国ではその外交政策を順調にやり遂げるためには内部の指導権を握る，つまりは権力闘争に勝たなければ，どうにもならない．キッシンジャー訪中の実現一つ見ても，それは明々白々だったではないか．あの時期，もし「批陳整風運動」というものがなかったら，キッシンジャーの極秘の招請もその直後の7月の「通知」決定も可能だったかどうか．

　さて周恩来は会議の冒頭，まず毛沢東が無事に「南方各地の巡視」の旅から北京に帰り着いたことを報告した．しかし第38軍の一個師団を動員したことや，林彪副主席の身辺に警戒の目を光らせていることは一言も話さない．林彪一派と目される政治局委員がいるからだ．いやむしろ今晩のこの会議の目的は，彼らをこの場に縛りつけて，どこにも行かせないことにあったのだ．その間にも刻々と北戴河の警備部隊から——といえば格好がいいが，最近の実情は監視グループである——連絡が入ってくる．

　ここにいる林彪一派とは，葉群を除いて前にも書いた総参謀長の黄永勝，副総参謀長兼空軍司令員の呉法憲，副総参謀長兼海軍第一政治委員の李作鵬，副総参謀長兼総後勤部部長の邱会作の四人の政治局委員，一般に「林彪の四大金剛」と言われている将軍たちである．彼らはみな建国以前から林彪直系の第四野戦軍の高級士官たちで，林彪の「引き」で昇格昇任し政治局委員にまで登りつめた者たちである．

　彼らはまた周恩来総理とは違った意味で気が気でない．もともと彼らは毛沢東暗殺の計画などというものを知らされていなかった．仮に知っていたとしても，暗殺が失敗したことが明白となった今日の今日，計画が変更され，広州に逃げて新しい党中央を樹立するという，それも彼ら自身，林彪らと行を共にする，あるいはさせられるなどという無茶苦茶な予定になっていることを夢にも

知らなかった《『紀実』裁判長の回想》．林立果らの計画では，翌13日早朝，北京西郊飛行場で将軍たちは集合し一緒に飛行機で広州に飛んで，そこで林彪らと落ち合うはずであった．

　だが林立果らが何かを画策していること，その主たる目的は毛沢東と反林彪派の政治局委員を逮捕するか軟禁して追放し，一気に林彪派が権力を掌握してしまうことであることは知っていたかもしれない．彼らはそれも無謀なことだと考えいたが，昨年の夏以来の自分たちに対する毛沢東の糾弾，批判の厳しさからして，もはや林彪が権力の座から追われようとしていること，もしそうなれば彼ら自身も失脚させられることは明確であることも知っていた．それに彼らは，ボスの林彪がすっかり「やる気」をなくしてしまって，まるで隠遁者のような生活を送っていることにヤキモキしていた．だからこそ陰に陽に，彼らは彼らなりに，まだ完全には失われていないその地位と権力をフルに利用して「ヒヨッコども」を支援したり便宜を与えたりしてやったし，ある場合には，けしかけさえして来たのだった．

　だがそれにしても，広州に逃げて「別に中央を樹立する」などという大それたことは，中国共産党の中枢に長年居座ってきた彼らには想像を絶する行動であった．後の裁判では，黄永勝，呉法憲，李作鵬，邱会作らが被告席から自己弁護もしくは証言しているが，彼らはいずれも上記のような林立果らの計画は何も知らなかったと述べている《『紀実』》．今，目の前の周恩来総理は，毛沢東が無事に帰着したと言った．そう言いながら彼は，林彪一派の四人の将軍たちの顔をジロリとねめ回したものだ．そのいかにも意味ありげな目付きは，お前たちの陰謀は，もう完全に破綻した，これ以上の悪あがきは止めろと言っているように思えた．他の政治局委員たちも何かを感じ取っているようで，いつもならけたたましく周恩来に楯突く江青，張春橋ら文革派の連中も今日は何も言わず，横目で林彪派の将軍たちをチラチラと眺めていた．ことに普段から林彪と彼によって引き立てられた四人に反感をもっている元老級の元帥たちは，ことさらに冷静さを装って周恩来の顔をじっと見つめていた．政治局常務委員の一人，康生だけはその陰険な細い目を一層細めて，並みいる人々の顔をジロジ

ロとねめまわしていた．人々はみな，周恩来の好きな「驟雨来たらんと欲して風楼に満つ」という詞の一節を心の中で想起していた．

　周恩来は今日このようになるのをジッと待っていたのだ．陳伯達が軟禁状態になり，林彪がほとんど鬱状態に陥って政治の表舞台から遠のいてからは，周恩来の独り舞台であった．彼にはいつも真っ向から楯突く文革派も，林彪一派の息の根を止めるまでは，周の足を引っ張るような真似はしなかった．それも周の思惑通りだった．

　もう一つ，彼の思惑通りになったのは，林彪自身と「四大金剛」を除く林彪一派（林立果の取り巻き連中）の動きであった．林彪の性格，性向からして，ここまで毛沢東に追い詰められたら何もできないし，これまでの栄光をかなぐり捨ててでも毛に嚙みついてくるとは思えない．また将軍連中は中国共産党の組織構造，動かし方を熟知している分，簡単に軽挙妄動はできないというのが周恩来の読みだった．

　しかし小物は違うだろう．彼らは「首長（林彪）」と「指導者（林立果）」，とりわけ「指導者」には忠誠を誓っていたが，首長自身ほど毛沢東に忠実でもなければ毛に恩義を感じているわけでもなく，また毛の怖さを認識してもいなかった．何しろ彼らはまともに毛沢東に相手にしてもらえるほどの地位も力もなかったのだから．しかしボスが倒れれば彼らも倒れざるをえないという点だけは，はっきりと認識しているはずだった．林彪に圧力をかければ，この小物連中が必ず騒ぎだすだろう．そうしたらこの大ボスはどのように動くだろうか．動いてくれれば，こちらもやり易くなるのだが．周恩来のこのような推測は，実に毛沢東のそれを先取りしたものだったと言ってよい．

　周は毛沢東の了解の下に，側近の楊徳中を使い8341部隊によって毛家湾の林彪の自宅と北戴河の別荘への監視を強化し，同時に葉群と息子の林立果，それに「四大金剛」らの動きを厳重にチェックしていた．林彪以外の連中がコソコソと蠢動していることは，周恩来には手に取るように分かっていたのである．そのために公安警察の大ボスである康生と小ボスの謝富治を利用した．二人とも文革派である．ここからも周恩来が文革派と結びつく必然性が理解できる．

今年，71年の8月，毛沢東が「南方巡視の旅」に出ると言い出した時，周恩来は大いに賛成した．その上で，毛沢東の顔色をうかがいながら，慎重に一言つけ加えた．各地でお話しになることは絶対秘密でなければなりません．「外部」に漏れると，どんな誤解や不測の事態を招くか知れませんからと．それともう一つ，飛行機を使わないようにと助言したことは，いろいろな書物に書かれている《『王兆軍』など》．周は空軍が林彪－林立果一派によって掌握されており，どのように悪用されるか分かったものではないことを知っていたからである．したがって毛沢東は決して飛行機には乗らなかった．

ところで『周恩来年譜』では9月3日に南方巡視中の毛沢東の談話記録が，汪東興の手を経て北京に送られてき，周恩来自身は翌日これを受け取ったことになっている．この4日，政治局会議が開かれたこともあり，あるいはこの時，毛沢東談話記録が政治局委員たちに見せられたかもしれない．またこれまでの慣例からすれば，主席のお言葉とか文書は副主席の林彪に必ず回されることになっているし，場合によっては周恩来自身がもっていっていたのである．だから当然の推測として，少なくとも4日には林彪もこの談話記録の内容を公式に知っていたことになる．すでに書いたように，武漢の劉豊から李作鵬を経由して北戴河にこの文書の内容が伝えられたのは6日以降であった．このことから何が分かるか．談話の内容は秘密でも何でもなかったということである．少なくとも副主席たるものにとって秘密ではなかった（そして当然，林彪弁公室－葉群らも）ということである．

周にせよ毛にせよ，林彪の息がかかっている者をも含む各地の主要なリーダーに話すことが，「外部」，つまりは林彪らに知られないわけがないことは，百も承知していた．しかしここは「絶対秘密」ということにしておくことが大切なのであった．なぜなら，誰が，どのように，毛沢東の話を林彪らに密告するかが大事なことだったからである．

この旅は毛沢東の勝利宣言を，彼自身の口から直接，地方の有力者たち，特に林彪系と目される連中に語り，否応無く彼らに納得させてしまうことが，最大の目的だった．これ以上ガタガタ騒いでも無駄だ，林彪らはもはや勢力を挽

回できないのだと．

　それがダメ押しだということは，中央の権力闘争に敏感な彼らには，よく分かるはずであった．「批陳整風運動」や「南方巡視」の直前の7月20日付け極秘文書，例の「ニクソンの北京訪問に関する中共中央の通知」を読めば，すでに毛沢東主席と周恩来総理とが強く結びついて，林彪ら軍人勢力を圧倒し，グーの音も出ないほど叩きのめされたのだということが理解できたからである．毛・周の決めたことに異論を差し挟んだと言われる「党内の一部の同志」なる者がもはや力をもっていないことは明白だった．

　前年，70年末からの北京軍区の改組，「陳伯達批判整風運動」など一連の動きがあって，その上にこの「通知」が出てきたのであるから，その流れを読めば，よほど物分かりの悪い，よほど林彪に忠誠を誓っている者でも，「勝負あった」と感じたはずである．毛沢東の「南方巡視の旅」は，毛・周ラインの勝利を念には念を入れて分からせる行動だったのであり，それでもまだ林彪を支持して動こうとする者があれば，それをあぶり出すというのがサブ目的だったと断言してよい．

　この旅は毛沢東自身の発意だとされるが，ひょっとすると用心深い周恩来が暗示してやらせた二人の合作だったのかもしれない．なぜなら，毛沢東の留守中に北京で何が起こるかを見極めていなかったら，毛は安心して旅に出られなかったはずであり，その留守を守るのは周恩来だったからである．

　当時，後に文革派として死後の名を汚される公安部門の指導者，政治局委員の一人（中国共産党北京市委員会と北京軍区のトップ）であった謝富治は病気療養中であった．そのかわりに公安部門では謝の先輩格にあたる政治局常務委員の康生が，江青らの黒幕となって陰険な目を光らせていた（彼もまた死後に文革派として非難される）．

　この人物は，過去にさかのぼれば陳伯達とは異なる立場で毛沢東の権力への台頭に貢献してきた．すなわち秘密警察（中共社部）のボスとして毛のかわりに手を汚してきたのである．毛沢東の権力闘争における陰の部分には，常に彼の存在がちらついている．文化大革命の折に江青らが数々の陰険で残酷な仕

打ちを行ったとされているが，彼女らが権力闘争に絶対に必要な陰謀めいた策略を立案実行できるわけがない．ましてや「老夫子」にそんな気の利いたことはできない．康生なしに，奇麗事を並べたてる文革派に活躍の場はなく，権力への台頭のチャンスもなかったといっても過言ではない．

　その康生が周恩来と手を結んだのである．彼ら二人の肌合いの異なる，立場と利益の異なるもの同士を結びつけたのは，いうまでもなくこれ以上林彪の権力を肥大化させてはならないという決意と，林彪を蹴落とすチャンスが到来したという情勢判断の確かさであった．こうして文化大革命によってカリスマ性を回復した毛沢東（その後ろにいる江青ら文革派）と，行政に精通し実務官僚を自在に動かすことのできる周恩来，そして江青の後見役で公安部門を陰で操る康生とが結託して，林彪包囲網が完成する．そのキーマンが周であったことは間違いない．

　毛沢東の「南方巡視」の旅は，はたせるかな地方の林彪系の有力者に大きなショックを与えた．毛沢東と周恩来とが狙っていた林彪系の勢力が強い南方の将領をあぶり出しただけでなく，同時に「踏み絵」にも成功したのである．彼らはみな毛沢東に忠誠を誓い直した．

　当時の中央と地方の軍組織における林彪系の将軍連中についてはすでに紹介しておいたが，毛と周の二人の指導者が最も恐れていたことは，林彪が中央の「四大金剛」らと地方の旧部下や反毛沢東勢力を結集して立ち向かってくることであった．それももはや絶無だと判断してよい状況となった．

　林彪包囲網が，林立果らの小物の反抗だけで終わったのは，林彪自身の毛沢東依存性・恐怖症によるところが大きいが，周恩来を中核として，アンチ林彪系の軍元老とその部下たちの冷たい目と，周を支持する党・政官僚たちの反抗とが結束したからである．彼らはみな，当面，文革派が毛沢東によって信頼され支持されていることを承知していただけでなく，もし林彪系が粛清されたなら，その文革派もまた軍内の支持基盤を失って勢力を減退させるであろうことをも承知していたのである．勝負は，とりあえず林彪一派を蹴落とすことから始まるであろう．

以上の周恩来の動き方については、若干私の推理推測が混じっている。これはある程度は仕方のないことである。というのは中国のどの本でも、周恩来はとてもいい人で、心身を擦り減らすほどの大変な苦労をしたといった調子のことしか書かれていない。そのこと自体に私は批判も反対もしないのだが、どう考えても林彪追い落としに周恩来が大きな力と知恵を振り絞ったとしか思えない、そのことについては何も書かれていないのはまったく片手落ちだと思えてならないのである。総理としての周恩来の働きなしに、毛沢東の圧勝はありえなかったはずである。

このような私の推測に近い考え方をする中国人（台湾）も居る。『誰が林彪を殺したか』の著者王兆軍である。王によれば、南方巡視中の毛沢東と周恩来とは（毛沢東のボディーガードの汪東興と周恩来の側近、ボディーガードの楊徳中を通して）ずっと緊密な連絡を取り合っていた。その情報が漏れるのを恐れて、巡視前に電報の暗号を変更していたほどである。周の提供する情報は先に述べた公安関係や8341部隊だけでなく、林彪一派周辺にばらまかれていた個人的な多数の密告者によるところも大きい。林彪がどこかに動くかもしれないということは、王によればすでに9月10日、林彪の娘の林豆々によって通報されていたという。

こうした情報に基づいて毛の巡視旅程が急遽変更されたのだ。だから『周恩来伝』はじめ多くの著書が書いている、9月12日に毛沢東が帰京したことを周恩来があらかじめ知らなかったなどという珍妙なことは起こるはずがない。38軍の動員も毛沢東の指示によって李徳生が中心に実働部隊を動かしたというが、戒厳令も敷かれていない北京で本来なら中央軍事委員会の承認なしにこんなことはできない。ところが既述のように当時の北京の軍は、もともと実権を握っていた林彪系の中央軍事委員会弁事組が機能していない状況にあり、また当然軍事委員会を招集する手間暇は皆無だったのだから、北京の留守をあずかる首相のゴーサインなしに発動されるわけがない。李徳生レベルの軍人が独断でできるわけもないし、遠方の毛沢東の指示に従って一個師団もの正規軍をすぐに動かせるわけもなかったのである。

実質的には極秘の北京戒厳令ともいうべき事態は，毛沢東の指示，周恩来の命令，そして李徳生の指揮ということであったはずである．ただ王兆軍の叙述では，38軍が林彪直系の軍で，実は林彪のクーデター密謀の中に入っていたので，実際には出動しなかったとある（王の本は林彪事件については一番面白いが，出典が明らかでないのが難点である）．これは実際の指揮官だった李徳生自身の回想録と異なる．目的を明示したかどうかはともかくとして，やはり38軍は極秘裏に毛沢東－周恩来ラインに沿って動員配備されていたと見るべきであろう．

3．長い1日の終わりに——脱走劇

9月12日，夜9時前後．再び北戴河の林彪の別荘．

張寧は別荘のベランダに出て更け行く秋の冷え冷えとした夜気を吸っていた．別荘に続く坂道をヘッドライトが急速に近づいてきた．小型のジープであった．それは邸内に入り，玄関口に横づけされた．飛び降りた人影から林立果が帰って来たことが分かった．彼女はすぐに呼ばれるものと思っていたところ，なかなか声がかからず，彼とは違って葉群から連絡があった．別館の91号楼の方で映画会をやっているから来ないかというのである．そちらの方には先に葉群，林豆々と許婚の張清林とが来ていた．立ち話をしているときに林立果がいかにも忙しげに入って来て，姉たちに造花の花束と万年筆とを贈った．仲の良い姉弟そのものであった．しかし彼は，張寧の方にはチラッと目を向けただけで，何も言わなかった．その足でみんなは映画の上映室に入った．そこには秘書たちや使用人までがいて，彼らと一緒に映画を観ることになった．映画は恋愛物で，一本は香港ものだった．映画に見入っていた張寧がフッと気がつくと，いつの間にか葉群も林立果も，それに林豆々までもがいなくなっていた．張寧は不審に思って部屋を出た．廊下に豆々がいて，林彪の秘書二人と何かひそひそと話していた．漏れ聞こえたところでは，林立果と葉群とが林彪の所に行っている，何の話をしているのか聞いて来てほしいというようなことだった．豆々はそのままそこで，じっと待っていた．

数分して，そのうちの一人が帰ってき，豆々に報告する声が聞こえた．「葉群主任と林立果副部長の2人は，首長（林彪）の足元にうずくまって，首長のお言葉を聞いておりました．首長は涙を流しておられたようで，"民族主義者"とかなんとかという言葉が聞き取れましたが，副部長がわたしに気づいて，話しは切れてしまいました．」

そこへ葉群と林立果とが慌ただしく引っ返してきた．葉群はみんなに言った．

「みなさん，どうぞ引き続き映画をご覧になっていて下さいな．首長は明日，大連に行かれるけれど，準備の方はできていますので手伝って下さらなくて結構よ．」

そして娘の方を向いて命令口調で言った．「あんたたちは，北京に帰る用意をなさい．」

林豆々は不審気に母親に食い下がった．彼女はここに来るまで，そんな話は聞いていなかったのだ．もし本当に大連に行くのだったら，何故，わざわざそんな忙しいときに，二組の許婚を呼び寄せたのだろうか．

「そんなに急いで，どこに行こうっていうのよ．」

「だから今，言ったでしょう，大連だって．首長がせっかちだってこと，あんたも知ってるでしょ．わたしと"老虎"も一緒に行くのよ」

林立果は二人の傍らで終始無言のままだった．豆々はさらに食い下がった．

「張寧さんは，どうするの．」

林立果の顔色が少し動いたが，やはり無言だった．

「もちろん，彼女も北京へ帰るのよ．」

葉群は断固として言った．

豆々の顔色が変わっていた．母子が居なくなると，豆々は激しい怒りを込めて張寧に囁いた．

「あの人たち，お父様を拉致して，どこかへ連れていこうとしてるのよ．でも大丈夫，わたし，もう対抗策をとってるわ」

張寧は豆々の頭がおかしくなったのか，誇大妄想にかかっているとしか思え

なかった．映画会は主賓たちが出ていってからも続けられているようだった．

　張寧は別荘に帰ってきて帰京の用意にかかっていた．そこへ豆々が入って来て告げた．やや愁眉を開いたという感じだった．

　「今，首長の弁公室から連絡があって，今晩は出発しなくていいそうよ．」

　「首長の行動って，いつもこんなに慌ただしいの．」

　張寧はたずねた．豆々それには直接応えないで，優しく言った．

　「あなた，先にお休みなさいな．明日，何時頃，出発するか，またお知らせするわ．」豆々はそう言って，よく眠れるようにと張寧に睡眠薬を一服，手渡した．それは多分，軍医である許婚の張清林が豆々のために用意したものであろう．わたしを眠らせてから，彼女は何かをしようとしているのだと張寧は思った．豆々は張寧がその睡眠薬を飲み下すのを見てから，部屋を出ていった．

　林豆々はこっそりとその場を去り，別の部屋の電話で北戴河の警備部隊指揮官を呼び出してもらった（直接，駐屯所に馳せ着けたという文献もあるが，その時の様子からして別荘を出て行くことは難しかったように思われる）．彼女は早口で，ざっといきさつを話し，周恩来総理に取り次いでくれるように頼んだ．彼女はとりわけ，林彪副主席が連れ去られようとしていることを強調した．

　誰にですかと，その責任者はたずねた．母の葉群と弟の林立果によってだと答えた．彼は笑い出した．笑い事ではない，本当の話だといい，総理に言えば分かってもらえるから，早く取り次いでくれと言った．はぁ，分かりましたと彼は答え，不得要領な感じで電話を切った．

　この責任者は，すでに周恩来から別荘の警護（実際は監視である）を厳重にするようにと命じられており，緊密な連絡をとっていて，随時状況を報告していたのだ．しかしまさか，まさか，林彪副主席が連れ去られるなんてことは．それもあろうことか，その妻と息子によってだって……．

　お嬢さんは，気でも狂ったのか．彼はそんなふうに受け取ったが，あらかじめ総理から言われていたこともあって，とりあえず直ちに北京に一報したのだった．

張寧は急速に眠りにおちいりながら，自分が今，この国のナンバー・トゥーの党副主席の別荘に居ることに何の不自然さも感じていないことを不思議に思っていた．変転極まりなかったこの一年間の出来事が，彼女の脳裡をかすめていった．

　張寧が南京から北京に「移動」させられたのは昨年の8月のことだった．悔いが残ることといえば，その折のボーイフレンドとの奇妙で不可解な別れのことだけだった．彼は上海芸術学院で中国の吹奏楽器を専門に学んできた演奏家だった．彼女がまだ林立果のことを知らないで二度目に北京に出立しようとしていたとき，彼は南京軍区歌舞劇団から別のところに移動させられようとした．それを知った彼女は自分も移動させてくれと上司に頼んだ．その上司は困惑したような表情で言った．

　「これは，わが劇団の意志ではないんだよ．それに，もし仮に彼が残ることに同意したとしても，三つの条件がある．第1に，君との恋愛は許されない．第2に，君たちはいかなる接触も許されない．第3に，お互いに北京行きのことを話し合ってはならない」

　上司は，そんなことを君たちが守れるわけがないだろう，だからこそ恩情をもってわざわざ別々にしてやるのだ，そう言いたげに，じっと彼女の目の色をのぞきこんだものだった．そこで初めて彼女は，自分の北京行きが上級の命令で行われる容易ならざる事態なのだということに気づいた．こうして彼女の初恋は淡雪のように溶けてしまったのである．それから彼女は林立果が初めて愛を打ち明けたときのことを思い起こしていた．北京に出てきて301病院に見習いで通っている間にも幾度か二人は会ったことがあるが，彼はいつも黙ったまま，ほかの人々と話している彼女の顔を眺めているだけだった．何て無口な人なんだろうというのが，彼女の第一印象だった．父親に似ているのだと知ったのは，もちろんかなり後のことだった．

　そんな彼が，突然，「結婚しよう」と言い出したのは，周宇馳の家でのことだった．「わたしたち，知り合って間もないのよ，お互いにまだ分かり合っていないのに，そんなに早く結婚だなんて．それに来たばかりなのに，病院にも

良くないわ」
　彼女はそう応えざるをえなかった．彼はがっかりした様子を見せながら言った．
　「張寧，君はぼくのことが分かっていないが，ぼくは君のこと，みんな知っているよ．ぼくたちの間には，客観的には一定の距離があるのは確かだ．だけど，君はそれを小さくしようとしないで，何故，わざともっと大きくしようとするの」
　張寧は沈黙せざるをえなかった．林立果は言葉をついで言った．
　「人にはそれぞれ感情ってものがある．ぼくは君の感情を重んじるから，君がしばしば南京に帰りたいって要求したことに同意したし，母親の葉群主任（林彪弁公室主任という意味）も，君に替わるほかの娘さんを探させようとした．だけどぼくの心の中の天女は君だけなんだ，君だけを愛しているんだよ．葉群主任は，ぼくをすごく縛り付けていて，どんなことでも彼女に報告しなくっちゃならない．ぼくの車にさえ呼び出し電話があって，どこに居ても呼び出されるから，ぼくは自分の行動についてウソはつけない．それに北京に居る時間はとても少ないから，今日一日は君とじっくり話したいのに，君はぜんぜん話してくれない．何故なんだ」
　「どんなことを話したいの？」
　彼女は要心しいしい，そうたずねるほかなかった．
　彼女はこの時，林家では既に彼女を嫁にすることが内々に決められていることを知らなかった．だからそれからばらくして，北戴河の別荘に来て，葉群がすごく気安げに接してき，彼女の寝室にまで引き入れて「張寧，あなた，これからわたしのこと，ママと呼んでね」と言われたときは，びっくりしたものだった．
　わたしは副主席の家の嫁になるのだ．張寧は林豆々と張清林とが幸せそうに寄り添っている姿を思い浮かべていた．わたしたちも，あんな風になれるのかしら．一方で幸せを夢見ながら，他方では豆々の不可解な言葉が心に引っ掛かっていた．

トロトロしながら張寧は，一台の車が玄関口に急停車するのを聞いた．それから数人の足音がドタドタと家の中で入り乱れるのを耳にした．その中の一つが寝室に近づいて来た．彼女にはそれが林立果のものだと分かった．足音は部屋の前で停まり，それからノックの音もしないでドアーが開いた．黒い影が彼女の上に覆いかぶさったが，何もしないで静かに引き下がっていった．ドアの閉まる音がかすかにして，足音が遠ざかったいった．しばらくして今度は車が急発進した様子だった．そこまで意識しながら，それから先は夢の中に消えていった．それが張寧が林立果という男を身近に感じた最後であった．

以上の叙述は張寧自身が「事件」の後に，当時のこととして語ったとされる文章の一部である．この部分は，「悪役」林立果の生の声が残されているほとんど唯一の証言である．極めて興味深いので書き記しておいた《『歴史の内幕』上巻》．この家の主人公の林彪は，この間，まったく姿を見せなかった．彼はもともと目がチカチカする映画やテレビが嫌いだったし，大勢の人々の中で騒がしくすることも好まなかったので，まだ日が明るいうちに息子の許婚の張寧と娘の許婚の張清林の挨拶を受けた後は，葉群に任せてさっさと自室に引きこもってしまったのである．林彪はただでさえ孤独癖があり，人付き合いが下手だったうえに，昨年の夏以来，すっかり人間不信に陥っていた．最も信頼し尊敬していた毛沢東にひどい目にあったからである．それからは彼は公式の行事とか会議にもできる限り出席しなくなった．特にこの年の6月にある外国の貴賓を出迎えてからは，一切外に顔を出さなくなっていた．

そのような言動が妻をますます付け上がらせ，ますます自分の評判を落とし，そして自分に対する攻撃を激しくすることに気がつかなかったわけではない．さらに批判攻撃が厳しくなるほどに，それを防衛しようとする妻と息子，それに二人の取り巻き連中の反撃も過激になるだろうことも予測された．だが林彪にとっては，毛沢東こそ全てだった．そして毛沢東が自分を疑いの目で見るようになり信用しなくなったとしたら，もはやそれを取り返す術はないことも十分に知っていた．そのような心理状態を取り巻き連中は理解できなかったし，理解できたとしても，林彪のようにあっさりと諦めたり悟ったりするわけ

にはいかなかった．

　9月12日，夜の10時過ぎ．北京，人民大会堂福建の間．政治局の会議はまだ続けられている．突然，周恩来総理の秘書が入ってきて，北戴河の要人警備部隊から緊急電話が入っていると周に耳打ちした．周はそそくさと出て行き，隣室の控えの間の受話器を取り上げた．電話の向こう側には，あらかじめ周に言い含められていた警備部隊の責任者がいた．「さきほど，林彪同志のお嬢さんの林立衡同志から電話がありまして，ご両親がにわかに山海関飛行場からどこかに出掛けようとしているが，周総理はご存じなのかどうか，どうも様子がおかしいので，念のため伝えてほしいと言ってこられました．葉群同志は何でも大連の方に視察に行かれると言ったそうですが，お嬢様は，林彪副主席が連れ去られると言っておられます．そんなことは，ありえないと思いますが……」
　「それはどうもご苦労様．で，邸内の様子はどうか，ご子息の林立果同志は，どうしているかね．」
　「邸内では，まだ人が起きていて動いているようです．映画会をやっているとかで．立果同志は，3,40分前にジープで猛烈な勢いで帰宅されまして，邸内に入ったきり，動きはありません」
　「そうか，分かった．命じたように，これからも注意を怠らないように．……それから，立衡同志には，心配しないで静観しているようにと．ご両親には，わたし自身が話をするからと伝えなさい」
　総理は受話器を静かにおろし，しばらくじっとしていたが，「大義，親を滅すか」と呟いた．彼の予測通り，林彪らは動き始めたのだ．彼らは，いつ出発しようとしているのか．それだけが問題だった．
　周は電話を切るとすぐに，部屋から海軍政治委員の李作鵬を呼び出した．李は何事ならんと，いささかオドオドした顔付きで部屋から出てきた．
　「李同志，山海関の空港は，海軍の管轄下にあるから君にたずねるのだが，報告によれば，あの空港にはトライデント256号機などが飛来しているそうだが，君は知っているのかね」

「はぁ，夕刻，空軍司令官の呉法憲同志から話がありまして，なんでも空軍副参謀長の胡萍同志からの報告では，夜間飛行の訓練中の256号機に故障が生じ，山海関に緊急着陸しているが，故障が修理され次第，すぐに北京に帰らせるからよろしくとの挨拶がありました」

「君は，その飛行機に誰が乗っていたか知っているのかね」

総理は，李の目をじっと睨みながら言った．ウソは言わせないぞという気迫がこもっていた．思わず李は目を伏せてしまった．彼は呉法憲と胡萍とが口裏を合わせて，その飛行機を調達したのを知っていたのだ．しかしもちろん，この段階ではまだそれが何のために，どのように使われるのかを知らない．林立果らの計画では，それらの飛行機は林彪らを乗せて広州に飛ぶはずであり，李を含む「四大金剛」もその後を追って明朝，北京から飛び立つはずなのであった．

周はすでに，北京西郊飛行場での林立果一派の談合の内容を，監視させていた諜報機関から入手していた．彼はまた，その計画を李や呉ら当の本人らも知っていない，ということまで知っていたのである．

総理は李を部屋に戻らせ，かわりに呉法憲を呼び出させた．入れ替わるときに，この2人が打ち合わせするだろうことは計算済みである．

「呉同志，今，李同志にも聞いたのだが，山海関飛行場に256号機が居ることを君は知っていたそうだね」

「はい，総理，夜間飛行中に故障して緊急着陸したとの報告が入って……」

「君，君，ウソを言ったらいかんよ．あそこには256号機だけでなく，ほかのも来ているそうじゃないか．しかも，北京西郊飛行場には，誰の命令か知らないが，5，6機が待機させられていると言うし」

皮肉な笑みを浮かべながらも，有無を言わせぬ口調であった．何もかも知っているのだぞという確信に満ちた表情だった．呉は答える言葉を失った．

「もし本当に，その256号機が故障して動けないなら，絶対にそこから動かしてはならぬ．そして修理が済み次第，直ちに北京に帰らせなさい．そしてそれには，誰も乗せてはならない」

それだけを命じると，呉を福建の間に追い返し，自分もまた何事もなかったかのように部屋に戻った．呉と李とが，きっと北戴河に連絡するであろうと確信していた．周は彼らが連絡をとれるように，わざわざ暫時休憩を告げたのである．

　9月12日，午後11時20分．北京，人民大会堂，福建の間．

　はたせるかな，それからしばらくして（電話記録によれば，11時20分であった）北戴河の葉群が電話をかけてきた．葉群はわざとらしい笑い声で言った．

　「周恩来同志，ご機嫌はいかがですか．こんな遅い時間にごめんなさいね．実は，副主席（林彪）が，明朝早くに，大連の方に視察に行きたいと言い出しまして……」

　「ほう，それはまた急なことですな．党中央の方で，そのことは話題になっておりませんが．まぁ，それはよいとして，準備が大変でしょう．わたしの方でも，ご用意しなければなりません．飛行機で行かれるのですか，列車を使われるのですか」

　「飛行機にしたいと申しております」

　「飛行機の手配は，そちらでなさっておられるのですか」

　「いいえ，まだですわ」

　「それでは，こちらで手配いたしますが，今すぐにというわけにはいきません．でも，ご安心ください，必ずご満足のいくようにいたしますから」

　そんなやりとりがあってから，電話を切る前に周恩来は一言，付け加えた．「夜間飛行は，くれぐれもなさらないように．副主席に万一のことがあるといけませんので」

　周は葉群の幼稚なウソに笑い出したい衝動にかられていた．皮肉が通じただろうか．こちらはみな分かっているということを，彼女は理解しただろうか．葉群が慌てふためいている様子を想像しながら，ついにウサギは狩り出されたと確信した．

　彼はそこで李作鵬を再度呼び出し，申し渡した．山海関の飛行機は，わたし，君，それに空軍司令官の呉法憲，総参謀長の黄永勝の四人の連署した許可

証なしには，飛ばせてはならないと．李は何故そんなに厳密にしなければならないのか，理解に苦しむという表情をしたが，そこは弱みがある身のこと，問い返すこともできずに軽く承知した．あそこの空港なら四人でなくったって，彼一人の許可で飛ばせることができると考えていたのだ．

　9月12日，間もなく零時．葉群は慌ただしく出発の準備をしながら，周恩来に電話したのであった．他方，林立果も父親の「首長」を運び出すだけとなって，張寧のベッドルームを静かに開き，彼女の寝顔をしばらくじっとのぞき込んでいた．おそらく彼は，彼女が起きて彼を待っていたら，引っさらってでも彼女を一緒に連れていったであろう．またもし彼が彼女を起こしていたら，やはり彼女を連れていったであろう．だが姉の機転が，そして我が儘に育てられ，傲慢不遜な態度が身についていたこの男のほんのちょっとした逡巡が，それはひょっとしたら彼の優しさだったかもしれない，1人の薄幸の美人の運命を決めたのであった．

　一瞬の静謐が訪れた後，この邸内は蜂の巣をつついたように騒がしくなった．林立果は北京から彼にくっついてきた劉沛豊と林彪のボディーガード（事件後の証言では李普新という人物だったようだ）に手伝わせて，ベッドルームから林彪の体を運び出させた．ボディーガードは純朴な青年で，事態がどうなっているのかまったく分からなかったが，とりあえず「老虎」と葉群の言うままに手伝ったのだった．

　林彪は彼らのなすがままに身を委ねていた．この時間帯には，彼は睡眠薬をつかって眠るのが通常だった．この日一日，彼は運命に翻弄される自分を感じていた．昨年の夏以降，ずっと彼は無気力感に悩まされ，外の世界でさまざまな変化があろうと，家の中で妻や息子がどんなに騒ごうと，みな他人任せにしてきたのだった．外のことは黄永勝に，内のことは妻の葉群にと，何事も「彼，もしくは彼女に従って動け」と書いた紙切れを渡せば，それで万事が動いてきたものである．その一枚の紙切れが，後にどのように利用され，彼の罪状にどのような証拠品となって残されたか，知るわけもなかった．

　この日も，お昼過ぎになって毛沢東主席が無事に上海を離れ北京に向かって

いるという報告を聞いた時は，彼は何やらホッとした感じをもった．夕刻，彼の気分はいつものように混濁しかかっていた．妻の葉群が，息子からの報告と提案だとして，広州に行くといった時も，可愛がり抜擢してやってきた黄永勝，呉法憲，李作鵬，邱会作らの名をあげて，彼らもみんな一緒に行くのかと問い，妻が，そうだと答えると，じゃあ，黄に任せればよいと言ったきり，目を閉じて沈黙してしまった．娘の林豆々とその許婚の挨拶もほどほどに応えただけだったが，それでも豆々の心配げな目の色にはちょっぴりほほ笑みを返してやったのだった．それが豆々の見た父親の最後の笑みだったのである．

そんなわけで，別荘のガレージに駐車していた大型の乗用車「紅旗」に両脇を抱えられて乗せられたのも，その車がフルスピードで街道に飛び出し，警備部隊の制止線で危うく隊員を轢きそうになったのも，そこのところで前部助手席のボディーガードが何か叫びながら飛び降りたのも，息子のピストルが何発か火を吹いたのも，飛行機のタラップを誰かにかつぎ上げられるようにして昇ったのも，妻の葉群がその尻を押していたのが滑稽に思われたのだが，何か夢の中という感じで過ぎ去ってしまったのだった．

だがもちろん林彪は知らなかった．別荘の居間の窓越しに，涙を浮かべた娘の豆々が，じっと車の消え去るのを見つめていたことを．

9月13日，午前零時過ぎ．北京，人民大会堂の福建の間．会議は焦点を定めないまま，何となくだらけた感じで続けられていた．周恩来総理は席が暖まる間もなく，またもや緊急電話で部屋の外に呼び出された．北戴河の警備部隊からであった．その責任者は，ひどく興奮した早口で，たった今，林彪副主席を乗せた専用車が，警備隊の阻止を突破して山海関方面へ猛スピードで走り去った，その折，副主席のボディーガードと思われる兵士（李普新）が，車から飛び降りて負傷したと報告した．

それから間もなく，零時32分，今度は山海関海軍空港から緊急連絡が入った．林彪副主席，葉群政治局委員，それに林立果同志ら数人の者が，空港警備隊の制止を振り切り，強引にトライデント256号機を発進させ，飛び立ったと．報告者はこれまた極度に興奮して上ずった声で報告してきた．

その者はさらに付け加えた．林立果と思われる人物が，ピストルで警備員を脅し，副主席が出発するのだ，邪魔立てする奴は党に対する不忠者だと怒鳴った．そして林彪副主席と思われる人物を乗降口から放りこむようにして乗せ，タラップが引き上げきれていないのに，飛行機を発進させた．飛行場内は照明灯もついていなかったので，右翼がタンクローリーにぶつかり，航空灯を破損した模様である．燃料も満タンにしていなかった．なお，パイロットは……

「潘景寅だろう．」

周恩来はそう言ってやった．わけが皆目分からずに状況だけを報告していた電話の向こう側の主は，一瞬，黙ってしまった．総理は何もかも，ご存じだったのですかと言いたげであった．その彼に，おっかぶせるように命じた．このことは絶対に口外してはならぬ，口外した者は厳罰に処すると．そして実際に，その場に居合わせて林彪らのことを知った者たちは拘禁されたのであった．

周は極めて冷静であった．ついにやった，と思った．彼は直ちに毛沢東のもとに出掛けていった．その周に毛は言った．すぐにその飛行機に直接交信し，林彪に引っ返せと命じよ．君が直接，彼と話してくれとも言った．毛沢東の口振りは，本気で林彪を惜しみ，帰って来てほしいと思っているようだった．

周は畏まって，そう致しますと答えたが，腹の中では，そう簡単に引き返せるものか，帰って来られては困ると思ったであろう．毛主席，今さらそれはないでしょう，訳が分かっていない彼を，追放同様ここまで追い詰めたのは，どこのどなたですか．周はそう言ってやりたかったに違いない．

それから総理は人民大会堂の福建の間に引き返し，政治局会議に出席していた政治局候補委員で人民解放軍の政治部主任，北京軍区司令官の李徳生を呼び出した．

「君，大変ご苦労だが，即刻，空軍司令部指揮所のレーダー室に出向き，山海関空港からたった今飛び立った飛行機を，レーダーで追跡してくれたまえ．余人では駄目なのだ．」たかが一機の飛行機のために……．総理は李徳生が何か言いたそうなのを押さえるように，君でなければ駄目だともう一度言った．

余程の重要人物が乗っているのだと李は直感した．

「四六時中，レーダーの前を離れるな．直接，君の目で，その飛行機の行方を確認するのだ」総理はそう言ってから，ぽつりと付け加えた．

「乗っているのは，林彪副主席だ」

李はアッと口を押さえた．その一言で，彼には今日一日の不可解な，一連の総理の命令が理解できた．昼間のあの厳重な毛沢東主席の警備と一個師団の動員，そしてダラダラと長引いて深夜にまで及んだ会議……．それらはみな，林彪副主席との関連でなされていたのだ．すごいことが起こっているのだと李は思った．

彼，李徳生という人物は周恩来総理を心から尊敬し信頼して忠誠を誓っているというタイプの軍人ではなかった．彼はむしろ一般的には林彪系の人間だと思われていた．それというのも，元来は先に述べた軍の系列からいえば，劉伯承・鄧小平の第二野戦軍直系の軍人だったのに，文革前から林彪に忠誠を誓い，文革では林彪と江青とが協力関係にあったとき，江青に認められて抜擢され急速に中央レベルまで台頭してきたからである．

建国後の叙勲の時には1359人の少将のうちの一人にすぎなかった（ちなみに最高位の元帥は先述のように10人，大将も10人，その次の位の上将は57人，中将は177人である）．文革の時期，彼はまだ単に地方の第12軍の軍長にすぎなかった．それからたった4年の間に，安徽省軍区司令官，中共中央委員，中央政治局候補委員，そしてさらに一気にしばらく空席となっていた解放軍政治部主任（これまでは大将か上将クラスの軍人のポストだった．つまり元帥を除く240人以上もの上級者と千人以上もの同級者を飛び越えての就任だったのだ），最も重要な大軍区である北京軍区司令官をも兼任するに至ったのである．これは林彪の第四野戦軍系の軍人を除けば異例中の異例である．ましてや第二野戦軍系が大ボスの鄧小平が失脚して勢力を衰えさせていた時期だけに，余計に目立つ存在だった．

多分この異例の出世は，軍内に自派の勢力をもたない江青ら文革派が毛沢東の支持を受け，林彪系に対抗する人事として，しかも林彪自身からもあまり大きな反発を買わない軍人として目をつけた結果であろう．彼自身が後に知った

ところでは、彼が北京軍区の司令官に就任したのは、毛沢東の言葉によれば、林彪一派を追い落とすために打った布石の1つ、「砂を混ぜた」のであり、彼らの間に打ち込んだクサビなのであった。

李徳生個人としては、林彪個人に対して反感や憎しみをもっていたわけではないであろう。彼が対抗意識や敵愾心をもっていたのは、林彪系の将軍たちに対してであったはずである。周恩来はこれらのことをすべて、お見通しだったのだ。そして江青らと手を結ぶと決意した以上、その江青に抜擢された李を徹底的に利用しようとしたのは当然であった。北京軍区の司令官に新任されてからこの方、彼は総理が毛主席と図って、林彪とその一派をジリジリと追い詰めていることを承知していた。そしてついに今夜、そのクライマックスが迫っているのだ。彼はそう直感した。今や完全に勢力関係は逆転した、ここで周恩来総理に忠誠心を披瀝せずして、いつそれを示すことができようか。彼は勇躍し跳びはねるようにして総理の前を退出した。

李徳生は空軍司令部に到着するやいなや、空軍参謀長の梁璞を呼び付けた。この深夜に、しかも空軍司令の呉法憲ではない指揮命令系統の異なる将軍の呼び出しではあったが、総理からも緊急連絡が入っていたので、梁はいやな顔もしないでやって来た。2人は直ちに指揮所に入り、レーダー室の大スクリーンの前に座った。梁は李の隣に座って何くれとなく李にスクリーンの見方を説明してやった。梁はその飛行機に誰が乗っているのか、もちろん知りたがっていたに違いないが、李があまりにも厳しい顔付きをして食い入るようにスクリーンを見つめているので、聞きそびれてしまった。

梁璞は後に林彪一派との関係を追究されたように、空軍司令官の呉法憲に可愛がられ、一派の空軍系列の士官たちとも付き合いがあった。だから彼らが何かコソコソとやっていることは多少は承知していたが、硬骨漢で陰謀めいたことが好きでない彼は林立果に反感をもっていたので、それ以上は彼らの中に入って行けなかったのだ。それが幸いしたことを後になって知り、背筋を凍らせたことである。それはさておき。

彼ら二人が来る前に、問題の飛行機はすでに当直要員によってレーダーで発

見され追跡されていた．なぜなら，それ以外には1機の飛行機も飛んでいなかったからである．

　李は一方で人民大会堂との直通電話を掛けっぱなしにして，総理との連絡を切らないようにしていた．そこで直ちに，総理に当該飛行機をレーダーで捕捉したことを伝えた．総理は，毛沢東主席が当該飛行機と直接交信するように命じたことを彼に伝えた．先方と通話できるようになったら，わたしにつないでくれと総理は言った．

　256号機の交信機はずっとオンになっていた．しかしこちらの呼びかけには一切，応えなかった．どこかと交信しているようだった．それは遠く広州の空軍基地らしかった．切れ切れに交信内容が理解できた．そちらに飛ぶと伝えたのに対して，広州側はダメだ，ダメだと叫んでいた．空港は全部，閉鎖されている，着陸できないと言っていた．

　丁盛の所だ．李徳生はすぐに理解できた．林彪直系の広州軍区司令官である．林彪は広州へ脱出しようとしていたのか．彼とは系統の異なる一人の軍人の顔を思い浮かべた．飛行機とのやり取りは，その丁盛の困惑顔が目に浮かぶようなものだった．

　やがて飛行機側も諦めたように，プツンと交信を切ってしまった．

　周恩来は李徳生を送り出すと，今度は空軍司令官の呉法憲を呼び出した．そして毛沢東主席の命により，全国の飛行場を閉鎖し，全機の離着陸を禁ずると頭ごなしに伝え，空軍司令官として全国への命令書に総理とともに連署するようにと命じた．疑問を提起する余裕もなかった．署名するのを見届けてから，周は言った．

　「零時32分，山海関から，トライデント256号機が飛び立った．君は，それに誰が乗っているか，知っているよね」知らぬとは言わせぬ口調だった．

　「わたしは，君と李作鵬，黄永勝，それにわたしの四人の連署なしには，いかなる飛行機も飛んではならぬと命じたはずだ．つい2時間ほど前のことだよ．それなのに，山海関空港から，この飛行機は飛んだ．君の責任でないこと

は分かっている．あそこの飛行場は海軍の管轄だからね」

　周恩来は脅したりすかしたりして，空軍司令官を追い詰めていった．呉は反論のしようもなく，頭を垂れて聞き入るのみだった．周はやや口調を変えて，名誉挽回のチャンスを与えると言わんばかりに，命じた．

　「そこで君にお願いするが，今から直ちに西郊空港に行ってもらいたい．あそこは"一派"の根城だ．どのような動きを示すか予測しがたい．君に任せれば，わたしも安心しておれるよ」

　痛烈な皮肉だった．お前が「一派」の黒幕の一人だと分かっている，そのお前が行けば，他の連中も手出しはできまい．総理はそう言っているのだと呉は思った．しおしおと出掛ける呉の後ろから，要人警備隊長の楊徳中がついて来た．呉を監視するためである．そのことは明らかだったが，呉法憲としては文句を言える立場ではなかったのである．

　周恩来はその後，北京軍区以外の全国九つの大軍区の司令官と政治委員を電話で次々と呼び出し，全国の空港の閉鎖と全機の離着陸禁止の命令を発令したことを伝えた．

　この命令は毛沢東主席じきじきの決定であり，林彪副主席も同意されていると付け加えたのは無論である．その理由として，国内国外のどちらかで，国の運命を左右するような緊急の異常事態が発生する可能性があるからだと述べた．大袈裟な表現だが，分かったようで分からない理由づけだった．後に李徳生が書いている回想録の言葉を借りれば，「言っていることは明瞭だが，甚だ含蓄に富んでいた」ということになる．それだけで訳の分かる者もいるというところが中国らしいが，いずれにせよ最高指導部の指示に逆らうような者はいなかったのである．司令官と政治委員のどちらかは大体において一級行政区の党書記を兼任していたから，このレベルの幹部にはすべて伝わったことになる．

　9月13日，午前1時半．再び空軍司令部指揮所レーダー室．李徳生と梁璞の二人は，互いに口もきかずにスクリーンを見つめている．その異常なほどの緊張感に，梁の部下たちは恐れをなして二人に近づいて来ない．彼らには，梁自

身もそうだったが，何故，全国の飛行場が閉鎖され全機離着陸禁止になったのか理解できない．しかし今二人が追跡しているたった1機の飛行機が，そのことと関係していることだけは分かった．

　レーダーにはその飛行機の航跡がくっきりと浮かび上がっている．当直要員の報告では，その飛行機は山海関を飛び立ってからしばらくは山海関と北京との上空にいたらしい．それから西進し始め，さらに北に向きを変えて承徳の上空を飛び，ドンドンとモンゴル国境に接近していた．梁は，どうも理解できんというふうに首を振りながら呟いた．

　「この飛び方は尋常ではないですね．第一に，通常の国際航路を飛んでいません．第二に，このままだと，モンゴルへ入ってしまいますよ．第三に，すごく低空を飛んでいます」

　李徳生は適当に相槌を打ってやりながら，彼なりにすでに答えを出していた．飛行機は山海関を飛び立って，その上空から広州と交信した，しかし広州側から拒絶されて，モンゴルかソ連に向かって方向を転じたのだ，そしてモンゴルと中国のレーダーに捕捉されないように，低空を飛んでいるのだ．だがその答えを梁に話すわけには行かなかった．

　李は総理に事実だけを話した．もちろん通話中は一切，林彪の「リ」の字も口にしなかった．ところで，いよいよこの飛行機が国境を越えようとしたら，どういたしますか，ミサイルで打ち落としますか．李はそれだけをたずねた．総理は毛主席に聞いてみると言った．しばらくしてから，総理の方から話しかけてきて，毛主席の言葉だけを伝えた．

　「不要打，天要下雨，娘要改嫁，由他去吧！」

　攻撃するな，天は雨を降らすし娘は嫁に行く，勝手に行かせよ．李はその言葉が毛主席のものであるだけでなく，総理自身のものでもあると感じた．それで明確に悟った．総理は林彪を引き戻すつもりはまったくないのだと．政敵が1人いなくなったのだ．彼は総理のために乾杯したいくらいの昂揚した気分であった．

　梁璞はこの飛行機に誰が乗っているのか，まだ分かっていなかったので，国

境に近づくにつれて焦り出し,どうするのか,どうするのかと幾度も李にたずねた.李は,今度ははっきりと答えた.

「撃墜してはならないし,飛行を妨害してもならない.あれはそのまま行かせるのだ.それが総理のご指示だ!」

9月13日,午前1時50分.国境を越えたトライデント256号の航跡がレーダーから消えた.

以上の大部分の記述は李徳生の回想録に依拠し,『周恩来伝』『周恩来年譜』などで補足したものである.『年譜』によれば,この飛行機の飛行を妨げるのかどうかと周恩来に問い合わせてきたのは空軍司令官の呉法憲だったとしている.林彪の愛弟子ともいうべきこの人物が,どのような気持ちでこのような言葉を吐いたのかはもちろん分からない.なおまた『周恩来伝』によれば,事件の1カ月後,広州において,なぜこの飛行機を撃墜しなかったかと(どのような状況のもとで,誰が何のためにたずねたのかは明らかでないが)問われた周恩来は,「林彪は副統帥だ,もし打ち落としたら私は人民に何と話したらよいのか」と応えたと言う.林彪座乗機と分かっていて国外に飛び去らせたのは毛沢東の一言によるというのが通説だが,実は周恩来も飛び去らせるままにすることに賛成だったのである.こうしたことと,事件の前後の総理周恩来の立場や置かれていた状況から,私は推測を交えて上記のような叙述にした.

第10章　モンゴルと北京の間にて
——中国外務省と駐モンゴル大使館の困惑

9月13日，午前零時半，北京の中国外務省大臣室．

外務次官で外務省の中国共産党指導グループ組長の符浩は，外務大臣代理の姫鵬飛から緊急の呼び出しを受けて登庁し，大臣室に入った．大臣の陳毅は病気療養中である．部屋にはすでにもう一人の外務次官の韓念龍ら顔見知りの指導グループの面々が揃っていた．これは何か大変な事態が発生したな．それが符の第一感であった．指導グループがこれだけ揃って集められるのは余程のことがない限り無かったからである．姫はみんなの顔を見渡しながら，一言一言慎重に話した．

「これで全員が揃った．集まってもらったわけは，実はまだはっきりしていないんだが，周恩来総理じきじきに，全員が別命あるまで待機せよとのご命令なのだ．なんでも，どこか外国から，何か重大なニュースが入るかもしれないらしい」

みんなが口々にしゃべり出した．ほとんどがあてずっぽうの推測にすぎなかった．大臣代理はしばらくそんな様子を眺めていたが，一区切りついたところでまた発言した．

「つい先刻，北京上空の飛行禁止と全国の空港閉鎖が命令されたそうだ．それに空軍には第一種戦争準備命令が発令されている」

全員が一瞬，静まりかえった．容易ならざる事態であることが分かったからだ．誰もが，中ソ戦争の勃発か，少なくとも局地戦闘がどこかで始まったと考えた．だがそれなら「まだはっきりしないが」などと悠長なことは言っておれ

ないはずだ．

　大臣室の秘密電話が鳴った．姫が何かしきりとうなずいている．その丁重な態度から見て，相手は周恩来総理だろうと推測された．10分以上も話していただろうか，みんなのところに戻って来た姫は，ソファーにどっかりと座りこむなり，重々しく口を開いた．「同志諸君，周総理のお話しでは，今から小1時間ほど前，林彪副主席が夫人の葉群同志やご子息の林立果らとともに，飛行機でどこかに飛び立ったということだ．目下，その行方を捜索中だが，諸君らには，いかなる事態に対しても即応できるように，対応策を練っておいてほしいと言われる」

　ざっくばらんな調子でそう言うと，プツリと黙ってしまった．

　姫鵬飛は今でこそ陳毅大臣の代理を務めてはいるが，もともとは外務次官の韓念龍とともに陳毅系の第三野戦軍に属した歴戦の勇士で，その上司に似て豪放磊落をもって知られていた．あまり細かなことをくだくだしく言わないのが特徴だった．この事件の後に中国代表権をめぐって国連で活躍し，その写真が日本でも大きく紹介されたりしている．外相というポストにふさわしくないという評価もあるが，符は彼の性格が好きだし，その行動力を高く評価していた．共産党のグループ組長として責任が重くなる反面，仕事はやりやすかったからである．

　今も前後関係を抜きにしての，とてつもない話だから，その場の全員が目を白黒させている．何をどう「対応」せよというのか．みんなは大臣代理の次の言葉を待っている．しばらく間をおいて，姫は一言一言を嚙みしめるように，話し出した．

　「周総理はこう言われた．林彪は，毛沢東主席を暗殺しようとして失敗，一族郎党を引き連れて山海関飛行場から脱走した．どこに飛んだかは分からないが，彼の支持者が多い南方か，北のソ連というのが最も濃厚な線だ．そこで四つの可能性とそれへの対応策を諸君に考えてもらいたい．一つは，南方の広州で，ここに北京の党中央に対立する別の党中央を樹立するということだ．もう一つは上海だ．しかしこの二つについては党の最高指導部が考えることであっ

て我々の任務ではない．この場合は，対外的な宣伝をどうするかが我々にとっての仕事になる．厄介なのは，南の香港か，北のソ連に逃げた場合だ．外交関係が問題になるから，我々としてはこの二つに重点を置いて考えておきたい」

驚くべき話だった．驚天動地というか奇想天外というか，誰しも今の今まで想像さえできないことだった．毛沢東主席と林彪副主席とが，最近仲が悪いということは噂されていた．だが事態がこんなところまで来ていたとは．

信じられないといったみなの顔付きを眺め回しながらの話だったが，姫の口ぶりは事実関係についてはみんなの容喙を許さないという断固としたものだった．彼自身を含めて，周総理が話したことの真偽のほどを知る者は誰もいないはずであった．それは最高機密であり，最高指導部が判断すべき性格の問題だということは，誰にでもすぐに分かることだった．

またもや最高層で権力闘争が発生したのだ．その場の人々はみな，そう受け止めた．文化大革命の悪夢が，みんなの胸をよぎった．政治闘争が起こる度に，外務省はとばっちりを受けたり，その後始末に追われてきたものだ．文化大革命の折にはイギリス大使館が焼き打ちされるという事件さえ起こっていたのだ．その不安がみんなの気持ちを暗くした．話の様子では，明らかに林彪派が権力闘争に敗れたということである．姫も二回目に林彪という名前を口にしたときは，「同志」抜きの呼び捨てにした．

ここにいる者は最高権力の座にいるわけではなかったが，お互いがどの派閥に属するか，少なくともどの派閥に近いかを知りつくしていたのである．そしてまた，周総理が林彪派や文革派と対立し，彼らから目の敵にされていることも承知していた．今は病床にある陳毅外相はその総理を助け，その陳毅を姫鵬飛が助け，その姫を符が助けてきたという構図も，みんな知っていることだった．姫はしかし林彪派の失脚については，おくびにも出さず，顔色一つ変えずに話したのであった．

「考慮，考慮」

中国人の常套語にもなっているその言葉で話をいったん打ち切り，符に目配せして部屋の外に連れ出した．

「周総理は，君と私とが人民大会堂にすぐ来るようにと言っておられる．そこで打ち合わせしてから，毛沢東主席のところにも報告に行くらしい．後はみんながそれぞれ考えるだろうよ」

　余談になるが，ここで書いていることは符浩の回想録によっている．筆者は実際に彼にお目にかかったことがある．『日中戦争時期，中国における日本人の反戦活動』をまとめるに当たって，もと八路軍の敵軍工作部の人々を捜し求めていたころである．インタビューできた方々のなかでは，符浩さんは趙安博，張香山さんらとともに大臣クラス待遇の大物外交官の一人と言ってよいだろう．何しろパトカーの先導つきで会見場所まで出てこられたのだから．彼は予想していた通りに明るくて豪放磊落，とても愉快な人物だったが，同じ山東の八路軍で活躍されていたという夫人には頭が上がらないという様子がユーモラスであった．もちろんこの時，こちらとしても林彪事件のことはオクビにも出さなかったのであるが．

　９月14日午前８時．モンゴルの首都，ウランバートルの駐モンゴル中国大使館．

　着任して１カ月もたっていない中国大使の許文益は，この日，朝食をすませた直後に，モンゴル外務省からの緊急電話を受け取った．外務次官のオルドンビレクが用件も明らかにせずに至急会見したいというのである．許大使は異例のこの申し出に驚いたが，同時に不審感を覚えた．通常の会見だと１日か半日前に，その目的も含めて会見が提案されるのに，いきなりのことであり口調もひどく紋切り型の固いものだったからある．何とはなしに悪い予感にとらわれながら，会見の内容を思い巡らせていた．

　彼がこの地に赴任したのは，最悪の状況に達していた中ソ関係を修復するために，1969年９月，周恩来・コスイギン両首脳会談が行われ，中ソ間で相互に大使を交換することが同意された後，モンゴルとの関係をも修復しようという中国・モンゴル間の合意に基づいて実現したものであった．しかし彼が71年８月24日にアグレマンを奉呈して正式に大使に就任してから後は，中国とモンゴ

第10章 モンゴルと北京の間にて——中国外務省と駐モンゴル大使館の困惑　345

ルとの間には格別大きな出来事もなく推移してきた．したがって早朝から呼び出しを受けるようなことには，まったく思い当たらなかったのである．

　それから30分後，着替えも早々に許文益はモンゴル外務省に出向いた．外務次官オルドンビレクはすでにその執務室で待ち構えていて，儀礼上の挨拶の交換も早々にすぐに本題に入った．彼はつとめて厳粛な表情をたたえ，態とらしいいくぶん怒りを含んだ口調で，「わたしは今日ただいま，我が国政府の委託を受けて，以下のことを通知します」という紋切り型の調子で話を始めた．

　「昨13日の午前2時30分ころ，我が国のヘンティ省ブルガン区（ウンデルハーン）の南70キロの地点に，1機のジェット機が墜落した．このことを外務省の関連部門が知ったのは，この日の午前中のことだった．昨日は天気が良くなかったが，我が方はすぐに現地に人を派遣して状況を把握した．そして多角的に調査した結果，その飛行機は，中国人民解放軍の某部隊に所属するもので，乗員は女性1人を含めて全部で9人，全員が不幸にも死亡していた．この事件を中国大使館に知らせるのが遅れたのは，事件の発生が夜中であり，我が方が知ったのも比較的遅く，さらに人を派遣して状況を把握しようとしたためである」

　オルドンビレクは，そこからさらに姿勢を改めるようにして語を継いだ．

　「中国軍用機が我がモンゴル領土内深くに侵入したことに対して，私はモンゴル政府を代表して口頭で抗議する．また我が国の関連部門は調査を継続しつつあり，この事件に関してさらに正式の交渉を進める権利を留保するものであることを，お伝えする．大使閣下におかれては，このことを中国政府に報告し，中国軍用機がわが領土を深く侵犯した原因を中国政府が正式に説明されることを，それもできるだけ早い時期に説明されることを希望する」

　外務次官はここで一息入れ，口調をやや柔らかくして付け足した．「大使閣下もご存じのように，今は気候も比較的に暖かい．死亡した全員の遺体は，何らかの方法で埋葬しなければなりません」

　寝耳に水とはこのことだった．選りにもよって，この時期に軍用機の領土侵犯とは．一言も漏らすまいと聞き耳をたてながら，許文益が必死で考えたの

は，せっかく良好に推移している中国・モンゴル関係を悪化させてはならない，もしそうなったら，自分がここに送りこまれて来た意味がまったくないということ，そしてそれ以上に，他国の領空を侵犯したことに対する国際世論の反響の大きさと中国の名誉失墜ということだった．彼は言葉を選びながら，外務次官に応えた．

「貴官の口頭の抗議に対して，私はまだ事件の真相をすべて承知しているわけではないので，お受けするわけにはいかない．しかしもちろん，直ちにこの件を本国に報告いたします．」許大使は最後に最も気掛かりな点を強調した．「誠に遺憾な事態の発生でありますが，この事件が両国の関係改善に悪影響を及ぼさないことを衷心より希望します」

そこから話は，中国側の現地検証の期日と方法とか，遺体の処置の仕方とかの具体的な問題に入っていった．許としては，とにもかくにも本国に請訓してから返答するということで，その場を逃げるほかなかった．双方は可及的すみやかに現地調査団を派遣することで合意した．許はショックのあまり，よろめくように大使館に帰って来た．そして直ちに大使館の幹部たちを招集し，会見の内容を報告するとともに，対応策の検討を命じた．時計はもう9時30分を過ぎていた．誰もがやはりこの突発的な事件に衝撃を受け，日ごろのおしゃべりにもかかわらず，沈黙していた．結局，とりあえずは本件について絶対秘密を守り，本国に緊急報告して請訓するほかないということになった．

報告は至急電報で打つことになった．ところがモンゴルの電報局は，それさえも4時間はかかると言ってきた．大使たちは焦った．考えついたのは，封鎖されている北京直通のホットラインを復旧することであった．中ソ関係が悪化してからは，中ソ間のも中蒙間のも封鎖されていたのである．本国の了承なしにこのような処置をとることは本当なら憚られるところだが，突発した事件はそうも言っておれないことのように判断された．こうして復旧された北京直通の電話回線を通じて，事件は周恩来のもとに報告されたのである．

この日の正午過ぎ，モンゴル側は明日，現地に飛行機を飛ばす用意ができていることを伝えて来た．この時にはまだ本国からの訓令が届いていなかったの

で，中国大使館はもう少し待ってくれるようにと頼んだ．

午後２時過ぎ，またモンゴル側から催促があった．中国側は同じ返答しかできなかった．

９月14日，正午過ぎ．北京，中国外務省の党指導グループ組長室．徹夜明けの頭に，電話のベルがやけに大きく響いた．ソファーで仮眠していた符浩は足元をもつれさせながら受話器にたどりつく．

「こちらはモンゴル大使館です．符組長はおられますか」

バカなことを言っている，モンゴルからは直通電話はかけられないはずだのに．符はしばらく，ぼんやりしたまま生返事をしている．向こうの相手が変わって「許文益です」という声に，ハッと思い当たって慌てて受話器を握り直す．

「実は本日，午前８時半ころ，モンゴル外務省から緊急呼び出しがありまして，外務次官と会見いたしました．外務次官がおっしゃるには，昨日未明の２時30分ころ，中国軍用機が国境を侵犯して飛来し，ウランバートルの東南約300キロの地点で墜落した．ついてはモンゴル政府はこの件につき口頭で中国政府に厳重抗議するというものです．なお墜落現場には９つの遺体があり，モンゴル側としてはすぐにでも現地で埋葬したい意向のようです」

許大使の声は緊張で上ずっていた．重大な外交問題が発生したと信じている様子だった．現地時間の８時半といえば，北京では９時半だ．すると３時間ほど，電話回線の復旧に手間がかかっていたことになる．符は大使に苦労をねぎらい電話の封鎖解除は適切な処置だったとほめたうえで，とりあえず自分の判断で重大な外交問題にならぬよう，すぐに現地での調査と協議に乗り出すようにと指示した．現場の様子や遺体の状況を聞いたが，もちろん許は答えられず，早速調査に乗り出すとだけ言った．あまり根掘り葉掘り聞くのも変に思われるので，こちらもすぐに対応策を練る，そちらからは電話を使って逐次報告するようにとだけ言って，電話を切った．

符は興奮していた．ついに昨夜来の懸案事項が明らかになったのだと確信し

た．姫外相代理と周総理に直通電話をかけた．二人とも，符の確信に同意した．総理は直ちに毛主席に連絡すると言った．

符が意外に思ったのは，林彪らがモンゴル方面に逃亡したことについて，周が格別の驚きや動揺を示さなかったことだ．確か姫は，周の指示として「4つの対策」を考えよと言ったはずである．だが蓋を開けてみると，林彪はモンゴル，つまりは北の方に逃げたのである．それは対策の1つとされた「ソ連」ではなかったが，おそらく誰でも第一感としては，モンゴル方面に進路をとったのは「ソ連」を目指したのだと考えるだろう．

総理が泰然自若としているのは，最高指導者の特有のポーズなのだろうか，それとも最初から予測していたルートなのだろうか．もし予測ルートなら，なぜわざわざ「4つの対策」を指示したのだろうか．符は考えこまざるをえなかった．

よくよく考えてみれば，大体，広州や上海に「別の中央」を樹立するなんて話は，実にバカバカしい限りなのだ．かつて毛沢東主席が，自分の意向が通らないなら，もう一度井崗山にたてこもってゲリラ戦をやると言って人々を脅かしたが，あれだってダダをこねたかブラフだってことは，誰でも分かっていたのだ．分かっていても毛主席に従わざるえなかったところに，中国共産党の特殊性があるのだ．それを毛主席がまだ健在なこの時期に，たかが林彪ごときに何ができるというのだ．新疆とか内モンゴルとかチベットというなら，まだ話が分かる．広州や上海じゃ，話にならない．香港に逃げるというのも話としては面白いが，飛行機で逃げるというのには抵抗がある．イギリスとの関係からして，極めて不自然だ．ハイジャックでもしない限り，香港とか台湾は不可能だ．

符は考えれば考えるほど，林彪の逃亡ルートは北方方面しかなかったように思われてきた．そして周総理は，あらかじめそれを予測していたか，知っていたのだという結論にならざるをえなかった．総理は恐ろしい人だ，膨大なデーターを集め緻密に分析し，自分の思うような方向に事態をもって行く，そしてその結果は，功罪ともにいつも毛沢東主席のせいにしてしまう，絶対に自分は

第10章　モンゴルと北京の間にて——中国外務省と駐モンゴル大使館の困惑　349

表に出て来ない．あの文化大革命の折でさえ，鄧小平を含めたわれわれ官僚群を，毛と文革派の手から守り通した，それも毛さんの意向だということにしてだ．

　9月14日，午後6時前．姫と符は連れだって人民大会堂に行き，北門から入って総理の待つ福建の間に入った．中国共産党の最高指導部である中央政治局会議が開かれていると聞かされた．副主席の死亡をどのように説明するのか，二人には興味があったが，過去の数多い事例からすれば，結局，権力闘争に敗れたものは極悪非道のレッテルを張られることになっているのだ．道々，姫と符の二人は，林彪失脚・死亡事件は，毛主席よりも周総理の勝利であり，中国外交の重大な転換を可能にするだろうという点で一致した．姫は言った．
　「これで対米接近というシナリオは，ぐんと現実性を帯びてきた．国連加盟，ついでアメリカとの関係修復という道筋に反対する者はいなくなるだろう．」
　符はそれに応えて言った．「文革派といえども，林彪追い落としには賛成のはずですからね，林彪が反対していた対米接近，国連加盟というシナリオにも表立って反対はできないでしょうしね．」
　二人は顔を見合わせ声を立てて笑い合った．しかし同時に彼らは，林彪を追い落とした後，毛主席の側近派閥ともいうべき毛夫人の江青ら文革派が，周総理に集中砲火を浴びせてくるだろうという点でも，同意し合った．
　「一難去ってまた一難か．」姫のつぶやきに符は深くうなずいた．
　「しかし後のことは後のこととして，当面はモンゴル側に気づかれないように，ソ連や諸外国にも知られないようにしないとな．まだどこも，死んだのが林彪だとは気づいていないようだから」
　姫は気を取り直して言った．
　その夜，符浩は姫と連れだって病床の陳毅外相を見舞った．豪傑と言われた建国の元勲の1人，陳毅元帥も病には勝てず，やつれきっていたが，二人の報告を聞くと声を絞り出して笑った．林彪の第四野戦軍系の跋扈を苦々しく思って来た彼としては，これで後顧の憂いが一つなくなったと感じたのであろう．

陳毅外相はもともと軍においては林彪の先輩格にあたり，林の指導者であったこともある先任元帥の一人である．彼から見れば林彪ごときは「ヒョッコ」なのであった．ところが彼よりも上級の彭徳懐が失脚し，さらに文化大革命において積極的にこれを支援しなかったことから，林彪の後塵を拝することになった．周恩来の後の外相という文官に転じてからは，苦汁をなめさせられ続けたのである．

「君たちに期待しているよ，周総理によろしく」

陳毅はそれだけ言うと，目をつむった．その言葉に万斛のおもいが込められているように思えて，二人は目頭を押さえながら退出した．

9月14日　夕刻6時ごろ．駐モンゴル中国大使館．

首を長くして待っていた本国からの訓令が，やっと至急電で届いた．北京が3時半に打った電報である．周恩来首相じきじきの訓令だということだった．それに直通電話の件については，非難されるどころか，「満足の意」さえ表明されていた．本国の並々ならぬ意志が伝わって来たが，大使館側は別段それに不審感をもつわけもなく，外交問題としての重大性の故だと受け取って気を引き締めた．

同日　夜8時30分，許大使はモンゴル外務次官のオルドンビレクと異例の会見を行い，訓令の内容と大使としてなすべきだと思われることを伝えた．彼はこう述べた．

「飛行機事故に関しては，方向を誤って貴国の領土内に侵入したものと思われる．このことについて，我が国は遺憾の意を表します．また貴国が現地調査の飛行機を用意してくださるということについては，心から謝意を表します．我が国政府の指示により，中国大使たる私が直接，関係要員を連れて現地に赴くことを決定しました．時間などについては，お任せいたします」

オルドンビレクは応えた．

「わが方はできるだけ早く，双方合同の現地調査を行うよう提案して来ました．気候の関係上，遺体が腐乱しやすいとの判断からです．しかし貴国側は，

本国に請訓するということで，明日に持ち越した．飛行機事故から現在まで，すでに50時間も経過しており，明日，現地調査するまでには60時間以上も経過することになります．このことによって生じる面倒な問題の責任は，貴国側にあります」

彼はさらに語を次いで述べた．

「閣下が述べられた，領土侵犯はこの飛行機が方向を誤ったことにより生じたというのは，正式のご回答でしょうか」

許は応えた．「その通りです」オルドンビレクはさらにたたみかけてたずねた．「最終回答でしょうか」許は考えながら慎重に応えた．

「私の理解では，最終回答ではないと考えます」

オルドンビレクはさらに中国側の痛い所を追求してきた．

「方向を誤ったと言われるが，それではこの飛行機はどこから離陸し，どこへ向かおうとしたのですか」

許大使自身が最も大きな疑問符としていたことだから，応えるすべもなかった．彼は率直に応えた．

「当面，私としては応えることができません．そこでお願いなのですが，この飛行機事故について，モンゴル側で何か分かり次第，どのようなことでも結構ですから大使館にお知らせ願いたい」

許としては，領土侵犯事件として正面きって非難攻撃されることだけは避けたかったのである．幸いモンゴル外務次官は，とりあえずはこの問題で追求してこないで，別の問題を提起して来た．

「閣下は全権大使として，遭難者の遺体埋葬問題を解決していただきたい．モンゴル側としては，遭難現場近辺の風俗習慣として，検証後は直ちに埋葬したい考えです．火葬という習慣は無いということを，ご承知おき下さい」

中国側は先の訓令において火葬を主張していたので，大使は困ったことだとは思ったが，この件は別段たいしたことではないように思えたので，曖昧に返答しただけだった．北京がなぜ火葬にこだわったのか，当然のことながら許大使には理解できなかったのである．しかしとりあえず，この件についても本国

の訓令を受けておこう，大使はそう考えた．

　翌15日の午後4時ころ．

　中国大使と他に四人の大使館員とは，現場の草原に立っていた．モンゴル側からは外務省領事部のカオタップ部長ほか国境警備や内務関係者，それに法律・衛生関係者や新聞記者，映写技師などがついてきていた．現場には事故発生以来であろう，国境警備隊の兵士らしいのがあちこちに屯していて，遺品集めや現場警備のパトロールをしていた．

　現場はモンゴルの首都，ウランバートルから東南へ約300キロ，ソ連製イル14形機でほぼ1時間のウンデルハーン飛行場に着き，そこから西北方へジープとトラックに分乗して70キロの道程を約2時間ほどかけて入ったところにあった．土地の人々がスプラー盆地と呼んでいるところである．

　そこは東・南・北を小高い丘陵で囲まれた盆地状の平地で，西側だけがガタガタのなだらかな傾斜となって登って行く道が通じていた．東西に約1キロ，南北に約3キロのこの狭い場所を，どうしてどのように遭難機は見つけたのか，中国側の誰しもが不思議に感じたことであった．

　9月半ばの草原は太陽が傾くにつれ風が冷たくなっていった．中国人の誰もがゾクゾクと背を震わせながら，現場のあちこちを見て回った．中国人とモンゴル人とは協議して，埋葬する場所を選定した．それは遺体が散らばっている場所からほど遠からぬ小高い丘の上であった．モンゴルの兵士たちが，早速，穴掘りにかかっていたが，埋葬は明日，中国側が現場と遺体の写真撮影を終えてから行うということになっていた．

　許大使が，この場で遺体埋葬に簡単に同意したのには訳があった．実はこの日の早朝4時15分，すでに復旧されていた直通電話を通して周恩来総理のメッセージが届けられていたのである．

　総理はこう言ってきていた．遺体はできる限り火葬に付し，その骨灰だけを持ち帰れ．しかしもしモンゴル側と折り合いがつかず，火葬にできない場合は，それ以上争わず，できるだけたくさん写真撮影し，深く埋葬して標識を立てて，後日遺骨を本国に持ち帰れるようにしておくこと．

第10章 モンゴルと北京の間にて——中国外務省と駐モンゴル大使館の困惑 353

　許大使は首相のきめ細かな指示に驚くとともに感嘆もしていた．なぜ，こんなに細かに指示してくるのか，ふと疑念も生じないわけではなかったが，埋葬か火葬かでモンゴル側と言い争わなくなっただけでも，ありがたいと思ったのである．

　同時刻，同じモンゴル平原．

　駐モンゴル中国大使館二等書記官の孫一先はモンゴル平原の高みに立ち，小石を積んだオボに身を寄せかけながら，眼下に散乱している機体とその間を動きまわっている中国人・モンゴル人たちを眺めやっていた．草原に日は傾きかけていた．凍てつく冬の寒さが思いやられるような冷たい風が草原を吹き抜けていた．孫一先はバラバラの機体と，その間に散らばっている九つの遺体とをすでに見て回っていた．モンゴル側は前日に現場検証を終わっていて，写真をとり遺品を集め，遺体にナンバーをふってそれぞれの特徴を記録していた．中国側はそれらを見せてもらいながら検証したのである．

　どの遺体も目をそむけたくなるほど無残に焼きただれていたが，ほぼ50メートル四方に固まって散らばり，しかも不思議に原型を保っていた．素人の孫にも，この飛行機事故が空中分解や地面に真っ逆さまに突っこんだものでないことが理解できた．モンゴル側の説明を聞きながら現場を端から端まで歩いてみて分かったことは，次のような点であった．先ずこの遭難機は，モンゴル側の主張するような軍用機ではなく，イギリス製トライデント（中国では三叉機という）ジェット機で中国民航に所属するものであり，燃えかすの絨毯から見てパキスタンから購入したものの一機である．そして中国機だから当然，南側から国境を越えて侵入してきたはずであるが，不時着態勢に入ったのは北側からである．付近の住民たちの証言を交えてモンゴル側が説明するには，同機は多分レーダー網を避けるためだろう，相当低いところを飛来してきて，しかもこのあたりの上空を幾度となく旋回していたらしい．不時着に備えてガソリンをできるだけ費消しようとしたのだろうと言う．そのことは着陸に失敗して炎上した時の燃え方から推測できるのだとも言った．説明してくれた専門家はすぐ近くにウンデルハーンの飛行場があるのに気がつかなかったのかと，首をかしげ

ていた.

　後に分かったことだが,モンゴル側が推測したように同機は慌てて飛びたったため副操縦士も乗せず燃料を満タンにせず,しかも右翼の一部をタンクローリーにぶっつけて損傷していた.残り少ない燃料が無理な不時着をパイロットに決意させた理由だった.それにしても,あんな時間にこんなところに不時着を強行するなんて信じられないと,そのモンゴル人はつぶやいていた.

　私が日本のあるパイロットに以上のような状況を話し意見を聞いたところでは,やはり相当の無理を承知でその中国人パイロットは不時着を決断したのだろう,腕に自信があったとしても,当時の飛行機の性能(レーダー,高度計など)や夜間に照明もなく地上管制塔の指示もなく,しかもフラットでないことが分かっている地面に着陸するというのは,どう考えても自爆に近いということだった.近くに飛行場があるということさえ知らなかったのだから,用意していた地図もいい加減なものであったに違いないと.

　現場のいちばん北端に機体が着地した痕跡があり,それと平行して右翼が地面に接触した深さ20センチほどの線痕が残されていた.次でおそらく着地時のショックによるのであろう,一度バウンドしてから再度地面に激突したときに飛行機は炎上し,南に向かって燃えながら滑走した.その途中で両翼,車輪,エンジンなどを振り落としていき,炎に包まれた胴体だけが筒状で突っ走ったのである.その胴体は最初の着地地点から300メートルほどでストップしているが,そこで切断された機首部分はそれからさらに200メートルも走り,やっと止まっている.

　左翼部分の付け根に直径50センチほどの穴が開いていたが,それはミサイルか砲弾が貫通したものでなく,モンゴル側の説明では補助燃料タンクが着地のショックで爆発した際にできたものだろうとのことであった.その穴が機体の外側からではなく内側から爆発してできた形跡があるからとのことだった.九つの遺体はその機首部分の手前,5・60メートルのところに振り落とされ,ばらまかれていたのである.

　孫一先は着地に失敗し炎に包まれて突っ走る機内の恐怖を想像していた.比

第10章 モンゴルと北京の間にて——中国外務省と駐モンゴル大使館の困惑

較的に原型をとどめているものの，幾つかの死顔には苦悶した跡が見られた．モンゴルの随行医師の話では，どの死体もみな一酸化中毒を起こしているという．つまり乗員たちは着地時点では，まだ死んでいなかったのである．即死ではなかったのだ．孫はその事実にショックを受けた．

もう1人の随行員，みんなから「小王」と呼ばれている通訳兼用の男はモンゴルの医師が「まだ若い人のようですね」といった「第二号」に注目していた．その人物の焼け残ったポケットには身分証明書が入っていて，それには「林立果，24歳，幹部工作」とあった．検証に行った中国人は大使をはじめ，誰もその名を知らなかった．ありふれた林という姓から，「偉大な指導者」を連想する者はいなかったのである．それは何と林彪副主席の一人息子，今を時めく空軍の若き将校と同姓同名なのであった．

もしこの遺体が林立果のものだとすれば，と小王は考えた．小柄な老人らしい人物は，そしてたった1人，大使らが「空中小姐（スチュワーデス）」と呼んでいる「第八号」とナンバリングされた年かさの女性——彼女だけは，どういうわけか顔面の火傷が毛髪の焼け残る程度に済んでおり，衣服はもちろん燃え尽くしていたし，両眉も焼け落ち，右目上部に10円玉大の火傷があり，口の左にも大きな火傷があった——も想像がつくのであった．

小王はそこで想像を逞しくするのをやめた．文化大革命のころの若者たちは誰でも，口は災いのもとであることを知っていた．余計な推測を口にして，大使や二等書記官の孫らに変な目で見られるのは御免だという気持ちが強かった．彼はふと連想したことを絶対に口にしないと決意していた．（この「小王」なる人物だけが遭難者の人物像を想像したというのは孫一先の回想録に書かれていることである．彼がもしその想像を口にしていたら，大使館はあんなにも苦労しなかっただろうと孫は愚痴っている．しかしもしそれを知っていたら，逆に大使館は大変な苦労を背負いこむことになっただろう．《孫の回想録》）「孫君，孫君，ちょっと来てくれないか．」

大使の許文益がけたたましく呼んでいる．孫一先は夜露に濡れ始めた草を踏んで丘から駆けおりていった．一緒に大使のそばに駆け寄った小王は許の顔を

見て，一安心した．生え抜きの外交官である許は，文化大革命のころ紅衛兵の批判にさらされたが，周恩来首相と陳毅外相に庇護されて身の安全を保ってきた．文革派とは敵対関係にあったから，直接の接触はなかっただろうが，彼らに対して憎しみと恨みはもっていたはずであり，当然，彼の想像している人物たちの顔は十分に知っているはずである．しかしとりあえず大使の顔は九つの遺体がどのような人のものなのか，考えてもみないような表情だった．

「孫君，困ったことになった．本国からは，遺体は送還するか火葬に付すようにと言ってきてるのに，モンゴル側は，モンゴルにはそんな習慣がないし送還もダメだって．埋葬するってきかないんだ」

許は本当に困ったという顔だ．大使，ひょっとすると本当に困るのはこれからかもしれませんよ．小王はそういってやりたかった．しかしそれはおくびにも出せない．孫が中国側の通訳として，わざわざこの地に出向いて来ているモンゴル人民共和国外務省の高官に大使の話を要約して伝えている．その高官は許大使とは違って日焼けした精悍な顔付きをこわばらせ，言いつのった．

「我が国の最高指導部からの指示だ．直ちに埋葬して，その上に墓標をたてる．そこには，こう記す．領空を侵犯した中国軍用機が原因不明の事故により墜落，九人の軍人が死んだとね」

今度は温厚な容貌の許が怒る番だった．

「軍用機とか軍人と言われるが，この飛行機は輸送機用に改造されたイギリス機で，軍用機ではない．その証拠に，残された尾翼部分にちゃんと"中国民航"と書いてあるではないか．それに軍人というが，中国人の多くは軍服を着るのが普通だというのは，貴官もよくご存じのはずだ」

「ちょっと待ちたまえ．わたしは中国民航が軍の管轄下にあることも，知っておりますぞ．それに遺品の中にはピストルとか突撃銃などの銃器も発見されているのですぞ」

2人の論争点は，領空侵犯機が軍用機かどうかにあった．もしそうなら，民間機が誤って侵犯したのではなく，何らかの軍事目的をもっていたとされても致し方なく，外交上の大問題になる可能性があった．

第10章　モンゴルと北京の間にて——中国外務省と駐モンゴル大使館の困惑　357

中国側の弱みは領空を不法に犯したことが厳然たる事実だということである．他方，モンゴル側にしてみれば，民間機にこんなにも易々と侵犯されとあっては，防空体制の脆さが暴露されたことになるわけだから，ここは何としても軍用機が意図的に防空網をかいくぐって入って来たことにしなければならないのだ．おそらくその高官が強調する裏には，ソ連の意志があるのだろうと孫は思った．実際，中国人が現場に来る前に，すでにモンゴル駐屯ソ連軍の軍人が来ていたということだった．そういえばボイスレコーダーなどはついに発見できなかった．

孫は二人のやりとりを通訳しながら，両者とも，九人の死者が一体どんな人間なのかをまったく問題にしていないことに気づいていた．彼自身もこの時はまったくそのことに思いを馳せなかったのである．傍らの小王だけが浮かぬ顔付きをしていた．許大使に至っては，埋葬問題では譲歩するにしても，その墓標には「九同志の遭難の墓」と書きたいなどと主張した．

「九同志」

それは明らかに許がこの遺体の正体そのものをまったく重要視していないことを意味していた．モンゴル側もまた，そうだった．彼は「同志」の方にはクレームをつけなかったが，「遭難」とは何事かと食ってかかった．そこから議論はまた振り出しに戻ってしまった．結局，両者はその夜の1時過ぎまで協議したが，結論は得られず，ウランバートルに帰ってそれぞれの本国本省と相談したうえで，結論を出そうということになった．

しかし小王は，現地の夜でもウランバートルに帰ってからも，遺体のことがどうしても心の片隅にひっかかっていた．彼が直感的に遺体の人物たちにもった疑念は，本省の対応の仕方に対する不審感と結びついて，ますます自分の推測の正しさを確信させるように思われたのである．

夕飯後，許らはカオタップ領事部部長らと明日の打ち合わせを行った．大使は先ほどの現地での主張を繰り返した．お墓の上に「中国民航」と記された尾翼部分を墓標のかわりに置き，そこに「中国民航　1971年9月13日　九同志の遭難の墓」と記したいと．許大使はもちろん，この段階でも「同志」が死んだ

のだと信じていたのである．しかし議論はやはり平行線のまま，その夜はお開きとなった．

翌16日の日中は現場検証に追われた．夜，再び中国・モンゴルの双方の協議が行われた．中国側が検証を行っている間に，モンゴル側は本省と打ち合わせしたのであろう，昨夜は大して問題にしなかった問題について，えらく煩いことを言い出した．遺体埋葬の場所に記す墓標の文言と，中国・モンゴル双方とで取り交わす現場検証記録の文章をめぐってである．

問題は「中国民航」256号機が，はたして文字通りの「民間航空」機なのか，それとも軍用機なのかという点にあった．モンゴル側は，残された遺体の全員が軍服を着ていることと，中国においては「民間航空」といえども軍の管轄下にあるのだから，当然軍用機なのであると主張して譲らなかった．

「軍人パイロットが操縦する中国軍用機が，軍事目的をもってモンゴル領空を侵犯し云々」と正確に書くべきだというのである．中国側は，中国人は軍人・民間人を問わずすべて軍服を着用していること，軍の管轄下にあるとはいえ軍用機と民間機とは目的を明確に区別して使用されていること，256号機がモンゴル領空を侵犯したのは，あくまで方向を見失い誤って入ってしまったのであることなどと主張して，軍用機が軍事目的をもって不法に侵犯したという点を極力回避しようとした．

中国側にとっては苦しい論争が続いた．しかしモンゴル側にとっても，おそらくソ連とも連絡を取り合ったのであろう，軍事目的をもった軍用機が領空を侵犯したというのでは，モンゴルの防空体制がいかに杜撰なものであったかを証明してしまうわけであるから，それ以上は追求して来なかった（孫一先が後に北京に召喚されたときに国境の駅で知ったことだが，この飛行機が中蒙国境を越えたことはソ連＝モンゴル軍も探知していたうえに，その噂は口伝えで中国人駅長まで知っていたらしい《同上》）．

それにモンゴル側はこの事件の新聞発表を急いでいる様子でもあった．大筋においては中国側の主張が通り，「記録」には「モンゴル人民共和国政府と関連部門の友好的な援助と協力の下，中国民航256号機で遭難した9人の人員（男

8女1)の遺体は次のように埋葬された云々」ということで，埋葬日時，場所，方法などが詳細に記されることになった．

結論に達したのは，もうすでに17日の早朝であった．この「記録」はさらに正文翻訳のために時間を費やし，両者が翻訳文を確認し終えたのは，この日の午前10時15分であった．大使と大使館員はその日の夕刻，やっとウランバートルに帰着，上記の状況報告を北京に行ったのである．

ちなみに遺体には現場検証したモンゴル政府によって機首近くから順次，九号から1号までの番号が振られたが，後に中国大使館の調査によって，その各号の人名が次のように確認されている．

　　第一号，林彪の運転手の楊振綱
　　第二号，林彪の息子の林立果
　　第三号，空軍少佐で空軍党委員会弁公処処長の劉沛豊
　　第四号，256号機の特設機械師（機関士）の邰起良
　　第五号，林彪その人
　　第六号，256号機の機械師の張延奎
　　第七号，同機械師の李平
　　第八号，林彪の妻の葉群
　　第九号，パイロットの潘景寅

その後，遺体と遺品とは，結局，墜落現場から北西約1キロの小高い丘の上に埋められた．モンゴルの主張したように土葬であった．そこは皮肉なことに，死者たちの故国中国から昇る太陽を，毎朝望み見ることのできる場所であった．墓標問題はウヤムヤのうちに忘れ去られた．

9月17日，午後8時半，北京の外務省本庁．待っていたモンゴル大使館からの報告が届いた．夕刻，現場検証を終えてウランバートルに帰着したという．2日も遅れたことについて，許大使は交通手段の不便さとか，モンゴル側との協定書の作成に時間をとられたとか，くどくどと言い訳していた．しかし九つの遺体については，モンゴル側が第一発見者として詳細な写真をとっていたこ

とを報告しただけで，特別な関心を示さなかった．

符浩はホッとした．現地大使館が気にするほど，この際は国境侵犯など大した問題ではなかったのだが，はっきりとそうも言えなかった．くれぐれも相手側を刺激しないように，しかし同時に中国の権威も傷つけることのないように，協定書の文案には十分に配慮せよと，ごく当たり前のことを言うよりほかなかった．

最後に符は許大使を安心させるように言ってやった．周総理は貴官の努力と処置を高く評価しておられる，特に国際電話の封鎖解除は独断だったとはいえ，極めて適切だったとおっしゃったと．大使は嬉しそうに電話を切った．

その前日の真夜中からずっと，符浩は外務大臣代理の姫鵬飛と一緒にイライラしながら待っていたのである．北京－モンゴル間の直通電話は順調だったが，肝心の大使が不在で，もちろんその理由は分かってはいたのだが，なぜそんなに報告が遅いのか，理解できなかったわけである．急いでいるわけを話すわけにもいかず，さりとて冷静にもなっておらず，北京の残暑の中で外務省幹部たちは実際どうしていいのか分からなかった．上の方からは，まだかまだかと言ってくるし，世界各国の動静にも綿密な注意を払わなくてはならないし，それでいてわけの分からない下僚たちは，連日真夜中すぎまで待機させられてブツクサ言っているし……．というわけで，幹部連中は神経質にならざるをえず，その当たり所がモンゴルだったというわけだ．

報告を受け取って，幹部たちはいささか安心した．モンゴル側も現地大使館も，まったくこの事件の核心に気づいている様子がなかったからである．だが報告の細部について分からないところが多々あったし，モンゴル側の動静についても良く理解しておく必要があった．外務省幹部は，現地の人間を極秘裏に呼び戻して直接報告させようということになった．この見解は周恩来首相も賛成だったので，さっそくウランバートルに電話で命令が下された．

9月18日，午前1時，北京，人民大会堂の周総理執務室

総理，外相代理，外務省共産党指導グループ組長の三人は党政治局会議の意向を受けて，モンゴルの状況を直接聴取するため，誰かを召喚することにし

第10章　モンゴルと北京の間にて——中国外務省と駐モンゴル大使館の困惑　361

た．大使館員に気づかれないために，聴取する内容は両国関係の進展，特に協定書問題に重点を置くということにした．しかし大使を召喚すると目立つので，彼以外の館員がよいということになった．その人選は現地大使館に委ねることとし，散会した．

　9月21日，午後3時半，北京駅頭．

　駐モンゴル大使館書記官の孫一先は，人いきれで蒸し殺されそうな北京駅の雑踏から隔離されたようにヒンヤリとした国際線のプラットホームに降り立った．下車する人々は外国人が圧倒的に多く，出迎えの人々との間でかん高い挨拶が交わされていた．孫一先がモンゴルへの赴任にあたって，このプラットホームに立ったのはそれほど昔のことではない．

　駅頭で彼は外務省高級幹部の符浩の姿を発見し，何か不吉な予感に襲われた．これほどの高官が，たかがしれた書記官クラスの外交官をわざわざ駅頭まで出迎えるなどということは，普通は想像もつかないことだったのだ．孫はあらためて自分の任務の重大性を感じざるをえなかった．出迎えの車は黒塗りの幹部用「紅旗」であった．車は外務省の招待所までノンストップで走った．その道すがら，10日後に迫っている国慶節のパレード準備のために右往左往している北京市民の姿が，至る所で目についた．普段の9月下旬と何も変わったことはない．孫は，そう思ったが，しかし透き通るような北京の秋の日差しを満喫する気分には，とてものことになれなかったのである．

　外務省招待所に着くと，符浩は孫がモンゴルから持ち帰った資料の包みを受け取り，一切，外部と連絡をとってはならないと厳命しただけで，さっさとどこかへ去って行った．

　符浩は外務省の本庁舎に帰り，外務大臣代理の姫鵬飛，外務次官の韓念龍らと会議を開いて，孫が持ち帰った写真，地図，報告書などを詳細に検討した．その結果をもって，彼らは揃って人民大会堂の福建の間で執務している周恩来首相に会いに行った．検討会は深夜まで続いた．

　時間がすでに翌22日になったころ，周恩来に直接説明させるため，孫一先が呼び出された．孫は初めて対面する総理の前でコチコチになりながら地図と

首っぴきで進講した．その報告が終わると，首相は仮眠のために部屋を出て行き，孫も監視付で招待所に帰された．総理は直接，孫が外界と接触することを厳しく禁止した．孫と同行してきた人物をさっさと帰宅させたことについて，総理は符浩を責めたほどであった．孫の疑念はますます深まった．モンゴルでの墜落機と北京での何か重大な政治問題とが密接にかかわっているらしいと．

孫が出ていった後，公安相をはじめとする公安関係者や空軍の関係者が招集された．午前4時を少し回ったころである．

9月22日，午後3時半．北京ではすでに林彪の死が断定され，その死亡状況が判明していたころ，モンゴルではまだ中国－モンゴル間のやり取りが続いていた．モンゴル側は中国側の正式の謝罪と釈明を求めて，許文益大使を困らせていたのである．翌23日，北京は正式の「遺憾表明」を行った．それはしかし両国間で極秘になされたものであったから，外部世界には出されなかった．北京は事件の真相を隠すために，わざわざこの「遺憾表明」とともに「遭難者の家族の要求に応えて，遺体を火葬に付した骨灰を送ってくれるように」という要請までしていた．

モンゴルはこの「遺憾表明」に満足しなかった．モンゴル側は領空侵犯を謝罪しないで，ぬらりくらりと曖昧な態度をとる中国に業を煮やし，25日に再度，謝罪要求をした後，ついに29日には国内放送で，中国機のモンゴル領内での墜落事故をラジオ放送で流した．これは翌30日には外国語放送でも流された．こうして中国機の遭難事故のニュースは全世界に知れわたったのである．

この間，本国政府の不可解な態度を訝しがりながらも許文益大使は必死でモンゴル側と渡り合い，特に遭難機が軍用機ではなく，軍事目的で領空侵犯したのではないということで，全力を挙げてモンゴル側の了解をとる努力をしたのである．それは北京首脳の思惑とはまったく違った所での努力であったから，まさにドン＝キホーテのような活躍ぶりだったと言えよう．だからニュースが世界に広がってしまったことに対して，彼は内心忸怩たるものがあったであろう．

第10章 モンゴルと北京の間にて——中国外務省と駐モンゴル大使館の困惑

そしてとうとう，その努力がまったく無駄骨か，あるいは的外れであったことを知る日がやってきた．国慶節も間近の9月末，北京から極秘の文書が送られて来たのである．それはいわゆる「中共中央文件，第57号，60号，61号」の三つであった．57号は9月14日付けで陳伯達を批判した毛沢東の全党に宛てた書簡であり，「林彪同志もわたしの意見に同意した」と書かれていた．しかし18日付けの60号は打ってかわって「九・一二（13日ではない）林彪叛党事件公報」とあり，林彪が名指しで非難されていた．そして61号は林彪と陳伯達とが結託して反革命事件を起こしたのだとされていた．

これらによって，明確に今回の遭難機が林彪らの座乗機であることが分かった．それらの文書の日付けは，まさに許大使が悪戦苦闘しているさなかのものであったから，彼が面白かろうはずはなかったが，しかしそれは出先の大使ごときが容喙すべくもない大事件のせいであったのである．大使としては，後は中国共産党の最高指導部が，いつ，どのような形でこの大事件を全世界に知らせるかを待つだけであった．

以上の記述は符浩の回想録と，当時の駐モンゴル中国大使館の大使許文益と二等書記官の孫一先の回想によっている．原文は『党的文献』にあり，その翻訳文は張雲生（竹内実監修）『林彪秘書回想録』に掲載されている《何力『紀事』も》．ところがこの部分を書き上げてから後，より詳細な回想録がごく最近同じ孫一先の手で刊行された．『大砂漠にありて』という本である．大使自身の回想録と孫一先の著書とはやや異なったニュアンスの記述内容が見られる．ここでは先に書かれた大使のものを基礎に孫一先のもので後から補足した．

エピローグ　林立衡(豆々)と張寧のその後

　どのような深刻な事件にも，よくよく見ると喜劇性と悲劇性の両面がある．「林彪事件」の喜劇性は，林彪の妻，葉群のドタバタした立ち居振る舞いと，その子の林立果の茶番にも似た「五七一陰謀計画」なるものに見られる．事件に至る過程はドタバタ劇と茶番劇で構成されているのである．そして事件後は，ろくな証拠もないのにほんのわずかな証言と証拠を信じた振りをし，林彪らを極悪非道の者に仕立て上げて追及した生き残り権力者たちの，そのわざとらしい京劇風の大時代がかった顰めっ面に，喜劇性が見てとれる．何としても林彪は悪者でなければならなかったので，死せる者たちを大見得切って断罪したのである．

　では悲劇性は．わたしは，父を救おうとして，結局は逆にその父を死に追いやった林豆々の言動に，それを見る．「大義，親を滅す」などと周恩来のように澄ましこんではおれない悲しみと痛みが，多分30年を経た今日でも彼女を苦しませているであろう．

　中国でも林豆々のことは悲劇のヒロインと見られている節がある．それは林彪事件なるものが，林彪を追い落とすための大仕掛けなフレームアップであったらしいと，なんとなく感じている，しかしそうはっきりとは言えない中国民衆の林彪への同情，というよりは勝利者への反感の現れだと考えるのは，わたしの考えすぎであろうか．

　ともあれ，事件後，いろいろな角度から事件とその関係者への言及が見られるが，そのなかでも林豆々に関するものは比較的多く，しかも陰険で極悪非道な首謀者の娘に対するものとは思えないほど，温かいものが多い．この事件を

研究していて唯一の救いを感じさせられる部分である.

さて林豆々は,事件直後,許婚の張清林や林彪弁公室の秘書や使用人らとともに都内某所に監禁され,徹底的に取り調べを受けた.だがもちろん彼女は「陰謀」とか「暗殺計画」とかにはまったくかかわっていなかったから,自白することは何もなかった.取り調べたのは文革派の連中で,豆々の態度を強情な突っ張りとみて拘禁中の待遇を悪化させていった.張とも別々にさせられた.一日中,日の当たらない場所に入れられ,しばしば肝炎などの病気にかかった.自殺を試みたこともあった.このような彼女の境遇に,彼女を利用した周恩来は救いの手を差し伸べはしなかった.

1973年になって,党は2人の結婚を許し,開封の近郷の農村で働かせることにした.その翌年,文革派が主導する「批林批孔（林彪批判,孔子批判）運動」が熾烈に展開された.それは林彪があのような大陰謀を企んだのは儒教を信奉していたからだとして,林彪非難にからめて孔子と儒教を批判する運動だった.文化大革命前の「四旧」破壊運動,文化大革命,そして陳伯達批判運動と連動していった文革派の極左的運動の一環とも見られるが,実はその真の目的は「現代の大儒」周恩来追い落としの政治運動であった.そのために彼女に対する風当たりは一層強くなった.だから周恩来のために弁ずれば,彼自身の立場も危うかったのであり,林豆々のことを思い煩う余裕など,まったくなかったのである.

その翌年,二人は今度は鄭州の自動車工場に移された.彼らは普通の労働者として働いたが,実名は使わなかった.だから誰も彼らが林彪の係累者だとは知らなかったのだが,そのかわりに食料と肉類の配給切符さえもらえなかった.当時の月給は,豆々が70元,夫の張は90元だったという.住まいの衛生状態の悪さ,栄養失調,精神状態の不安定さなどが彼女を日常的に苦しめた.たまりかねて密かに二人して北京の党中央に直訴しに行ったこともあった.こんな状況は毛沢東や周恩来の生きている間中,改善されることはなかった.

「四人組」失脚後,彼女の悲痛な声に耳を傾けてくれたのは,例の天安門事件で失脚させられることになる党の総書記,趙紫陽であった.彼のお声掛かり

で中央組織部の幹部がやって来たが，具体的に提案したのは「毛家湾の自宅の財産処分」の件だけであった．彼女は内心すでにその財産をすべて父の思い出深い「第四野戦軍史」の編集執筆グループに寄付することに決めていた．ちなみに1998年になって『中国人民解放軍第四野戦軍征戦紀事』というシリーズが6冊本で出版されているが，上記の「戦史」がこれに当たるのかどうかは分からない．近年来，第四野戦軍にかかわるシリーズものや書物が数多く出版されているが，それが林彪批判の再評価につながるかどうかは何とも言えない．

1988年になってやっと，二人は北京に帰ることを許された．林豆々はすでに40歳を過ぎていた．夫婦はとっくに子供を作ることを諦めていた．張清林の一族は子供が多かったので，その子たちの世話をして彼女は気を紛らせることにしていた．

「林彪事件の功臣」と言われた人間としては，あまりにも苛酷な十数年であった．豆々は事件以前にも以後でも，幾度も自殺を図った．理由は前後でまったく異なるにしても，生き続けてきたことが幸せだったかどうか．無責任なようだが，「反革命，反乱者」と言われても親子姉弟と一緒に死んでいた方がよかった生涯ではないのかと，ふと思わせられたりする．彼女を支え続けて来たのは，まぎれもなく偶然に知り合い，運命のいたずらで許婚になった張清林その人の無私の愛と奉仕であった．

1987年に1人のルポライターが張清林に会い，豆々のことを聞いた．そのルポライターは，張の話として，豆々が苛酷な運命を呪うように「林彪，お前はいつまでわたしを苦しめるのだ」と叫び続けていたと書いている．ところがその1年後，別のライターが豆々に直接会って話を聞いたとき，豆々はそんなことを言ったことはないと前記のルポライターに対する怒りをぶちまけている．どちらが正しいのか判断材料はないが，豆々が精神錯乱やヒステリー状態にしばしば陥ったことがあるにしても，愛し尊敬していた父親をそのように罵ったとは思えない．

このように豆々については，まだ生存しているにもかかわらず，あること無いこと，さまざまに書いたゾッキ本が出されたらしい．弟の林立果については

もっとある．中国人社会らしいといえば単純すぎるが，とにかく日ごろはまったく秘密のベールに包まれている「偉大な副統帥」クラスの奥の院の話である．ニュースとか情報に飢えている中国人大衆の格好の餌食にならぬはずはなかった．

　もう1人の悲劇的な人物は，林立果の許婚となった張寧という女性である．彼女もまた偶然のいたずらによって一生を翻弄された悲劇の女性であった．しかし彼女は，ほんの一寸した林立果の気まぐれめいた優しさと，義理の姉になるはずだった豆々の気遣いによって命を救われた．そうでなければ彼女もまた20歳の命をモンゴル平原に散らせていたことであろう．

　事件後，彼女もまた捕らわれ，いったん毛家湾の林彪の家に連行された．そこから林彪・葉群の秘書らとともに都内某所（北京西郊のアジア学生病院だったという説がある）に拘禁され，連日取り調べを受けた．しかし彼女は林豆々以上に何も知らなかったから，南京時代のことから林立果との馴れ初めのあたりを事細かに説明するだけのことだった．それなのに4年間も自由を奪われていたのである．この間，鉄格子に自ら頭をぶっつけて自殺を図ったこともあったという．やがて彼女は北京近郊の農村に移され，強制労働に従事する傍らで取り調べを続行された．何の結論も出されないまま4年間が無為のうちに過ぎ去った．幸いなことにある医者が彼女の境遇を哀れみ，コネをつかって彼女のことを毛沢東の耳に入れた．毛の一言で彼女は釈放されることになった．

　釈放後，彼女は南京の母親のもとに帰された．心の傷が徐々に癒されていき，やがて同じような境遇だった邱会作のボディーガードのある将校と結婚した．文革派が粛清された後の話である．そして一人の子供を生んで幸せになれるかと思われたが，結局2年で離婚した．子供は張寧の側に引き取られた．

　この間，張寧は鄭州の自動車工場で働いていた林豆々を二度ばかり訪れている．彼女らと張清林がどのように語り合ったのか詳らかではないが，その後もこの三人は肩を寄せ合うように手紙をやり取りし，慰め合っていたようである．胡平の『林立果選妃』という本によると，病がちで精神的にも不安定だった豆々が，いつも一番心配していたのは張寧のことだったとしている．

「(前略)あなたは沢山の頭脳や知識のある人たちと接触すべきです．たった一人で孤独すぎるとお体に悪いですよ．何か煩悶があれば，きっと手紙に書いて教えてください．多少の慰めになるかもしれません．お子さんを連れて来れないなら，手紙を送ってくださっても結構です．わたしたちは大歓迎です．1986年10月26日　姉」

「(前略)あなたのお姉さんが一番心配し一番心にかけているのは，誰よりもあなたのことです．彼女はあなたのことを思うと不安でたまりません．……あなたは精神的に鬱屈しているそうですが，わたしたちは決してそのようなことであってはいけないと思います．苦しい境遇は人を勉強させ，孤独は人を思考させます……8月17日　姉の夫」また豆々は次のような詩を書き送っている．

「たとえあの時に，身は先に死んでいたとしても，一生の真偽を知ってくれる人はいるだろう．」

自分に疚しいところは何1つないといっているのか，あの事件の真偽は必ず今に分かるだろうといっているのか，よく分からないところがあるが，共通の運命に翻弄された二人の女性の共通の感慨ではあっただろう．結果から見れば，張寧は林立衡(豆々)に比べればはるかに幸せだったと言えよう．というのは彼女はその後外国に出る機会があって，そこで良き連れ合いに恵まれて幸せな後半生を送ることができるようになったからである．そのことは張寧自身の回想録『自分で自分を書く』に詳しい．

しかしこの本に対しては中国国内でも酷い非難がある．たとえば張は林彪が何も知らずに葉群と林立果に連れ去られたのだとしているのに対して，林彪の秘書だったという人物（北戴河から山海関に脱走していくときに車から飛び降りて林立果に撃たれたという人《李文普》）が登場してきて，林彪ははっきりと意識があって葉群らと逃げたのだと反論しているのである．これだけではない．中国では，外国で何か新しい見解が発表されると必ずそれに反論する文章を対抗して発表する．その典型的な事例が，毛沢東の主治医だったという李志綏の回想録《邦訳》に対する猛烈な反論『歴史的真実』《1998年》であり，またケンブリッジの中国史シリーズに対する個別的な反論文である（巻末資料・文献参

照).

　当然，反論は公式見解に近いものであるから，たいして面白くないし（たとえば今度は周恩来の主治医だったという張良佐が，邦訳『周恩来・最後の十年』という本を出しているが，李志綏のものと比較してみればその面白くなさと，肝心のところがぼかされているという不満，疑問符の多さに閉口してしまうであろう），反論の反論も容易である．われわれ局外者から見ると，そんなにシャカリキになって反論するくらい事実がはっきりと分かっているなら，最初から洗いざらい何でも公開して系統的に話をしてくれれば良い，そうしたらわれわれもこんなに苦労しないのにと思ってしまう．当然，本書も中国側の反論の対象になるであろう（そんな名誉に浴するほど，この本が中国で評判になるかどうかは疑わしいが）．
　また「準皇太子」の林立果の「選姫」問題については，張聶爾『風雲"九・一三"』が葉群のそばに居た秘書の張舜甫という人物の聞き書きを記しているのが興味深く読める．その他にもこの問題については数多くの本が出されていて，中国人の関心の深さ，高さが分かるというものだが，どこまで本当で，どこから作り事なのかは分からない．しかし興味深いことに，外国で出されたものには大いに反論する中国が，国内出版物に対しては割合に寛大である．一般庶民が言うことに一々かかずらわってはおれないということか，それとも一般庶民が楽しみにして言ったり噂していることを奪ってしまうほど野暮ではないということか．本書ではその幾つかのものを使っているが，要心のために行論にかかわることだけに絞ってある．ただ「六・四」天安門事件の時もそうであったが，庶民の噂話（「小道消息」というらしい．幹部たちが読む「参考消息」をもじったものか）とか，井戸端会議（道端で誰彼かまわず口コミで話を伝える，あるいは話をする人を囲んでボーッと見ているとかガヤガヤしゃべったりするのを「囲観」というらしい）は，けっこう真実を伝えるもののようである．わが国では紙に書かれた公式のものでないと，実証主義的ではないとして信用されないのだが．

エピローグ　林立衡(豆々)と張寧のその後　371

文革期，毛沢東思想を学ぶ林彪．江青が撮らせたという有名な写真．わざわざ帽子を脱がせているのがミソか．

出典　王振華『林彪王朝』(1996年，台北）ほか

（付）　林彪事件関係資料・文献

《刊行順に掲載．第一部に掲載した資料・文献はここに掲載しない．ここに記したものが少く感じられる所以である．◆印は資料である．中国語のタイトルは日本語に翻訳してある．なお文化大革命関係文献は事件に直接関わらないものは割愛》

◆歴史資料出版社・当代中国研究所編輯『中共武装部隊史料彙編　第二巻』（香港　1972年）－林彪，第四野戦軍，遼瀋戦役関係の文章
・玄黙「中共の林彪に対する批判」（中共研究　1972年第四期）
・Philip Bridgham "The Fall of Lin Piao"（China Quartary No. 55 1973）
◆『江青同志論文芸』（邦訳1974年，青藍社，衛藤瀋吉序文）
・武内香里・森沢幸（拙著）『中国の政治と林彪事件』（1975年，日中出版．このころまでに知られている関連資料，および「政変」を論じた林彪の演説を含む）
・ロクサーヌ・ウィトケ，中嶋嶺雄・宇佐美滋訳『江青』（1977年，パシフィカ）
・ヤープ・ファン・ヒネケン，山田・戸張訳『中国の左翼－林彪と江青の栄光と没落』（1978年，日中出版）
◆中共研究雑誌社編印『中共原始資料選輯　中共審判"林彪・江青集団"案，上下巻』（台北，1981年．毛沢東の江青宛書簡を含む）
　－『解放軍報』記者邵一海「連合艦隊の覆滅」
　－『新華社』記者劉回年「林彪反革命政変破産記」
　－『中国新聞社』記者樸言「林彪の外に逃げた専用機はどのように墜落し壊れたか」
◆「建国以来の若干の歴史的問題についての決議」（1981年6月27日，中国共産党第11期第6回中央委員会全体会議）
・戸張東夫，姫田光義，稲子恒夫『ドキュメント・林彪・江青裁判』（1981年，日中出版）
・中嶋嶺雄解説『記録；日本共産党と中国共産党』（1981年，日中出版）
◆最高人民法院研究室編『中華人民共和国最高人民法院審判林彪・江青反革命集団案主犯　紀実』（1982年，法律出版社，内部発行）
◆歴史的審判編集組編『歴史的審判　正続』（1986年，北京群衆出版社，内部発行）・所収の顧同舟，王維国，胡萍の起訴状・判決文
・『党的文献』1988年第一号（外交官たちの報告書－邦訳『林彪秘書回想録』所収）
・朱仲麗『女皇の夢－江青外伝』（1988年7月，内部発行）
・張雲生『毛家湾紀実－林彪秘書回憶録』（1988年7月，北京春秋出版，徳岡仁訳・

竹内実監修『林彪秘書回想録』1989年5月　蒼蒼社より日本版）符浩の回想などあり
・王年一『大動乱的時代』(1988年，河南出版社)
・于弓『林彪事件真相』(1988年9月，中国広播電視出版社)
・林青山『江青とその機密秘書』(1988年9月，甘粛人民出版社)
・林青山『林彪伝　上下』(1988年，北京知識出版社)
・南枝『林彪の妻・葉群野史』(瀋陽出版社版，1988年10月)
・高戈主編『歴史内幕紀実　上』(1988年10月，寧夏人民出版社)
・同上，下巻「"九・一三"以後の林豆々」
・胡平『林立果選妃』(1988年，香港)
・何力『林彪家族紀事』(1989年1月，北京光明出版社)
・葉永烈『陳伯達その人』(1990年3月，時代文芸出版社，陳伯達とのインタビューあり)
・廖蓋隆主編『新編中共党史簡明辞典』(1991年，ハルビン出版社)
・林彪事件　ナゾの解明へ現地調査『毎日新聞』1991年11月30日（唐亜明のこと）
・姜思毅主編『中国人民解放軍大事典』(1992年，天津人民出版社)
・暁亮・文軍『十大元帥の謎（下）』(1993年9月，河南人民出版社)
・江波・黎青『林彪-1959年以後』(四川人民出版社，1993年)
・焦火華『葉群之謎--一人の秘書の目から見た葉群と林彪』(台北，1994年)
・王兆軍『誰が林彪を殺したか-1973年9月13日-黒い大地の狐』(1994年，世界書局)
・少華・游胡『林彪のその一生』(湖北人民出版社，1994年)
◆毛里和子・国分良政『原典中国現代史　第一巻』(1994年5月，岩波書店)
・汪幸福『林氏三兄弟』(1995年，新華出版社)
・邵一海『林彪　九・一三事件始末』(1996年，四川文芸出版社)
・馮治軍『林彪と毛沢東』(1996年，香港皇福図書)
・官偉勲「林豆々の三回の自殺」(『作家文摘』合訂本，1996年，第三巻)
・李徳生将軍回想録「林彪はどのようにして天上から落ちたのか」(同上)
・「301医院における張寧」(『作家文摘合訂本』1996年，第四巻)
・韋力『1965年前の林彪』(チベット人民出版社，1996年)
・王振華『林彪王朝』(1996年，台北韜略出版有限公司)
・巴金序，楊克林編著『中国文化大革命博物館』(樋口裕子・望月暢子訳，1996年，柏書房)
・汪東興『汪東興回想録-毛沢東と林彪反革命集団との闘争』(1997年，当代出版社)
◆中共中央文献研究室編『周恩来年譜』(1997年，中央文献出版社)
・広辛「林彪の慌てふためいた逃亡の目撃記」(『伝記文学』1997年4月号)
・ジョン・バイロン，ロバート・タック（中国語版）『康生伝』(1998年，中国社会科学

出版社）
・李志綏『わたしは毛沢東の医者だった』これに対しては林克・徐濤・呉旭君『歴史の真実』(1998年，中央文献出版社）の批判があり
・胡哲峰・于化民『毛沢東と林彪』(広西人民出版社，1998年）
・聞峰『神壇の下の林彪』(1998年，甘粛人民出版社）
・張寧『自己が自己を書く』(作家出版社，1998年）
・金冲及主編『周恩来伝　1949－1976年』上下巻（1998年，中央文献出版社）
・『党的文献』1999年4号「林彪座乗機の追跡状況」「林彪がつれ去られたかどうかの謎を解く」　ケンブリッジ版『中華人民共和国史－中国革命内部の革命（1966－1982年)』への反論
・張聶爾『風雲"九・一三"－中国1971年』(1999年，解放軍報社）
・李文普「林彪の護衛長として言わざるを得ず」(『中華児女』1999年2月号）
・産経新聞『毛沢東秘録』取材班『毛沢東秘録』(1999年，産経新聞）
◆『党的文献』2000年第2号（1971年「全国計画会議紀要」など）
・丸山昇『文化大革命に至る道』(2000年，岩波書店）
・林雨星『林彪全伝』(2000年，遠方出版社）
◆中共中央組織部・中央党史研究室・中央檔案館編『中国共産党組織史資料1921－1997』(2000年，中共党史出版社）
・孫一先『大砂漠にありて』(2001年，中国青年出版社．モンゴルとの協議内容などの資料が掲載されている）
・朱建栄『毛沢東のベトナム戦争』(2001年，東京大学出版会）
・毛里和子・毛里興三郎訳『ニクソン訪中機密会談録』(2001年，名古屋大学出版会）
・笠井孝之『毛沢東と林彪』(2003年，日中出版）

付録　余計な空想——冥界にて裁かれる人々

　モンゴル平原の丘の上で，わたしはあることを空想していた．それはここで死んだとされる林彪が，もしここに現れたら，どんなことを話すだろうかということであった．

　彼の死後，「林彪・四人組裁判」なるものが開かれ多くの証言とか証拠が提出された．しかし林彪本人やその妻の葉群，息子の林立果ら「事件」に直接かかわる人々の証言は，当然のことながらまったく得られなかった．もし死んだはずの林彪らが出てきて，反論したり証言したりしたら，どんなふうに話は展開していただろうか．あるいは，もっと荒唐無稽なことをいえば，林彪らの「陰謀計画」なるものが成功していて，あの裁判で裁いた人々が逆に裁かれる側に立っていたら，どんなふうに歴史は書き換えられるだろうか．この空想はわたしをワクワクさせた．

　あの裁判は1980年の末から81年の初頭にかけて行われ，中国にしては希有のことだが，その一部の模様をテレビを通して全世界に流したのだった．「林彪・四人組」を粛清した側の人々としては，その粛清がいかに正当なものであったかを内外に示したかったのだろう．それと同時に，この裁判は中国で最初の「刑法」が適用されたものであって，中国でも「法治主義と民主主義」が順当に成長していることを，これまた内外に誇示したかったのである．

　しかし中国の思惑とは異なり，ほんのわずかな裁判の模様からだけでも，その裁判がいかに異様な内容であったか，いかに権力闘争の勝利者が敗北者を裁くのに無情，酷薄であったかを露骨に示してしまった．

　林彪事件はあれほど世情を騒がせたわりには，依然として謎の多い，奇々

怪々な事件であった．あの裁判では，その謎をほとんど解明できなかっただけでなく，一層勝利者の側の言い分が怪しいものに思われる結果を招いてしまった．

いっそのこと，裁いた者と裁かれた者とを，ひっくり返してみたら，隠された謎が分かってくるのではないか．そうしたら，あの茶番劇の裁判は，もっともっと茶番になっていたかもしれないが，逆に何らかの真実を明らかにするかもしれない．

わたしの夢想は，モンゴルの風に乗ってわたしの心の中に吹きこまれた冥界の林彪の無念さが，乗り移ったのかもしれない．どっちみち，分からないことだらけの事件なのだから，大胆に空想を逞しうし推理してみるのも悪くはないと思った．そこでわたしはモンゴルの地に伏し天を拝し，冥界の主宰者，閻魔大王にお願いして，ご出馬していただくことにした．これから述べることは，その閻魔大王の直接のお裁きの模様を，わたしなりに実況放送しようとするものである．

まず閻魔大王の仰せでは，この冥界の裁判での裁判官には，歴代の中共指導者，陳独秀，瞿秋白，王明があたるのが順当だろうが，男性上位の構成では女性方の非難を浴びるるし公正を欠く面もあるやもしれず，女性の代表として誰からも受けの良い宋慶齢と，早くに処刑されて冥界から現世を長く眺めてきた向警予を入れるのが良かろうと．

わたしに否やがあろうはずもない．次いで主席検察官には，林彪派と見なされ現世の裁判で主犯の一人とされた陳伯達を，主席弁護人には現世において「四人組」の黒幕とされ，林彪の追放と追及のフィクサーであった康生をご指名なされた．いやはや，よくご存じで．出廷者は被告側に毛沢東とその妻の江青，周恩来総理，原告側に林彪とその妻の葉群および息子の林立果．

被告側証人として林彪と仲が悪かった葉剣英・陳毅ら将軍連中，それに中立的だが一貫して毛沢東を支持してきた朱徳，エドガー・スノー，アグネス・スメドレーら，重要人物である鄧小平はまだ存命であった．原告側証人として高崗，彭徳懐，黄永勝，スターリンら．歴史に名が残っている偉いさんばかり．

現世の力関係を如実に表して被告側が圧倒的に多いのもやむを得ない．ただし両者は人間関係とか利害関係が輻湊しているので，必ずしも一方的な証言になるとは限らない．その他，傍聴席にはすでに冥界入りしている大勢の有名人たちが，興味津々といった野次馬顔（中国では「囲観」という．言い得て妙である）で居並んでいる．

《第 一 幕》

　閻魔大王，しずしずと出廷，裁判官席の中央にどっかりと座る．後ろからそろりと入ってきて閻魔大王の右側に座ったのは中国共産党の初代総書記陳独秀と宋慶齢，大王のすぐ左側に座ったのは向警予であり，2代目総書記の瞿秋白，3代目の王明がその隣に座る．合計6人の裁判官たちである．彼らのなかでみんなを知っているのは，大王だけだ．

　大王「そんじゃまぁ，そろそろ裁判を始めるとするか．この裁判は，もとはといえば現世で裁かれた"林彪・四人組裁判"なるもののうち，林彪グループだけは死亡してしまっていてまともな裁判を受けられなかったし，その判決が極めて不公平不穏当なものであったということで，林彪からやり直し裁判をやってくれという強い強い申し出があったことから始まった．わしゃぁ，ほんまのところを，よーう知っとるが，実際，そもそも"林彪・四人組"を一緒くたにして裁判をやったなんてことは，デタラメもいいところじゃった．そこでここでは，林彪らを原告とし，毛沢東・周恩来と四人組を被告とする，やり直し裁判を開廷することにする．」そこで一息入れ，姿勢を正して言う．
「みなのもの，よっく聞けよ．ここでは現世の権力とか資格とか，色欲関係とか陰謀とかは，何の役にもたたんぞよ．ワシ以外はみんな平等で民主的でなくちゃいかん．ウソついたら舌を引っこ抜いて，そのうえ針千本，飲ませるぞよ．恐れ入ったか．」

　廷内，水を打ったように静まり返っている．緊張に耐えかねたように，一番若い向警予がモゾモゾと尻を動かし，宋慶齢の膝をつっきながら，「ねえねえ，おばさん，おばさんって，こんなところに出て来たことあるの，平気なの」

と囁く．場内にその声が結構通ったので，あちこちから失笑が漏れる．宋慶齢はぷいっと顔をそむけ，高い高い天井の白壁のシミを勘定している振りをする．あんたとは氏も素性も違うわよという感じだ．閻魔大王，じろりと向をねめ付け，一段とかん高い声で申し渡す．

「裁判官とて，容赦はせぬぞ．わしゃ，ほんまは，お前のような若いおなごに裁判官なんかやらせたくなかったんじゃ．遠山の金さんじゃ，中国人が承知せんし，明朝の海瑞じゃ，古すぎて誰も知らんしな．それにな，ここにいるのは皆，中国共産党の指導者だった者ばかりじゃ．お前よりも資格が上なんじゃ．それをお前が，むりやりに……」

向警予「だって，宋慶齢さんは共産党の指導者じゃなかったじゃん．それに若い若いとか，資格々々って言うけど，王明はどうなのよ．わたしよりずっと若いし，資格だって，わたしが死んだときは，まだ学生だったのよ．大体，大王は現世の権力とか資格なんて問題にしないって言ったばかりじゃん……」

大王「いや，だから，その，お前に警告しとるだけじゃ．気をつけてくれれば，それでええのじゃ．」場内にまたまた失笑が漏れる．大王が向に気があることは誰でも知っていた．

大王「えへん，えへん．それでじゃ．みなのものも承知しているかしていないか知らんが，とりあえずワシが任命した裁判官を紹介しておこう．まずワシの右側は，中国共産党の初代総書記の陳独秀じゃ．えーと，1879年，安徽生まれの，1942年，病死．享年63歳ということじゃな．北京大学教授でマルクス主義思想の最初の紹介者云々と……（紙切れのノートを読んでいる）．」

陳独秀，おもむろに立ち上がり大王と傍聴席に向かって丁寧に一礼，目線を傍聴席の最前列に置いたまま大学で講義するような調子でボソボソしゃべる．

陳独秀「えー，えー，わたしどもが共産党を作りましたのは，1921年のことでありまして，その前はマルクス主義研究会を，えー，組織いたしまして，そのメンバーには，後から毛沢東君もおったかと思いますが，なにしろ李大釗君の評判がよろしくて，あのヤロウは，わたしめの功績を乗っ取ってしまい……」と，だんだん興奮してくる．お前の講義を聴きに来たんじゃないぞ，と

付録　余計な空想——冥界にて裁かれる人々　381

か，人の悪口を言うなとかの声が会場から発せられ，陳独秀さん，気の毒に訳が分からなくなって言葉に詰まってしまう．野次ったのは，どうも反党分子と言われている北京大学学生だった張国燾と李大釗本人らしかった．

　大王「会場は静かに．静かに．それから陳独秀君は，挨拶だけでよろしい．余計なことをしゃべらないように．では次に，瞿秋白君を紹介しよう．えーっと（また別の紙切れをポケットから取り出している），1899年，江蘇省生まれの，1935年，刑死と．享年36歳ということかな．1927年，正式の党総書記じゃなかったが，臨時党中央の工作を指導と……．なんじゃこれは．まぁ，しようがないか，あのドサクサの混乱期じゃったからな．臨時に二代目と認めてやろう．」

　瞿秋白「お集まりのみなさん，わたしが瞿秋白であります．わたしは銃殺されましたが，それは革命のために命を捧げたのでありますから，わが党に対して何ら恨みつらみはないのであります．あーあ，それなのにそれなのに（突然，絶句し涙が滂沱として流れる），わたしは燃え上がる革命の松明を掲げつつ，毛沢東さんや周恩来さんとも親しくし，とりわけ毛さんの出世作たる"湖南農民運動視察報告"なる論文は，わたしが党内の多くの反対者を説得して活字にさせたのであるにもかかわらず，何の恨みがあったのか，かの文化大革命の折には，わたしをば反革命，裏切り者呼ばわりしたのであります．」

　いきなり場内の真ん中あたりで，ヒーッという声があがった．文化大革命で迫害され自殺した有名作家の老舎が，文革時の悲惨な状態を思い出し感極まって泣き出したのであった．あちこちで，すすり泣きの声が聞こえてきた．同時に，ブツブツつぶやく声も上がりはじめ，それがドンドン大きくなって，おしまいには罵り合いや殴り合いさえ始まった．文革時の「武闘」の再現である．文化大革命で迫害されて殺された者たちが，病気や老衰で死ぬまで迫害の事実に口を拭ってきた者たちを，やっつけているのである．当然，早く死んだ方がここでは若くて力があるから，後から来た方は，とても適わないのである．見かねた閻魔大王が怒鳴った．

　「止めろ止めろ，ここでは迫害を許さんぞ．いかなる者も，いかなる理由が

あろうとも，暴力はいかん，人が人を差別するのは許さない．人が人を裁くのも，許さないぞ．いや，なに，ここでは人が人を裁いているわけではないでな．次に行こう，次に．次は王明じゃ．なになに，1904年，安徽省生まれ，1974年，モスクワにて病死と．享年70歳．うーん，弱冠27歳でモスクワ留学から帰国して党中央の指導者となったとあるな．しかしそれもわずか数カ月でまたモスクワに行き，スターリンに可愛いがられたと．どんな可愛がり方をしたのかな．まぁ，それにしても出たり入ったりと忙しい奴だったもんだ．」大王が王明を紹介し終わるか終わらないうちに，被告席最前列に座っていた毛沢東がすごい勢いで立ち上がり，湖南弁まるだしで喚き始めた．廷内はそれをある程度予期していたので，またもやざわめいた．

「大王，いや裁判長，わたしはその裁判官を忌避いたします．なぜならば，彼はわたしに，すっごくすっごく恨みを抱いているからであります．はなっから有罪と決めてかかっているとしか思えないのであります．わたしだって，彼には恨みがありました．それを，それを，スターリンに遠慮したばっかりに，あいつに憎まれるのが嫌なばかりに，あんな若造の王明にさえペコペコしなきゃならなかった．彼がわたしを恨んだり憎んだりするのは，逆なんであります．」

閻魔大王は途中で発言を中止させようとしたが，毛沢東は喚き止めなかった．この法廷では，中国語であろうと英語・ロシア語・日本語だろうとエチオピア語・アラビア語であろうと，何だってすぐに分かってしまう仕掛けになっていた．しかし残念なことに，中国語のひどく強い方言訛りはダメだった．大王が発言を止めようとしたのは，法廷侮辱罪にあたるというだけでなく，湖南弁の毛沢東が何を言っているのか，さっぱり理解できなかったからである．大王は書記官から通訳してもらっていた．その間，廷内はざわめき続けていた．とりわけ傍聴席の後部にひっそりと座っていたスターリンは，一人で髭を震わせて毛沢東の暴言に怒っていた．だが彼は，もし証言台にでも立たされたら，いっぱいボロが出てくるだろうことを知っていたので，あまり目立ちたくなかった．それで現世では信じられないくらい，肩を縮めて口の中でモゴモゴ

言っていただけだった.

　大王「毛沢東君,君の言うことはもっともだ.しかし,よく考えてみたまえ.君が前世でやった人民裁判とか吊るし上げとか,党内闘争での決議決定とかでだ,裁かれる者に弁護とか弁論のチャンスを与えたかね.裁判官を忌避させたかね.ここでは陳独秀とか宋慶齢とか,君に好意をもっているか,少なくとも君に悪意をもっていない者も入っている.まぁなんだ,君がやったほど酷いことはやらないから,安心したまえ.」

　廷内は爆笑に包まれた.中にはもっともらしく,イッヒヒヒと歯を剥き出して笑ったり拍手したりする者もいた.毛沢東夫人の江青でさえ,「林彪・四人組裁判」で痛い目にあっていたから,夫の顔を盗み見してニタリと笑ったものである.しかし毛沢東は諦めずに言いつのった.閻魔さんはそれには耳をかさず,「次は宋慶齢さんを紹介する.1893年,上海生まれ.1981年,功なり名なし遂げて老衰死.享年88歳ですか.最長老ですな.22歳で孫文を追いかけて結婚したことは,有名だね.中共を客観的に最も長く眺め続けてきたこと,女性としては珍しく中共に重要視されてきたことといった理由で,特に裁判官をお願いすることにした.いやぁ,あのころは美人でしたな.わたし,あなたの大ファンでしたよ.」向警予が空咳をする.大王はチラッとそちらに目をやり,慌てて鼻の下を縮める.

　宋慶齢が嫋々と孫文との出会い,その死後の空閨の寂しさ,中共党員たちの面倒をどれほど見てやったか,また彼らが自分にどれほどよくしてくれたかを延々としゃべっている.場内では居眠りしている者がたくさん見られた.よだれを垂らさんばかりに,かぶりつきで身を乗り出して聞き惚れているのは,孫文だけだった.閻魔大王がいきなり寝ぼけ声で,「そんじゃあ,最後は向ちゃんやね」と言った.大王もよだれを垂らして居眠りしていたのだ.場内にはクスクス笑いが漏れていたが,大王が照れ笑いを隠そうとして冠の頭に手をやり,冠を落としそうになったので,とうとう爆笑するまでになってしまった.そこは流石に大王,くるりと表情も態度を変えて,「向警予,1895年,湖南生まれ.1928年,処刑さる.享年33歳.女盛りだったんだね.当時,革命が最も

困難な時期に，中共湖南省委員会の実際上の指導者となり，処刑されてからも中共党員からの尊崇を集めた.」そこで口調が変わって，猫なで声になり，「ここに居る者たちは，あんまり彼女のことを知らないだろうが，とても立派で，美人じゃ．長生きしていたら，宋慶齢さんの向こうを張っていたかもしれんて．惜しいことじゃった．おかげで，わしゃ，若い向さんに会えたわけだがね，ハッハッハッ……」話が脱線しそうになって，書記官が厳しい目付きで大王を見上げた．それに気づいて大王は再び姿勢を正し，宣言するように「次に，検察官と弁護人を紹介する」と言った．

大王「当閻魔庁は，原告代表の林彪の要請により，陳伯達を主席検事に任命した．陳伯達は1904年，福建省に生まれ，1989年に保釈中に死んだ．享年84歳．長い間，毛沢東の秘書役を務め，論文の代理執筆などもやって毛の信頼厚いものがあり，文化大革命の折には中央文化大革命小組の組長をやった．しかし第九期中央委員会の政治局常務委員でありながら，毛沢東に楯突いて林彪と手を組み国家主席の復活を主張したため，毛沢東に嫌われ遠ざけられて失脚，林彪事件において林彪一派と見なされて有罪判決を受けた．だから経歴と資格からして本来なら，原告席に居るべきところだが，原告側にはどうも軍人ばかりで，文人がおらん．しようがないから，彼を検事に任命したのじゃ．したがって時折，検事席から証人台に立ってもらわにゃならんかもしれん．」ここで中国製の「可口可楽（コカコーラ）」を一口飲んで，ゲップしながら話し続けた．

「弁護団も同じようなことが言えるな．主席弁護人は康生を任命したが，彼は現世の"林彪・江青裁判"では江青グループとして名が挙げられておる．したがって本来ならこの男は林彪グループとして原告側に居てもおかしくないのだが，林彪自身や特にその妻の葉群は，康生も江青も絶対に自分らと一緒ではない，むしろ自分たちを貶めた張本人のグループなのであり，被告席に座るべきだと主張して譲らないのでな．まぁ，それはおいおいと分かって来こようから，とりあえず紹介しておこう．

1898年，山東省生まれで1975年病死と．享年77歳．最後は中央政治局常務委員・副主席で死んでおる．なになに，毛沢東の懐刀みたいな経歴だな．社会局

とか公安部とか，まぁ，言ってみれば中共の暗部を握っていた男というわけだ．これじゃ，検察官むきじゃで，とてもとても陳伯達では歯がたたんようじゃ．いやいや，これは独り言．では検察官の陳伯達から起訴状を朗読してもらおう．」

陳伯達がドッコイショという感じで立ち上がる．立ち居振る舞いがヨタヨタしていて，しかも福建訛りの言葉でボソボソやるものだから，閻魔大王はイライラし，康生はしてやったりとほくそ笑んで，毛沢東や江青らと目を合わせる度にウインクしている．周恩来だけが神妙に下を向いて傾聴しているようだが，実はぐっすりと眠りこけているのだった．大体彼は現世で働きすぎたので，こちらの「あの世」では寝ていることの方が多いのだった．

陳伯達「えー，えー，閻魔大王さま，ならびに傍聴のみなさん．わたし，ただいまご紹介にあずかりました陳伯達でございます．現世の裁判におきましては，わたしは林彪グループの主犯格として有期徒刑18年の判決を受け，病気で保釈中に死にました．わたしは一生を毛主席，あっ失礼，被告毛沢東のお側にお仕えし（裁判長から「検事は立場を考えて言葉遣いに気をつけなさい」との注意あり）……，失礼しました．わたし，ずっと毛沢東のお側で働き忠誠を誓い，そして絶対的な信頼をかちえていると信じきって参りましたもので，中共中央政治局常務委員，これは1970年当時では毛沢東を含めて5人（林彪・周恩来・康生と陳伯達）しかいなかったわけで，過分な引き立てだとは思いましたが，わたしほど毛沢東を知っている者はいないのだから当然かも知れないと考えていたわけであります．

そんなわたしでありますから，毛沢東主席，いや，どうも癖が直らなくて申しわけない，毛沢東が天才であり，マルクスだってレーニンだって，やったことのないような事業をやりとげた人間であり，もちろん中国で一番偉い人であり，一番偉い人が国家を代表するのは当然であり，国家を代表するのは国家元首であり，その国家元首に毛主席がお座りになるのは，まったくもって当然すぎるほど当然であると，信じきっていたわけであります．」

閻魔大王も，途中で言い直させることを諦めてしまった．数十年間も言い続

けてきた表現方法を，あの世に来たからといってすぐに直させるのは無理だと悟ったからである．しかしあまりにも毛沢東賛歌が長ったらしいので，とうとうしびれを切らせてしまった．

「陳伯達君，いや検事長，君は検事団の主席なんであって弁護団の長，ではないんだよ．今，ここでは毛沢東なんか恐れる必要はまったくないし，復讐だ懲罰だ左遷だなんてものもないんだから，そんなに被告をもち上げることはない．要領よく話なさい．」

「承知しております．ですが大王様，ここんところを，よくお話ししておかないと，わたしめが何故，この席に座っているかということが，大方のみなさんにご理解いただけないと思うんであります．」

「分かった，分かった，分かったから先に進みなさい．」

江青と康生は完全に馬鹿にしたような目付きで陳伯達を横目で見ている．江青はかつて「陳老とか老夫子」と甘ったれた声で擦り寄ったことなんかすっかり忘れてしまって，公然と音をたてて鼻の先で笑っている．陳は，ずずずっと音たてて鼻汁をすすり，カーッ，ペッと痰壺に痰を吐きこみ，目ヤニを拭き拭き話を続ける．

「えー，えー，どこまでお話ししましたっけ．そうそう，国家元首のことであります．このことは公式の文献では，廬山で開かれた第九期第二回中央委員会全体会議の直前に，毛主席自ら，設置しないということを決定した，それなのに，わたしや林彪が二中全会でまたもや持ち出して来た，これがけしからん，何か心の中で陰謀を企んでいたに違いない，そんなふうに非難されておりますが，これはまったく違います．そもそも1969年の第九回大会の折に，毛主席の後釜として林彪を党中央の副主席に据えるという案は，主席自らが言い出され，わたしは将来のために良くないと考え反対したのでありますが，江青らに説得されたのであります．江青はわたしに身を寄せてきて，ねぇねぇ陳老，あの人は病気がちで，先行きあまり長くないわ，あの人を副主席にするって言えば，あの人だけでなく，あの馬鹿で，ブスで，でしゃばりで欲深い葉群も大喜びして，わたしが政治局委員になることに反対しない……」

場内は老人の奇妙でいやらしい身振りと声音に爆笑した．江青は左右を見回しながら大声で，「馬鹿で，ブスで，でしゃばり，だって」と陳伯達の物まねをしてみせた．これに対抗して原告席の葉群が叫んだ．

「馬鹿で，ブスで，でしゃばりなのは，あんたじゃないか．この嘘つきの陰謀家め！」葉群はいきりたって，今かんだばかりの鼻汁つきのチリ紙を江青めがけて投げつけた．江青はこれをハッシと受け止め，大声で喚きつつ，そのチリ紙を投げ返したが，手にベットリと紙クソが残ったのは当然である．

「あんただって，政治局委員になりたいって，陳伯達を唆して運動したじゃないか，自分の夫が副主席になった，自分も政治局委員になったって，あんなに大喜びしてたの，どこのどなた様だっけ，どなたのお蔭で，お前みたいなのがトップクラスになれたと思ってんのよ，えー，答えてごらんな！」

「お前だって，インポテンツの夫をたぶらかしてトップクラスに入ったんじゃないか，間夫まで偉いさんに仕立て，宮廷政治，情実政治にしてしまったじゃないか．ふん，誰だって，お前が売女の浮気女だってこと，知ってんだからね，なにさ，上海の下手くそ女優上がりのくせに！」

「へーえ，偉そうな口をきくじゃないか，お前はどうなんだい，延安で色目をつかって，色仕掛けで林彪のベッドに潜りこんだくせに，うちの夫よりも，もーっとインポテンツの夫の目を盗んで，さかりのついた猫みたいに若い男に言い寄ったの，お前じゃないか，知らないとでも思ってるのかい！ その上，それを暴露されて，夫に泣きついて"処女証明"してもらう，なんて恥の上塗りをやったのは，どなたさまですかねーだっ」

場内騒然，恥を知れ，もっとやれ，江青がんばれ，葉群がんばれ，二派に別れて応援合戦が始まった．

「止めろ，止めんか，なんて奴らだ，こんな連中が，中国の運命を担っていたなんて，信じられん，冥界から追放するぞ，もう止めた，今日はこれで打ち止め！ 閉会だ，閉会だ」閻魔大王は槌でテーブルを思いっきり叩き，髪の毛を掻きむしりながら叫んだ．

《第 二 幕》

次の日,といっても「あの世」にはテンスとかタイムという観念は無いわけだから,その後,くらいの言い方でよいのだが,陳伯達は引き続き告発を行った.廷内には前回が面白かっただけに,ずーっと傍聴人が増えていた.しかし江青と葉群とは出廷を禁じられていて,欠席裁判ということになっていた.前回のチリ紙の投げ合いにこりて,ティッシュペーパーやトイレットペーパー類はどこにも置かれておらず,したがって陳伯達は汚いハンケチで鼻汁をかみ,よだれを拭かざるをえなかった.

「えー,えー,前回は失礼いたしました.要するにです,わたしが如何に毛沢東に忠実であったか,毛沢東をどれほど信頼していたかを,大王さまならびにお歴々に分かっていただければよろしいわけであります.えー,どこまででしたかな.そうそう,第九回大会のころのことです.繰り返しになりますが,わたしは林彪を毛主席の後継者として党規約に明記することに反対だったのですが,江青らは別の思惑があって,わたしを説得したのです.そういうわけですから,わたしといたしましては,毛主席が林彪を信頼しており,彼に後事を託する気持ちだと信じていたのであります.したがってまた,主席の次に偉いのは林彪だと,無理やりにでも思いこまないと主席に忠ならざることになる…….」何を思い出したのか,老人は絶句してボロボロと涙を流し,よだれと鼻汁といっしょくたに顔中を拭き回したので,見られたものではなかった.

「もともと,わたしは林彪ごときは,偉いとか偉くないとか,主席に比べれば問題にもならない程度の人間だと考えておりました.そうでしょう,確かに1935年の遵義会議では毛沢東を支持し彼の復権に貢献しましたし,抗日戦争や内戦では英雄だったかもしれんが,それだって主席のおっしゃる通りに動いたにすぎない.建国後は,どうですか.朝鮮戦争では,病気を口実に総司令官になるのを逃げ回り,彭徳懐にそれを押し付け,1954年の高崗・饒漱石事件の時は,東北で同僚であった高崗を見捨てて自分だけ助かり,59年の廬山会議の時は,最初は彭徳懐に賛成していながら旗色が悪くなると彭の足を引っ張って蹴落とし,自分が国防相になった.文化大革命だって,彼が主張したことといえ

ば，毛沢東主席は天才だ，天才に刃向かうものは敵だ，敵をやっつけるのが政変だって，もうまるっきり革命とかマルクス主義だとかに縁もゆかりもないことをかん高い声で絶叫しただけです．大体，彼は戦争のことしか知らない男ですから，劉少奇とかわたしのような学のある，賢い人間が大嫌いで，論文は書けず，コンプレックスの塊のようになっていて，麻薬中毒で，インポテンツで……」

大王「あー，これこれ，同じことを何度も言わせるな．お前は，林彪に委任された検事であって，告発者じゃないんだぞ．毛沢東を告発するのがお前の役割なんだ．いつまで林彪の悪口を言い続けるつもりだ．あーん，呆れた奴だな．」

陳伯達「これはどうも，またまた失礼いたしました．はいはい，承知しておりますとも．ここからです，ここから．で，そういうわけですから，要するに毛沢東主席の後継者は林彪に決まりまして，中国で二番目に偉いことになり，したがって国家主席も主席がなられない場合は副主席がなるのは当然で，劉少奇が国家主席から失脚しましたので，昔のように主席がなるべきで，その主席が厭だとおっしゃるなら副主席がなるべきで……」

「お前なぁ，いかに温厚な大王さまでも，しまいめには怒るぞ．どついたろか，ほんまに．お前の言ってること，さっぱり分からんぞ．ぐちゃぐちゃ言わんと，すっきり言わんか．お前が"主席"という場合は中共中央委員会主席の毛沢東のことで，"副主席"という場合は中共中央委員会副主席の林彪のことで，もともとの国家主席というのは劉少奇のことで，……ええい，ばかものめ，肩書抜きで，名前を言え，名前を！　ここでは肩書や地位や名誉は関係ないと言ったろうが！」陳伯達は妙に静かな調子で言った．

「恐れ入りましてございます．もう習い性となり，奴隷根性が抜け切れませんで．インテリも御用学者になりますと，こんなもんでございます，ハイ．」場内に失笑が溢れる．

「要するにだ，林彪が党の副主席にまつり上げられたのだから，国家の方でも副主席格であり，国家にも主席が必要なのだから毛沢東がなるべきであり，

毛沢東がならない場合は林彪がなるのは当然だと，こう言いたいわけだろうが．」

「まったくもって，さようでございます．でありますから，毛沢東が，国家主席にならないと申しただけでなく，国家に主席はいらないとまで言い出しましたときには，わたしめは，もうビックリ仰天いたしました．劉少奇のような，毛沢東に対抗できるだけの権力と権威をもち始めた者が出現したことを，毛沢東は後悔しておりまして，これを文化大革命で排除したわけです．そこのところは，わたしめにも，よーく分かっておりました．ですけど，劉少奇と林彪とを比べますと，権力・権威・資質など，どの点をとりましても林彪は劣っております．それが分からない毛主席ではなかった．だから林彪を国家主席にしても，なんら困ることはなかったわけであります．筋から言えば，それが当然の成り行きと申すもので，ハイ．それに，そんなことを言い出しましたのは，二中全会の直前でして，第九回大会のころは，そんな気ぶりはなかったんです．愚考いたしますに，これは多分，周恩来と江青の意向が反映していたと……．」

大王「ほーお，それは面白いね．それはまた，どうしてかね．1年もたたないうちに，考えが変わったってことかね．」

陳伯達「ご存じのように，当時の憲法では，あー，この憲法は文革で執行停止状態ではありましたが，まだ生きていたわけでして，劉少奇がこれによって大きな権力を手にしたように，林彪もまた軍だけではなく国家行政にも力をもつようになるわけでして．行政面で官僚機構を掌握していた周恩来といたしましては，甚だ面白くないことになります．それにもう1つ，文革では革命委員会というのが各地にできまして，党と行政の2つの権力を合わせ持った強大な権力機関になるはずでありました．これの指導権は，当然，文革派が掌握していたわけであります．文革派としては，旧来からのボスが影響力を持つ党組織を押しのけて，この革命委員会を育てたかったのでありますが，途中で毛沢東主席の考えが変わってしまって，党組織と革命委員会の2つが併存するという変な状態になってしまいました．」

付録　余計な空想——冥界にて裁かれる人々　391

大王「では，権力が二分されてしまうではないか．」

陳伯達「さ，さ，そこでございますよ，周恩来として困りますのは．二分された状態で行ってくれた方が，彼としては宜しいわけで，それが国家主席の下に統括されますと，自分の出番がずっと少なくなってしまいます．」

大王「しかし党の指導権は依然，毛沢東が握っていた……」

陳伯達「その通りですが，この面でも，九回大会の後，林彪がその地位を利用して，自分の子分を，たくさんたくさん中央委員会に入れたり，軍の中枢を握らせたり，女房を政治局入りさせて政治に首を突っこませたりして，独占的で排他的な構造を作り上げつつありました．党，政，軍の三権がみな林彪に集中することになる．これだけは，何としても阻止しなければならない．周恩来はそのように決意して，いやーな江青，康生と手を結ぶことにしたのであります．」

話がまたまた林彪批判になりそうになって，大王は慌てて止めさせた．

「なるほど分かった．その話は，もうよろしい．では"天才論"をぶって，ふてくされたように出て行ってしまったのが，けしからんということになっているのは，どういうことか．」

「それもですね，天才論をぶって，だから国家主席は毛沢東しかいないと演説したところまでは，何でもなかったんですよ．だって，その演説文章はほとんど中央委員会全員に回されていたんですからね．その後がいけません．いきなり怒り出したんです．いきなりですよ．俺は厭だといってるのに，無理やりやらせようとするのは，実は林彪にやらせるための根回しだってね．そんなこと，夢にも思いませんでしたよ．言い掛かりとしか言いようがないじゃないですか．」

陳伯達の抑えに抑えてきた不満と怒りとが，やっと毛沢東に向けられ始めたようである．またもやボロボロ，泣き始めた．大王はしばらく，その様子を眺めるだけで，泣くにまかせていた．

「では，訴状の第一にある"第九期第二回中央委員会全体会議における毛沢東の陰謀"というのは，その言い掛かりのことを指しているわけだな．しかし

何故，毛沢東はそんな手間暇かかることをやったのかね。」

大王は慰めるように優しく尋ねてやった．これではまるで大王が検事で，陳伯達が原告か証人のようなやり取りだったが，そのおかしさを誰も不思議には感じなかった．老人は大王の優しさにつられて，シャックリ上げながら大声で泣き出した．今まで溜まりに溜まり，我慢に我慢を重ねてきたものを一気に吐出したというようであった．

「女房可愛いさのために決まってます．女房以外に，誰も信用できなくなっちゃってたんですよ．数十年間，連れ添ってきた，いやもとえ，忠誠を誓ってきたわたしさえ，信用できなくなってた，権力を乗っ取られるんじゃないかと疑ってたんです．お墓を祭ってくれるのは女房しかいない，女房以外だと，いつツバを吐きかけられるか，いつぶっ壊されるか分かったもんじゃないってわけです．中国人の伝統的な悲しい性というだけじゃない，毛沢東は自分だって，そうして来たんですから．周恩来は，江青を唆し，おだてあげて，このような毛沢東の疑念と妄想を一層大きなものにしたのです．」

陳伯達は涙ながらに一気にしゃべった．それからさらに，その会議の後，自分が軟禁され，外部との連絡や話し合いまで断たれて，何らの弁解も釈明も許されないまま，「陳伯達批判の整風運動」が展開されていったことをクドクドと述べたてた．

老人の話によれば，その運動の中心人物は「周恩来と康生」で，周恩来は陳伯達追及の先頭に立っていろいろなところで演説し，康生は公安を使って陳伯達のアラ探しに夢中になっていたというのである．

2人の名前が最初にいきなり出てきたとき，康生は細い目をキラリと光らせ，ふんっ，とそっぽを向いた．周恩来はあいかわらず居眠りしていたが，一瞬ビクンと飛び上がり，それから何のこっちゃ，というふうにキョロキョロと辺りを見回した．その格好がおかしかったので，ゲラゲラと笑うものが数人いた．老人はひとしきり泣いてやっと得心し，元気が出てきたようで，背筋を伸ばし第2の告発を始めた．

《第 三 幕》

　陳伯達「それでは次の第2条に移らせていただきます．第2は，1970年から71年の年頭にかけて開かれた河北会議における毛沢東と周恩来の陰謀についてであります．
　廬山会議の後，わたしはほとんど軟禁状態で，外部との連絡はまったく取れなかったのであります．わたしの黒幕だとされている林彪とさえ，実は本当のところ，彼はわたしのボスでもなんでもなかったのですが，話することさえ許されなかった．実際，林彪はといえば，わたしを助けるどころか，もう呆然自失，毛沢東主席が何故あんなに怒ったのか，どうしたら勘気が解けるのか，そればっかり気にしていたような具合でして……」
　大王「ちょっと待ちなさい．今，本当のところ，と言ったね．しかし公式記録ではすべて，お前が林彪一派だったと書いておる．これがウソだというのかね．」
　陳伯達「さようでございます．まったくのデッチ上げなんです．それをお話しいたしますと，またまた検事の立場から逸脱いたしますので，それはそれといたしまして，廬山会議以後の林彪の様子につきまして，妻の葉群を証人として喚問いたしたいと存じます．」
　葉群，別室から呼び出され，シャナリシャナリと気取った格好で前に出，短い頭髪を掻き上げる．証言台に立つと葉群はクネクネと体をくねらし，閻魔大王に流し目をくれる．さすがの大王も，これには参ってしまって，これまたソッポを向く．夫の林彪はまるで赤の他人でも眺めるように，何の感情もこもらないような目の色で妻の姿を眺めている．
　大王「お前が葉群か．本名は葉宜静，山東省出身だが原籍は福建と．なるほど陳伯達の方言と似たところがあるな．1917年生まれ享年54歳中共党員の葉挺の娘とも噂されたが，実際は国民党政府軍の第三夫人の娘として生まれたとある．我がままに育てられたのじゃろうて．いや，これは独り言じゃ．
　さて葉群，お前は原告側ではあるが，すごく重要な所でもあるので，廬山会議，つまり第9期第2回中央委員会全体会議であるが，それ以後の林彪の様子

を述べなさい．これは自分の夫が，翌71年に毛沢東暗殺もしくは打倒の秘密計画を推進したかどうか，という問題に直接かかわってくる事柄じゃから，夫に不利になるようなことは強いて言わなくてもよいのじゃ．」

葉群「いいえ，いいえ，大王さま，もうすべて洗いざらい申し上げますわ．隠し立てするようなこと，何もございませんもの，ホ，ホ，ホ……．

廬山会議の後，老夫子，わたくしども陳伯達さんのこと，このように呼んでおりましたのですが，ただいま申しましたように，首長，あら，ごめんあそばせ，これもわたくしども，夫のことをこのように呼んでおりましたので，ついつい．何しろ，この人，中国一の名将でございまして，部下にもたいへん尊敬されておりまして，古い時代の呼び方が慣用句になっておりまして……」

大王「えーい，そんなこと分かっておる．話を簡潔にしなさい．この本では注釈は別に注記すればよいのじゃから．で，なんだ，老夫子と首長とは，今の口ぶりだと親しい間柄のように思えるが，そうなのか．」

葉群「はい，いいえ，まぁそのー，どっちかというと親しいと言えますが，首長は決して老夫子のことを信用していなかったような具合でして……」

大王「どっちなのか，よく分からんな．お前はどうなのだ，林彪弁公室の主任として，どんな付き合い方をしていたのか．」

葉群「さあ，そこでございます，実を申せば，老夫子と宅の主人とを結びつけたのは，わたくしでございまして．」

葉群，自慢げに鼻をこすっている．自分の言っていることが，結局は林彪と陳伯達とは一味徒党だったという現世の判決を承認してしまっていることに気づかない．大王は早くもそれに気づき弁護人の康生をチラっと見ると，彼はニヤニヤと笑っている．言うだけ言わせておけといった感じだ．

葉群「1969年の第九回大会の折のことでございます．毛沢東は（その名を口にするのも忌ま忌ましいというふうに，口を歪めて呼び捨てにする），宅の林彪にメインの政治報告をさせると決めておりました．なにしろ，あの文化大革命では，宅の力がなかったら，つまり軍隊の文革派支援ですが，主席といえども，どうしようもないほど混乱しておりましたです．

で，その際，その報告書の原案を誰に書かせるかということで，これはたいへん名誉なことでございますから，理論家を自称する者は誰でも書きたがるのでございますが，これまで通りゴーストライターの陳伯達にというのが，常識でございましたが，そこへあの，でしゃばりの業突張りの，やり手ババアの江青が……」

「葉群，お前こそ，やり手ババアじゃないか」と廷内から叫び声あり．もちろん，こっそり廷内ににもぐいりこんでいた江青だ．真っ赤になって立ち上がり，指を葉群に突き付けている．隣に座っている夫の毛沢東は，腕組みしたまま沈思黙考の体．江青取り巻きの「四人組」の1人，張春橋が，懸命に彼女をなだめている．大王から退場処分にされては敵わないからだ．葉群はそれを冷ややかに目の片隅で見やりつつ，一層早口でしゃべりだす．やっとエンジンがかかったという感じである．

葉群「要するに，江青が毛沢東におねだりして，自分の可愛い子分である張春橋と姚文元とに書かせたいと言い出したわけです．もちろん名誉なことと言うだけでなく，大会後の人事に有利なようにというつもりがあってのことですわ．それで最初，陳伯達は早めに原案を書き終えておりまして，それを宅の方へ持参しまして，と申しますのも，宅は大会で副主席に任じられ，政治報告を読み上げることは分かっておりましたので，まぁ，何と申しますか，おべんちゃらと申しますか，気をつかって下さったと申しますか，もちろん林彪弁公室の方でそれを受け取りまして，わたくしも読ませていただきましたわ．とーってもよく，お出来の原案でございまして，宅もこれで結構だと申しまして，もっともそのころの宅のやり方は，長時間読んだり話したりするのが面倒になっておりましたから，サワリの部分を秘書がかいつまんで報告するといった調子でございましたから，わたくしがすっかり整えておりましたもんで．それがなんと，毛沢東は気に入らないと申しまして，ポイっと捨ててしまったと申すではないですか．もちろん，江青の差し出口が成功したに違いありませんわ．それで陳老夫子が，宅に泣きついて来たわけでして……」

大王「ちょっと待ちなさい．中共にとって最も大事な大会の，それもメイン

になる政治報告の原案を，林彪は全文，読んでいなかったと言うのかね」
　葉群「いえ，まぁ，すべてというわけではありませんが．弁公室を全面的に信頼していたというわけでして……」
　会場から苦笑が漏れる．葉群は気勢を殺がれた様子である．
　大王「そんな具合じゃ，本番で，とちってしまうってこともありうるな．」
　葉群「さようでございます．時折，読み違えたり……」
　場内に爆笑が起こる．
　大王「すると，林彪は自分で草案を書いたわけでもなく，他人の書いたものを全文読み通したわけでもなく，……一体，これはどうしたわけなのだ．中国共産党では，そのようなことが常態だったのかね．」
　葉群「まぁ，偉い方々は，大抵はご高齢でございますし，地方の方言訛りが強いですから，一般にそうでした．ですから，どなたも何々弁公室という秘書室がありまして，秘書たちが文書を作成したり整理したりいたします．偉い方々は，それを見まして，手を加えたり，これも大抵は口頭ですが，朱で"批准"したり，没にしたりするわけでして．早い話，そのような秘書室なしにはどうしようもなかったのです．」
　大王「お前のところは，その典型的な例だと言うわけだな．」
　葉群「さようでございます．なにしろ，ご存じのように，宅と来ましたら30年代の日中戦争の負傷が元になり，ソ連で治療したのですが，その折に強い麻薬を使ったものですから，麻薬が習慣になって麻薬患者のようになってしまいまして，麻薬なしには体がもたなくなりまして，毛沢東主席も特例でそれを許可されておりまして，最近では，それが切れますと頭がボーッとなり，汗はダラダラ，目はクラクラ，セックスはフニャフニャ……」
　大王「これこれ，よさんか．お前の夫だぞ．まぁ，それでお前は欲求不満になり，何と何したという……．えへん，そんなことはどうでもよろしい．要するにだ，日常生活に支障を来しておったということだろう．すると，公式の席上なんかに，ニコニコ笑ってカッコ良く登場していたのは，あれは注射でも打って，出ていたということか．」

付録　余計な空想——冥界にて裁かれる人々　397

　葉群「さようでございます．ですから何事も，長時間にわたることは駄目でございました．会議なんかもそうですが，特に日中の観閲式とかパレードは，大の苦手でございました．読書とか文書を読むというのも，テレビや映画や演劇も，長続きはいたしません．それにそのう……」

　大王「分かっておる，ナニの方もと言いたいのであろう．どうも，お前の言動は，すべからく欲求不満がバネになっておるようじゃな．いや，これも独り言じゃ．話を元に戻そう．要するに，林彪自身は，自分で報告書の草案を書いたり，長文のものを読んだりはしなかったと．それで9回大会の政治報告も，誰かに書かせなきゃならんかった，それを本来は陳伯達が書くべきところ，毛沢東の一言で文革派の連中が書くことになったと．それで陳が林彪に泣きついて来たので，お前が仲に立って取り次いでやり，それ以来，お前と陳伯達とは強く結びつくようになったと．」

　葉群は大喜びで拍手する．廷内も，ホッと一息入れた感じ．大王も，その雰囲気にまんざらでもなさそうにニコニコした．

　大王「しかし，それでは林彪と陳伯達とが結託したというよりも，陳とお前とが結託したということになりはせんか．」

　葉群「さようでございますとも．宅は，誰でもよかったのでございますよ．ですから，70年の二中全会議で老夫子が天才論，毛主席国家主席論をぶちましたときも，わたくしが宅に，是非，"老夫子"支援の演説をやるようにと勧めたほどでして．」

　大王「うん，それで読めたぞ．しかし"陳伯達批判の整風運動"なるものの本質は何だったのか．」大王は陳の方をむいて問う．

　陳伯達「もちろん，わたしを二度と立ち上がれないほどに叩きのめすというのは口実でして，わたしを庇ったり支持したりする者がいないかどうか，いるとすれば，その結束力がどの程度のものかをあぶり出すことが目的だったのです．それは林彪追い落としの具体化の第一歩だったと申せましょう．」

　大王「具体的には，どのようなことをしたのか」

　陳伯達「ここに当事者たちがおりますので，証言させましょう．まず，林彪

副主席から，どうぞ」

　林彪「わたしは知らん．わたしは妻の葉群から，妻をはじめ"四大金剛"らが，周恩来から自己批判を迫られたとだけ，聞いた．しかし正規の中央委員会とか政治局委員会とかであったとは，聞いていない．陳伯達に至っては，そのころはどこかに謹慎させられていて，そのような会議に出席できるわけもなかったはずである．」林彪は愛想のない顔付きで，面倒臭げにボソリと申し述べただけだった．

　大王「もうちょっと，愛想のある言い方ができんのかね．いやいや，分かった．要するに林彪は党の副主席であるがゆえに，真正面からは批判とか非難されなかったということじゃろう．では葉群はどうか．」

　葉群「陳伯達問題調査検討委員会で，江青の取り巻きの連中から，ネチネチと絞られましたわ．でも国家主席問題では質問が抽象的でありまして，わたしはきっぱりと，国家主席は国家にどうしても必要だと言ってやりました．質問の重点は，むしろ"老夫子"との関係でございましたから，そんなことはこの際，関係ないでしょって怒鳴りつけましたら，そのまま放免されましたの．黄総参謀長や李作鵬，呉法憲や邱会作同志らとの関係も調べられました．息子の"老虎"の嫁探しに，誰がどれくらい貢献したかなんて聞かれましたから，余計なお世話よって，これも怒鳴ってやりましたの．あの段階では，やんわりと真綿でくるんでくるようなやり方でしたから，それ以上は追及されませんでした．」

　陳伯達「ただ今のお話でお分かりのように，わたしめを"検討する"というのは，まったく口実にすぎなかったのであります．実際，わたしめも，隔離審査ということでしたが，何日間も放っておかれまして，主席や総理に会いたいと言っても，誰も耳を貸さなかったのであります．毛沢東主席が後に語っておりますように，これは正に"水の中に石を放りこんで，その波紋の広がり方を見る"ということだったのです．」

　葉群「確かに，わたしどもは，びっくり致しました．わたし1人が騒ぎまくったように現世では言われているようですが，5人とも，老夫子を入れますと6

人ということになりますが，この運動の目標がわたしどもにあるということを，認識させられたのでございます．でも流石に宅の林彪副主席は立派でした．波紋の広がり方を見ているのだ，ガタガタ騒ぐと，かえって面倒なことになると申しまして，泰然自若としておりましたの．」

　林彪「もうすでにあの段階では，毛主席のやり口から見て，誰にだって主要な目標がわたしにあることは，明瞭だったのだ．わたしは犠牲を最小限にしようと考えたのに……」林彪は悔しそうに呟いた．後の言葉は，妻を非難することになるので止めてしまったという感じであった．内輪もめになるといけないので，陳伯達はすぐにその後を引き取った．

　陳伯達「毛沢東主席は，石を投げこんで波紋を見た後，今度は"砂を混ぜる"ということをやったそうですが，副主席はご存じだったのでしょうな．いや，もちろんわたしも承知しておりますが，直接，当事者の証言を……」

　林彪はフンッといって横を向いてしまった．そんな分かり切ったことを，と言いたげな態度であった．葉群が慌ててとりなした．

　葉群「中央軍事委員会の弁事組は，それまで，弁事組は本当に仲良く，しっくりと行っていましたのに，彼らが入って来てからは，何もかもギクシャクしまして．もちろん，話し合いの中身が毛沢東と周恩来に筒抜けだったことは十分分かっておりましたけど．」

　その時，主任弁護人の康生が手を挙げ，当時，中央軍事委員会の主要メンバーであった葉剣英元帥に証言させるようにと要求した．裁判官はそれを許可した．葉剣英は腹立たしげに野太い声で一気にしゃべった．

　葉剣英「軍事委員会弁事組というのは，党中央軍事委員会の下部組織で，軍事委員会の日常業務を代行していたのであります．しかしそれは，林彪人事の最たるもので，林彪と"四大金剛"，それに軍事委員会弁公室とやらいう林彪の個人的な秘書室の主任に，軍人でもなく正規の軍事委員会のメンバーでもない葉群が任ぜられ，彼女も加わって合計6人で，軍のあらゆる業務と人事を掌握したのであります．それは中央軍事委員会よりも実権を振るっていて，われわれ中央軍事委員会のメンバーは完全に蚊帳の外に置かれていたわけでありま

す．したがって軍事委員会のメンバーやその他の軍人の反感を買うのは当然で，そこに非林彪系の者たちを入れるという毛沢東主席の処置は，誠に時宜にかなったものでありました．」

葉剣英はかつては林彪の上級者であった．しかし彼は朱徳と同様に最高司令部の総参謀長として全体を統括し作戦指導する立場にあり，地方の実動部隊を握っていなかった．派閥をもたない彼は，建国後，冷や飯を食わされてきたが，そのかわりに周恩来と同じように，どの派閥，軍人にも一定の影響力をもっていた．そんなわけで，林彪としては実に不味い証人であったのである．彼は葉剣英が軍長老グループに支持されていることを知っていたのである．しかし怖さ知らずの葉群は，いきり立って言い募った．

葉群「弁事組にすべてを委ねたのは，軍事委員会の総意じゃないの．あんただって，林彪副主席を全面的に支持します，そのメンバーも副主席のご指名通りにして結構ですって言ったじゃないの．それなのに，それこそ軍事委員会の会議にも諮らないでコソコソとスパイを潜りこませるような真似して，恥ずかしくないの！時宜にかなっているだって．破壊活動そのものよ！」

葉剣英はこの上なく不愉快だと言わんばかりに顔をしかめ，そっぽを向いてしまった．こんな女と，まともに議論するつもりなどサラサラございませんとでも言いたかったのだろう．夫の林彪でさえ，何か汚いものを見るような目で妻の顔を盗み見た．葉群は勝ち誇ったように胸をそらせた．双方をとりなすように，陳伯達が口を挟んだ．

陳伯達「軍事委員会は，おっしゃる通りだったと思います（どっちの"おっしゃるとおり"なんだという声が場内から挙がる）．しかし毛沢東主席がやったことは，"砂を混ぜた"だけでなく，その次に"壁の角をぶっこわす"ことも強引にやったのです．すなわち北京軍区の首脳人事を，勝手に変えてしまったことです．これは軍事委員会の承認を得てやったこととは聞いておりませんが，どうですか．逆に林彪副主席らを"蚊帳の外"に置いたことになりませんか．しかもその人事たるや，3階級特進とでもいうべき李徳生と紀登奎の抜擢だった．」

葉群は「そうだ，そうだ」と声援を送る．

葉剣英「それは違う．12月の華北会議の後のことですが，その折，われわれは林彪も招いたのです．しかし彼は出席しなかった．"四大金剛"は出席していたはずだ．周総理から，毛主席のご指示だとして，この原案が出された際，誰も反対する者はいなかった．もっとも，2人の抜擢というのは，われわれも意外だったがね」人事については葉将軍も不満げであった．

原告席から葉群がまたもや叫んだ．「江青の差し金よ．根回ししていて，吊るし上げしておいて，反対意見もあったものか！」たまりかねて閻魔大王が「黙っておれ」と怒鳴った．

大王「よく分かった．要するに，毛沢東は一方で"陳伯達批判運動"をやり，そこに林彪系の者たちを巻き込みながら，他方で様子を見い見い軍事委員会の改組をやったというわけだ．これでは，葉群ががなっているように，黄永勝らも敢えて反対意見を述べられなかっわけだ．毛沢東らしいのう．李徳生というのは，確かに江青の引きで，文革中から3階級特進してきた者である．間違いないな」

葉剣英はしぶしぶ頷いた．「毛沢東らしい」という言葉に林彪の顔色がちょっと動いた．それは一瞬で，またもや水に沈みこむような静かな表情にかえった．廷内の傍聴席も，毛沢東がやってきた権力闘争術の歴史を思い浮かべるように，珍しく静まりかえった．その沈黙に耐えられないとでもいうように，陳伯達が咳払いをひとつしてから発言した．

陳伯達「それでは，第3条に移ってもよろしいでしょうか．第3は，アメリカ帝国主義と結託するために，毛沢東と周恩来とが仕組んだ林彪副主席スポイルの陰謀についてであります．第4条は，いわゆる"五七一"武装蜂起・反乱計画なるものをデッチ上げた陰謀についてであります．第5条は，いわゆる毛沢東主席の"南方各地巡視時における談話"を巡る林彪副主席の追い落としの陰謀と，これが外部に漏れたことを追及したデッチ上げ事件についてであります．第6条は，1971年9月の初旬から実行されようとしたと言われる"毛沢東主席暗殺未遂計画"なるものの犯罪性であります．第7条は，"林彪が南方へ逃亡し，第2の党中央・中央政府を樹立しようとしたこと，それに失敗してソ

連に逃亡しようとしたこと"とされる，いわゆる狭義の林彪事件デッチ上げの陰謀についてであります．そして最後に，林彪事件の本当の姿を隠し通した罪，および証拠隠滅・証人隠匿の罪であります．これは毛沢東没後のことでありますから彼は除きますが，1981年のいわゆる"林彪・四人組裁判"において，ミソもクソも一緒くたにした判決を出し，世間を欺き原告の名誉を著しく侮辱した罪であります」

　大王「分かった分かった，今挙げた事柄を一つひとつ検討すると，いくらあの世に時間は無限だとはいえ，ちとシンドイだろう．それにこれらのことは現世で，武内香・森沢幸が"中国の政治と林彪事件"という本を書き，また本書第二部でもすでにいろいろ議論しておる．検事はどうも読んでおらんようじゃ，不勉強であるぞ．というわけで，今日はこれにて閉廷する」

《終　　幕》

　閻魔大王は，果てしなく続く検察側の訴状にそろそろウンザリさせられていた．この裁判の主要な目的は，現世における林彪裁判の不当性，非正義性を正すことにあったにもかかわらず，当の林彪その人が原告としてまともに証言台に立たないことにも不快感を募らせていた．陳伯達のダラダラとした話に区切りをつけるように，大王は断固として，しかし慎重な言い回しで口をさし挟んだ．

　大王「検事，どうかね，起訴事実もそろそろ出揃ったように思うので，弁護側の最終弁論に入りたいのだが．もちろんこの裁判は，現世のと違って何かはっきりとした判決を下すのが目的ではないのだから，そちらの言い分を長々と聞いた以上，弁護側の言い分をも聞いておかねばならんと思うのだがね」

　この言葉を聞いて，今まで眠っていたかのように静かであった主任弁護人の康生が，メガネの奥でその細い目をキラリと光らせた．とうとう出番がきたとでもいうように．しかし検事の陳伯達は，そうはさせじと勢いこんで大王に食いついた．

　陳伯達「裁判長，お言葉ではありますが，本当はここからが大切なのであり

ます．林彪事件のほんとうの姿を隠した罪，すなわち1981年のいわゆる"林彪・四人組裁判"において，ミソもクソも一緒くたにした判決を出し，世間を欺き原告の名誉を著しく侮辱した罪であります．ここにこそ，この林彪事件なるものの真実があり，かつ大王の御前で裁判をやり直す意味があるのであります」

　大王「それはよく分かっておる．しかしそれらの点は，すでにかなり明らかになったとワシは判断しとるのだがね」

　言いも終わらぬうちに，わが意を得たりとばかりに康生が発言した．「その通りであります．もうこれ以上，陳伯達の老いの繰り言を聞くのは時間の無駄でありますから，最終弁論に入らせていただきたい」

　陳伯達「お黙りなさい．ここで陰険な陰謀家の君がシャシャリ出てくるところではない．わたしの訴追はまだ終わっておらず，大王さまもまだ完全にストップをかけてはおらん．それに時間の無駄とは何ごとだ，ここでは時間は無限にあるということが分からんのか」珍しく言語明瞭，断固たる態度を見せた陳伯達の気迫に，彼をなめきっていた康生も一瞬びっくりしたように次の言葉を飲みこんでしまった．会場はざわめき，林彪陣営は拍手喝采を送った．閻魔大王も沈黙し，しかたなく顎で先を続けるようにと促した．

　陳伯達「ありがとうございます．では大王さまの折角のご忠告でありますから，手短に，そして同時に原告，林彪の直接の証言を聴取しながら，事件の真実の姿を明らかにしていきたいと存じます」

　大王「うむ，それがよい，その方が時間の節約になる，おっと失礼，時間ではなかったな，ハッハッハ……．では林彪は証人席に」

　それまでまったく無言で座りっぱなしだった林彪が，その青白い顔をやや紅潮させながら証人席に立った．ついに真打ち登場ということで，会場は水を打ったように静まり返って林彪の後ろ姿を見守った．林彪はそれほど高くもない痩せた背をそらせ，片手を腰にやる生前からの得意のポーズで静かに立った．それは明らかに毛沢東の真似であった．濃い眉を上げ大きな目を見開いてはいたが，その眼差しはどこを見つめているのか分からず，まるでどこか遠く

の砲声を聞きながら戦雲を眺めているというふうであった．陳伯達は彼よりもずっと年若いこの将軍に畏敬の念をこめた眼差しを送って会釈した．

　大王「なんじ林彪．まず罪状認否から始めよう．お前は林彪事件の主犯として中国共産党から"反革命，裏で敵と内通した売国奴，毛沢東主席暗殺の陰謀"という罪名を着せられ，死後もそのような罪名で欠席裁判に付せられておる．この罪状に対して，お前の考えを聞こう」

　林彪「裁判長殿．私はその罪状をはっきりと否認いたします．根も葉も無いことであります」

　林彪の答えは簡潔であった．大王も会場のすべての人々も，その言葉の後に何か言うのかと待ち構えていたが，彼はそれ以上何も言わず，口をへの字に結んだまま裁判長席を見つめていた．彼はもともとが寡黙な人間で，三軍を指揮し叱咤激励した大将軍に似つかわしくない細くてかん高い声であった．しかしその声は非常にはっきりとしていたので，会場の隅々までよく通った．

　大王「どうも無愛想な発言ではあるが，まあいいだろう．では検事は証人尋問に入りなさい」

　陳伯達「林彪副主席，いや，林彪．あなたは今，罪状を否認しました．根も葉も無いことだと断言しました．しかし世界中の人々と中国国内の誰もが，中国共産党の，とりわけ毛沢東主席じきじきに下したその断定に疑念を抱くものは居らず，ましてあなたの罪状を表立って否定する者は居りません．このことを，あなたはどう思いますか」

　陳伯達は慎重に言葉を選びながら丁寧にたずねた．まるで彼の最晩年，林彪一派が彼を庇ったことを忘れてはいませんよと言わんばかりであった．しかしその遠慮っぽい質問に答える林彪の態度は至って素っ気ないものであった．

　林彪「そのような疑念を糺すのが，当裁判の目的であり，陳老の役割でしょう」

　会場からは，その木で鼻をくくったような答弁とそれを聞いた陳伯達のオロオロした態度に失笑が漏れた．陳伯達はバツが悪そうに顔を伏せ，書類を見る振りをしながら言葉を続けた．

陳伯達「それはその通りであります．では伺いますが，あなたの罪状にある反革命罪とはどのようなことだと考えますか」

林彪「反革命とは，政治上において党と国家に反逆することであって，私はそのようなことをした覚えは断じてない．毛主席に反抗したり批判したのは，純粋に軍事上の戦略戦術においてであって，それも大局的な戦略路線を外れたことはない」

陳伯達「原告は"主席"という敬語を使わないように．いや，まぁ長年の魂にまで染み付いた習慣だから仕方がないか．私自身がどうしても抜け切れぬ．で，それは具体的にはどのようなことを指して言っているのですか」

林彪「井崗山時代に，革命が退潮期にあって私を含む多くの者が悲観し絶望的であったとき，根拠地を捨ててゲリラ戦一本で行こうとしたのを，毛主席は強くたしなめてくれた．革命は必ず上げ潮になるから，しっかりと根拠地を守り固め，その上でゲリラ戦をやるべきだと言って私を批判しました．私の名を上げることで全軍全党に注意を促したのであって，私はむしろ主席の寵愛を感じ取ったものであります．30年代の瑞金でも，私はドイツ人軍事顧問の李徳（オットー・ブラウン）に追随して毛主席の真意を理解しなかった．1948年の東北人民解放戦争においても，毛主席の戦略に対して一時的に動揺したことがある．これらはいずれも軍事上の問題であって，しかもすべて毛主席の方が正しいことが分かったので，自分の見解を修正した．それゆえ彼もまた，徹底的に私を非難することなく許してくれたうえに，さらに私を重用してくれたのです」

陳伯達「それらの事情は，私もよく承知しておりますよ．要するに貴方を批判しながらも寵愛し信頼していたということでしょう．では，政治上の対立というのはまったくなかったのですね」

林彪「いや，たった二度だけあった．今から思うに，それも根っこは同じ問題なので一度だけといった方がよいかと思うが」

陳伯達「具体的に言ってください」

林彪「70年の第九期第二回中央委員会，つまり廬山会議で国家主席問題が起

こったとき，そしてその翌年にアメリカ帝国主義と手を結ぶことを決定したときです」

陳伯達「廬山会議というのは，私とあなたが結託して，嫌がっていた"国家主席"にむりやり毛主席を就任させようとしたと言われることですね．あれはひどかった．あれは毛沢東の陰謀だ，仕組まれた猿芝居だ……」

大王「これこれ，そんなに興奮してはいかん，検事たる立場をわきまえよ．実際問題として，お前たちは結託したのかしなかったのか」

陳伯達が何か言おうとしたが，大王は手で制し，「原告，林彪の直接の証言を」と催促した．

林彪「私はまったく結託したという覚えはないのであります．私は前の国家主席である劉少奇を，文化大革命において打倒した張本人の1人でありますから，国家主席というポストが毛沢東の党主席としての地位と勢力を損なう可能性があることは重々承知しております．そもそもこの問題に関しては，毛主席が大躍進政策の失敗の責任を負って国家主席を退任なさり，劉少奇に譲った60年に根源があるのです．私は毛主席が党と国家の主席を分離したために，二重の権力構造ができてしまい，それを統合するためにこそ文化大革命で劉少奇を打倒せざるをえなかったのだと考えております．したがって党と国家の2つの主席のポストを統合すれば，こんな問題は起こらず，しかも国家に元首たる国家主席がどうしても必要であるとすれば，それに相応しい人物は毛主席しかいないというのは，誰が見ても当然すぎるほど当然だったのであります．だから私は国家主席の設置と毛沢東のそれへの就任を心から願い主張したにすぎないのであります．陳老が私の意見を支持したのは，偶然意見が一致したにすぎない．組織的に，派閥的に結託したなんてことは，絶対にありません．そうではないかね，陳老人」

陳伯達「まったくその通りです．毛沢東は，何度も国家主席はいらない，自分は国家主席にはならないと言ったと主張しております．確かにその話は聞きました．しかし国家主席が不要だという理論的根拠が何も示されておりませんでしたから，それはあくまでも毛沢東が謙虚に辞退したように聞こえました．

それなのに林彪や私が，むりやりそのポストに就かせようとしたのは，下心があるからだと非難されるわけですが，その下心とは何でしょうか．すなわち毛沢東が辞退したら，そのポストはナンバー2の林彪に行ってしまう，それを狙っていたのだということになります．しかしそんなことは3歳の赤ん坊でも分かることです．林彪に行かずして誰に行くのですか．つまり換言すると，毛沢東が自分は国家主席にならない，そんなものは不要だというのは，逆に林彪にそのポストをやりたくなかったという，そのたった1つの点だけなのであります．つまり下心が強烈にあったのは，ほかならぬ毛沢東だったのであります．私はそのことを見抜けなかった．だから林彪副主席が，国家主席に毛沢東をと言われたとき，私は真っ先に賛成したのでありまして，私に下心や副主席との結託なんてことはありえなかった．どうしてそんなことが分かってもらえないのか」またもやさめざめと泣き始める検事．肩をすくめながら大王は言う．

大王「結託という事実はなくて，"結託した"という罪状がデッチ上げられたにすぎないというわけだ．毛沢東らの狙いは，林彪にあるわけだが，まだ直接彼を叩くわけにはいかないので，林彪を頼りにしている陳伯達をまず叩き，それと結託しているという理由で林彪にも手を出すという仕組みなのかな」

陳伯達「さすがは大王さま，よくお分かりで．こんな単純なことが分からなかった私がバカだったのですが，狙いが自分にあることをもっと強く自覚しなかった林彪もバカだった……」

大王「おいおい，こんなところで仲間割れしてはいかん．林彪がそれほどバカだったとは思えんが．それとも前年に党の副主席に指名されたことで有頂天になり，のぼせ上がって油断していたということかな」

林彪「もうしわけありません．確かにその通りです．それに私は健康も優れず，権力闘争にも飽きておりました．私は副主席で十分満足していたのであり，主席を凌駕しようなどとは夢にも思わなかった．私をかつぎ上げている妻の葉群とその取り巻きが，どのように考えていたかはウスウス感じてはいたが，それにも興味がなかった．それはそれとして，大王さま，さきほど申し上

げたように，国家主席問題は，実はもう一つの問題とも不可分の関係にあって，そのことを理解していただかないと，国家主席問題はいかにも突飛，唐突で，それこそ毛主席がバカか気が狂ったのか思ってしまうわけでして……」

バカバカという言葉が謹厳そのもののような顔をした人たちの口から頻発したので，会場は大笑い．毛沢東本人は腕組みし目をつむったまま身じろぎ1つしない．弁護人の康生は苦り切っている．そしてとうとう，これ以上我慢ができないというように大声を張り上げる．

康生「大王さま，いつまでこんなバカげた，あっ，失礼，ああ，ああ，悪ふざけたような証言を聞いているのですか．反対尋問をさせてください，反対尋問を」

興奮のあまり，口がもつれている．槌でデスクを叩いて場内を静めてから，大王はやおら康生の方に向き直り，反対尋問を許可すると言った．待ってましたとばかり勢い込んで反対尋問にかかる．

康生「林彪，君は政治上の誤りがなかったように言ったが，毛主席が幾度も否定し拒否したことを，なぜわざわざ蒸し返したのかね．陳は，3歳の赤ん坊でも分かる道理だと言ったが，確かにその通り．つまり毛主席は断るのが分かっており，そうなれば必ず自分にオハチが回ってくると承知していたからこそ，むりやり毛主席を押し出そうとしたのではないかね」

林彪「そういう受け取り方は，ゲスの勘ぐりというものだ．君たち一派の特有の下劣な認識法だし，もっといえば，そんなゲスの勘ぐりがつじつまがあうように，お膳立てしていたということだ」

康生「はっはっはっ，語るに落ちるとはこのことだ．お膳立てしていたというのこそ，ゲスの勘ぐりではないか．誰がそんなことをするものか．毛主席の高邁な戦略的配置を何と心得るか．主席はすべてお見通しなのだ．お前たちのような低能の権力亡者たちに，権力を渡してはならない，そんなことになれば，可愛い江青夫人らが永遠に浮かばれなくなる，そんなことは絶対にさせないという……」

ここまで言って，康生は場内が妙に静かなのに気が付いた．大王もじっと彼

の方を見つめている．彼はハッとした．冷や汗がドッと腋の下から流れ出るのが感じられた．言ってはならないことを言ってしまったのだ．そんな様子を眺めやって大王は，おもむろに口を開いた．

大王「それで，どうした．その高邁な戦略的配置とやらを，もう少し詳しく聞かせてもらおうか」康生は口ごもり，オロオロと毛沢東の方を見やった．そんな彼の姿を目の片隅で睨みつけながら，大王は低いが毅然とした声で呼ばわった．「林彪にかわって，毛沢東を証人席へ」

場内は一瞬息を詰めて静まり返り，それから一斉にガヤガヤと騒がしくなった．いよいよ最大の被告人の登場である．毛沢東はゆっくりと立ち上がり，左手をポケットに突っ込んだまま高い背を少し前かがみにしながら証人席に立った．いくらあの世では現世での権力関係が意味がないとはいえ，毛沢東のその堂々とした態度を見ると，彼の威令に伏してきた人々はみな，背筋を伸ばし謹聴の姿勢をとらざるをえなかったのである．習慣とは恐ろしいものであった．

大王「結局，林彪や陳伯達の話ではラチがあかない．毛沢東，お前自身が，その戦略的配置というものを説明しなさい．もしそんなものが，あったとしたならばの話だがね」

毛沢東「お応えいたします．戦略的配置といえるかどうかは分かりません．他人が勝手に（ここで場内から「お前の取り巻きだろう」とか「お前が言わせたのだ」といった野次が飛ぶが，さすがに毛はチラッとも目を走らせず無視している），言っていることであって，私自身は当然のことをしたまでと心得ております．すなわち私は，党が国家を指導する限り，国家主席という屋上屋を重ねるようなポストはいらないと本気で考えておりました．そんなものを作ると，またもや劉少奇のような権力の対抗馬が出現して，党と国家の二重の権力関係ができてしまうのであります．そうなると，必ず権力闘争がまたもや巻き起こる……」

毛沢東は現世におけるのと同様に雄弁であった．しかし大王の前なので，できるだけ丁寧に慎重に言葉を選びながらしゃべったが，ちょっと背を曲げ，左手を腰の後ろに，そして右手を振り上げながら演説調になるのは，例のごとくであった．

大王「肝心なことは，国家主席は不要かどうかと，誰かにそれを握られたら困ることがあるかどうかということとは違うということではないか．林彪たちが指摘しているのは，まさにその点である」

陳伯達が大きくうなずく．林彪はといえば，芒洋とした顔でやはり遠くの方を眺めている．毛沢東はその質問にいささかも動じる風もなく，ニヤリと笑って応える．

毛沢東「一般的にいえば，ポストと特定個人とは性格が違う問題でありますが，わが国では同じことであります．誰が，そのポストを握るかによって，そのポストが生きるか死ぬかが決まってくるわけです．林彪が握れば林彪一派が権力を肥大化して，その思う様の政策と人事配置をやるでしょう．実際のところ，林彪個人は私に忠誠を誓い，またかなりボケておりましたが，その一派は強欲なババァとバカ息子，それに四天王と言われる部下たちが威張るのです（"お前のババァは，どうなんだ"という叫び声あり．言うまでもなく葉群である）．私はそんなことをさせたくなかった．私は自分の死後，墓を暴かれるようなことをされたくなかった．それには，いくら可愛げがないといっても，やはり妻でなければならないと思った．彼女，もしくは彼女の取り巻きこそが，文化大革命以来，思想的にも実践的にも，私の衣鉢を継ぐものという確信をもてるに至った……」

場内は騒然とした．毛沢東が初めて率直に告白したのである．さすがの冷静で冷酷なはずの毛も，大王の面前ではいささか緊張し興奮気味だったのだろう，意外にもあっさりと心情を吐露したのだが，それは林彪派が指弾していることを，まともに認めたことになる発言であった．会場が興奮してざわめいたのも無理からぬところである．しかしさすがは大王，槌を叩いて会場を静めつつ，冷静に質問を続けた．

大王「しかしそれだけでは戦略的配置とは言えんじゃろ．仮に林彪が国家主席になったとして，可愛い江青がスポイルされる可能性があるというだけでは，あんなに頑固に否定し反対するのは，ちとおかしいではないか」

ここで毛沢東は初めてチラッと周恩来の方に目を走らせた．大王はそれを見

逃さなかった．「お前自身が言いにくければ，周恩来に証言してもらってもよいぞ」

毛沢東は額の汗を拭った．そしてちょっと肩をすくめて，口のなかでモゴモゴと「どうぞご勝手に」とつぶやいた．すかさず「周恩来を証人席へ」という大王の凛とした，それでいて嬉しくてゾクゾクするといった調子のかん高い声が響いた．大王ははなっから被告人の主たる弁護証言人は周恩来だと考えていたのである．周はあいかわらず左手を人民服の内側に突っ込んだまま，ゆっくりとそのスマートな身体を証言台に運んだ．

大王「毛沢東も，ああ言っている．現世では言えなかったことを，ありのまま語るがよい．遠慮したり隠し立てしたりしてはいかんぞ」

周は丁重にお辞儀してからしゃべり始めた．

周恩来「毛主席の英邁な戦略的配置ということでありますが，それを語るには当時の中国の危うい状況を想起していただきたい．大騒乱，大乱闘という形の文化大革命は，前年1969年の中国共産党第九回大会において，基本的に終わっておりましたが，"革命"とか"政変"とかいった物騒な政治主義は消えてはおりませんでした．他方，大騒乱のおかげで経済状態はグチャグチャになっており，国家経済建設の立て直しこそ当面の緊迫した課題でした．それを完遂するには，何よりも非生産的な軍事費の削減がもっとも手っ取り早い．これがいかに不経済で不得策かは誰にでも分かることでしたが，なにしろ当時は毛主席はじめほとんどの軍人は"戦争不可避論"の立場にあって，第３次世界大戦が起こると本気で信じていた時代であります」

ここで周恩来は一息ついた．往時を回想して感慨深げに目をつむっていたが，晩年，ガンと闘病しながら政治と権力闘争に命を擦り減らした疲労が，その顔面にも語尾の弱々しさにも現れていた．しかし彼は声を振り絞り，己を励ましながら話を続けた．

「ところで，ここには２つの問題がありました．一つは朝鮮戦争以来の懸案であった軍の近代化という問題，もう一つは南でベトナム戦争を続けているアメリカ軍と北で中ソ紛争のさなかにあるソ連軍，この両大国に対して二正面作

戦をとっていることです．最初の問題は，核兵器の開発を主とした最先端技術に重点的に予算を配分し，核抑止力を充実させて通常兵器への投資を減らすのか，それとも相変わらず"人民戦争論"の立場に立って通常兵器の開発・生産を進めながら（その場合は，言うまでもなく人員の削減などはありえません）核抑止力をも推し進めて行くのかという意見の対立がありました．両方を同時平行的に進めるということは，当時のわが国の国力からすれば到底無理だったのですが，党と軍事委員会の副主席，国防相であった林彪，それに軍隊を何よりも重視する彼の部下たちは，どうしても大胆に片方を捨てることができなかったのです．私は彼の気持ちがよく分かっておりました．私が彼の立場であったとしても多分そうしたでしょう．なぜなら，このような考え方は毛主席のものでもあったからです．しかし政治経済全般をトータルにあずかる私としては，このような考え方に同意するわけにはいかなかった．私は彼らの意見に対抗し打ち負かすために苦慮しました．私にとって幸いなことに，このころから毛主席の考え方に変化が現れておりました．そのことは，もう一つの問題でもっとはっきりと現れてしまいました．つまり米ソに対する南北二正面作戦をとり続けるという対外政策に疑念を抱き始めたわけです．林彪の誤りは，この毛主席の変化を認識せず，あるいはそれについて行けなかったことです」

　声は低く小さかったが，自信に満ちて迫力十分な語調であった．しかし周恩来が疲れていることは明瞭だった．現世流にいえば，息も絶え絶えというところであったが，最後までどうしても話すのだという決意がみなぎっていたので，その悲壮感に打たれて大王も会場の人々も一言も聞き逃すまいとして耳をたてていた．大王は「休んでも良いよ」と幾度か口をさし挟みかけたが，周の気迫に押されて言い出せなかったのである．休ませてやろうという気遣いからか，大王は柔らかく発言した．

　大王「毛沢東の変化というのは，よく知られている1970年5月のアメリカのカンボジア進攻作戦に対する声明あたりかね」

　周恩来は毛沢東の方をチラッと見やりながら応えた．

　周恩来「そうだと思います．あの声明は毛主席が起草し，林彪副主席と首相

の私も了承したものですが，しかし林彪は，その背後に隠されている意図を見抜けず，私は変だなと思いました．強い調子のアメリカ帝国主義批判ですが，明らかに，中国を犯さなければ中国もインドシナ半島に出兵しないというシグナルが見えたからです」

　大王「毛沢東，君自身の証言を聞こう」

　毛沢東「周君の言う通りです．この年の1月，ワルシャワで米中大使級会談が再開され，アメリカが軟化の兆しありと周君から聞きました．さらにこの年の11月，国連で初めて中国代表権問題でわれわれが勝つだろうという見通しも聞いておりました．カンボジアに進攻したのも，ベトナムには悪いがアメリカの悪あがきで局地的に解決できると理解すべきだろうと考えた．世間では中国に進攻する前触れだと言われていたが，アメリカにそんな力はないし，われわれの側もそれを迎え撃つ力はないという判断だった．われわれはアメリカに警告を発すると同時に，交渉の余地があるというシグナルを送りたかったのです．林彪ら軍部首脳は，このような世界情勢を理解しようとしなかった．アメリカ帝国主義攻撃一本槍だった．現実にその前の年，つまり1969年に二度にわたり武力衝突していたソ連社会帝国主義の方が恐ろしいし頑固だということを，彼らは理解しなかった．しかしそうは言っても，まだ私はアメリカと和解するなんてことは考えられなかった．このことを大胆に提起したのは周恩来だった．そうだよね，周君」

　周恩来「そうです．私は世界情勢と国内情勢を絡めて，毛主席にじっくりと話した．どこに困難の根っこがあるか，その解決方法は何か，そしてそれを邪魔しているのは誰かなどです．こうして廬山会議の前に，毛主席の英邁な戦略的配置図ができあがっていたのです．それはよく分かりました．しかしそれを真正面から提起したら，林彪ら軍部主流だけでなく，反主流派軍人も党内の主要な幹部も，みな反対するか，少なくとも疑念を表明したでしょう．そこでさすがは毛主席，主要な問題を前面に出さず，搦め手から切り崩そうとしたのです．すなわちそれが国家主席問題だったのです．この問題で陳伯達を追い落とし，林彪派の軍人である北京軍区の司令官を更迭してその勢力を弱め，さらに

"陳伯達批判の整風運動"を起こして林彪派の発言を封じ込め,こうして71年4月にアメリカとの和解方針を全党に知らしめたのであります」

大王は大きくうなずき,「うーむ,それこそ戦略的配置と言えるものじゃ」と呻いた.「しかしなぜ,そんな重大な戦略的決定を下すのに,回りくどい林彪追い落としなんてことを図るのか」と大王.まだ納得がいかないと首を振っている.

周恩来「そこに中国の病根があるのです.さきほど毛沢東主席がお話しになった通りであります.政策決定と権力闘争とは切っても切り離せない関係にあるということです.どんなに立派な政策でも,有力者に支持されなければ決定と実行に回されないし,また有力者といっても,他の有力者に反対されれば,これまた実現できない.だからどうしても有力者同士の戦い,その取り巻き連中の戦い,さらにそれぞれの派閥の周辺に居る受益者たちの応援合戦がある,という具合に派閥闘争,権力闘争に発展してしまうのです.私はどれほど,こんな汚い泥仕合に泣かされたことか.バカな連中にルートワインディングしなければ,政策一つも実現できないなんて……」

そこまで語って突然,周恩来は両手で顔をおおって泣き出した.日本とフランスに留学,スマートでいながら気配りの多い政治家として知られた男の,現世における苦渋が一気に噴き出した感じであった.場内はシンとしてしまった.すべての人々が,それぞれの心の中に思い当たることがあったのだ.なにしろ,あの世においてさえ,老人たちは(多少の若手が交じってはいるが)座る場所から散歩するルート,トランプや将棋をする相手,グループに派閥があるのだから.大王もシンミリとしながら心持ち優しく問う.大王はどうも周恩来には甘いらしい.彼にだけは「君」呼ばわりしていることからも分かる.

大王「要するに,世界情勢と国内情勢の両方から見て,対外政策と軍事政策を統合した新しい展望をもつべきだと,君が考え,それに毛沢東も賛成したが,それまでの政策を変えたくない林彪一派が邪魔だった.彼らを排除するために君らは一芝居打ったと,こういうことになるのかね」周恩来は涙を拭いながら黙ってうなずいている.

大王「すると何かね，君は国家主席問題をネタに林彪らが毛沢東と対立することになると先読みしていたわけだ」

　周恩来「そうです．私は決して国家主席が不必要だなんて考えておりませんでした．党と行政とは分離して政治を行うべきだ，能力もない党員が偉そうに何事にでも口を差し挾むのはやめるべきだと考えていました．国家主席とは，国の行政の統轄者であるべきですからね．しかし同時に，毛主席が国家主席を降りて党の主席に専念している間中，ずっと不満であったことも十分に承知しておりました．劉少奇が失脚し，林彪が台頭してきた際も，毛主席は権力が分散することをすごく嫌がっていた．なぜ林彪がそのことに気がつかなかったのか，不思議なくらいです．さすがに夫人の江青と"四人組"は知っていた．文化大革命で手を組みながら，陰では悪口ばかり言い合っていた．私は両方から聞いていて，おかしかったですよ．両者ともに私を味方につけようと気を使ってくれていたのでしょうよ，ヒツヒッヒッ……」

　大王「ははん，分かったぞ，読めたぞ．君は両者の切り離しこそ，戦略的配置を実現するための最初にして最大の方法，段取りだと……」

　周恩来「そうです，そうです．彼らが結託している限り，私なんかが出る幕はないですからね．私は，彼らがお互いに悪口を言い合っている，特に江青と葉群の内訌は大変なものでしたから，これを利用しない手はないと思いました．林彪が毛沢東に忠実だということは分かっておりましたが，晩年はその女房とバカ息子の取り巻き連中に担がれて言いなりになっていましたからね，ヒツヒッヒッ」

　大王「君の気持ちはよく分かるが，その気味の悪い笑いを止めてくれんか．ところで両者の対立を利用し，その間にクサビを打ちこんだということは分かったが，毛沢東に，アメリカ帝国主義と和解しソ連主敵論に集中させるという戦略転換をやらせるには，過去の経緯からして難しかったのではないか」

　周恩来「いえいえ，それは簡単でした．何しろ毛さんは，もともとが大のソ連嫌いだったうえに，現実に中ソ両国は武力衝突を繰り返しておりましたからね．アメリカはベトナムとやりあってはいても，中国に攻め込んでくることは

絶対ない，原爆を使用しようとした朝鮮戦争でさえ，地上部隊が国境を越えたことはないのですから．私は確信しておりました．しかしソ連はやりかねません．私は毛沢東の気持ちと中国人の恐怖心を煽りました，ソ連のミサイルは北京を狙っているとか中ソ戦争は不可避だという噂をたてさせました」

大王「しかし内心はともかく，毛沢東はソ連，ことにスターリンの信奉者だったではないか．彼には建国前後にずいぶん世話になっているし」

周恩来「それはその通りです．毛さんはソ連ではなく，スターリンを信奉し，同時にすごく恐れてもいたのです．なにしろ20年代からずっと，痛い目にも嫌な目にもあってきましたからね」

突然，会場から「スターリン万歳，万々歳，万々々歳，フルシチョフのバカ野郎」と叫ぶ声が聞こえた．なんと毛沢東その人だった．すべての人々が驚いて彼に眼を注いだ．毛は紅潮してはいたが澄ました顔で，じっと裁判長席の方を見つめていた．人々はみんな，毛沢東とスターリンの歴史的関係を知っていたし，毛の個人崇拝が理論的にも実際的にもスターリンに根拠があることも知っていた．恐れもし尊敬もしていたスターリンを，フルシチョフが汚したことから，ソ連に修正主義が発生し拡大したと毛沢東は信じていたのである．すみっこの方のスターリンだけが，遠慮っぽく拍手した．

大王「許可なしに発言しないように．びっくりするではないか．気持ちはよく分かるがね．で，何の話だ．うん，南のアメリカ帝国主義ではなく，北のソ連に主たる警戒心をもたせることだったかね．君はおおげさに毛沢東に吹き込んだわけだ，ソ連の脅威について，修正主義について．多分，"社会帝国主義"という言葉も，君が第二インターあたりの文献から拾い出して毛に教えたのだろうよ．たいしたものだ，毛は君を完全に信用していた．林彪も信用していたが，何しろ権力亡者どもが回りに一杯居る，君にはそれが居ないからね．ずっとずっと我慢して，注意深く毛の対抗馬にならなかったことが，最後の最後の勝負で目が出たというわけだ」

周恩来はばかっ丁寧に深々とお辞儀した．お褒めにあずかりありがとうございますと言わんばかりに．しかしその頬には悲し気な笑みが浮かんでいた．そ

して小声で言った.「それで終わったわけではありません」

大王は聞き逃さなかった.

大王「毛沢東と林彪とを離間させただけではなかったのか. それ以上, 何が必要だったのだ」

周恩来「お忘れではないでしょうか. 毛沢東は妻の江青とその取り巻き連中に権力を渡そうとしていたことを, そして彼らは, 林彪以上に政治主義的で経済や社会の大混乱なんかよりも, 林彪一派以上に権力を欲しがっていたということをです. 毛と林彪とを離間させたということは, とりもなおさず, 文化大革命においてしっかりと結託していた江青派と林彪派とを切り離すことであり, 林彪らが失脚すれば軍事に無知で軍人の支持を得ていない江青らも勢力を失墜するということです」

大王「それはよく分かる. しかしそのために林彪一派が失脚した後, 君が江青らの矢面に立つことになった. 林彪事件後の"林彪批判孔子批判"運動が君をターゲットにしていたことは誰にでも明らかだった……」

周恩来「そんなことは何でもなかったのです. 軍人勢力の支持がない江青らは, 少しも怖くなかった. 敵を分断して各個撃破する, これは毛沢東戦略の基本でした. しかし彼らのバックにはまだ毛沢東が居た. だからだから, 私はどうしても毛沢東よりも一刻でも長生きしたかった. 毛の後に死ねば, 私が江青ら四人組を, この手で追放することは容易だったのだ. 葉剣英同志, 李先念同志, それに軍の元老たちみんな, 林彪の失脚を喜び, 同時に四人組の打倒を心から願っていた. 毛沢東の後釜になった華国鋒なんて, 誰も問題にもしていなかった……」

肩で息をしながら, 周恩来は言い続けた. その表情と言葉には執念がみなぎっていた. 現世なら死相が現れていたとでも表現できそうな, すさまじさであった. 大王もその迫力に押されて沈黙を余儀なくされ, 会場の誰一人として咳き一つするものも居なかった. しばらくの静寂の後, 大王は発言した.

大王「もう, いいだろう. 結局, みんな周恩来に躍らされていたということなのだろう. 国の戦略方針一つを決めるのに, 毛沢東流の権力闘争術を駆使し

なければならなかったということだろうが，その闘争術が彼において，彼の現世最後の命をかけた戦いにおいて，見事に花開いたということであろう．こうなると，"反革命，裏で敵と内通した売国奴，毛沢東主席暗殺の陰謀"といった現世における林彪裁判の判決なんて，ほとんど真実の意味はないみたいだなぁ．周恩来もご苦労だったが，彼に躍らされた人々みんなも，それぞれの我がまま，強欲を反省すべきであろう」

重苦しい沈黙に支配された会場に，すすり泣きが広がっていた．周恩来への同情と共感，それぞれが現世でやってきたことへの反省，後悔の念，怒りや憎しみを超えたお互い同志のいたわりの気持ちなどが，こもごも入り交じった複雑な涙であったろう．裁判劇における初めての荘厳な雰囲気のなかで，裁判長席の舞台は暗転し幕が静かに降りていった．

後　書　き

　本書は林彪事件の三十周年にあたり，前著『中国の政治と林彪事件』(1975年に刊行) 以降に発表，公開されてきた資料・文献を自分なりに整理し，再度事件のイメージを描こうと試みたものである．

　しかし書き終えて読み直してみるに，前著で指摘しておいたさまざまな疑問，疑念がまだまだ解決しきれていないことに気づかざるをえない．巻末文献に示したように，これほど沢山の文献類が出されているのだから，この事件に対する中国人の関心の高さ深さがいまだ衰えていないことが分かるし，それなりに事件の細部は明らかになってきた．しかし依然として事件の核心部分は曖昧なベールの後ろに隠されているように思えてならないのである．

　わたしの理解では，林彪事件とは毛沢東によって追い詰められた林彪——と言うよりも林彪一味と言った方がより正確だが——が，そのまま国内に残っていたのでは失脚し反革命というレッテルを貼られて迫害されることが自明だったので，自ら逃亡への道を選び，事故死にあったというものである．

　この事件を解くカギは，なぜ毛沢東がかくも執拗に林彪に狙いをつけて追い詰めたのかという点にある．その点はすでに述べたので繰り返さないが，同時にいかに個人崇拝が極度に広がり定着していたからといって，毛沢東1人の情念や独断専行だけで党の副主席，それも毛自身が名指しで決めた後継者ともあろうものを，かくも簡単に追い詰めることができるのかという疑問は残るであろう．ここに周恩来という人物の陰の働きを感じざるをえない理由がある．ある意味では周恩来なしに林彪事件は起こりえなかったと断言してもよいように思われる．もちろんこのように言ったからといって，私は日本でも極めて評判

のよい周恩来総理(首相)を悪し様に言うつもりは毛頭ない．それどころか私は近代中国の歴史において彼に匹敵するほどの政治家は居ないとさえ思っている．ただ客観的に見て，毛沢東 v.s 林彪という単純な図式だけでは説明の仕様がない重要な部分があると言いたいだけである．周恩来をして林彪排斥に全力を挙げしめた原因は，林彪自身にもあり，かつ当時の中国が置かれていた内外情勢にもあったと見るべきであろう．周の苦渋の選択の結果だったとも考えられる．

では林彪自身の問題とは何であろうか．もちろんそれは彼のイデオロギーや毛沢東個人崇拝を精一杯高めたことに見られる毛への忠誠心，献身ではなく，また国家主席になろうとした野心云々でさえない．毛沢東個人崇拝（神格化）を軸にして考えれば，これらのことは林彪の功績とその結果にすぎない．だから毛沢東の死後においてもその権威を残したままで林彪を非難することは，問題の核心をついたことにはならないのである．私がほかの論文で1981年の中共の「決議」が，毛沢東批判をやりながらそれが極めて不十分であったことを指摘したのは，そのような意味もこめてのことであった．問題は毛沢東の後継者――プロレタリア独裁，社会主義社会における階級と階級闘争の継続を中心理論とした「連続革命」論の継承者という意味をも含めた――をめぐる派閥次元の権力闘争にある．

派閥としての林彪集団は，毛沢東思想というイデオロギーと中共党の組織原則という外皮をまといながら，現実の人間関係としては内戦期以来培われてきた親分－子分の関係（恩義と忠誠，クライアンティズム etc.）を基礎に「林家王朝」と言われるくらい強固で排他的で保守化した利益集団となったものである．林彪の悲劇の根源は，彼自身が蒔いた種とは言いながら，この派閥組織の志操程度の低さにあった．

それというのも，林彪その人は，戦術家としては極めて優れていたとはいえ，所詮は戦雲戦塵の中に生まれ成長した軍人であったことと無縁ではない．それは革命の時代が必要としたスペシャリストであり，その意味では「革命軍人」の第一人者ではあるが，革命全体の戦略や革命後の新しい国造りに確固と

した展望と理念をもっていたかどうかは疑わしい．建国の元勲の1人とされ最高の栄誉を与えられたまま，朱徳のように静かな余生を送ることができていたなら，林彪事件の悲劇は起こらなかったに違いない．しかし革命の時代が終わり平和な環境のもとでの建設の時代に入ろうとしたとき，病躯に鞭打って政治の表舞台に登壇せざるをえない状況が，毛沢東によってもたらされたのである．党と国家の最高位に就いて全般的な舵取りをしなければならなくなったということは，いわばいやおうなくスペシャリストからジェネラリストに転換せざるをえないということであった．技術屋さんが副社長になったようなものである．もちろん中国共産党にはそのような人々も居なかったわけではない．毛沢東を筆頭に劉少奇，周恩来，鄧小平といった人々がそうである．彼らにできることが林彪にできないわけがないと，林彪自身が考えたかどうかは分からないが，少なくとも建国後の彼の置かれていた立場，状況，彼自身の状態と言動から見て，彼が進んでそうした立場に身を置くように画策したようには思えない．それこそ彼は修道僧のように身を処することを欲していたように見えるのだが，そこに身も心も捧げてきた毛沢東の強い要請と，それに派閥の長として乗っかることを欲した周囲の人々の欲に絡んだ思惑が結びついてしまった．ここから彼個人の意志や好みではどうにも身動きがとれない苛烈な闘争の渦の中に巻きこまれて行ったように思えるのである．要するに林彪は革命軍人としての志操と毛沢東思想の精神を派閥集団に継承させることができなかったのである．

　他方，もう一つの江青集団は「四人組」を中核とした文革派を形成し，結束を固めつつあったとはいえ，文化大革命以後に形成されてきた新興の極左グループであり，それゆえ康生や謝富治といった（もとは陳伯達も）長老級の人たちを顧問格にしながらもまだ林彪集団に対抗しうるほどの力量をもっていなかった．しかし彼らこそ，毛沢東の文化大革命の精華であり「連続革命」の忠実な継承者たるべき素質をもつ人々であった．毛が林彪（およびその集団）を強引に排除しようとしたのも，彼の情念の炎を「四人組」に受け継がせようとしたからにほかならない．

極端な言い方をすれば，周恩来はこの両派に色目を使いつつも直接入れてもらえないか，あるいは反発している人々——実務官僚派と言われる人々や軍の長老たちだが，上記両派の戦いを冷ややかに眺めている中間派でもあり，もちろんこれが多数者である——を保護したり懐柔したりして，とりあえずは自分の立場と権力を固めてきた．つまり当面の結束力としては弱いが人気の高さに見合った潜在力としては強力だったというわけである．

毛沢東はこの三つの勢力均衡を図りつつその上に君臨し適当に使い分けしていたのだが，イデオロギーと情実においては「四人組」に最も親近性をもち，現実政治においては周恩来を頼りにしていたという図式が描かれる．毛が最も懸念し回避しようとしたことは，その勢力バランスが崩れることによって自らの権力権威が損なわれ，己の理念が貫徹できなくなることだった．現実の内外政策の立案・決定・遂行に際しての判断基準のポイントがここに置かれていたことこそ，晩年の毛沢東の情念政治の情念政治たるゆえんである．

そこに目をつけ，かつ腕を振るう余地を見いだしたのが現実主義に徹せざるをえなかった周恩来なのであった．誰もがイデオロギー（ここでは継続革命論の具体化としての文化大革命のことである）を振りかざし，しかも誰もがその正統性を継承発展させると称して派閥の拡張と権力闘争に熱中しているときに，誰が一体中国内外の情勢を冷徹に分析し中国の発展のための諸政策を実行していけるというのか．周恩来の決意は，これまでもそうであったように，この一点に絞って有害なものと有益なものとを明確に選別し，有害なものを断固として切り落とす，というところにあったように思われる．現実主義に「徹せざるをえない」というゆえんである．

そういうわけで本書が林彪事件を主題としながら，この名宰相を主要な脇役として登場させたのは，本当はこの人の苦労と努力こそが，毛沢東なきあとの（周恩来の方が先に死んでしまうのだが）今日の中国の出発点となったのだと言いたかったからだが，そうなると結論的には中国の多くの著者たちと同じことになってしまう．しかしその結論に至るプロセスにおいて，権力闘争をいかに巧みに彼が利用したかという点での評価がまったく違うのである．

しかし林彪事件の解明にこのような形で周恩来総理を登場させ重要な役割を担わせることにはさまざまな制約がある．第一，もっともよくできていると思われる『周恩来伝』でさえも，林彪を追い詰める周恩来の姿というのはほとんど表立っては出て来ないのである．多分中国人なら誰でも，この総理が冷徹である場合には冷酷非情と言えるほどの現実主義者だということは自明のことなのかもしれない．しかしそうははっきりと言えないところが現代中国の中国らしさが現れているのであろう．いずれにせよ中国側の文献を読む限り，彼は真底善意の人，毛沢東の忠実な僕，「公明正大」で絶対に「陰謀詭計」を図ったりしない人ということになっている．だが歴史はそんなに単純で奇麗事で済むものではないだろうと思うのである．

　本書の最初の方でちょっと書いたが，日本ではこの事件についての専門書が意外に少ない．この拙い本が触媒となって研究が一層進むことを心から望む．それは必ず中国政治研究の発展のためにも有益だと信じるからである．

　2001年9月　林彪事件の三十周年にあたって

後書きの後の言い訳

　実はもともと『林彪春秋』下巻（本書の第二部）は、「後書き」に記したように2001年、林彪事件30周年にあたり書き上げたものだが、いろいろと考えている間に時間が経ってしまい、出版社も決まって印刷に回される寸前まで行ったのは2003年春だった。ところが折悪しく、愛妻・桃子が胃ガン再発のため入院し2カ月近く看病することになった。主治医からは秘かに余命いくばくもないことを告げられた。ちょうど40年連れ添った、文字通り糟糠の妻である。せめて最後のお別れの時までは寸刻も離れないでいようと思った。枕元で看病しながら懸命に自分の原稿を推敲しようと頑張ったが、いかんせん、集中力が出てこない。桃子は静かに、そしてすべての肉親や友人に感謝しながら逝ってしまった。葬儀やら挨拶状の発送やらでてんてこ舞いし、それが終わったら茫然自失、何も手につかなくなってしまった。幸い、親しい人やら学生たちが居てくれて、独り身の生活には困らなかったけれども、推敲を重ねる自信と粘りを取り戻すことができなくなってしまった。そして5年が経った。
　70歳にして退職するにあたり、研究室の後片付け、棚ざらえをした。今は昔の懐しいワープロ打ちの第一部の原稿を含めると1,000枚近い原稿を手に取って、捨て去るに忍びない感情が溢れてきて仕方がなかった。それに私は友人・知人から山ほどの書籍や論文を頂戴しながら、お返しを何もできていないという内心忸怩たる思いもあった。このままでは寝覚めが悪い、どうしても形として残してみなさんに差し上げたい、それが研究者としての執念、あるいは妄念かもしれないが、友人・知人なら笑って許してくれるであろうと、甘えに似た思いで印刷に付そうと思っていたところ、幸いにして中央大学出版部がこれを引き受けてくださった。また本書とほぼ同時に、棚ざらえの残り原稿を『ぼくなりの昭和史』青春篇・海外創作篇の二冊として自費出版した（中央大学生協）。これで中央大学33年間に溜めこんだものは、ほぼ清算できた感じがする。いずれも大したものではないが、お世話になった方々に多少のお返しができたかなと思っている次第である。どうぞみなさん、笑いながら手にとってごらんください。

　　　2008年秋

著者敬白

著者略歴

姫 田 光 義（ひめた　みつよし）

一九三七年	神戸に生まれる．
一九五六年	兵庫県立長田高校卒業．一浪して東京教育大学入学．
一九六一年	東京教育大学卒業，同修士課程入学，六七年博士課程修了．
一九六七年	財団法人日本国際問題研究所研究員．
一九七二年	駐香港日本国総領事館特別研究員．
一九七五年	中央大学（経済学部）赴任．
二〇〇八年	同大学退職．

林彪春秋

2009年7月8日　初版第1刷発行
2009年10月22日　初版第2刷発行

著　者　　姫　田　光　義
発行者　　玉　造　竹　彦

郵便番号 192-0393
東京都八王子市東中野742-1
発行所　中 央 大 学 出 版 部
電話 042 (674) 2351　FAX 042 (674) 2354
http://www2.chuo-u.ac.jp/up/

印刷・藤原印刷

© 2009　Mituyoshi Himeda
ISBN978-4-8057-4145-0